조건부 자유무역 시대

조건부 자유무역 시대
생존을 위한 강대국 전략

1판 1쇄 펴냄 2025년 7월 11일

지은이 김세진
발행인 김병준·고세규
발행처 생각의힘
편집 정차임·정혜지 디자인 예온디자인·백소연 마케팅 김유정·최은규

등록 2011. 10. 27. 제406-2011-000127호
주소 서울시 마포구 독막로6길 11. 2, 3층
전화 편집 02)6925-4183, 영업 02)6925-4188 팩스 02)6925-4182
전자우편 tpbook1@tpbook.co.kr 홈페이지 www.tpbook.co.kr

ISBN 979-11-94880-05-9 (93320)

조건부 자유무역 시대
생존을 위한 강대국 전략

김세진 지음

생각의힘

들어가며

상전벽해라는 말 말고는 표현할 길이 없다. 그간 믿어 의심치 않았던 세계 경제 질서의 당연한 면모들이 지난 2~3년간 순식간에 변화했다. 허망하고 두려울 정도다.

나는 2000년대 초반 한국에서 대학을 다녔다. 교과서에서는 신자유주의(neo-liberalism)와 세계화(globalization)를 배우고, 교실 밖에서는 자유무역과 세계화에 반대하는 목소리를 들으며 20대를 보냈다. 미국 내 소위 '네오콘(neo-conservatism)'의 영향력이 정점에 이르던 시대, 조지 W. 부시 미국 대통령의 경제 선생님으로 불리던 그레고리 맨큐[1](하버드 대학교 경제학과 교수)의 경제학 입문서 《맨큐의 경제학》은 바이블과도 같은 경제학 교과서였다. 내가 속한 세대는 자유시장과 자유무역을 경제의 기본 원리로 배웠고, 세상은 상호 의존(inter-dependency)과 교역을 통한 이득에 기반하여 작동한다고 이해했다. 신자유주의와 자유무역 그리고 세계화에 반대하는 목소리는 저물어가던 반권위주의 학생운동의 마지막 외침처럼 아득하게 들렸다.

어렴풋이 기억나는 그 시절 캠퍼스의 또 다른 풍경은 중국어 열풍이었다. 중국이 부상한다는 공공연한 분위기에 많은 대학생이 북경이나 상해로 어학연수를 가거나 교환학생으로 떠났다. 거장 장예모 감독이 연출한 베이징 올림픽 개막식을 지켜보며 중국의 부상과 굴기가 뇌리에 각인되었고, 한국 기업들의 중국 투자 열기가 치솟았다. 2010년 초, 청해부대 법무참모이던 나는 소말리아 해역의 왕건함[2] 사관실에서 당시 서울에서 열린 G20 정상회의 환영리셉션의 위성 생중계를 시청했다. "가장 힘 있는 국가의 정상이 가장 늦게 참석한다"고 외교에 밝은 어느 장교가 말했고, 다른 몇몇 장교도 맞장구를 쳤다. 그날 저녁 후진타오 주석은 리셉션 시작 시간보다 1시간가량 늦게 도착했고, 오바마 대통령은 그 직전에 도착했다. 나의 30대는 이런 풍경들과 함께 시작되었다.

2016년에 도널드 트럼프가 대통령에 당선되자 미국은 노골적인 반중 정책과 함께 중국산 물품에 높은 관세를 부과했다. 2020년에 바이든 행정부가 들어섰지만 국제무역에서는 별다른 정책 변화가 없었다. 세계무역기구(WTO)에서는 미국의 반대로 상소기구의 위원이 임명되지 않아, 회원국 간 중요한 어젠다를 논의하고 무역 분쟁의 시시비비를 가리기 위해 관료와 변호사들이 모여들던 제네바 시내는 점차 한산해졌다. WTO 규정을 절대시하던 회원국들의 태도에도 균열이 생겼다. 나아가 미국과 유럽연합(EU)을 비롯한 주요 경제권역들이 자체적인 통상규제와 산업정책을 만들어 자국 시장을 보호하고 산업을 육성하려 애쓰기 시작했다.

2024년 2월, 아랍에미리트 아부다비에서는 13차 WTO 각료회의(Ministerial Conference)가 열렸다. 각료회의는 2년에 한 번씩 개최되는 WTO의 최고 의사 결정 기구로, 회원국의 통상 장관들이 참석하여 WTO의 주요 문제(활동, 정책, 기타 무역 문제와 해결 방안 등)를 논의하는 가장 중요한 회의라 할 수 있다. 이번에는 160개가 넘는 WTO 회원국의 통상 장관들이 모여 수산 보조금과 농업 협상,[3] 전자적 전송물 모라토리엄 문제,[4] 분쟁해결제도 개혁[5] 등과 같은 여러 의제를 논의했다. 그러나 한산한 회의장 주변 모습에서 알 수 있듯 각료회의를 둘러싼 긴장감도, 뚜렷한 성과라 내세울 만한 합의도 없었다. 5만 명 이상의 시위대가 '세계화'와 '자유무역' 반대를 외치며 경찰과 충돌했던 1999년 11월 미국 시애틀의 3차 각료회의와는 너무도 대비되는 모습이었다. 나의 40대는 이러한 풍경과 함께하고 있다.

대학 경제학 개론 시간에는 아직도 '상호 의존'과 '비교우위'의 정당성을 가르치고 있을까? 이를 가르치고 공부하는 교수와 학생들은 무슨 생각과 감상을 가지고 있을지 문득 궁금해진다. 지난 3년여의 짧은 기간 동안 '신자유주의' 또는 '세계화'는 쉽게 입에 담기 어려운 금기어가 되어버렸다. 반자유무역과 반세계화. 20년 전 강의실 밖에서 저물어가던 '운동권'의 마지막 구호가 어느덧 국제사회의 거부할 수 없는 주류가 되고 말았다. 앞으로는 오히려 '보호무역주의'와 '블록화'의 경제적 효과가 교과서의 주요 챕터에서 다루어지게 될까?

지난 30년간 한국은 신자유주의적 무역 질서를 십분 활용했다.

WTO 체제의 다자주의와 전 세계적인 FTA 네트워크는 한국이 수출 주도형 경제성장을 지속할 수 있는 든든한 기반이 되었고, 이를 통해 한국 경제는 글로벌 가치사슬(Global Value Chain, GVC)에 깊숙이 편입되며 세계 시장에서 입지를 확장했다. 그러나 이처럼 균형을 잡아주던 WTO와 FTA 중심의 다자통상 체제는 이제 더 이상 무대의 주인공이 아니다. 유행 지난 노래처럼 배경에 머무른 채 필요할 때면 다시 불러낼 수 있는 익숙한 존재로 남아 있다면 적절한 비유일까?

그 주인공의 빈자리를 대신해 각국은 보다 복잡하고 다층적인 개별 통상규제 체계를 빠르게 정비하고 있다. 무역의 규칙은 점점 더 정교해지고, 전통적인 자유무역의 개념은 과거와 같은 보편성을 잃어가고 있다. 이제 자유무역은 더 이상 '공짜'로 누릴 수 있는 권리가 아니라, 각국이 제시하는 기술적·환경적·윤리적 기준에 적응해야만 허용되는 선택적 혜택이 되고 있다. 따라서 우리는 지금 자유무역을 위해서는 다양한 조건과 절차를 충족해야 하는, 말 그대로 '조건부 자유무역'의 시대에 들어서고 있는 것이다.

이러한 통상질서의 재편에 따라, 기존 자유무역 질서에 맞춰 통상정책을 시행해온 각국 정부는 마냥 혼란스러울 수밖에 없다. 수출입과 해외 투자 의존이 큰 기업들 또한 두렵기는 마찬가지다. 바로 이 시점에서 정부와 기업 모두에게는 '예측 가능성'의 확보가 절실하다. 재편된 글로벌 통상질서의 모습을 신속하고 정확히 이해하고, 이에 대한 대책을 강구해야 한다. 한국 경제의 숙명과도 같은 '수출 주도 성장'을 지속하기 위해서는 앞으로 '통상규제'라는 변수가 국가별·경제권역별로 어떻게 조성되어 있는지, 이들이 어떻게 상호작용하는지

정확히 파악해야만 한다.

리더의 자세와 국가의 생존에 관한 고민이 집약된 역작 《군주론》에서 마키아벨리는 이렇게 말한다. "시대와 상황의 변화와 함께 자신이 나아갈 길을 일치시키는 사람은 성공하고, 반대로 시대와 자신이 걷는 길이 일치되지 않는 사람은 실패한다."[6]

내가 해석하는 《군주론》의 핵심 메시지는, 지도자가 시대의 변화를 정확히 읽어내고 그에 따라 과감히 적응하고 행동하는 '역량(virtù)'을 발휘해야만 '나라가 망하지 않는다'는 것이다. '전쟁'이라고 불러 마땅한 오늘날의 현실은 한창 일하고 있는 지금의 40대와 그 다음 세대에게는 참으로 가혹하다. 그러나 늘 그래왔듯 우리는 끝내 적응하고 생존해낼 것이라 믿는다.

새로운 시대의 통상질서에 적응하기 위한 첫 번째 단계는, 현재 벌어지고 있는 통상 전쟁의 지형을 정확히 그려보는 일이다. 다시 말해 '조건부 자유무역'이라는 새로운 국면에서 자유무역과 병존하는 다양한 환경과 조건들을 하나하나 면밀히 파악하는 것이 출발점이다. 그리고 마키아벨리의 말처럼, 변화하는 현실에 발맞춰 그에 부합하는 길을 모색하려는 노력이 필요하다. 이것이 바로 이 책이 추구하는 근본적인 문제의식이다. 이론적으로 자유주의 경제 질서에서는 시장의 재편이 수요와 공급이라는 '보이지 않는 손(invisible hand)'에 의해 이루어진다고 본다. 그러나 신자유주의와 결별하고 각국의 보호주의와 산업정책이 경쟁하듯 등장하는 오늘날의 현실에서, 국제무역 질서를 재편하는 주체는 더 이상 자율적인 시장 기제의 '보이지 않는 손'이 아니다. 이제 시장을 움직이는 '보이는 손(visible hand)'은 각국 정부, 그 중에서도 주요 '강대국'들의 산업정책과 통상규제이다. 바로 이것이 모든 국가 간 글로벌 무역의 형태와 트렌드를 결정짓고, 애초에 이들 사이에 자유무역이 가능한지 여부까지도 좌우하게 된다.

따라서 이 책에서는 신자유주의 시대의 막을 스스로 끌어내린 미국의 입장과, 공급 과잉의 주인공인 중국을 둘러싼 강대국들의 통상·산업 정책의 민낯을 구체적으로 살펴보고자 한다. 그리고 이러한 규제들에 적응하기 위해 우리는 무엇을 해야 하는지, 해넘이 황혼이지만 여전히 빛을 발하며 남아 있는 WTO와 FTA는 어떻게 활용해야 하는지에 대한 새로운 사용설명서도 고민해본다. 이를 위해 첫째, 주요 강대국들의 국내 산업정책 변화와 둘째, 그에 따른 통상정책의 변화 그리고 셋째, 이들 정책이 실체화된 '역외 통상규제'들의 등장을 한 줄기로 엮어 책을 구성하였다. 1장에서는 이 책을 전체적으로 스케치하면서 앞으로 전개할 내용들의 '로드맵'을 제시한다. 책이 상당한 양의 정보를 담고 있으므로 이 로드맵을 통해 필요한 정보를 취사선택하는 것도 좋은 방법일 것이다.

공교롭게도 이 책이 탈고를 앞두던 시기, 한국에서는 제21대 대통령선거가 있었고, 곧바로 새 정부가 출범하였다. 그리고 우리 앞에는 지난 제20대 대선 당시에는 미처 상상하기 어려웠던 새로운 국제경제 현실이 펼쳐져 있다. 지난 3년여 간의 변화는 기존의 정책 틀만으로는 더 이상 충분히 대응할 수 없는 전환의 시대가 도래했음을 보여준다. 이러한 맥락에서, 변화된 세계와 복잡해진 경제 환경을 직시하고, 실용적이면서도 효과적인 국제경제정책을 설계하려는 이 시대의 정책결정자들에게, 아직 미완의 시선일지라도 이 책이 작게나마 보탬이 되기를 바란다.

그리고 바다와 대륙, 그것도 모자라 철조망까지 마주한 채, 지금과 다음 세대를 또다시 힘겹게 살아갈 이 땅의 부모와 자식들에게도 이 책이 아주 작은 길잡이가 되어주기를 소망해본다.

차례

들어가며 5

1장 조건부 자유무역 시대의 도래: '보이는 손'의 정치경제학   15

2장 격변하는 국제무역 판도: 미국의 변화와 새로운 질서의 탄생   31
  1. 흔들리는 미국의 리더십: 자유무역의 깃발을 내리다   34
  2. 자유무역 시대의 황혼: 보호무역주의와 통상 장벽의 부활   46

3장 산업정책의 귀환: 생존을 위한 거인들의 싸움   55
  1. 산업 거인들의 경쟁: '시장'이 아니라 '정부'가 경제를 발전시키다   59
  2. 미국, '메이드 인 아메리카'를 외치다: 자국 우선주의 산업정책의 실체   63
  3. EU, 탄소중립을 넘어 '규제 발전소'로: 환경과 기술을 결합한 산업전략   94
  4. 중국, 기술패권을 향한 질주: '혁신주도 발전전략'과 산업 강대국의 길   112
  5. 인도, 산업 보호의 방패를 들다: 자국 산업 육성과 다자 체제에서의 강경 노선   129

4장 통상정책의 전환: 무역질서 재편의 중심에서   137
  1. 미국, '아메리카 퍼스트' 통상정책: 정치적 조건들로 점철된 형식적 자유무역   142
  2. EU, 가치 기반 통상정책: 환경과 인권이 만든 무역장벽   163
  3. 중국, '쌍순환' 통상정책: 내수 시장 확대와 기술 자립을 동시에 추구하다   193
  4. 인도, 자국 산업 보호를 위한 통상정책: 수입 제한과 수출 진흥의 조화   218

5장 통상규제의 격돌: '보이지 않던 손'이 움직인다   237
1. 5가지 통상규제 트렌드: 21세기를 지배하는 가치들이 격돌하는 최전선   241
2. 미국, 자국 산업 보호를 위한 통상규제: '미국산 우선' 정책의 실체   253
3. EU, 규제의 칼날을 세우다: 환경·인권·공정을 내세운 통상규제 폭풍   280
4. 중국, '데이터 장성'을 쌓다: 사이버 안보와 기술 자립을 위한 통상규제   332
5. 인도, 전략적 개방과 선택적 통제: 수입허가 강화와 보호무역 정책의 그림자   346
6. 수출 통제와 경제 제재: 안보와 경제가 뒤얽힌 통상규제의 새로운 전선   348

6장 자유주의 통상질서의 기로: 변화의 가능성을 찾아서   389
1. WTO, 위기의 시대에 생존을 모색하다: 다자무역 체제의 새로운 역할 찾기   391
2. 지역, 양자, 다자 협력의 새로운 모색: 복잡한 국제관계 속에서 길을 찾다   423

7장 대한민국, 격랑 속 통상전선에 서다: 생존과 도약의 기로   427
1. 기업, 스스로 생존을 모색하다: 변화하는 통상 환경 속 규제 대응 역량 강화   429
2. 정부, 파도에 맞서지 않고 올라타다: 전략적이고 유연한 통상정책과 위기 대응   432
3. 학계, 현실을 직시하고 미래를 설계하다: 통상학 외연 확대와 실무 교육 강화   441

약어 목록 445
주 454

일러두기

1. 본문과 주에 나오는 중국의 정책 및 법령 관련 제목과 내용은 중국어 원문 대신 영문 번역명과 약어를 사용하였다. 자료 대부분이 영문 번역본에 기반하고 있기 때문이다.
2. 외래어는 국립국어원의 외래어 표기법에 따르되, 일반적으로 통용되는 경우일 때는 그에 따르기도 하였다.
3. 여러 단어로 이루어진 경제 용어나 법령, 정책 등은 가독성을 위해 붙여 쓰기도 하였다.
4. 이 책의 전반적인 내용은 2025년 5월을 기준으로 집필되었다.
5. 본문에 사용한 주요 영문 약어는 책 말미의 '약어 목록'에 수록하였다.
6. 이 책에 담긴 모든 견해는 저자의 개인적인 것으로, 소속 기관의 공식 입장과는 무관하다.

1장

조건부 자유무역 시대의 도래:
'보이는 손'의 정치경제학

자유무역 체제를 논하기 위해 지금의 현실을 비유하자면, 우리는 일몰 2시간 전 '오후 4시'경에 서 있다고 말할 수 있을 것 같다. 자유무역 질서의 태양이 아직 완전히 기울지는 않았지만 정오의 강렬한 햇볕은 사라지고 있다. 찬란했던 자유무역의 시대가 정점을 지나 서서히 길어지는 그림자 속으로 들어가고 있는 느낌이랄까. 전에는 경험하지 못한 새로운 역사를 준비하기 위해 우리 모두는 각자의 위치에서 이 '오후 4시'의 풍경을 크로키하듯 그려볼 필요가 있다. 세부를 정밀하게 묘사하는 것이 아니라 빠르게 변화하는 세계 경제 질서와 각국의 통상정책을 있는 그대로 포착하여 우리가 나아갈 방향을 고민해보는 것이다.

현재의 국제통상 질서는 겉으로는 '보이지 않는 손'이 작동하는 자유무역 체제가 유지되고 있는 듯 보이지만, 실제로는 몇몇 강대국들의 산업정책과 통상규제라는 '보이는 손'이 시장의 자유를 제약하고 있다. 자유무역이라는 명분과 개념은 여전히 유효하나, 그 실질적인 작동 방식은 이제 국가 전략과 통제가 결합된 다양한 조건과 환경에 의해 결정되고 있는 것이다. 이러한 변화된 통상질서를 우리는 '조건부 자유무역(conditional free trade)' 질서라고 부를 수 있지 않을까?

이 책에서는, 자유무역과 병존하거나 혹은 애초부터 자유무역의 실현 가능성을 규정하는 이러한 조건들이 어떻게 형성되고 있으며, 그것이 오늘날의 세계 경제 구조를 어떻게 재편하고 있는지를 살펴보고자 한다.

지난 반세기 동안 전 세계를 지배한 경제 질서는 사실상 '메이드 인 아메리카(made in America)'였다. 세계대전 이후 미국은 경제 대국으로 자리잡았고, 자유무역 질서는 미국의 정치·경제적 이해관계 속에서 탄생했다. 냉전이 진행되면서 미국은 자유무역을 단순한 경제 논리가 아니라 동맹 확장의 도구로도 활용했다. 그 결과 1990년대 말, 이 '미국산' 자유무역 질서는 세계 경제의 불가피한 법칙으로 여겨질 만큼 당연한 질서로 자리잡았다. 프랜시스 후쿠야마가 민주주의를 "역사의 종언"이라 표현했던 것처럼,[1] '경제 질서의 종언'은 자유무역 질서로 결론이 날 것처럼 보였다. 그러나 후쿠야마의 선형적인 역사관(linear view of history)이 최근 국제정치의 현실 앞에서 무기력해진 것처럼, 자유무역 질서도 더 이상 전과 같이 작동하지 않게 되었다.

그 분수령은 바로 중국이었다. 중국이 WTO에 가입하면서 미국이 주도했던 자유무역 질서는 새로운 변곡점을 맞았다. 중국은 자유무역 질서를 최대한 활용하여 세계의 공장이 되었고, 미국의 제조업 일자리는 급격히 감소했다. 1990년대 말 IT 산업혁명이 경제 전체의 규모를 키우며 미국의 국부 성장을 견인했지만 경제적 불균형은 심화되었다. 기업들은 성장했지만 노동자 계층은 점차 소외되었다. 이러한 양극화의 심화는 정치적 반작용을 불러왔고, 그 결과로 2016년 트럼프 행정부가 등장했다. 미국은 자유무역에서 산업정책 중심으로 경제 전략을 수정하기 시작했고, 보호무역과 자국 산업 보호 기조를 강화했다. 그리고 '메이드 인 아메리카'인 자유무역 질서에 초대받았던 국가들은 이제 각자의 길을 모색해야 하는 상황에 놓였다. 남아야 하는가, 떠나야 하는가? 아니면 문턱을 넘나들며 새로운 환경과 조건에 적응해야 하는가?

2장에서는 이러한 격변의 중심에 있는 미국을 먼저 살펴본다. 자유무역 질서는 애초에 미국이 만들었고, 지금도 미국이 바꾸고 있기 때문이다.

자유무역 질서의 설계자였던 미국은 이제 산업정책을 앞세우며 경제 전략을 수정하고 있다. 이 변화는 단순한 정책의 방향 전환이 아니라, 자유무역이라는 체제 자체에 새로운 조건을 부여하는 구조적 변화로 이해할 수 있다. 산업정책이 통상정책을 압도하는 이 흐름 속에서, 우리는 '조건부 자유무역'이라는 개념으로 오늘날의 통상질서를 읽을 수 있다. 그 조건들을 살펴보면, 먼저 2016년 이후 미국은 관세와 수출 통제를 강화하여 자국 산업을 보호·육성하려 했다. 바이든 행정부는 보조금을 통해 친환경·첨단 산업을 육성하고자 했고, 트럼프 2기 행정부는 다시 관세 중심의 보호주의로 무게중심을 이동하고 있다. 이러한 변화는 단순한 정책적 수정이 아니라 세계 경제 질서를 재편하는 거대한 흐름이다. 한때 자유무역의 강력한 옹호자였던 미국이 이제는 자국 산업 보호와 육성을 최우선 과제로 삼으며 새로운 형태의 통상전략을 구사하고 있다. 자유무역풍에 밀려 항해하던 큰 배에서 선장이 방향을 바꾸자, 승선했던 국가들은 각자의 노를 잡아야 하는 상황이 되었다.

3장에서는 이처럼 자유무역 질서가 기울어가는 상황에서 미국을 비롯한 주요 강대국들의 산업정책을 더욱 깊이 있게 분석한다.

각국은 강력한 산업정책을 추진하고 있으며, 이 과정에서 국가 간 경쟁이 심화되고 있다. 네 마리 용 — 미국, 중국, EU, 인도 — 이 서로 다른 방식으로 산업 패권을 쥐려 하고 있으며, 이들 사이에서 다른 여러 나라들은 적응하고 생존하기 위해 다양한 전략을 모색하고 있는 상황이다.

먼저 미국은 첨단 산업정책을 통해 글로벌 기술 패권의 유지와 강화를 위해 총력을 기울이고 있다. 특히 반도체, 배터리, 친환경 에너지와 같이 기술·안보·외교·환경 측면에서 전략적 중요성이 높은 산업을 집중 육성하고, 이를 기반으로 글로벌 공급망의 주도권을 확보함과 동시에 자국 시장의 회복탄력성을 높이는 데 주력하고 있다. 종합적인 국가 전략이 차세대 성장 동력을 창출하는 산업정책에 고스란히 투영되고 있는 셈이다. 정부는 보조금과 관세 등의 정책 수단을 활용해 외국 기업의 투자를 유도하는 한편, 자국 내 생산 및 연구개발 역량을 강화함으로써 산업 경쟁력을 보호하고 확대하는 이중 전략을 구사하고 있다. 트럼프 2기 행정부에서도 산업정책의 큰 방향은 바이든 행정부와 유사할 가능성이 높지만, 세부 접근 방식에서는 차이가 나타날 수 있다. 예컨대 인플레이션 감축법(Inflation Reduction Act, IRA) 관련 정책이 화석연료 및 재생에너지 기업 모두에 일정 부분 유리하도록 제한적으로 조정될 가능성이 있다.

한편 중국은 최근 첨단기술을 비롯한 제조업 중심의 산업정책에 심혈을 기울여왔다. 특히 2000년대 이후 거대한 내수 시장과 국가 주도의 경제 모델을 기반으로 반도체, 전기차 등 제조업과 인공지능 중심의 첨단기술 산업을 집중적으로 육성했다. 중국은 이러한 전략의 일환으로 2025년까지 '전략적 신흥산업'의 부가가치를 GDP의 17% 이상으로 끌어올리겠다는 명확한 목표도 제시한 바 있다.

미국이나 중국과 달리 EU는 역내 산업을 육성하고 보호하기 위해 '규제 철폐'가 아닌 '규제 발전소'의 길을 선택했다. 지속 가능한 성장과 산업 경쟁력의 동시 달성을 목표로, 지난 수년간 환경, 노동, 인권, 보조금 등과 관련된 규제를 대폭 강화해왔다. 이를 통해 역내 기업들의 경영 수준을 고도화하고, 이러한 기준을 충족하지 못하는 외국 기업과의 경쟁에서 우위를 점하려는 전략을 구사하고 있다. 즉 친환경, 노동, 인권, 공정거래, 안보와 같은 유럽의 핵심 가치들이 산업정책 전반에 반영되며, EU 산업정책의 방향성을 규정하고 있는 것이다. 대표적으로 '그린딜(Green Deal)'이라 불리는 환경 중심 산업정책을 통해, 비교우위가 있는 신재생에너지 산업을 적극적으로 육성하고 있다. 동시에 기술 보호와 공급망 안정성 확보를 위한 보조금 정책도 함께 추진하면서, 규제를 통해 시장 기준을 선도하는 동시에 산업 보호를 위한 실질적 지원을 병행하는 이중적 정책 접근 방식을 취하고 있다. 다만 이러한 규제 기반의 가치 지향성과 보조금 중심의 산업 지원을 동시에 추진하는 방식이 실제로 역내 산업 보호와 육성, 나아가 글로벌 경쟁력 강화에 얼마나 효과적으로 작동할지는 더 지켜보아야 할 것으로 보인다.

한편, 중국을 추월한 세계 최대 인구와 빠르게 성장하는 경제력, 그리고 전략적 외교 자율성을 바탕으로 인도는 조용히 힘을 축적해왔다. 이제 인도는 '잠룡'을 넘어 국제 질서에 실질적 영향력을 행사하는 신흥 강대국으로 부상하고 있다. 인도는 과거부터 큰 정책 변동 없이 수입 규제를 유지하며, 제조업·IT·바이오 중심의 산업 성장 전략을 꾸준히 추진해왔다. 수면 아래에서는 치밀한 경제성장 전략을 실행하며, 글로벌 경제 질서에서 점점 더 중요한 역할을 맡기 위해 노력하고 있다. 외국 자본과 기술을 유치하는 동시에 자국 산업을 보호하는 균형 전략을 유지하며, 일부 산업에서는 글로벌 경쟁력 확보에 집중하고 있다. 특히 제조업, IT 서비스, 바이오테크 분야에서 경쟁력을 강화하면서도, 기술 선도 경쟁에서는 한발 물러서 미국과 중국의 기술 패권 경쟁과는 차별화된 산업정책을 펼치고 있다.

4장에서는 산업정책을 기반으로 형성되고 있는 이들 국가의 통상정책 변화를 심층적으로 분석한다. 최근 이들 국가는 안보, 기후변화, 공급망 안정성과 같은 새로운 전략적 조건들이 반영된 산업정책을 바탕으로, 다양한 형태의 통상 규제와 정책을 도입하고 있다. 이 과정에서 산업정책과 통상정책의 경계가 점점 흐려지고 있으며, 그로 인해 글로벌 무역 질서 역시 크게 흔들리고 있다.

먼저, 미국의 통상정책은 더 이상 '무역' 자체를 독립적인 목표로 삼지 않는다. 대신 기술 패권 확보, 국가 안보 강화, 공급망 안정 등 전략적 목표를 뒷받침하는 강력한 산업정책의 수단으로 점점 더 활용하고 있다. 과거 자유무역을 촉진하던 기조에서 벗어나, 산업정책과 결합된 보호무역적 접근 방식으로의 전환이 뚜렷해지고 있는 것이다.

2016년 트럼프 행정부 이후, 미국은 관세 부과, 수출 통제, 공급망 재편 등을 통해 자국 산업의 보호와 강화를 최우선 과제로 삼았다. 뒤이은 바이든 행정부 역시 반도체 지원법(CHIPS)과 인플레이션 감축법(IRA)을 통해 이러한 기조를 계승하면서도 동맹국과의 협력을 강화하는 데 보다 중점을 두었다. 그러나 자유무역협정(FTA) 체결은 지양하고, 다자무역 체제보다는 공급망 안정과 산업 보호에 무게를 두는 방향을 유지해왔다. 동시에, 중국을 견제하기 위한 무역 규제와 '프렌드쇼어링(friend-shoring)' 전략도 적극적으로 추진했다. 현재 트럼프 2기 행정부에서는 기존의 기술 패권과 안보 중심의 산업정책 기조를 그대로 유지하지만, 정책 수단 면에서는 일부 변화가 감지되고 있다. 즉 보조금과 프렌드쇼어링보다는 관세 강화와 자국 내 회귀 생산(온쇼어링, on-shoring)에 더 큰 비중을 두는 방향으로 이동하고 있는 것이다.

이처럼 미국의 통상정책은 단순한 무역정책을 넘어, 산업정책과 전략적 목표가 복합적으로 결합된 형태로 진화하고 있으며, 이를 통해 새로운 글로벌 무역 질서가 형성되고 있다. 이 과정에서 여러 통상 파트너와의 마찰과 외교적 태도 변화도 함께 나타나고 있다.

중국은 강력한 보조금을 기반으로 기술 패권 확보에 주력하고 있으며, 이를 발판으로 산업정책의 초점을 '개방'에서 '자립'으로, '성장'에서 '안보'로 전환하고 있다. 이러한 산업정책의 방향 변화는 통상정책에도 그대로 반영되어, 통상정책의 무게중심 역시 점차 자립과 안보 중심으로 옮겨가고 있다. 2020년부터 중국 정부는 '쌍순환双循环 전략(Dual Circulation Strategy, DCS)'을 본격적으로 추진하며 통상정책의 방향을 조정했다. DCS는 국내 시장을 경제성장의 핵심 기반으로 삼는 한편, 고부가가치 제조업과 첨단기술 산업에서 글로벌 경쟁력을 강화하는 이중 전략이다. 이를 위해 중국은 내수 소비 촉진, 기술 자립, 공급망 다변화, 수출 구조 고도화 등을 추진해왔다. 그러나 최근 부동산 시장 침체와 청년 실업률 상승 등으로 내수 진작에는 뚜렷한 한계를 보이고 있다. 이러한 상황에서 중국은 대외적으로 WTO 개혁 문제를 두고 미국과 대립하는 한편, 다자통상 질서의 틀 안에서 영향력을 유지하려는 노력을 병행하고 있다. 역내 포괄적 경제동반자협정(RCEP)을 주도하고, 포괄적·점진적 환태평양경제동반자협정(CPTPP) 가입 신청 의사를 표시하는 등 양자·다자 무역협정을 적극 활용함으로써 실질적인 경제적 영향력 확대도 도모하고 있다.

이처럼 중국의 통상정책은 과거 '빠른 개방과 경제성장' 중심에서 벗어나, 이제는 국내 경제와 산업의 '안보와 자립'을 우선하는 방향으로 급속히 전환되고 있다. 그리고 대외적 영향력 확장 노력에서 드러나듯, 지정학적 리스크에 대비한 '전략적·조건부 통합(hedged integration)' 전략을 취하고 있다. 이는 필요한 분야에서 선택적으로 개방을 유지하면서도 핵심 기술과 전략 산업 분야에서는 자립을 강화하고 외부 의존도를 줄이는 방식으로, 경제적·정치적·안보적 가치를 동시에 실현하려는 전략적 접근이라 할 수 있다.

중국 통상정책의 또 다른 축인 해외투자정책은 '일대일로 이니셔티브(The Belt and Road Initiative, BRI)' 혹은 미국 중심 제조업 투자에서 글로벌 사우스(Global South) 국가들 투자로 초점이 이동하고 있으나, 이러한 전환만으로는 기존 전략을 유지·발전시키는 데 한계가 있어 보인다. 여기에 트럼프 2기 행정부의 강경한 대중 관세 압박과 시장 침체, 수출·투자 제한 등 내외부 도전이 겹치고 있으며, 중국의 과잉 생산과 비시장적 산업정책 문제는 여전히 해결되지 않아 국제사회에서 고립될 가능성도 동시에 커지고 있다.

한편 EU의 통상정책 역시 글로벌 공급망 재편과 지정학적 영향력 확대라는 목표를 담은 산업정책 이행의 전략적 수단으로 변모하고 있다. 이는 산업 보호와 공급망 안정을 최우선시하는 미국의 통상정책과 맞닿아 있다. EU는 회원국 간 조율을 바탕으로 초국가적 관점을 유지하면서도 지속 가능성 강화와 지정학적 주도권 확보를 핵심 목표로 산업정책을 적극 추진하며, 이에 따라 역내 산업 보호와 육성을 위한 강력한 통상규제를 도입·집행하고 있다.

특히 탄소국경조정제도(CBAM)와 같은 환경 규제를 통해 자유무역과 지속 가능성이라는 두 목표를 결합하려는 시도를 보이고 있으며, 반덤핑 및 보조금 조사를 적극적으로 활용해 '불공정 무역'이라는 명분하에 중국을 비롯한 외국산 수입을 보다 강하게 제한하고 있다. 이처럼 EU는 통상정책을 단순한 무역 촉진 수단이 아니라, 글로벌 공급망 재편과 지정학적 주도권 확보, 첨단 제조업 경쟁력 제고를 위한 산업정책의 핵심 도구로 적극 활용하고 있는 것이다.

끝으로, 인도는 '인도 우선주의' 기치 아래 진작부터 자유무역을 경계하며, 보호무역과 반덤핑 조치로 외국 기업을 견제하고, 국내 산업 로비의 입김 속에서 WTO마저도 흔드는 강경한 경제 자립 전략을 펼치고 있다. 인도는 1991년 경제 개혁 이후 단계적 무역 자유화를 통해 글로벌 경제와 통합되었지만, 최근 들어 나렌드라 모디 정부가 '인도 우선주의'와 민족주의적 경제정책을 강화하면서 보호주의적 경향이 다시 부각되고 있다. 특히 WTO 협상에서 농업 보조금 유지, 전자상거래 관세 부과 등 자국 산업을 보호하는 강경한 입장을 취하고, RCEP 가입을 거부하는 등 대형 자유무역협정 체결에도 소극적인 태도를 보이고 있다. 반덤핑 조치를 적극적으로 활용하여 외국산 제품의 시장 진입을 억제하고, 자국 내 산업 경쟁력을 높이기 위해 특정 산업에 대한 정부 지원과 수입 규제도 강화하고 있다. 또한 국내 정치적 이해관계와 산업 로비의 영향력이 크기 때문에 무역 자유화보다는 국내 기업 보호에 초점을 맞춘 정책이 지속될 가능성이 높다. 다만 IT 및 제약 산업 등 일부 수출 중심 산업의 성장을 위해 특정 국가와의 FTA 협상을 추진하는 움직임도 있으며, 글로벌 공급망에서 경쟁력을 확보하기 위한 산업정책과 통상정책의 연계 강화가 주요 과제로 부상하고 있다.

  5장에서는 위에서 살펴본 기존 및 차세대 강대국들의 통상정책이 실제로 어떤 규제 형태로 구체화되고 있는지를 분석한다. 특히 미국, 중국, EU, 인도 등 주요 경제권이 도입한 대표적인 통상 관련 규제들을 중심으로 그 제도적 특성과 배경을 조명한다. 이들 규제는 겉으로는 자유무역 체제의 틀 안에서 작동하는 듯 보이지만, 실제로는 자국 산업을 보호하고 전략적 우위를 확보하기 위한 조건으로 기능하고 있다.

오늘날의 통상은 더 이상 무조건적인 자유가 아니라, 특정한 정책 목표와 가치를 전제로 한 '조건부 자유'의 형태로 진화하고 있다. 미국, 중국, EU, 인도의 산업정책을 관통하는 일련의 가치 기준들이 이러한 조건을 형성하고 있으며, 이를 바탕으로 통상정책과 이를 실행하는 구체적 규제들이 제정되고 있다. 이러한 가치들은 다음의 다섯 가지 핵심 트렌드로 구분된다. ① 기후변화 대응 및 녹색 전환, ② 첨단기술 확보, ③ 공급망 안정성과 국가 안보, ④ 지속 가능성의 제도화, ⑤ 보조금 정책의 전략적 활용이 그것이다. 이 다섯 가지 트렌드는 상호 중첩되어 나타나기도 하며, 각국의 통상정책 전반에 복합적으로 반영되고 있다.

국가별로 살펴보면, 먼저 미국은 '칩스 및 과학 법(Chips and Science Act)', '인플레이션 감축법(IRA)', '인프라 투자 및 일자리 법(IIJA)' 등을 통해 반도체, 배터리, 청정에너지 등 전략 산업을 적극적으로 육성하고 있으며, 이를 뒷받침하기 위한 산업 보조금과 투자 유치 정책도 강화하고 있다. 이처럼 산업정책이 통상정책의 방향을 규정하고 있기 때문에, 반도체 및 전기차 배터리 공급망, 청정에너지 산업, 첨단 제조업 육성 전략이 실제로 어떻게 통상규제로 구현되고 있는지에 대한 구체적 검토가 중요하다.

중국은 내수 시장 확대와 해외 시장 개척을 병행하는 가운데, 과잉생산 문제 해결을 위한 수단으로 통상정책을 적극 활용하고 있으며, 이를 통해 자국 산업 보호와 글로벌 경쟁력 강화를 동시에 추진하고 있다. 이러한 산업정책과 기술 패권 확보 의도가 가장 두드러지게 나타나는 분야 중 하나가 바로 '디지털 규제'이다. 특히 데이터 저장 및 전송 규범, 온라인 동영상 및 엔터테인먼트 관련 법규를 통해 외국 기업의 시장 접근을 제한한다. 이는 단순한 데이터 보호 차원을 넘어 국가 차원의 산업 전략을 강화하고 자국 기업의 경쟁력을 유지하기 위한 수단으로 작동하고 있다. 결국 중국의 디지털 규제는 과잉 생산 문제와도 맞물려 외국 기업을 견제하고 자국 산업을 보호하는 핵심적인 통상정책의 도구로 기능하고 있다. 이에 따라 중국의 데이터 관련 규범과 콘텐츠 산업 규제가 외국 기업의 시장 진입에 어떤 방식으로 제약을 가하고 있으며, 동시에 자국 산업 보호에 어떻게 기여하고 있는지를 구체적으로 살펴볼 필요가 있다.

한편, EU는 환경, 노동, 인권 등 핵심 가치에 기반한 산업정책을 바탕으로, 이에 부합하는 통상정책을 적극 추진하고 있다. 이러한 가치 중심의 정책 기조는 역내 기업뿐만 아니라 글로벌 기업에도 동일하게 적용되며, 지속 가능성과 공정 경쟁이라는 명분 아래 역외 기업에 대한 규제 역시 점차 강화되고 있다. 이러한 맥락에서 EU가 도입한 주요 통상규제들 — 예컨대 '역외보조금 규정(FSR)', '탄소배출권 거래제(ETS)', '탄소국경조정제도(CBAM)', '탄소중립산업법(NZIA)', '지속가능성 보고지침(CSRD)', '에코디자인 규정(ESPR)', '데이터법(Data Act)' 등 — 은 단순한 규제를 넘어 글로벌 기업의 사업 환경과 국제무역 구조에 실질적이고 광범위한 영향을 미치고 있다. 따라서 이러한 규제들이 글로벌 공급망과 기업 활동에 어떤 방식으로 작용하며, 그로 인해 국제통상 질서에 어떤 변화가 나타나고 있는지를 면밀히 이해하는 것이 향후 통상전략을 수립하는 데 핵심적이다.

인도는 수입 제한 및 내수 보호를 기반으로 특정 산업 분야에서 글로벌 경쟁력을 확보하려는 전략을 추진하고 있다. 특히 인도의 수입 허가 강화 및 보호무역적 조치를 중심으로, 특정 산업 육성 정책이 글로벌 공급망과 통상 환경에 미치는 영향에 주목할 필요가 있다.

6장에서는 자유주의 경제 질서의 변화에 따라 새롭게 열리는 가능성을 탐색한다. WTO는 더 이상 과거와 같은 역할을 수행하기 어려워졌으며, 다자무역 체제 역시 새로운 형태로의 전환이 요구되고 있다. 향후에는 WTO의 협의와 협력 기능이 강화되는 방향으로 변화할 가능성이 크고, 지역 및 양자 차원의 협력이 더욱 중요한 축으로 부상할 것이다. 한국과 같은 중견 산업국가는 WTO 체제뿐만 아니라 이미 체결된 다양한 자유무역협정을 전략적으로 활용할 필요성이 커지고 있다. 동시에, 급변하는 국제통상 환경에 기민하게 대응할 수 있는 유연성과 민첩성을 확보하는 것이 그 어느 때보다 중요해지고 있다.

7장에서는 한국이 이러한 변화 속에서 어떻게 살아남고 번영할 것인지에 대한 전략을 간략히 제언한다. 기존 자유무역 질서라는 온실에서 보호받던 한국 기업들은 이제 노지에서 살아남아야 한다. 자유무역의 보호막이 약화된 지금, 기업들은 다양한 국가의 규제와 정책 변화에 민첩하게 대응해야 하며, 이를 위해서는 정부와 학계의 지원이 필수적이다. 정부는 기업이 성장할 수 있는 환경을 조성하고, 기업이 새로운 무역 규제를 돌파할 수 있도록 외교적·제도적 지원을 해야 한다. 학계는 새로운 국제경제법 연구를 통해 기업과 정부가 나아갈 방향을 제시하고, 실질적인 대응 전략을 수립하는 데 기여해야 한다. 기업, 정부, 학계가 유기적으로 협력해 새로운 통상 환경을 능동적으로 헤쳐나간다면, 한국은 지금과 같은 격변의 시기에도 경쟁력을 유지할 수 있을 것이다. 나아가, 국제통상 질서를 선도할 수 있는 강한 산업 역량과 통상 환경 변화에 유연하게 대응할 수 있는 적응력을 동시에 갖추어야 한다. 이를 바탕으로 미국, EU, 중국, 인도 등 주요 강대국들과 어깨를 나란히 하며, 우리 또한 독자적인 전략을 펼치는 산업통상 강국, 나아가 강대국의 길을 걸어가야 한다.

이제 우리는 '일몰 2시간 전'의 경제 질서 속에서 각국이 어떤 전략을 펼치고 있으며, 해가 완전히 지기 전에 어떤 길을 선택해야 할지를 진지하게 고민해야 한다. 물론 정말로 캄캄한 밤이 찾아올지, 아니면 저물 것만 같던 해가 다시 떠오를지는 그 누구도 단언할 수 없다. 그러나 어떤 시나리오가 펼쳐지더라도 우리는 철저히 대비해야 한다.

자유무역이라는 간판은 여전히 세계 경제의 표면을 지탱하고 있지만, 그 아래에서는 각국의 산업정책을 통해 새로운 변수와 조건들이 하나씩 덧붙여지고 있다. 국가 안보, 공급망 안정, 기후변화 대응, 지속 가능성 등 개별 국가들이 중시하는 경제적 가치들이 산업정책에 반영되면서, 자유무역의 시대는 이제 각국의 전략적 목표가 내포된 전략적 보호무역의 시대로 전환되고 있는 것이다. 이 책은 바로 이러한 구조적 변화에 주목한다. 자유무역이라는 익숙한 이름 아래 작동하고 있는 새로운 통상 규칙들 그리고 그것이 통상정책의 미래에 어떤 함의를 갖는지를 짚어보며, 우리가 마주한 전환기의 무역 질서를 함께 그려보고자 한다.

2장

격변하는 국제무역 판도: 미국의 변화와 새로운 질서의 탄생

흔들리는 미국의 리더십:
자유무역의 깃발을 내리다

자유무역 시대의 황혼:
보호무역주의와 통상 장벽의 부활

국제통상 질서의 탄생도 변화도,
결국 미국에서 시작되었다.

2차대전의 포화가 멈춘 후, 세계 각국은 상호간 무역에서 고율의 관세와 각종 차별 조치를 감소시키는 작업을 20세기 말까지 꾸준히 진행했다. 공정하고 자유로운 시장경제 원리를 글로벌 수준에서 이루기 위해 여러 논의와 합의가 이루어졌고, 그렇게 만들어진 경쟁의 틀 안에서 각국의 기업들은 자유롭게 사업하였고 시장은 성장했다. 소위 '보이지 않는 손'을 기반으로, 시장의 자율성이 시장 실패를 최소화할 수 있다는 믿음 아래 거침없이 투자하고, 사업하고, 무역하던 시기였다. 이렇게 형성된 질서가 냉전 종식과 맞물리며 국경을 넘어 전 세계에서 일어나게 되니, 이를 '자유무역 질서' 또는 '세계화'라고 부른다. 한국은 1990년대와 2000년대에 WTO에 가입하고 FTA를 체결하며 성공적으로 자유무역 질서에 편입했고, 빠르게 성장했다.

그러나 우리가 30년 가까이 향유하던 자유무역 질서는 최근 급격히 변화했다. 산업정책과의 상호작용 등을 살펴보며 변화의 원인과 결과를 그려보기에 앞서, 변화된 통상질서의 현재 모습과 이를 촉발한 직접적인 원인을 살펴볼 필요가 있다. 마치 양 진영의 팽팽한 긴장이 흐르는 정적 속에서, 무차별 포화로 이어진 날카로운 '한 발의 총성'이 무엇이었는지 찾아보고, 이후 혼란으로 가득 차버린 '지금의 전장'을 묘사하는 작업이랄까?

흔들리는 미국의 리더십: 자유무역의 깃발을 내리다

1995년 WTO의 설립과 발효는 시장 기반의 자유롭고 비차별적인 무역 시스템의 완성처럼 보였다. 선진국과 개발도상국 모두 이러한 자유무역 시스템에 통합되어 그 혜택을 누릴 수 있게 되리라는 기대에 잔뜩 부풀었다. 실제로 우루과이 라운드 관세 인하, 규칙 기반의 무역 질서 강화, 분쟁해결 시스템의 개혁 등은 시장 접근성과 무역 성장을 크게 증가시키는 토대가 되었다. 많은 개발도상국이 처음으로 관세를 인하 및 철폐하고 신규 회원국이 대거 WTO에 가입하면서[1] 글로벌 시장이 성장하고, 무엇보다도 '제조업 활동의 초국경적 통합'이 가속화되었다. 2010년경까지 WTO 중심의 무역 자유화는 가속화되었고, 이 와중에 한국은 무관세의 상징인 자유무역협정(FTA) 체결을 급격히 확장시켰다. 이러한 자유무역 환경을 토대로 한국은 반도체, 철강, 조선, 자동차 등의 수출 산업을 앞세워 무럭무럭 성장했다.

제조업의 초국경적 통합은 선진국이 개발도상국에 아웃소싱을 주는 방식, 즉 중간재 제조품의 무역 증가로 이어졌다. 중간재 제조품은 2000년대 초 전 세계 제조품 수입의 75%로 정점을 찍었다.[2] 이 무렵 중국은 시장 지향적 개혁을 시행한 후 다른 아시아 수출업체들과 효과적으로 경쟁하기 시작했다. 중국뿐만 아니라 아세안 국가들도 1990년대 초부터 동시에 급속한 수출 성장을 경험했다. 2001년 중국이 WTO에 가입하면서 모든 WTO 회원국, 특히 미국과 EU의 시장에 비차별적으로 접근할 수 있게 되었고, 수출 실적에도 엄청난 상승 동력으로 작용했다.

그러나 이처럼 우호적인 국제무역 환경 속에서 선진국, 특히 미국은 주기적인 저성장과 부문별 실업, 신기술 등장에 따른 시장 변화 등으로 인해 자국 제조업을 보호해야 한다는 노동자 중심의 강한 압박에 직면했다. 이 정치적 압박이 결국 자유무역 질서에 대한 미국의 리더십 변화를 촉발했고, 마침내 최근 온 세계가 경험하고 있는 국제통상 질서의 변화로 이어졌다. 이러한 통상질서의 전환을 미국의 리더십 변화를 중심으로 간략히 살펴보자.

1. 미국발 반(反)자유무역의 신호탄

국제통상 질서를 재편하는 과정뿐만 아니라, 지난 수십 년간 20세기를 지배한 자유무역 질서를 만든 장본인은 바로 미국이다. 미국의 주도로 글로벌 자유무역이 번성했고, 이제는 미국의 변화가 그 질서를 뒤흔들고 있다. 그 변화를 이끄는 핵심 요인을 단순화하면, 소외된 제조업 노동자층과 이를 초래한 중국발 제조업 충격으로 압축할 수 있다. 미국의 통상정책과 노동자의 상관관계는 제조업 중심지였던 펜실베이니아, 오하이오 등 북동부 지역에서의 정치적 흐름과 무역정책 변화를 살펴보면 더욱 명확해진다.

예컨대 면직물과 철강 등 제조업이 집중된 북부에서 공화당이 정치적 지지를 이끌어내 집권했던 1861~1933년 시기, 미국은 해외 경쟁에서 국내 산업을 보호하기 위해 높은 수입 관세를 부과하였다. 이후 '수출용' 농작물을 생산하던 남부에서 지지를 받던 민주당이 정권을 잡은 1933년부터 1993년까지는 다른 국가와의 상호주의를 통해 외국의 관세를 낮추려는 노력이 많았다.³ 그리고 같은 시기, 제조업 중심의 북부 지역을 대표하던 공화당 정권 또한 2차 세계대전 종전을 계기로 무역 자유화를 지지하기 시작했다. 당시 미국의 중요한 외교정책 목표가 동맹국의 경제 재건을 돕고 공산주의의 위협에 저항하는 방식이었던 상황에서, 무역의 자유화가 동맹국의 경제와 미국의 외교정책에 도움이 된다는 초당적인 합의가 이루어졌기 때문이다.⁴ 따라서 2차 세계대전 종전 후, 압도적인 미국 달러화의 우위를 배경으로 탄생한 브레튼우즈(Bretton Woods) 체제와 이를 통한 국제통화기금(IMF) 및 국제부흥개발은행(IBRD)의 탄생, 국제무역기구(ITO)의 설립 약속도 미국이 20세기의 지역간·양자간 무역협정 등을 통해 관세를 인하하던 시기와 맞물려 있었다. 이처럼 1950년대 초부터 1990년대 초는 상호관세 인하에 대한 민주당과 공화당의 초당적 지지가 이어지는 '이례적인' 시기였다.⁵

그러나 무역 자유화에 대한 초당적 지지는 1993년 북미자유무역협정(NAFTA) 체결부터 다소 약화되었다. 수출 농작물 중심의 남부는 민주당에서 공화당으로, 제조업 중심의 북동부는 민주당의 텃밭이 되면서, 무역 자유화 및 무역협정에 대한 지지는 민주당에서 크게 약해졌다. 특히 민주당은 FTA에 대해 더욱 회의적인 태도를 보이며 무역협정에 더 엄격한 환경 및 노동 조항을 포함할 것을 요구하기 시작했다. 페루, 콜롬비아, 파나마, 한국과의 FTA에 대한 민주당의 저항이 거세지자 조지 W. 부시 행정부는 2007년 5월 민주당 지도자들과 타협점을 모색하기 시작했다. 타협안에는 미국이 체결하는 FTA에 국제적으로 인정된 노동 기준이 포함되어야 하고, FTA 당사국이 노동법을 준수할 것 등의 구체적 약속이 포함되어야 한다는 내용이 담겨 있었다.[6] 그리고 이 타협안은 최근까지 미국이 체결한 모든 FTA에 일괄적으로 적용되었다. 실제로 버락 오바마는 대통령이 된 후 상호주의를 통해 관세를 낮추는 동시에 노동 및 환경 보호를 FTA에 포함시키는 정책을 지속적으로 추진했다. 심지어 콜롬비아, 한국, 파나마와의 FTA 이행을 위한 국내 법안에 서명하면서, 이들 FTA를 '일자리 지원 무역협정(job-support trade agreements)'으로 홍보하였다.[7]

이처럼 초당적 타협을 통해 만들어진 노동자 중심의 자유무역 개념은 미국 주도의 자유무역 질서를 형성해갔다. 그 절정에서 오바마 행정부는 2009년 '세계 최대 규모의 자유무역협정'이 될 뻔했던 환태평양경제동반자협정(Trans-Pacific Partnership, TPP) 협상을 개시하기도 했다.[8] 이처럼 국내 정치적 타협을 바탕으로 미국은 다자간·양자간 무역협정 체결을 선도해가며 관세를 낮추고 무역장벽을 없애는 노력을 지속했고, 대부분의 주요 경제국이 이에 화답하면서 미국 주도의 국제 자유무역 질서가 유지되었다. 1999년 중국이 미국과 협상을 타결한 후 2001년 WTO에 가입한 것 또한 미국 주도의 자유무역 질서가 점진적으로 확대되던 시기에 이루어진 것이다.

국제 자유무역 질서가 흥하게 된 배경과 마찬가지로, 그 쇠락 또한 미국의 '초당적' 반대에서 비롯되었다. 초당적 반대의 정점에는 도널드 트럼프가 있었다. 2016년 도널드 트럼프 당시 공화당 대선 후보는 무역을 선거 캠페인의 핵심 요소로 삼았다. 그는 "미국을 다시 위대하게 만들기 위한 100일 행동 계획"을 내세우며, 미국 노동자를 보호하기 위한 방편 중 하나로 "NAFTA의 재협상 또는 탈퇴", "TPP 탈퇴", "상무부 장관과 미국 무역대표부(United States Trade Representative, USTR)에 미국 노동자에게 불공정하게 영향을 미치는 모든 해외 무역 남용을 파악하고 미국법 및 국제법에 따른 모든 도구를 사용하여 이러한 남용을 즉각 중단하도록 지시"하겠다고 공약하기도 했다.[9] 이에 대한 노동자층의 지지가 높아지자 민주당 또한 과거 오바마 대통령 시절에 수립된 자유무역정책을 비판하기 시작했다. 당시 민주당 후보였던 힐러리 클린턴은 역설적이게도 오바마 행정부의 국무장관 시절 본인이 지지했던 TPP를 비난하는 등 보호무역을 지지하는 쪽으로 입장을 선회했다.

당선 후 트럼프 대통령은 본인이 공약했던 통상정책들을 그대로 실행에 옮겼다. TPP의 비준을 거부하고, NAFTA와 및 한미 FTA의 재협상에 돌입하였다. 그야말로 보호주의적인 '미국 우선주의' 통상정책의 신호탄을 쏘아올린 것이다. 한편 국가 안보를 이유로 철강 및 알루미늄 제품에 대한 관세를 급격히 인상하였다. 또한 중국산 수입품에 높은 추가 관세를 부과하는 등 중국에 적대적인 입장 또한 노골적으로 표출하였다.[10] 여기서 주목할 것은, 이러한 태도 변화가 트럼프 대통령 개인만의 입장이 아니었다는 점이다. 민주당 의원 상당수가 TPP에 반대하였고, 대통령의 반중 정책을 폭넓게 지지하였다. 나아가 민주당 의원들의 반중 태도는 중국 내 소수민족인 위구르족에 대한 인권 문제로까지 이어졌다.[11]

트럼프 대통령이 재임에 실패하고 바이든 행정부가 들어선 후에도, 트럼프 대통령의 통상정책은 그대로 유지되었다. 바이든 대통령은 철강 및 알루미늄 수입에 대한 추가 관세와 중국산 수입품에 대한 높은 추가 관세를 유지하였다. 심지어 유럽연합, 아시아 국가, 라틴아메리카 국가 등 여러 동맹국과의 통상 논의에서 미국 시장에 대한 접근성 약속을 회피하기도 하였다. 바이든 행정부는 사실상 전임 행정부보다 더 강력한 보호무역 조치를 취하기 시작한 것이다.[12]

요약하자면, 2016년 이후 미국의 통상정책은 그 이전에 양당을 지배하던 자유무역 기조에서 급격히 멀어졌다. 상호관세 인하는 더 이상 미국 무역정책의 주요 목표일 수 없었다. 실제로 바이든 행정부에 와서도 여러 종류의 관세가 점차 인상되기 시작했고 계속 유지되었다. 결정적으로, 자유무역 이슈는 대통령 선거와 의회 선거에서 중추적인 역할을 하는 경합주(swing state)에서 계속 민감한 이슈로 자리매김하였고, 이에 민주당과 공화당은 초당적으로 자유무역에 비판적인 입장을 흔들림 없이 견지하였다. 2025년 트럼프 대통령의 재선 이후, 미국의 반자유무역 기조는 더 이상 수식어가 필요 없을 만큼 더욱 분명해졌다.

2. 미국 노동자 표심이 이끄는 국제통상 질서

2016년 트럼프 대통령이 강하게 지지했던 반자유무역 옹호의 주된 배경에는 당시 뿌리깊게 축적된 노동자 중심의 국내 정치 요인이 있었다. 그리고 이는 미국이 현재 초당적으로 자유무역을 반대하게 된 주된 시발점이 되었다. 민주당과 공화당은 2년마다 의회 선거와 4년마다 대통령 선거를 치른다. 이 과정에서 표심에 따라 후보의 당락이 결정된다고 알려진 경합주(미시간, 위스콘신, 펜실베이니아, 노스캐롤라이나 등)는 과거 중요한 제조업 중심지였고 블루칼라 노동자 인구가 많았기 때문에, 이들 노동자의 표심은 더욱 중요해졌다.[13] 그리고 노동자들은 역사적으로 자유무역에 반대하고 국내 산업 보호를 강조하는 집단이기 때문에, 노동자들의 표에 집중할수록 미국의 거대 양당은 '초당적'으로 자유무역에 반대할 가능성이 높아지는 것이다.

(1) 제조업, 일자리, 임금

이들 경합주에서 문제가 되는 세 가지 키워드는 ① 제조업, ② 일자리, ③ 임금, 즉 '산업정책적' 조건들이다. 제조업은 높은 퇴직금, 전반적인 복리후생, 높은 학위가 필요 없다는 인식, 실업률에 미치는 영향 등으로 인해 미국 내에서 다른 일자리들에 비해 더욱 중요하게 인식되는 경향이 있다.[14] 전 USTR 대표 로버트 라이트하이저(Robert Lighthizer)는 제조업이 미국 GDP의 11%에 불과함에도 불구하고 미국에서 연간 35%의 생산성 증가를 창출하며, 가장 많은 STEM(Science, Technology, Engineering, Mathematics) 근로자를 고용하는 분야라고 주장하기도 했다.[15] 그러다 보니 제조업 일자리의 감소는 미국 전역, 특히 제조업이 집중된 광범위한 지역사회의 붕괴로 이어질 수 있다는 우려로 이어졌다.

문제는 제조업의 일자리 손실과 사회적 고통이 '자유무역'에서 초래된다는 여론이 강하게 존재한다는 점이다. 라이트하이저는 "고임금 지역에서 저임금 지역으로의 일자리 아웃소싱이 미국 러스트 벨트(쇠락한 옛 공업지대) 및 기타 지역사회를 황폐화시켰다는 사실은 부인할 수 없으며", 1990년대부터 이러한 실직자들이 "갈 곳이 없거나 저숙련, 저임금 서비스직에 종사하게 되었다"고 주장했다.[16] 나아가 이러한 현상은 해당 지역의 경기 침체와 황폐화로 이어질 뿐만 아니라 자살, 약물 과다 복용, 알코올 중독과 같은 '절망의 죽음(death of despair)' 증가로까지 이어진다고 비판하기도 했다. 라이트하이저는 "이러한 재앙의 분명한 원인 중 하나는 실패한 무역정책"이라고 자유무역정책을 강하게 비판하였다.[17] 라이트하이저의 생각은 바이든 행정부에서도 유효하게 유지되었고, 트럼프 2기 행정부도 이를 이어받은 것으로 보인다.

라이트하이저와 같은 제조업 중시론자들은 제조업의 '전략적 중요성'도 강조한다. 국내 제조업이 중요하다는 주장은 코로나19로 인해 공급망이 혼란을 겪으면서 비로소 두드러졌고, 미국과 중국의 경쟁이 심화하면서 더욱 힘을 얻었다. 같은 맥락에서, 바이든 행정부의 국가안보보좌관이었던 제이크 설리번(Jake Sullivan)은 '뉴워싱턴 컨센서스(New Washington Consensus)'[18] 연설에서 전략적 우려에 대해 언급했다. 여기서 그는 "중국이 철강과 같은 전통적인 산업 분야는 물론 청정에너지, 디지털 인프라, 첨단 생명공학 등 미래의 핵심 산업에 막대한 규모의 보조금을 계속 지급"하면서, "미국은 단순히 제조업만 잃은 것이 아니라 미래를 정의할 핵심 기술에서 경쟁력이 약화되었다"고 주장하였다.[19]

제조업과 블루칼라 노동자들의 약화로 인해 직접적으로 발생한 문제는 바로 '임금 정체'였다. 제이크 설리번은 "(자유)무역을 통한 성장이 '포용적 성장'으로 이어질 것이라는 가정, 즉 무역의 이익이 국가 내에서 광범위하게 공유될 것이라는 가정이 지배적이었지만 (…) 실제로는 많은 근로자가 그 이익을 누리지 못했다"고 강조하였다.[20] 동시에 "미국 중산층은 설 자리를 잃었고 부유층은 그 어느 때보다 더 잘 살게 되었다"고 설명하며 자유무역으로 인한 양극화의 심화까지도 비판하였다.[21] 사실 이러한 임금 정체 문제(특히 2007년부터 2016년까지의 현상)는 그 동안 자유무역을 지지하는 이들조차도 상당 부분 인정하고 있던 현상이다.

(2) '불공정 무역 관행' 인식

앞서 살펴본 바와 같이, 미국 내 반(反)자유무역적 주장은 국내 정치·경제적 요인에서 비롯된 측면이 크다. 그러나 동시에 다른 국가들의 '불공정 무역 관행'이 미국 산업의 쇠퇴를 초래했다는 비판적 인식 또한 중요한 배경으로 작용하고 있다. 이러한 비난은 대부분 중국을 겨냥한 것이지만, 불공정 무역 관행에 연루되었다는 비난을 받는 국가는 중국뿐만이 아니다. 라이트하이저는 수차례 한국, 대만, 중국의 불공정 무역 관행을 주장하며, 이들 국가가 미국을 제치고 세계적 수준의 산업을 발전시킨 배경에는 '불공정 무역 관행'이 있었다고 주장하였다.[22] 이들 국가가 공통적으로 "보조금, 국내 시장 제한, 느슨한 노동법, 기타 글로벌 시장에서 우위를 점하기 위한 다양한 정책의 혜택을 누리고 있다"고 본 것이다.[23] 그러나 오늘날 미국의 중국에 대한 불공정 행위 비판은 한국이나 대만 등과 감히 비교하지 못할 정도로 강하다. 중국에 대한 비난은 공화당과 민주당 모두 초당적으로 공감하고 있는 부분이기도 하다. 오히려 정치적 공세를 위해 공화당은 바이든 대통령이 트럼프 대통령보다 중국에 대해 더 부드럽다고 비판하였다.[24] 이러한 배경에서 바이든 행정부는 중국에 대하여 약한 노선을 취하는 것처럼 보이지 않기 위해서라도 더욱 확고한 대중 강경 정책을 취했다고도 볼 수 있다. 어쨌든 지금 미국 내 어떤 정치인도 중국에 대해 유화적인 태도를 취하고 싶어 하지 않는다는 것은 분명해 보인다. 이러한 경향은 제조업·노동·임금 중심의 국내 정치·경제적 변수가 특별히 바뀌지 않는 한, 앞으로 트럼프 2기 행정부 내내 달라지지 않을 것이다. 따라서 어떤 형태로든 당분간 중국에 대한 미국의 포용적인 통상정책이 나올 가능성은 희박하다.

(3) '친환경' 색깔이 물든 '산업정책'

국내·국제의 정치·경제적 동기와 관계없이, 전지구적 기후 대응 문제는 오늘날 미국 행정부의 무역정책에 영향을 미치는 또 다른 요소임에는 틀림없어 보인다. 바이든 대통령은 기후정책과 산업정책을 긴밀히 연계해왔는데, 이러한 '산업정책 기반 기후정책'은 바이든 정권의 가장 중요한 입법 중 하나인 '인플레이션 감축법(IRA)'에 가장 명확하게 반영되었다. IRA에 따라 막대한 양의 산업 보조금이 제공되었는데, 바이든 행정부는 이러한 보조금이 합법적인 환경 목표(기후변화 대응 등)를 추구하고 일자리를 창출한다고 정당화하였다.[25] 미국의 기후정책이 미국 노동자를 중시하는 '산업정책'에 기반하고 있다는 점에 한정해볼 때, 트럼프 2기 행정부도 (비록 IRA 축소를 주장할지언정) IRA의 전면 폐지를 감행하기는 어려워 보인다.

예컨대 경제학자 폴 크루그먼(Paul Krugman)은 IRA에 따라 제공되는 보조금이 "(바이든 행정부의) 기후 전략의 핵심 요소이며, 이러한 전환을 일자리 창출과 연결함으로써 녹색 에너지로의 전환을 정치적으로 실현 가능하게 만들려는 시도"라고 설명한다.[26] 제이크 설리반 역시 기후변화 정책과 일자리 사이의 연관성을 확인했다. 그는 "21세기 청정에너지 경제를 구축하는 일은 21세기의 가장 중요한 성장 기회 중 하나이며, 이 기회를 활용하기 위해 미국은 혁신을 추진하고 비용을 절감하며 좋은 일자리를 창출할 수 있는 신중하고 실질적인 투자 전략을 마련해야 한다"고 말했다.[27] 한마디로 기후변화 정책과 국내 제조업 중심의 일자리 창출이라는 강력한 '산업정책'이 상호 연계되어 있기 때문에 기후정책이 정치적으로 더 폭넓은 지지를 받을 수 있었다는 설명이다. 따라서 미국 국내 정치적 맥락에서 기후변화와 일자리 사이의 연결은 바이든 대통령이 민주당 내 진보주의자 및 기타 친환경 유권자의 호감을 얻는 동시에 블루칼라 노동자에게도 어필할 수 있었던 전략으로 보인다. 노동과 일자리를 중시하는 트럼프 2기 행정부 역시 미국 '산업정책'의 한 축으로 구축된, IRA로 대변되는 친환경 산업정책을 완전히 외면할 수 없을 것이라는 전망도 여기에서 나온다.

(4) 무역 적자?

미국 정부의 반자유무역 논리는 위와 같은 국내 정치·경제 및 국제 기후 대응 요인과 함께, 심화되는 무역 적자에서 일부 비롯되었다는 주장도 있다. 트럼프 대통령은 "(미국의) 대중 무역 적자는 매년 계속 손실을 보는 사업체와 같다"고 말한 바 있다.[28] 라이트하이저도 미국의 지속적인 무역 적자를 비난하며 미국산 수입품에 대한 관세 인상을 정당화하였다.[29] 이러한 무역 적자를 기존 관세 인하 탓으로 돌리며 무역 적자가 경제에 부정적인 결과를 초래한다고 주장한 것이다.[30]

그러나 구체적인 지표에 비추어 볼 때 이 주장은 그리 설득력이 있어 보이지는 않는다. 트럼프 대통령은 무역 적자 감소를 성공적인 무역정책의 기준으로 삼았지만, 미국의 무역 적자는 트럼프 1기 행정부 기간 동안 오히려 증가했다. 미국 상무부 통계에 따르면 미국의 상품 및 서비스 무역 적자는 트럼프 취임 전 해인 2016년 4,810억 달러에서 2020년 6,790억 달러로 증가했다. 상품 무역 적자는 2020년에 9,160억 달러로 2016년 대비 21% 증가하여 사상 최고치를 기록했다.[31] 2020년에 중국과의 양자간 무역 적자는 2018년에 비해 감소했지만, 같은 기간 동안 미국의 전체 무역 적자는 다른 국가로 수입처가 바뀌었을 뿐 증가세를 이어갔다.[32]

바이든 대통령도 2023년 미국의 대중국 상품 적자가 2010년 이후 최저치를 기록했음에도 불구하고 무역 적자에 대해 그다지 강조하지 않았다. 그리고 GDP 대비 비율로 보면 2003년 이후 가장 낮았다. 일각에서는 이렇게 무역 적자가 줄어든 이유는 미국이 단순히 중국으로부터 수입을 줄였기 때문이 아니라, 다른 국가들로 공급망을 다변화하거나 재배치했기 때문일 가능성이 크다는 지적도 나온다. 즉 미국과 중국이 여전히 상호 연관된 경제 관계를 유지하면서도, 디커플링(decoupling)이 아니라 스프레드커플링(spread coupling)을 통해 공급망이나 무역 경로가 분산되고 다변화되었기 때문에 미국의 대중 적자가 완화되는 현상이 나타났다는 분석이다.[33]

한편 트럼프 대통령이 2기 행정부 출범과 함께 높은 관세 부과를 선언했지만, 이를 그대로 받아들여 미국의 향후 통상정책 방향을 단정하기는 어렵다. 그러나 트럼프 1기 행정부 당시의 무역 적자 상황 등에 비추어 볼 때, 관세 인상이 미국의 일관된 통상 기조라기보다는 국내 정치·경제적 상황에 따른 선택일 가능성이 크며, 이에 따라 나중에 다시 크게 변화할 가능성도 배제할 수 없다. 따라서 트럼프 2기 행정부 출범 이후, 미국의 통상 파트너 국가들은 이러한 정책적 유동성에 대비해 유연한 대응 전략을 마련하는 것이 중요해 보인다.

자유무역 시대의 황혼: 보호무역주의와 통상 장벽의 부활

1. 중국발 산업정책 경쟁과 반자유무역 기조의 강화

미국발 반(反)자유무역 흐름은 주요 경제 대국들의 무역정책 기조에도 변화를 가져오고 있다. 2차 세계대전 이후 미국 내에서 지속되어온 자유무역에 대한 초당적 지지는 이미 사라졌으며, 그 여파로 각국은 점차 여러 형태의 관세를 높이고 보조금을 확대하며 해외 투자심사를 강화하는 등 무역과 투자의 기존 원칙이 재편되고 있다. EU는 친환경 정책과 산업정책을 병행하며 자유무역 질서의 변화를 적극 모색하고 있으며, 중국과 인도는 표면적으로 개방 무역을 유지하면서도 보호무역과 산업정책을 병행하며 글로벌 산업 경쟁을 심화시키고 있다. 이러한 변화는 지난 20년간 반복된 경제 위기와 중국의 비시장적 경제 운영이 충돌하면서 더욱 가속화되었으며, 그 결과 자유무역의 중심에 있던 WTO 체제마저도 마비되는 상황에 이르렀다.

WTO를 탄생시킨 우루과이 라운드 협상의 성공과 2000년대 글로벌 가치사슬의 확립은 자유무역과 세계화에 대한 정치적 지지 그리고 '비교우위' 이론을 기반으로 이루어졌다. 그러나 2008~2009년 글로벌 금융 위기와 이후 이어진 '대침체(great recession)'는 이 시스템의 안정성에 의문을 불러일으켰다. 긴밀하게 통합된 세계 경제 시스템에서는 일부 지역의 충격이 전 세계적으로 증폭될 수 있다는 점도 이러한 회의론을 심화시켰다. 한편 2011년 중국이 WTO 가입 10년 만에 주요 경제 강국으로 떠오르면서 자유무역과 세계화에 대한 불신은 더욱 커졌다. 중국의 부상은 WTO 체제와 글로벌 가치사슬을 기반으로 이루어진 성과였다. 하지만 동시에 중국은 국제 경제 질서를 왜곡하는 주범으로 지목되기 시작했다.[34]

무역 자유화의 혜택을 누리면서도 중국은 자국 시장의 자유화보다는 경제 국유화와 국가 통제를 강화하는 방향으로 나아갔다. 이는 특정 산업을 집중 육성하고 수출 주도 성장 전략을 유지하기 위한 것이었다. 그 결과 중국이 '세계의 공장'으로 자리잡으면서 선진국과 개발도상국의 제조업은 극심한 경쟁 압력에 시달리게 되었다. 그러나 WTO의 '비차별' 원칙과 '시장 접근' 의무로 인해 이들 국가는 관세나 쿼터와 같은 무역구제 조치를 자유롭게 활용하기 어려웠고, 중국과의 경쟁에 효과적으로 대응할 수 없었다. 더불어 중국은 첨단기술 제조, 서비스, 투자 분야에서 상호 자유화를 꺼리고, 지식재산권(IPR) 보호 의무도 소홀히 한다는 비판을 받았다. 여기에 더해 대규모 산업 보조금 지급, 노동·인권·환경 보호 미비 등의 문제도 함께 지적되며, 중국의 저가 수출이 글로벌 경제에 미치는 부정적 영향에 대한 우려가 커졌다.[35] 물론 중국뿐만 아니라 러시아 등 다른 비시장경제(non-market economy) 국가들도 비슷한 비판을 받고 있으므로 반세계화·반자유주의 정서를 중국만의 책임으로 돌리는 것은 과장된 해석일 수 있다.[36] 그러나 자유무역 질서의 침체를 설명하는 데 미국의 국내 정치·경제적 변화와 함께, 중국이라는 주요 외부적 요인이 작용하였다는 점은 부인하기 어렵다.

2. 미·중발(發) 자유무역 침체로 인한 WTO·FTA의 온도 변화

WTO 체제로 상징되는 '규칙 기반 시스템(rule-based system)'에 대한 불신 또한 미·중발 반세계화·반자유무역 정서에서 비롯되었다고 볼 수 있다. 애초에 자유시장 경제를 전제로 설계된 WTO 시스템은 중국과 같은 비시장경제[37]를 효과적으로 규율하는 데 한계를 보였으며, 그 결과 강력한 산업정책을 펼치면서도 자유무역을 활용해 글로벌 시장을 잠식하는 중국의 행태가 심화되었다. 미국 입장에서는 WTO 체제가 자국의 무역구제 조치(trade remedy measures)를 제한하여 경제적 헤게모니에 도전하는 국가들을 오히려 돕고 있는 듯한 모습으로 비쳤다. 특히 1990년대 후반 아시아 금융 위기와 2008~2009년 글로벌 금융 위기를 거치며 거시경제 불안과 환율 변동이 제조업 보호 압력을 가중시켰지만, 미국을 비롯한 주요국은 우루과이 라운드에서 약속한 시장 접근 및 관세 인하 조치로 인해 보호무역적 대응이 쉽지 않았다. WTO 체제는 세이프가드, 반덤핑 관세, 상계 조치 등 무역구제 수단 사용을 엄격히 규율했고, 이에 따라 무역구제의 보호막이 약화된 미국의 전통 제조업 경쟁력 또한 점차 약화되는 듯 보였다. 반면 미국이 비교우위를 지닌 농업, 첨단기술 제조, 서비스 분야에서는 WTO가 충분히 기능하지 못하면서 미국의 시장 점유율이 감소하고 있다는 불만이 커졌다.

이러한 불신을 단적으로 보여주는 사례가 2002년 미국의 철강 세이프가드 조치였다. 미국은 2002년 3월, 1974년 무역법 201조에 따라 업계 구조조정과 산업 보호를 이유로 최고 관세율 30%의 세이프가드 조치를 3년 동안 부과하기로 하였다. 이에 EU, 일본, 한국, 중국, 스위스, 노르웨이, 뉴질랜드, 브라질은 곧바로 이를 WTO에 제소하였고 WTO 분쟁해결기구는 해당 조치가 WTO 규범을 위반한다고 결정하였다.[38] 이렇게 WTO 규범에 합치하지 않는 조치에 대하여 EU를 비롯한 여러 국가들이 보복 조치를 경고하면서 결국 미국은 2003년 해당 조치를 철회했다. 이는 미국 정치권에 WTO에 대한 강한 반감을 심어주었고, 이후 미국이 자국 무역법(또는 무역 관련 조치)을 WTO의 심판대에 올리는 것을 더욱 꺼리게 만드는 계기가 되었다. 나아가 무역이 '국가 안보'까지 위협하는 요소로 인식되면서 자유무역 질서와 WTO

에 대한 미국의 불신은 더욱 심화되었다.

    2000년대 중반부터는 WTO가 시장 기반 무역정책과 관행에 기반한 규칙(rules) 위에서 설계되었기 때문에, WTO 규범이 중국의 '비시장경제'와 '국유 기업' 개념을 수용하기에는 한계가 있다는 비판이 본격적으로 제기되기 시작하였다. 특히 중국이 내수 시장과 수출산업에 광범위한 보조금을 지급하는 산업정책 모델을 활용하고 있었기 때문에, 결국 WTO의 '법치(rule of law)' 기능 자체가 시험대에 오를 수밖에 없었다. 이러한 도전은 WTO 분쟁해결절차에서 분명히 드러났다. 1996년부터 2024년까지 반덤핑 관세 또는 보조금 상계관세 부과를 문제삼으며 WTO에 제소된 분쟁 사건이 300개가 넘었다. 이들 사건의 판결과 관련하여 미국은 상소기구가 반복적으로 사법적 월권을 행사하고 '무역구제' 관련 WTO 협정을 잘못 해석하여 미국의 무역구제 조치 능력을 저해했다고 강하게 비판하였다. 특히 미국은 반덤핑법을 시행할 때 '제로잉(zeroing)'이 허용되지 않는다는 상소기구의 판결을 받아들이지 않았다.[39] 또한 보조금 및 상계 조치에 관한 협정에서 '공공기관'이라는 용어에 대한 상소기구의 해석이 너무 협소하여, 중국 국영 기업의 보조금에 대한 조치를 취할 수 없다고 판단한 것에 대해서도 강한 불만을 제기했다. 무역구제 조치를 스스로 제한할 것인지, WTO 판결을 무시할 것인지의 선택의 기로에 놓인 미국은 후자를 택했다. 트럼프 1기 행정부하에서 미국은 임기가 끝나 비어버린 상소기구에 상소위원들의 임명을 반대하는 방식으로 상소기구를 정지시켰다.[40] 그리고 트럼프 1기 행정부 이후 지금까지 미국은 새로운 FTA도 전혀 체결하고 있지 않다.

다자 자유무역 체제에 대한 이러한 온도 변화는 유럽 국가들에서도 감지된다. EU는 WTO 도하 라운드가 시장 접근성 개선에 실패한 상황에서 수출을 확대하기 위해 보다 신중한 FTA 협상 정책을 추진했다. 그러나 중국산 수입품을 중심으로 한 글로벌 산업 경쟁이 심화되면서, 기존의 전통적인 수입 규제 방식만으로는 EU 내 제조업 기반을 보호하는 데 구조적 한계가 드러났다. 이에 EU는 중국산 태양광 패널과 최근 전기자동차에 고율의 관세[41]를 부과하는 등, 보다 강경하고 전례 없는 무역구제 조치로 대응하기 시작했다.[42] 또한 환경, 노동, 기후변화와 관련된 제품 표준 및 생산 규제를 더욱 광범위하게 적용하고 국내 산업에 공평한 경쟁의 장을 조성하기 위해 통상정책적 접근 방식 또한 바꾸려고 노력하고 있다.

이에 EU는 다자·양자 무역협정을 더욱 정교화하는 방식을 취하는 대신 오히려 역내의 규정을 강화하는 방식으로 태도를 전환하였다. 예컨대 최근 탄소국경조정제도(Carbon Border Adjustment Mechanism, CBAM), 산림벌채방지규정(Regulation on Deforestation-Free Products), 기업 지속가능성 실사지침(Corporate Sustainability Due Diligence Directive, CSDDD), 역외보조금 규정(Foreign Subsidies Regulation, FSR), 외국인투자심사 절차(Foreign Direct Investment Screening Mechanism, FDI Screening), 강제노동금지규정(Regulation on Prohibiting Products Made with Forced Labour), 디지털 시장법(Digital Markets Act, DMA) 및 디지털 서비스법(Digital Services Act, DSA), 국제 조달 수단(International Procurement Instrument, IPI) 등과 같은 새로운 규정을 도입한 것이 그 예이다. 유럽으로 물품을 공급하거나 투자하는 해외업체의 경우 이러한 규정을 준수하는 데 드는 비용이 증가했으며, 일부 기업은 공급망 일부를 EU로 이전하기 시작

하였다.

EU의 이러한 국내 규제 중심의 통상정책 전환은 WTO 규칙과 규율의 적용에 새로운 의문을 제기하고 있다. 즉 각국 정부가 최혜국 대우(MFN)[43] 기반의 구속력 있는, 새로운 형태의 다자협정 조항을 회피하고 있기 때문이다. 이는 비슷한 생각을 가진 국가들 간에만 다자간 협정을 적용하거나, WTO와 같은 전지구적 차원의 다자 체제에 대해서는 구속받지 않는 방식으로 통상정책을 전환하려는 신호일 수도 있다. 일각에서는 이를 두고 일종의 '소다자(minilateral)' 체제로의 흐름이 반영된 결과라는 평가도 있는 것 같다.[44] 실제로 이러한 EU의 움직임은 서비스 국내 규제(Domestic Regulation on Services), 개발을 위한 투자 촉진(Investment Facilitation for Development) 및 전자 상거래(E-Commerce) 관련 다자협정 체결의 난항에서도 잘 드러난다.[45] 이들 합의는 강제력 있는 규칙이 아니라 상호 협력에 더 중점을 두고 있다. 주로 개발도상국의 전유물이었던 '정책적' 재량과 자율성을 보호하는 것은 이제 선진국에서도 통상정책의 중요한 요소가 되고 있다. 이러한 요소는 향후 WTO의 변화에도 큰 영향을 미칠 것으로 전망된다.

이처럼 국제적 수준에서 자유무역 질서가 침체되고 WTO 및 FTA와 같은 기존 다자·자유무역 질서가 변하고 있는 것이 분명해진 상황에서, 우리는 그러한 변화의 궁극적인 '결과물'에 주목할 필요가 있다. 결론부터 말하면, 기존의 자유무역 질서가 후퇴한 자리를 각국의 강력한 '산업정책'과 이를 실행하기 위한 다양한 '통상규제'가 채우기 시작했다. 그리고 이러한 산업정책의 추진과 통상규제의 준수가, 자유무역이 제한된 형태로나마 유지되기 위한 전제조건이 되고 있다.

이는 어쩌면 여러 국내적 이해관계를 조정·충족시키고, 변화된 세계 경제 환경에 적응하는 과정에서 나타나는 자연스러운 현상일지도 모른다. 따라서 오늘날 변화된 국제통상정책을 이해하기 위해서는 '통상정책'을 살펴보기 전에 그러한 정책이 비롯된 해당 국가 내지 경제 권역의 '산업정책'을 먼저 이해해야 한다. 그리고 이와 상호작용하는 여러 지정학적·경제적 환경을 종합적으로 살펴보아야만 비로소 개별 국가들이 내세우는 통상정책의 의도와 '민낯'을 들여다볼 수 있다. 따라서 다음 장에서는 경제 규모와 그 변화의 파급력 면에서 오늘날 가장 큰 영향력을 행사하는 네 주요 강대국(미국, EU, 중국, 인도)을 중심으로 그들의 산업정책을 살펴보려 한다.

3장

산업정책의 귀환: 생존을 위한 거인들의 싸움

산업 거인들의 경쟁:
'시장'이 아니라 '정부'가 경제를 발전시키다

미국, '메이드 인 아메리카'를 외치다:
자국 우선주의 산업정책의 실체

EU, 탄소중립을 넘어 '규제 발전소'로:
환경과 기술을 결합한 산업전략

중국, 기술패권을 향한 질주:
'혁신주도 발전전략'과 산업 강대국의 길

인도, 산업 보호의 방패를 들다:
자국 산업 육성과 다자 체제에서의 강경 노선

앞으로의 경제질서는 네 산업 거인의
발걸음 위에서 균형을 찾을 것이다.

최근 제조업을 비롯한 국내 산업을 보호하고 지원하기 위해 정부가 적극 개입하는 경향이 전 세계적으로 급격히 증가하고 있다. 이는 '산업정책'의 모습으로 구체화되고 있고, 이를 바탕으로 자연스럽게 강대국 및 주요 경제권역의 통상정책도 변하고 있다. 특히 주목할 점은 제조업과 노동자 보호를 둘러싼 미국의 국내 정치·경제적 이해관계가 중국의 산업·통상 정책에서 비롯된 무역 환경에 직면하고 있다는 것이다. 이러한 맥락에서 미국은 첨단 제조업 중심의 기술 패권 경쟁에 대응하기 위해 새로운 산업정책 내지 통상정책을 모색하고 있다. 산업정책이 국제적 수준에서 확산됨에 따라 여러 부작용의 우려도 커지고 있으나, 현재로서는 각국이 산업정책을 경쟁적으로 추진하는 경향을 막을 뾰족한 방법도 없는 것 같다.

이러한 세계 각국의 산업정책 증가 현황을 진단해보기 위해 기존 강대국(미국, EU, 중국)과 차세대 강대국(인도)을 중심으로 자세히 살펴볼 필요가 있다. 경제 규모, 변화의 영향력, 무역 규모 등 모든 측면에서 미국, EU, 중국은 이미 글로벌 경제를 주도하는 기존 강대국이며, 인도는 그에 버금가는 신흥 강대국으로 빠르게 부상하고 있다. 보다 구체적으로, 세계 각국의 산업정책 변화를 견인하는 미국과 중국의 역할은 너무 자명한 사실이고, 아울러 EU는 단일 시장과 규제 주도로 환경, 인권, 데이터 보호 등 다양한 분야에서 여러 글로벌 기준을 설정하면서 미국·중국과 어깨를 나란히 하는 영향력을 행사하고 있다. 인도는 중국에 필적하는 인구 및 산업 규모를 바탕으로, IT·제약·제조업 분야에서 빠르게 성장하며 세계에서 가장 높은 수준의 경제·무역 성장률을 기록하고 있다. 이에 글로벌 공급망 재편 속에서 인도의 전략적 중요성도 더욱 부각되고 있다.

  미국, 중국, EU, 인도, 이 네 경제권이야말로 각각의 강점과 산업·통상 전략을 바탕으로 글로벌 경제, 무역, 기술, 환경 등 모든 분야에서 결정적인 영향을 주고받는 주요 경제권역이자 키 플레이어(key player)가 되고 있다. 이번 장에서는 산업정책에 대한 개념과 함께, 이들 키 플레이어들의 산업정책이 어떻게 발전해왔고 진행되고 있는지를 그 전망과 함께 차례로 살펴본다.

산업 거인들의 경쟁:
'시장'이 아니라 '정부'가 경제를 발전시키다

'산업정책'이라는 개념은 대체로 산업 부문을 지원하기 위한 정부의 광범위한 개입을 가리킨다. 국제통화기금(IMF)의 보고서에서는 산업정책을 "특정 경제 또는 전략적 목표를 달성하기 위해 특정 산업, 기업 또는 경제 부문에 대한 목표 조치를 통해 경제를 형성하려는 정부의 노력을 광범위하게 지칭한다"고 정의하고 있다.[1] 산업정책은 종종 정치적 계산에 의해 추진되기도 하지만 일반적으로 일자리 창출, 지역 개발, 혁신, 사회적·경제적 비상사태에 효율적으로 대응하기 위한 수단으로도 활용된다. 오늘날에는 기후변화 대응과 국가 안보도 산업정책의 주된 정당화 근거로 거론되고 있다.

이러한 산업정책에는 보조금, 관세, 비관세 장벽, 수출 제한, 정부 조달 우대 등이 포함되는데, 이 조치들은 곧바로 자유주의적 통상정책 및 통상 법규에서 소위 '금기시'되는 주제가 된다. 일국의 산업정책은 특정 외국에 대한 '차별적 조치'와 같은 무역 왜곡 효과를 가져오기 쉽기 때문이다. 이에 IMF 보고서는 "차별적 조치는 거의 항상 불필요한 비용을 초래하고 보복을 조장하므로 사용하지 말아야 한다"며 차별적 수단에 대한 강한 우려와 경고를 표명하고 있다.[2] 노벨 경제학상 수상자인 조지프 스티글리츠(Joseph Stiglitz) 역시 "오랜 신념과 권력관계"로 인해 "산업 보조금은 WTO 규정뿐만 아니라 건전한 경제학에 의해 금지된 것으로 여겨져왔다"고 주장한 바 있다.[3] 이처럼 '산업정책'은 국가 간 자유무역을 골자로 하는 신자유주의 질서에서 거의 금기시되는 개념으로 인식될 정도이다. 따라서 산업정책과 자유무역은 서로 '상극'일 수밖에 없다.

한편 자유무역 질서 위에 설립된 IMF도 "개별 부문에서 정부의 지원을 받는 산업정책은, 제대로만 시행된다면 혁신을 촉진하는 수단이 될 수 있다"는 점을 어느 정도 인정하고 있다.[4] 하지만 그러한 산업정책을 효율적으로 펼치기 위해서는 섬세하고 치밀한 설계가 필수적이라고 전제한다.[5] 예컨대 기초 연구를 위한 공공 자금, 혁신적인 스타트업을 위한 연구개발 보조금, 기업 전반의 응용 혁신을 장려하는 세금 인센티브 등을 상호 보완적으로 조합하여 정교하게 시행해야 한다는 것이다. 특히 보조금은 혁신 라이프 사이클의 초기 단계만을 대상으로 해야 하며, 세제 인센티브에서도 기존 대기업뿐만 아니라 더 많은 중소벤처 기업 등에게 혜택을 주려면 접근이 더 쉬워야 한다고 주장한다.[6] IMF의 이러한 설명은 경제적 자유주의자들이 겨우 용인할 수 있는 수준의 '산업정책' 개념이라고 보면 될 것 같다.

이러한 산업정책은 개념적 범위와 관계없이 최근 폭발적으로 증가하고 있다. 유엔산업개발기구(UN Industrial Development Organization, UNIDO)가 발표한 보고서에 따르면, 2009년과 2019년 사이에 산업정책의 활용은 두 배로 증가했다. 이 보고서는 2019년 전 세계적으로 시행된 무역정책의 약 50%가 산업정책적 성격을 띠고 있었으며, 이는 2009년의 20%에 비해 크게 증가한 수치라고 지적한다.[7] IMF의 발표에 따르면 2023년에 2,500건 이상의 산업정책 개입이 있었으며, 이 중 71%가 무역 왜곡 효과를 수반하는 정책이었다고 한다.[8] 뿐만 아니라 UNIDO와 IMF에 따르면 고소득 국가가 신흥 경제국보다 산업정책을 더 강력하게 사용하고 있고, 반대로 저소득 국가에서는 산업정책이 거의 없는 것으로 나타났다.[9] IMF는 2023년 새롭게 파악한 대부분의 산업정책 조치 가운데 절반을 미국, 중국, EU가 차지하고 있는 것으로 집계하였다.[10] 산업 부문별로 살펴보면, 고소득 국가와 중·저소득 국가의 산업정책은 비슷한 부문을 대상으로 하고 있다. 다만 친환경 에너지, 특히 청정 발전을 위한 정책은 고소득 국가에 더 널리 퍼져 있는 것으로 보인다.[11] 그리고 산업정책 수단은 고소득 국가나 저소득 국가 모두 무역 금융, 국가 대출, 재정 보조금, 현지 소싱 요건[12] 등을 가장 많이 사용한 것으로 나타났다.[13] 그러나 UNIDO 통계에 따르면 전반적으로 저소득 국가는 고소득 국가에 비해 '관세'를 통한 산업정책을 많이 활용하고, 고소득 국가는 해외 시장에서의 '재정 지원', '공공조달', '자본 투입' 및 '지분 참여' 등을 더 선호하는 것으로 나타났다.[14] 저소득 국가가 관세를 선호하는 이유는 정부 입장에서 관세가 재정 수입을 늘리는 가장 효율적인 수단이기 때문으로 보인다.

한편 미국은 트럼프 2기 행정부 출범 이후 글로벌 경쟁 심화와 무역 불균형 해소를 목표로 자국 산업 보호를 위한 관세 정책을 적극 활용하려는 움직임을 보이고 있다. 이에 따라 국가 간 통상 보복 조치로 연쇄적인 관세 인상이 발생할 가능성도 농후한 상황이다. 이러한 흐름 속에서 기존과 달리 고소득 국가들 또한 관세를 활용한 산업정책을 점차 강화할 가능성이 높아지고 있다.

현재 대규모 경제권역의 국가들(특히 산업국가들)이 산업정책을 확대하고 있는 주요 동기 중 하나는, 다른 경쟁 국가가 제공하는 보조금 등에 대응하여 산업 경쟁력을 높여야 한다는 필요성 때문이다. 예컨대

EU와 호주는 미국의 IRA 제정 및 기타 입법 이니셔티브에 대응하여 새로운 산업정책을 추진하고 있는 주요 경제권에 속한다.[15]

다른 한편, IMF 보고서에 따르면 최근 산업정책은 전반적으로 녹색 전환과 경제 안보[16]에 중점을 두고 추진되는 경향도 두드러지고 있다.[17] 전 세계에서 추진되고 있는 산업정책 중 3분의 1은 산업 경쟁력 제고를 위한 것이며, 기후 완화와 공급망 복원력(supply chain resilience) 및 안보가 나머지 3분의 2를 차지하고 있는 것으로 집계되었다.[18] 실제로 2023년에 세계 주요 강대국들은 2022년에 제정된 프로그램 수의 거의 3배에 달하는 220개의 새로운 친환경 상품 보조금 프로그램을 제정했다.[19] 그리고 '글로벌 무역 경고(Global Trade Alert, GTA)'에 따르면, IRA가 제정된 이후 G20 회원국 중 15개국이 친환경 산업 지출 프로그램을 시행한 것으로 나타났다.[20]

그러나 이러한 상황에서 환경적·안보적 고려와 산업 경쟁력 확보 간의 모순되는 현상 또한 발생하고 있다. 예컨대 미국과 유럽 등지에서는 친환경 상품 보조금 프로그램을 제정하는 동시에, 중국에서 수입되는 친환경 제품에 대해서는 고율의 관세를 부과하고 있다. 이러한 대중(對中) 고율 관세는 기후변화 대응을 목표로 하는 산업정책의 취지와는 모순되어 보이지만, 미국·유럽의 국내 경쟁산업을 보호한다는 취지에는 부합하는 조치라고 볼 수 있다.

이처럼 환경, 공급망, 안보, 경쟁력 등 다양한 목적 아래 추진되고 있는 주요 경제권역별 산업정책은 서로 정합성을 갖기도 하고 때로는 모순되는 등 복잡한 양상을 보이고 있다. 다음으로 이러한 정책들의 구체적인 모습을 살펴보고자 한다.

미국, '메이드 인 아메리카'를 외치다: 자국 우선주의 산업정책의 실체

1. '온쇼어링'을 통한 회복탄력성, 제조·혁신 역량, 일자리 구축

　미국은 지난 반세기 동안 자유시장에 기반한 경제 발전 전략을 선호해온 것이 분명하다. 그러나 트럼프 1기 행정부와 바이든 행정부에 들어서면서 산업정책에 기반한 발전 모델을 본격적으로 추진하기 시작했다. 특히 바이든 행정부는 산업정책을 보다 명시적이고 공격적인 방식으로 추진했다. 이 시기 미국은 청정에너지 전환, 대중(對中) 경쟁, 경제 활성화를 목표로 한 대규모 정부 개입 중심의 산업정책을 전개했다. 현 트럼프 2기 행정부 또한 이러한 정부 주도의 산업정책 기조 자체는 상당 부분 유지할 것이 분명해 보인다. 다만 정책의 방향성과 세부 내용에서는 상당한 변화를 예고하고 있다. 예를 들어 녹색 전환을 목표로 한 일부 정책을 폐지하겠다는 입장을 시사한 바 있다. 다만 이들 정책이 아직 전면적으로 철회된 것은 아니며, 현재까지 두드러진 변화는 경제성장을 촉진하기 위한 주요 수단으로 광범위한 관세 정책에 무게를 두고 있다는 정도이다. 아울러 지금까지 주요 당직자들의 발언과 기조를 종합해보면, 향후 단계적인 세금 인하, 규제 완화, 에너지 가격 안정 등의 조치도 함께 추진될 가능성이 높아 보인다. 그러나 다른 주요 정책들과 마찬가지로, 트럼프 행정부가 산업정책을 실제로 어떤 방식으로 실행해 나갈지는 여전히 불확실성이 큰 만큼, 섣불리 단정하기는 어렵다.

　일단 현 단계에서 트럼프 2기 행정부가 추진하고 있는 미국의 '산업정책'을 한 마디로 표현하자면 '온쇼어링(onshoring) 유도 정책'이라 할 수 있다. 그리고 그 수단으로 공공투자, 보조금 그리고 무엇보다도 '관세' 정책이 전략적으로 활용되고 있는 것으로 볼 수 있다. 물론 미국이 산업정책을 추진하기 위해 보조금이나 공공투자 기법을 사용한 것은 최근만의 일이 아니다. 1791년 미국 초대 재무부 장관이었던 알렉산더 해밀턴은 그의 저서 《제조업에 관한 보고서(Report on the Subject of Manufactures)》에서 "공공재정이 민간 자원의 부족한 부분을 공급"하여 "산업의 발전을 촉진하고 개선"해야 한다고 주장한 바 있다.[21] 이 아이디어가 공식적인 정책이 되지는 않았지만 정부의 시장 개입에 대한 논쟁에서는 여전히 영향력을 발휘하고 있는 것으로 보인다.

한편 미국은 역사적으로 "어떤 종류의 일관된 방식으로 산업정책을 사용하는 것을 가장 꺼려"왔으며, "외부 위협이 감지될 때에만" 한정적으로 대규모 보조금을 집행해온 것이 사실이다.[22] 이러한 한정적 산업정책의 대표적인 예로는 1930년대의 '뉴딜 프로그램'과 2차 세계대전 이후의 '전후 경제 재건정책(post-WWII mobilization)' 등이 있다.[23] 이후로도 상업용 위성의 개발과 확장을 이끈 NASA에 대한 보조금과 같이 특정 분야에 대한 보조금 정책이 아주 제한적으로 운용되었다.[24] 그러나 이 모든 과정에서 미국 정부는 '산업정책'이라는 용어를 애써 회피했고, 최근까지도 노골적인 산업 보조금을 외면하는 태도를 일관되게 유지했다.

그러나 공식적인 차원에서 산업정책을 배척하던 태도는 오늘날 사실상 폐기된 것처럼 보인다. 트럼프 대통령을 시작으로 바이든 대통령에 이르기까지 이미 보조금 제도를 포함한 여러 강력한 산업정책을 통해 자국 IT 및 제조업 산업의 역량을 크게 확대하는 방향으로 나아갔기 때문이다. 최근 다시 들어선 트럼프 2기 행정부의 태도는 말할 것도 없다.

2016년 시작된 트럼프 1기 행정부의 산업정책 방향은 수입 철강 및 알루미늄 제품, 세탁기, 태양광 패널을 비롯한 많은 중국산 제품에 높은 관세를 부과하는 등의 무역장벽을 통해 미국의 제조업 일자리를 되찾는 것이었다.[25] 2020년 당선된 바이든 대통령은 트럼프 대통령과는 다른 방식의 산업정책을 추진할 것처럼 여겨졌으나, 트럼프 대통령의 무역장벽 정책 기조를 그대로 수용하는 동시에 각종 보조금 정책을 통해 오히려 산업정책의 폭을 확대했다. 바이든 대통령의 첫 번째 조치는, 연방정부가 미국 기업으로부터 상품과 서비스를 구매하도록 하는 현지 소싱 법률, 이른바 '미국산 구매법(Buy America)'을 강화하기 위한 행정명령이었다.[26] 그리고 2021년, '현대 산업 전략'을 수립하기 위한 첫 번째 주요 정책 '인프라 투자 및 일자리 법(IIJA)'을 통과시켰다. 그리고 '칩스 및 과학 법(CHIPS법)'과 '인플레이션 감축법(IRA)'을 이듬해 의회에 제안하여 통과시켰다.[27] 이 세 가지 법은 바이든 행정부에서 꽃피운 보조금 중심 산업정책의 실상을 보여주는 대표적인 정책 규범이며, 그 영향력은 트럼프 2기 행정부가 들어선 지금도 강력하게 남아 있다.

바이든 대통령의 말을 빌리자면, "민간 산업에 의존하는 것만으로는 핵심 경제 및 국가 안보 이익을 달성하는 데 필요한 투자를 동원할 수 없으므로, (미국의 현대 산업정책은) 그러한 분야를 식별하여 (…) 공공투자를 통해 민간투자와 혁신을 촉진"한다.[28] 공공투자가 민간투자를

"유도할 것"이라는 생생한 비전을 바탕으로 미국의 현대 산업정책은 "경제성장의 기초가 되고 국가 안보 관점에서 전략적 가치가 있지만, 민간 산업이 자체적으로는 그러한 국가적 야망을 확보하는 데 필요한 투자를 할 준비가 되어 있지 않은" 부문을 육성하는 것에 초점을 맞추고 있다.[29] 바이든 행정부는 이러한 특정 부문을 크게 ① 교통 인프라, ② 기술 혁신, ③ 청정에너지의 세 가지로 구성하고, 바로 이러한 토대 위에서 IIJA, CHIPS법, IRA를 통해 산업정책의 목표 달성을 추구했다.[30]

이처럼 트럼프와 바이든 행정부는 모두 산업정책 확대를 일관되게 추진해왔다. 2장에서 살펴본 미국의 국내 정치·경제 상황과 국제통상 환경을 고려할 때, 이번에 다시 들어선 트럼프 2기 행정부도 지금까지 이어져 내려온 산업정책 기조를 전면적으로 뒤엎기는 쉽지 않을 것이다. 실제로, 2025년 재선된 트럼프 대통령은 취임 직후 여러 행정명령을 대대적으로 취소했지만, 기존 바이든 행정부의 산업정책을 전면적으로 폐기하는 구체적인 조치는 아직 없었다. 트럼프 대통령은 1기 때부터 꾸준히 보조금 정책에 전반적으로 비판적인 입장을 취해왔다. 그러나 재선 취임 직후 IRA 전기차 등에 관한 보조금 삭감처럼 일부 조정이 예고되기는 했지만, 인공지능과 AI 반도체 분야 등에 대해서는 대대적인 공공투자를 홍보하였다. 따라서 일부 주요 첨단·안보 산업 관련 전략 분야에서는 오히려 적극적인 산업정책을 유지하거나 확대할 가능성이 더 높아 보인다.

공공투자·보조금 위주의 입법 조치 외에도 현재 미국의 산업정책에는 트럼프 1기 행정부부터 꾸준히 진행되어온 수출 통제 및 관세 인상 등의 무역정책적 요소가 크게 부각되어 있다. 이러한 조치는 트럼프 1기 행정부 당시에는 산업정책적 취지보다는 '국가 안보' 조치로서 정당화되는 경향이 짙었다. 그러나 이제는 미국 산업이 중국과 경쟁할 수 있도록 미국 국내 산업을 측면 지원하면서 보호·육성하는 움직임으로 정당화되고 있다. 예컨대 바이든 대통령은 조선 산업에서 중국의 반경쟁적 관행에 대한 USTR의 조사 개시와 중국산 철강 및 알루미늄에 대한 관세를 3배로 인상하는 방안을 논의한 후 "이러한 조치들은 미국 근로자를 보호하고 공정한 경쟁을 보장하기 위한 전략적이고 표적화된 조치"라고 말했다.[31] 이러한 바이든 행정부의 산업정책 기조는 현재 트럼프 2기 행정부와 근본적으로 크게 다르지 않다. 따라서 트럼프 2기 행정부가 관세 인상에 큰 비중을 두고 국내 산업 발전을 추진하는 것처럼 보이지만, 사실상 바이든 행정부가 이미 구축한 전반적인 산업정책의 틀은 유지하면서 국내 시장과 산업을 발전시키는 방향을 모색하고 있다고 평가하는 것이 더 적절할 것 같다.

(1) 미·중 경쟁과 팬데믹에서 드러난 산업정책 진화의 변곡점

돌이켜보면 오늘날 미국의 적극적 산업정책을 촉발한 국제적 환경 중 하나인 미·중 간 긴장 관계는 사실 수십 년 전으로 거슬러 올라간다. 그러나 양국 간 경제적 경쟁이 본격화된 것은 코로나19 팬데믹으로 인한 공급망 중단과 경제적 어려움을 해결하기 위해 각자 산업정책에 점점 더 집중하게 되면서부터이다.[32] 팬데믹 초기에 미국의 제조업 생산량은 2차 세계대전 이후 가장 큰 감소세를 보였다.[33] 자동차 생산량은 2020년 2분기에 50% 가까이 감소했다가 2020년 3분기에 회복되었지만, 공급망 차질로 인해 이후 3분기 동안 감소세에 직면했다.[34] 한편 팬데믹 봉쇄와 재정 부양책이 맞물리면서 전자제품, 자동차, 가구와 같은 내구재에 대한 수요는 증가했다.[35] 이러한 수요 증가와 팬데믹의 전 세계적 영향은 자유무역에 기초한 글로벌 가치사슬에 의존하는 품목들의 취약성을 분명히 드러냈다.[36] 그리고 중국이 코로나19 관련 수출을 제한하기 위해 시장 지배력을 이용하고 있다는 우려가 떠도는 한편,[37] 미·중 정책 입안자들은 공급망을 자국으로 끌어들이는 '온쇼어링' 방안에 집중하기 시작했다. 초기 노력은 주로 국방물자생산법(Defense Production Act)을 통해 개인보호장비와 의료용품 생산을 온쇼어링하는 데 중점을 두었다.[38] 그러나 뒤이은 산업정책 논의는 더 광범위한 노력으로 확대되었다. 예를 들어 2021년 6월 백악관은 '팬데믹이 공급망을 혼란에 빠뜨린 이유(Why the Pandemic Has Disrupted Supply Chains)'라는 제목의 블로그를 게시하며 공급망 부족 문제와 높은 인플레이션을 연결시켰다.[39]

그렇다고 해서 산업정책에 대한 미국 내 관심이 팬데믹 기간 동안에 비로소 시작된 것은 아니다. 미국의 양당은 이미 팬데믹 이전에도 세계화로 인한 문제에 대응하기 위해 산업정책에 대한 지지를 초당적으로 표명한 바 있다.[40] 아울러 일부 학자들은 미국 정책 입안자들이 세계화된 경제를 위한 규칙을 만드는 데 집중하는 동안 미국 노동자들이 그 경제정책 안에서 성공하고 번영할 수 있도록 돕는 데는 실패했다고도 주장하였다.[41] 즉 세계화 과정에서 미국 기업들은 제조 시설을 미국 밖으로 이전하여 생산 비용을 줄이는 방식으로 경제적 효과를 창출했으나,[42] 사실 미국 인구의 상당수는 그에 상응하는 혜택을 보지 못했다는 것이다.[43] 실제 이러한 변화와 2008년 경기 침체의 결과로 미국은 2000년부터 2010년까지 570만 개의 제조업 일자리를 잃었으며, 이로 인해 미국 제조업 고용 기반이 거의 3분의 1로 감소했다.[44] 2010년부터 2019년까지 미국 제조업 부문은 소폭 반등하여 130만 개의 제조업 일자리를 확보했다.[45] 그러나 국제무역과 세계화에 대한 미국 내 비판의 목소리는 이러한 경제적 통계와 관계없이 점점 높아졌다.

(2) 회복탄력성과 전략적 공공투자 기반의 산업정책 설계

이처럼 팬데믹을 전후하여 산업정책에 대한 선호가 분명해지면서 그 내용도 점차 구체화되었다. 2021년 6월, 브라이언 디즈(Brian Deese) 국가경제위원회(National Economic Council, NEC) 이사는 바이든 행정부의 미국 산업정책을 설명하는 연설을 한 바 있다.[46] 미국 초기 산업정책의 필요성을 언급했던 알렉산더 해밀턴의 비전과 유사하게, 디즈는 세계 경제 질서의 변화로 인해 미국은 경제 회복력(또는 '회복탄력성'. 예컨대 팬데믹과 같은 경제적 충격을 적게 받거나, 그러한 충격으로부터 조속히 회복하는 능력)과 역량 구축에 초점을 맞춘 산업 전략을 채택해야 한다고 주장했다.[47] 또한 경제와 국익 측면에서, 민간 산업이 해결하지 못하는 핵심 부문에 대한 전략적 공공투자를 산업정책의 핵심 원칙으로 강조했다.[48] 그는 최근 미국 경제가 겪고 있는 어려움을 예로 들며 회복탄력성의 필요성을 역설했고, 초기의 높은 투자 비용에도 불구하고 장기적으로는 회복탄력성에 투자하는 것이 오히려 경제적으로 유리하다고 주장했다.[49] 또한 현대 미국의 산업 전략을 효율적이고 공정한 인프라 구축에 초점을 맞춰야 한다고도 강조했다.[50] 그리고 국제 경제 참여의 중요성과 에너지 안보 및 청정에너지 전환의 중요성에 대해서도 역설했다.

같은 맥락에서 2023년 4월 제이크 설리반 국가안보보좌관은 '현대 산업 및 혁신 전략'에 대한 바이든 행정부의 비전을 설명하는 연설에서 비슷한 메시지를 전달했다. 이 전략의 핵심은 ① '제조 및 혁신 역량' 구축과 국내 인프라 재건, ② 자연재해 및 지정학적 충격에 견딜 수 있는 '회복탄력성(resilience)', ③ 강력하고 활기찬 미국 중산층의 안정성과 전 세계 근로자에게 더 큰 기회를 제공하기 위한 '포용성(inclusiveness)'이었다.[51] 이러한 배경에서 바이든 행정부는 산업 전략의 일환으로 ① 경제성장의 기초가 되는 분야, ② 국가 안보 관점에서 전략적인 분야, ③ 미국의 국가적 비전 확보에 필요하지만 민간 산업이 자체적으로 투자할 가능성은 '없는' 분야를 식별했다. 또한 이를 통해 미국이 동맹국들과도 협력하여 역량, 탄력성, 포용성 등을 구축할 수 있기를 희망했다.[52]

한편 트럼프 2기 행정부는 바이든 행정부의 정책을 강하게 비난하며 '미국 우선주의' 기조를 이어가고 있다. 하지만 그의 정책은 미국의 제조·혁신 역량 강화, 회복탄력성 향상, 중산층 보호라는 기본 방향에서 크게 벗어나지 않으며 벗어날 이유도 없어 보인다. 실제로 높은 관세와 무역 보복 조치를 지속하고 있으나, 그 이면에 있는 산업정책의 목표 자체가 흔들리고 있는 정황은 아직 발견되지 않는다.

미국 의회는 바이든 행정부 시기까지 구축된 산업정책 전략에 부합하는 방향으로 장기적인 성장의 토대를 마련하기 위해 2021년과 2022년에 주요 부문에 대한 공공투자를 목표로 하는 세 가지 입법 패키지

(IIJA,[53] CHIPS법,[54] IRA[55])를 통과시켰다. 이들 세 법안에서 예정된 미국의 공공투자 및 보조금의 총규모는 냉전 이후 산업정책에서 최대 규모로, 향후 10년간 2조 달러 이상에 이를 것으로 보인다.[56] 이 법률들의 목표는, 공공 자금과 민간 자본을 결합하여 미국 및 동맹국 내 핵심 산업을 위한 탄력적이고 자립적인 시장과 공급망을 구축하는 것이다. 비록 트럼프 2기 행정부가 보조금 정책에 비판적인 입장을 고수하고 있으나, 해당 입법 패키지의 막대한 투자 규모와 국내 정치적 영향력을 감안할 때, (일정 부분 규모나 시한 조정은 있을 수 있어도) 행정부가 여러 국내 이해관계자(특히 이들 제도의 혜택을 받고 있는 주의 공화당 의원)들의 비난을 무릅쓰고 기존 입법을 전면 폐지하기는 쉽지 않아 보인다. 따라서 IIJA, CHIPS법, IRA 3법은 앞으로도 미국 산업정책의 핵심 수단으로 지속 활용될 가능성을 배제할 수 없다. 이러한 맥락에서 이들 법률의 간략한 개념과 입법 배경에 관하여 살펴볼 필요가 있다.[57]

2. 미국의 3대 산업정책 입법

(1) 인프라 투자 및 일자리 법: 미국산(産)의 재건과 미래 경쟁력의 교두보

바이든 대통령은 2021년 11월 15일 '인프라 투자 및 일자리 법안'(IIJA, Bipartisan Infrastructure Law, 즉 '초당적 인프라 법안'이라고도 함)에 서명했다. 2021년 9월 30일에 연방 육상교통 프로그램(federal surface transportation programs, 일반적으로 'FAST법'으로 알려짐)이 만료됨에 따라 후속 법률이 필요해졌기 때문이다.[58] IIJA 법안은 팬데믹이 시작되기 전에 초안이 작성되었지만, 이후 FAST법의 만료와 함께 수십 년 만에 의회에서 통과된 가장 포괄적인 인프라 법안이 되었다.

사실 IIJA 제정 이전에 바이든 대통령은 사회, 인프라, 환경 프로그램에 대한 대규모 공공투자를 모색하기 위한 입법 프레임워크 '더 나은 사회 건설 계획(Build Back Better Plan, BBBP)'을 먼저 제안했다.[59] BBBP는 '미국 구조 계획(American Rescue Plan)',[60] '미국 일자리 계획(American Jobs Plan)',[61] '미국 가족 계획(American Families Plan)'[62]이라는 세 가지 패키지로 구성되어 있었다. 당시 민주당은 하원과 상원에서 과반을 차지하고 있었는데,[63] 그 결과 2021년 3월에 '미국 구조 계획'이 먼저 통과되었다.[64] 이어서 2021년 3월과 4월에 각각 3조 5,000억 달러 규모의 인프라 지출을 골자로 하는 '미국 일자리 계획'과 '미국 가족 계획'이 발표되었다.[65] 바이든 대통령과 의회 민주당은 공화당과 인프라 패키지 전체를 협상하여 결국 1조 2,000억 달러 규모로 축소된 인프라 패키지에 합의하여 마침내 IIJA를 탄생시켰다.[66] 이러한 이유로 IIJA는 흔히 '초당적 인프라 법'이라고도 불린다. 이는 IIJA의 목적, 즉 미국 내 인프라 프로젝트에 대한 자금 지원을 보다 직접적으로 표현하는 이름이라 할 수 있다.

이전의 인프라 관련 법(FAST법)은 주로 육상 교통과 같은 단일 부문에 초점이 맞춰졌던 반면, IIJA에는 ① 도로, 교량 및 주요 프로젝트(1,100억 달러), ② 여객 및 화물 철도(660억 달러), ③ 대중교통(390억 달러), ④ 공항(250억 달러), ⑤ 항만 인프라(170억 달러), ⑥ 교통 안전 프로그램(110억 달러), ⑦ 전기자동차(75억 달러), ⑧ 제로 및 저공해 버스와 페리(75억 달러), ⑨ 지역사회 활성화(10억 달러) 등의 교통 관련 프로젝트를 위한 할당금이 포함되어 있다.[67] 또한 ⑩ 광대역 인프라(650억 달러), ⑪ 전력 인프라(730억 달러), ⑫ 깨끗한 식수(550억 달러), ⑬ 복원력 및 서부 수자원 저장(500

억 달러), ⑭ 수질 및 토양 오염 제거(210억 달러) 등의 추가 인프라 프로젝트에 대한 할당도 포함되었다.[68] 특히 특정 지역 및 부문에 초점을 맞춘 혁신 또는 산업 '허브' 등 지역 기반 투자도 포함되었다.[69]

IIJA에는 바이든 대통령 임기 초기에 행정명령을 통해 일부 강화된 적이 있는 '미국 건설·미국 구매법(Build America, Buy America Act, BABA)'이 하위 섹션으로 자리하고 있다. 이 법은 미국산 구매 요건의 적용 범위를 교통 및 수자원 프로젝트를 넘어 '인프라'에 대한 모든 연방 재정 지원 프로그램으로 확대하고 있다. 프로그램 적용 범위에는 전기 전송 시설 및 시스템, 유틸리티, 광대역 인프라, 건물 및 부동산 등이 포함된다. 그리고 BABA는 현행 미국산 구매법의 범위를 확대하여 수혜자가 '미국에서 생산된' 철, 철강, 공산품 및 각종 건설자재만을 사용하도록 규정하고 있다. 물론 이들 수입대체 요건에 대한 면제 규정도 일부 존재하기 때문에, 바이든 행정부는 여러 교통 프로젝트와 관련하여 이러한 면제 조치를 시행한 적도 있다.[70]

이처럼 BBBP 패키지 입법을 통해 2021년 이후 5년 동안 매년 약 1,600억 달러 규모의 신규 공적 자금이 미국 내 인프라 시장에 투입될 것으로 분석되었다. 이로써 미국 GDP 대비 연방정부의 인프라 투자는 가파르게 증가(1.5% 상회)할 것으로 예상되고, 이로 인해 1980년대 초 발생했던 미국 내 건설경기 호황이 재현될 것이라는 전망도 있다.[71]

(2) 칩스 및 과학 법: 반도체를 넘어 '기술 패권'까지

미국이 추진한 사업정책은 대외적으로 중국의 산업·통상 정책의 영향이 컸다는 점을 앞서 설명하였다. 중국 주도의 산업 영향력이 확대되면서, 미국은 IIJA와 같이 광범위한 산업정책을 추진하는 동시에 특정 산업 분야에 대한 공격적인 지원 방안을 모색하였다. 대표적인 예가 바로 첨단산업, 그 중에서도 '반도체' 산업 분야이다. 이를 위해 미국 정책 입안자들은 구체적인 법안을 마련하기 시작하였고, 결국 '칩스 및 과학 법'이 탄생하였다. 이 법은 다른 보조금 및 공적 투자 프로그램과 동일하게, 보조금 대상 기업에 대한 정부의 '승인'과 해당 기업에 대한 '예산 책정' 메커니즘을 통해 운영된다.

 CHIPS 법안은 애초에 '2021 국방수권법(2021 National Defense Authorization Act, 2021 NDAA)'에 '미국을 위한 칩스 기금(CHIPS for America Fund)'을 승인하는 조항의 형태로 마련되었고,[72] 2020년 말 의회를 통과했다. 예산 책정 절차가 구체화되지는 않았지만, NDAA의 해당 문구가 반도체를 지원하기 위한 인센티브를 명시했다는 점에서 중요한 전기를 마련하였다.[73] NDAA를 관장하는 의회 국방위원회에서도 별다른 반대를 제기하지 않았으며, 기금 지원이 미국의 안보 문제라는 점을 인정했다는 사실도 주목할 만하다. 이는 반도체 생산을 단순한 산업적 측면을 넘어 국가 안보의 중요한 요소로 고려했다는 방증이기도 하다.

 그 후 1년 동안 미국의 정치 환경은 NDAA 상의 칩스 프로그램에 자금을 지원하기 위한 제조 인센티브 법안이 만들어지는 데 우호적인 상황으로 바뀌기 시작했다. 2020년 선거를 통해 민주당에 더 기울어진 새로운 의회가 만들어지고, 이를 등에 업은 바이든 행정부가 들어선 것이다. 그 와중에 2021년 초에 반도체 부족 현상이 심화되면서 어떻게든 중국에 대응해야 한다는 관심 또한 높아졌다. 그럼에도 불구하고 예산 책정 및 구체적인 자금 지원을 위한 법안 통과는 쉽지 않았다. 예를 들어 '끝없는 프론티어 법안(Endless Frontier Act)'[74]이나 '미국 반도체 생산 지원을 위한 인센티브 창출 법안(Semiconductor Manufacturing Incentives for America Act)'[75]은 모두 의회를 통과하지 못하고 폐기되었다. 당초 '끝없는 프론티어 법안'은 민간 부문의 투자를 장려하기 위해 정부 R&D 기초 자금을 제공하는 것을 목표로 했던 것으로, 전(前) '국무부 경제성장, 에너지 및 환경' 차관이 TSMC의 미국 내 반도체 제조 시설 건설을 장려하기 위한 인센티브 패키지의 일환으로 만들었다.[76] 그리고 '미국 반도체 생산 지원을 위한 인센티브 창출 법안'은 반도체 제조 인센티브와 반도체 관련 연구 이니셔티브에 대한 자금 지원을 포함하고 있다. 특히 이 법안은 인텔이 미국 정부 및 미국 산업 컨소시엄과 협력해 국방부와 함께 새로운 미국 상업용 파운드리를 건설하려는 계획에서 비롯되었다.[77]

이후 반도체 산업 지원을 위한 새로운 법이 통과되고 구체적인 예산이 책정되기까지 꼬박 2년이 넘게 걸렸다. 민주당과 공화당 간의 수차례 협상 끝에 여러 타협점을 포함한, 현재 CHIPS법으로 알려진 '미국 혁신 및 경쟁법(United States Innovation and Competition Act, USICA)'의 축소된 버전이 상원과 하원을 통과했다.[78] 이후 2022년 8월 9일, 바이든 대통령이 해당 법안에 서명하면서 공식적으로 발효되었다. 이처럼 CHIPS법은 두 개의 초당적 법안(끝없는 프론티어 법안, 미국 반도체 생산 지원을 위한 인센티브 창출 법안)을 통합하여 만든 법이다. 이렇게 통과된 CHIPS법은 미국 내 반도체 생산 증가에 대한 주요 과제를 해결하는 동시에 중국산 반도체에 대한 의존에서 자유로워지는 전기를 마련할 것으로 기대되었다.

사실 CHIPS법의 상당 부분은 미국 내에서 반도체 제조 시설을 건설·운영하는 것과 해외에서 제조 시설을 운영하는 것 사이의 비용 격차를 줄이는 데 초점을 맞추고 있다. 이러한 비용 격차는 외국 정부의 보조금, 미국 내 건설 일정 지연 등 여러 요인에서 기인한다. 이에 따라 CHIPS법은 '미국을 위한 칩스 펀드(CHIPS for America Fund)', '국방을 위한 칩스 펀드(CHIPS for Defense Fund)', '미국을 위한 국제 기술보안 및 혁신 펀드(International Technology Security and Innovation Fund for America)', '미국을 위한 인력 및 교육 펀드(Workforce and Education Fund for America)' 등 4개의 펀드를 통해 총 527억 달러의 신규 자금을 반도체 산업에 투입하도록 설계되었다.[79] 이들 펀드는 미국 내 제조와 해외 제조 간의 비용 격차를 발생시키는 요인을 해소하고 미국 내 반도체 제조 역량을 강화하는 데 중점을 둔다. 이 중 가장 큰 펀드는 390억 달러 규모의 '미국을 위한 칩스 펀드'이다. 국내 제조 시설의 건설, 확장 및 장비에 재정적 인센티브를 제공하여 미국의 반도체 제조 역량을 강화하는 데 목적이 있으며,[80] 반도체 제조 시설 확충을 위한 오늘날 미국의 핵심적인 산업정책의 단면을 보여준다. 즉 이렇게 미국 내 건설·운영 비용과 해외 운영 비용의 격차를 없앰으로써 미국을 반도체 제조 시설의 건설·운영에 가장 매력적인 공간으로 만들려는 취지이다.[81]

CHIPS법은 이러한 펀드들로 구성된 보조금 외에도, 첨단 제조 투자 세액공제(Advanced Manufacturing Investment Credit, AMIC) 프로그램을 신설했다. 대규모 보조금에도 불구하고 해외 반도체 생산 시 발생하는 25~40%의 비용 절감 효과를 극복하기에는 부족하다는 지적이 많았기 때문이다. 이를 위해 AMIC 프로그램에는 반도체 제조 투자에 대

해 25%의 세액공제까지 제공하도록 규정되었다.[82]

한편 국내 제조 역량에 대한 투자 감소와 훈련된 인력의 부족 등과 같은 문제는 다른 세 펀드('국방을 위한 칩스 펀드', '미국을 위한 국제 기술보안 및 혁신 펀드', '미국을 위한 인력 및 교육 펀드')를 통해 해결하고자 하였다. 예를 들어 이 펀드들은 국립표준기술연구소(National Institute of Standards and Technology, NIST)의 새로운 프로젝트, 국립반도체기술센터 설립, 국립 첨단패키징 제조프로그램 및 기타 프로그램 수립 등 다양한 반도체 R&D 활동에 사용될 것으로 전망된다.[83]

실제로 CHIPS법은 통과된 지 일주일 만에 국내외 기업들이 미국 반도체 제조에 500억 달러에 가까운 민간투자를 발표할 만큼 흥행에 성공했다. 투자를 발표한 기업은 마이크론, TSMC, 텍사스 인스트루먼트 등이었는데, 특히 첨단 반도체 생산 분야에서 세계를 선도하고 있는 대만의 TSMC는 애리조나 공장에 대한 투자를 120억 달러에서 400억 달러로 확대하였고, 나아가 "당초 계획보다 더 기술적으로 진보된 반도체를 생산할 것"이라는 비전을 발표했다.[84] 이에 애플은 애리조나에서 생산된 TSMC의 하드웨어를 구매하겠다는 발표까지 했다.[85]

CHIPS법이 단기적으로 미국 내 반도체 제조 산업에 대한 민간투자를 유치하는 데는 성공한 것이 사실이지만, 장기적으로도 성공이 보장될지 여부는 여전히 미지수다. 보조금이나 세제 혜택 없이도 미국의 높은 설립·운영 비용을 낮출 수 있는 근본적인 해결책은 아직 찾지 못했기 때문이다. 이러한 보조금과 세제 혜택이 지속되지 않는다면, 인허가 지연과 인력 부족으로 인한 설립·운영 비용이 급격히 증가하고 CHIPS법의 효과 역시 약화될 수 있다. 반도체 제조 산업을 리쇼어링하여 미국 내에서 활성화시키기 위해서는, 이런 난관에도 불구하고 국내외 기업들이 CHIPS법이 제공하는 혜택을 선택할 것인지가 중요한 요소가 될 것이다. 따라서 보조금·세제 혜택의 지속성 여부도 중요하지만, 산업의 설립·운용 비용을 어떻게 절감할 것인지, 인허가 지연 및 인력 부족 문제를 어떻게 해결할 것인지 등에 관한 근본적인 고민이 병행되어야만 CHIPS법이 유의미한 산업정책으로 자리잡을 수 있을 것이다.[86]

최근 임기가 시작된 트럼프 2기 행정부는 처음부터 보편적인 산업보조금에 회의적이었으며, 같은 맥락에서 CHIPS법의 보조금 및 세제혜택 축소를 주장하였다. 그러나 온쇼어링을 의도한 과격한 관세 정책만으로는 반도체 산업의 중장기적 설립·운영 비용 절감이나 인력 부족 문제를 해결할 수 없을 것이다. 또한 당초 법에서 지정한 막대한 예산 규모, AI 반도체 등 전략산업에 대한 트럼프 행정부의 투자 의지, 그리고 이를 통해 수혜를 입는 공화당 우세 지역의 입장을 고려할때, IIJA와 마찬가지로 반도체 관련 보조금이 단기간 내에 전면 철폐되기는 쉽지 않아 보인다.

(3) 인플레이션 감축법: '친환경'이라 쓰고 '산업 육성'이라 읽다

민주당은 IIJA에 포함된 '더 나은 사회 건설 계획(BBBP)'의 정책들을 본격적으로 추진하기 위해 몇 가지 조정을 시도했다. 그러나 1년간의 협상 끝에 더 광범위한 패키지를 도출하지 못한 상원은 2022년 8월 7일 예산 조정 절차를 통해 인플레이션 감축법(Inflation Reduction Act, IRA)을 통과시켰다.[87] 며칠 후 하원도 이를 따랐고,[88] 바이든 대통령은 2022년 8월 16일 IRA에 서명했다.[89] 이 법안은 7,390억 달러 규모의 예산 패키지로, 에너지 및 기후 관련 자금으로만 총 3,690달러를 배정한 역대 최대 규모의 정부 투자다.[90]

구체적인 내용면에서 IRA는 의료, 세금, 국가 재정 적자 문제에 대한 해결을 모색하고자 하는 법률이다. 이를 위해 ① 탄소 배출량 감축을 위한 세금 인센티브, ② 일부 처방약에 대한 메디케어(Medicare)의 가격 협상 권한, ③ 건강보험개혁법(Affordable Care Act)에 따른 건강보험 보조금 연장, ④ 국세청의 운영 및 고객 서비스 개선, 납세자 준수 개선, 세법 집행을 위한 800억 달러의 자금 등이 포함되어 있다.

이러한 IRA의 주요 내용은 바이든 행정부가 추진하는 산업정책의 방향성을 명확하게 보여준다. 즉 IIJA와 CHIPS법을 통해 미국 내 전반적인 제조업 및 첨단산업의 보호와 육성을 모색하는 한편, 산업정책 추진 방향을 친환경 산업 및 에너지 전환으로 설정하여 전 세계적인 트렌드에 부응하고자 하는 것이다. 따라서 IRA는 적극적인 보조금과 세제 혜택을 통해 신산업, 특히 친환경 산업으로의 전환 과정에서 자국 시장의 보호 및 육성을 추구하는 강력한 산업정책으로 평가된다. IRA 법안은 다음과 같은 목표를 염두에 두고 추진되고 있는 것으로 알려져 있다.

첫째, IRA는 온실가스 배출량 감축을 목표로 설계되었다. 2019년 온실가스 배출량 데이터에 따르면, 미국은 두 번째로 많은 온실가스를 배출하는 국가다. 따라서 유럽 등이 시장 접근의 전제조건으로 탄소 감축을 요구하는 상황에서, 이러한 글로벌 시장의 수요를 충족시키기 위해서는 탄소 배출량 감소의 압력을 받을 수밖에 없는 상황이다. 따라서 IRA는 2030년까지 1기가톤(10억 미터톤)의 배출량을 감축하도록 명시하였다.[91] 이는 역대 어떤 법안보다 과감한 환경정책으로, 2030년까지 탄소 배출량을 2005년 대비 40%가량 감축하는 것을 목표로 하여[92] 9억 5,000만 개의 태양광 패널, 12만 개의 풍력 터빈, 2,300개의 그리드 규모 발전소를 설치하여 가정, 기업, 지역사회에 전력을 공급할 것을 규정하고 있다. 또한 포집된 탄소 1톤당 180달러의 세액공제를 기업에 제공하도록 규정하고 있다.[93] 따라서 완벽할 수는 없겠지만 미국 산업의 에너지 전환을 가속화하는 길을 제시할 수 있다는 평가가 일반적이다.

둘째, IRA는 친환경 기술과 에너지에 대한 접근성과 생산력을 높이기 위한 새로운 산업정책의 일환으로 추진되었다. 전 세계적으로 이미 방대한 양의 친환경 기술이 개발되어 대중에게 제공되고 있다. 이들 기술은 전기자동차, 태양열 패널, 히트 펌프, 냉장고, 식기세척기 등에 적용되어 에너지 효율이 높은 가전제품들이 만들어지고 있다. 그러나 높은 효율만큼 가격 또한 높기 때문에 일반 대중의 접근성은 떨어진다. 따라서 '청정에너지 전환'을 가속화하기 위해 IRA는 세액공제와 리베이트를 통해 에너지 비용을 낮추는 규정을 담고 있다. 예컨대 소비자는 특정 조건을 갖춘 새로운 전기자동차에 대해 최대 7,500달러, 중고 전기자동차에 대해 4,000달러의 세액공제를 받을 수 있게 되었다. 또한 에너지 효율이 높은 가전제품을 구매하는 가정에는 1만 4,000달러를 지원하기도 한다.[94] 마찬가지로 모든 신규 태양광 패널 설치에 대해 30%의 세액공제를 제공하여 약 750만 가구가 지붕에 태양광 패널을 설치할 수 있게 되었다.[95] 이를 통해 가정에 장기적으로 돌아가는 경제적 혜택은 상당할 것으로 기대되며, 친환경 기술과 에너지로의 전환 또한 가속화될 것이라는 기대가 높다.

한편 기타 건강보험이나 조세 제도의 개선은 에너지 전환에 따른 직접적인 산업정책이라기보다는, 미국 사회에 고질적으로 존재하는 의료·조세 제도상의 문제점을 개선하려는 노력으로 보인다.[96] 산업정책을 추진하는 데 필요한 미국의 근본적인 체질 개선을 의도한다고도 해석할 수 있겠으나 직접적인 관련성은 높지 않아 보인다.

이처럼 IRA는 미국 내 친환경 에너지와 친환경 차량 산업의 주요 공급망 구축을 유도하여 관련 산업의 성장을 촉진하고 미국의 경쟁력을 강화하는 데 중점을 두고 있다. IRA가 제정된 2022년 하반기부터 2024년 상반기까지, 기업과 소비자들의 친환경 기술 및 인프라 투자 총액은 약 4,930억 달러에 달했으며, 이는 IRA 제정 이전 대비 71% 증가한 수치다.[97] 특히 친환경 에너지 생산과 탈탄소화 분야에 대한 투자가 약 1,610억 달러로 지난 2년 동안 43% 증가하였고, 친환경 차량 구매도 거의 두 배로 증가하여 약 1,570억 달러를 기록했다.[98]

제조 부문에서는 배터리, 연료 장비, 핵심 광물 정제 및 가공에 대한 투자가 과거 2년 대비 최소 3배 증가했으며, 전기차 제조 및 조립과 관련된 투자는 약 45% 성장했다.[99] 배터리 제조에 대한 투자가 가장 큰 비중을 차지하여 투자 금액이 80억 달러에서 580억 달러로 크게 증가했다.[100] 한 분석에 따르면, IRA로 인해 미국 태양광 패널 제조 산업이 크게 성장했으며, 태양광 모듈 제조 용량이 IRA 입법 전 대비 4배 증가했다.[101] 에너지 생산 부문에서도 대형 발전소 규모의 태양광

생산 및 저장에 대한 투자가 약 1,080억 달러로 크게 늘어났다.[102]

이러한 영향으로 미국 내 친환경 관련 산업의 성장이 견인되고 있으며 이는 자동차, 배터리, 태양광 사업을 운영하는 국내외 기업에게 중요한 시장 기회를 제공하였다. 그러나 IRA를 통한 혜택을 받기 위해서는 충족해야 할 까다로운 요건들이 있으므로, 각 기업은 효율적인 투자에 앞서 필요한 요건을 철저히 파악할 필요가 있다.

다른 한편, 도널드 트럼프 대통령의 재선으로 IRA가 존폐 위기에 처하게 되었다는 평가가 점점 확산되고 있는 것으로 보인다. 트럼프 대통령은 대선 캠페인 중 IRA를 "녹색 신종 사기(Green New Scam)"라고 비판하며, IRA의 여러 세액공제 중 특히 친환경차 공제(Section 30D)가 미국 자동차 산업에 치명적인 영향을 미친다고 주장했다.[103] 그는 'Agenda 47'로 이름 붙은 대선 공약에서 IRA로 인해 내연기관 엔진 제조업 부문에서 약 11만 7,000개의 일자리가 사라지고, 자동차 산업에 약 2,000억 달러의 손실이 발생하며, 자동차 평균 가격이 1,000달러 이상 상승한다고 주장했다.[104] 당시 트럼프 대선 캠프는 바이든 정부의 광물 채굴 규제로 인해 전기차 제조에 필요한 니켈, 코발트, 리튬 등의 광물을 중국에 더 의존하게 되었고, 미국의 전기차 배터리 생산량이 중국에 비해 현저히 낮다고도 지적했다.[105] 트럼프는 당선 이후로도 줄곧 과도한 녹색 정책이 미국의 에너지 위기를 초래했다고 주장하며, 친환경 및 탈탄소 보조금을 축소하는 정책을 펼칠 것이라고 발표했다.[106] 다른 세액공제의 구체적인 변경 방안은 좀 더 지켜봐야겠지만, 친환경차 공제를 비롯한 여타 다른 세액공제도 축소될 가능성이 있을 것으로 전망된다.

그러나 자동차 산업을 비롯한 다양한 친환경 산업은 미국 내에서 이미 중요한 산업 기반을 형성하고 있다. 트럼프 행정부가 국내 제조업 보호 및 육성, 에너지 분야의 회복탄력성 강화, 공공투자 확대에 적극적인 입장을 취하고 있는 만큼, 이들 친환경 산업의 근간이 되는 IRA를 단번에 전면 폐지하기는 쉽지 않을 것이다. 또한 CHIPS법과 마찬가지로 IRA를 기반으로 한 친환경 제조업 및 에너지 산업 투자가 주로 공화당 지지 지역에서 이루어지고 있다는 점을 감안할 때,[107] 2025년 현재 공화당이 의회를 장악하고 있다 하더라도 의회 동의가 필요한 IRA의 전면 철폐는 현실적 가능성이 그리 높아 보이지는 않는다.

현시점에서 트럼프 대통령이 IRA와 관련하여 추진할 가능성이 있는 시나리오는 대체로 다음과 같다. ① 미국 의회를 통해 IRA를 전면 폐지하거나 일부 폐지, ② 예산 삭감, ③ 행정명령 등을 통한 IRA 제한 등의 전략이 그것이다. 전면 폐지를 위해서는 상원과 하원을 모두 통과해야 되지만, IRA로 인해 많은 프로젝트가 이미 진행 중이며 공화당 우세 주들이 상당한 혜택을 받고 있어 의회 수준에서의 폐지안 통과는 어려울 수 있다.[108] 일부 폐지나 예산 삭감의 경우, IRA의 주요 세액공제인 친환경차 공제와 '상업용 친환경차 공제(Section 45W)' 등과 같은 일부 세액공제 항목이나 적용 시한 등을 조정할 수 있으나, 과거 의회에서 이러한 시도가 통과된 적이 없는 점에 비추어 볼 때, 상하 양원에서의 통과 가능성은 다소 불투명해 보인다. 한편 행정명령을 통해 IRA 집행을 지연시키거나 조건을 추가하는 방식으로 제한할 가능성도 있으며, 트럼프가 재무부 장관을 통해 IRA 이행 상황을 검토하고 규칙을 개정하려 할 수도 있다.

그리고 트럼프가 대통령의 지출 거부 권한을 행사하여 IRA에 배정된 예산의 지출을 폐지하거나 유예할 가능성도 있다. 하지만 그러려면 의회 예산 및 지출 거부 통제법의 절차를 따라야 하고, 의회가 이를 승인하지 않을 가능성도 존재한다. 트럼프 대통령은 과거에도 규제 철폐를 위한 행정명령을 다수 시행한 바 있어, 이번에도 유사한 방법을 통해 IRA를 제한하려 할 가능성이 있다.[109] 이러한 조치들은 미국 내 친환경 관련 산업의 성장과 경쟁력 확보에 중대한 영향을 미칠 수 있으며, 기업들은 트럼프의 정책 변화에 대비해 효율적인 투자 전략을 수립해야 할 것이다. 실제로 트럼프 대통령은 2025년 1월 20일 취임사에서 다시 한 번 전임 바이든 행정부의 '그린 뉴딜'과 'IRA'에 대해 언급하며, 전기차 의무화 정책을 철회하고 화석연료 산업을 강화하겠다는 의지를 밝혔다.[110] 그리고 '미국 에너지의 해방(Unleashing American Energy)'이라는 제목의 행정명령에서 "저렴하고 신뢰할 수 있는 에너지와 천연자원 개발을 장려"하기 위한 정책을 추진하라고 지시하며, 전기차 충전소에 대한 자금 집행을 중단하고 전기차 판매 목표를 철회하겠다고도 밝혔다.[111] 이러한 행보는 예상대로 지출 거부 권한 행사나 예산 지출 등의 조정을 통해 IRA 집행을 지연시키거나 추가 조건을 부과하여 제한하려는 의도로 해석된다.

앞으로 트럼프 행정부가 바이든 행정부의 친환경 산업정책을 수용해 유지할지 여부는 여전히 불확실하다. 그러나 지난 10년간의 미국 산업정책을 돌아보면, 트럼프 대통령은 재임 기간 동안 보호주의적 견해를 발전시켰으며, 바이든 행정부는 이를 더욱 강화했기 때문에 트럼프 2기 행정부 또한 이를 다시 약화시킬 이유는 없어 보인다.

실제로 트럼프 대통령은 각종 연설에서 IRA의 친환경차 보조금과 CHIPS법 등을 강하게 비판했지만, 2025년 상반기 현재까지 구체적인 변화는 뚜렷하게 가시화되지 않았다. 이는 결국 IRA와 같은 산업정책이 실제로는 트럼프 행정부의 정책 기조와도 일정 부분 맥을 같이 하기 때문이라고 생각된다. 즉 보조금 중심의 산업정책은 본질적으로 미국 시장의 고비용·비효율 문제에서 비롯된 제조업 침체와 노동자들의 불만을 해소하기 위한 것이며, 산업 육성과 경제성장을 위한 전략의 일환으로 마련된 정책이다. IRA 역시 이러한 흐름 속에서 탄생했으며, 트럼프 행정부가 추진하는 온쇼어링 정책 및 제조 역량 강화 취지에서 크게 벗어난다고 볼 수 없다.

이러한 맥락에서 보조금 정책에 대한 미국의 정치·경제적 관점은 대체로 긍정적이며, 트럼프 행정부 역시 이를 인식하고 있는 것으로 보인다.

3. 트럼프 대통령의 재선과 미국 산업정책의 향방

트럼프 대통령은 선거운동 기간 동안 바이든 행정부의 여러 산업 프로그램을 되돌리겠다고 공언했으나, 공화당 주에서 이러한 프로그램의 혜택을 보고 있는 점을 감안할 때 그의 공약이 실제로 얼마나 실현될지는 지켜볼 필요가 있다. 다만 트럼프 2기 행정부 내각 인선을 살펴보면 전반적인 정책 방향은 가늠할 수 있다.

먼저 트럼프 1기 행정부에서 관세와 탈중국 정책을 강력히 추진했던 라이트하이저 전 무역대표부 대표가 새 내각에 임명되지 않은 점이 눈에 띈다. 다만 라이트하이저의 비서실장이었던 제이미슨 그리어

(Jamieson Greer)가 USTR 대표로 지명되어, 라이트하이저의 정책이 일부 이어질 가능성이 점쳐진다.[112] 한편 상무부와 재무부에 각각 지명된 하워드 러트닉(Howard Lutnick)과 스콧 베센트(Scott Besant)는 보호주의 성향을 지닌 월가 출신 금융 전문가로 알려져 있다.[113]

또한 트럼프 대통령은 2024년 12월 4일, 피터 나바로(Peter Navarro)를 핵심 무역 고문직인 '무역 및 제조업 수석보좌관(Director of the Office of Trade and Manufacturing Policy)'으로 지명하였다. 나바로는 하버드 출신 경제학자로, 중국의 경제적 위협을 경고하는 저서 《다가오는 중국 전쟁(The Coming China Wars)》(2006)과 《중국에 의한 죽음(Death by China)》(2011) 등을 통해 반중적 입장을 명확히 드러냈다.[114] 이 책들은 트럼프 대통령에게도 큰 영향을 미친 것으로 알려졌다. 그는 트럼프 1기 행정부에서 무역 및 제조 정책국 국장을 역임하였고, 미·중 통상·산업 경쟁 정책 설계에서도 핵심 역할을 했다.[115] 또한 중국산 제품에 대한 관세 인상,[116] 국내 제조업 리쇼어링을 위한 세제 혜택,[117] '미국산 구매(Buy America)' 프로그램 지원 등 보호주의적 경제정책을 적극 지지했다.[118] 그리고 USMCA(미국·멕시코·캐나다 협정)와 KORUS(한미 FTA) 재협상 과정에서도 중요한 역할을 한 것으로 평가받는다.[119] 그의 발언과 정책은 탈중국을 목표로 관세와 세제 혜택을 적극 활용하려는 의지를 보여주고 있다.

이들 인선과 선거 기간 중 발표한 공약을 종합해보면, 트럼프 2기 행정부가 1기 행정부와 유사한 정책 기조(예컨대 고관세, 세금 인하, 규제 철폐, 직접 보조금 축소 등)로 회귀할 가능성이 높아 보인다. 트럼프 1기 행정부는 국내 제조업을 지원하기 위해 무역장벽 도입에 주력했다. 트럼프 대통령은 2024년 10월 어느 인터뷰에서 '관세'를 "가장 좋아하는 단어"이자 "사전에서 가장 아름다운 단어"라고 표현하며 일관된 입장을 유지했다.[120] 그리고 기존 보조금 정책과 관련해 IRA와 청정에너지 정책에 비판적인 입장을 보였음은 앞서 설명한 바와 같다. 특히 IRA의 전기차 보조금에 대해 "소비자에게 전기차 구매를 강제하는 '의무(mandate)'와 같다"고 언급하며 반대 의사를 분명히 했다.[121] 2024년 7월 공화당 전당대회에서 대통령 후보 수락 연설을 통해 그는 "전기차 의무를 첫날에 폐지하겠다"며 "이를 통해 미국 자동차 산업이 붕괴의 위기에서 벗어나고, 미국 소비자들이 자동차 한 대당 수천, 수만 달러를 절약할 수 있을 것"이라고 주장했다.[122]

일각에서는 트럼프가 테슬라 CEO이자 새로 신설된 '정부 효율성부(Department of Government Efficiency)'의 공동 책임자로 지명된 엘론 머스크의 공개 지지를 받은 이후 전기차 세액공제 폐지에 대한 입장을 바꿀 가능성을 제기했다. 그러나 머스크는 전기차 세액공제에 대해 "(자신의) 경쟁사에는 치명적이고, 테슬라에는 '약간(slightly)' 치명적일 것"이라며 세액공제 폐지에 찬성한다고 밝혀, 이러한 관측은 설득력을 잃었다.[123] 그러나 앞서 언급했듯 바이든 행정부의 보조금 프로그램을 통해 공화당이 집권하고 있는 여러 주에 이미 많은 혜택이 제공되었기 때문에, 트럼프 대통령은 의회와 일부 주 정부 공화당 의원들의 강한 반발에 직면할 가능성이 있다.

한편 첨단산업과 관련해 트럼프 2기 행정부가 CHIPS법에 어떤 조치를 취할지에 대한 전망은 다소 엇갈린다. 트럼프는 2024년 10월 대선 후보 시절 CHIPS법의 보조금 삭감을 언급하며 비판적인 태도를 보였으나 J. D. 밴스 부통령은 CHIPS법에 대한 지지를 꾸준히 표명해왔다.[124] 마이크 존슨(Mike Johnson) 하원의장도 초기에는 의회에 CHIPS법 폐지를 제안했지만, 공화당 동료 의원들의 반발로 결국 입장을 철회했다.[125] 트럼프 대통령은 취임 이후에도 의회 연설에서 CHIP 법을 폐지해야 한다고 목소리를 높였다.[126]

그러나 이렇게 일관된 트럼프의 입장이 과연 첨단산업 육성에 힘을 쏟고 있는 상황에서 실현 가능할지는 다소 의문이다. 예컨대 트럼프 대통령은 취임 첫날, 첨단산업 중 특히 'AI 정책'에 주목하며 미국 기업의 기술 경쟁력을 강화하고 외국 기업과의 경쟁에서 우위를 점하기 위해 정부 지원 확대와 규제 완화를 추진하겠다고 밝혔다.[127] 이를 위해 약 5,000억 달러를 AI 기술 개발에 투자하겠다고 발표했으며, 이 과정에서 AI 기술의 국가 안보적 중요성을 강조했다.[128] 따라서 앞으로 군사적 활용과 사이버 안보를 위한 AI 기술 개발에 미국 내 투자가 특히 증가할 것으로 전망된다. 동시에 개인정보 보호와 데이터 보안을 강화하는 규제를 도입하겠지만, 미국 기업의 AI 개발과 활용을 저해할 가능성이 있는 규제는 더욱 완화될 가능성이 크다. 이러한 정책은 첨단기술 분야에서 미국의 주도권을 유지하려는 트럼프 행정부의 의지를 보여준다. 이러한 맥락에서 AI 개발의 핵심축에 해당하는 첨단 반도체에 관한 보조금 혜택은 어쩌면 트럼프 대통령의 대규모 AI 분야 투자 전략에 내재되어 있는 것으로 봐야 할 수도 있다.

철강 산업과 관련해, 트럼프 1기 행정부가 중국산 제품에 관세를 부과하며 수입량을 조절했던 것처럼 2025년 재취임 이후에도 트럼프 대통령은 유사한 관세 정책을 추진할 것임을 명확히 했다.[129] 관세 및 기타 조치를 통해 미국산 철강 산업을 지원하는 것은 트럼프 1기 행정부가 중점적으로 추진했던 정책 중 하나로, 이러한 기조는 2기 행정부에서도 지속될 전망이다. 트럼프 대통령은 선거 운동 기간과 당선 후 여러 차례 "일련의 세제 혜택과 관세를 통해 미국 철강 산업을 다시 강하고 위대하게 만들 것이며, 이는 빠르게 이루어질 것"이라고 강조했다.[130] 그는 또한 일본 소유의 신일본제철(Nippon Steel Corporation)의 미국 철강 자산 매각에 대해 공개적으로 반대 의사를 밝히며, 미국 철강 산업 보호와 경쟁력 강화를 위한 강경한 입장을 재확인했다.[131]

트럼프 2기 행정부의 또 다른 주목할 만한 산업정책은 바로 '에너지' 분야다. 트럼프 대통령은 후보 시절부터 경제성장을 촉진하기 위해 규제를 줄이고 감세를 확대해야 한다고 지속적으로 강조해왔다.[132] 바로 이 맥락에서 그는 에너지 비용을 낮추기 위해 석유와 가스 생산을 늘리는 방안을 자주 언급했다. 에너지 비용 절감이 인플레이션 억제와 미국 기업의 경쟁력 강화에 중요한 요소로 인식되는 가운데, 트럼프 행정부가 화석연료 생산에 대한 제한을 완화하고 재생에너지에 대한 지원을 축소할 가능성이 전망되고 있다. 따라서 트럼프 2기 행정부의 '환경 및 에너지' 정책은 화석연료 산업의 부활(화석연료 개발 투자 증가 등)과 환경 규제 완화를 목표로 할 가능성이 높다. 트럼프 대통령은 국제 환경 협약에 소극적인 태도를 보이며, 파리기후협약과 같은 기존 협약에서 탈퇴를 감행하기도 하였다.[133] 또한 IRA와 관련된 환경 혜택 및 보조금 정책의 변화 가능성 역시 이러한 에너지 정책 계획과 맞닿아 있다(예를 들어 세액공제 요건을 강화하거나 보조금 지급 조건을 조정하여 미국 기업에 더 유리한 방향으로 정책을 수정할 수 있음은 이미 앞에서 설명하였다). 실제로 트럼프 대통령은 취임 직후 IRA와 관련된 행정명령 14082호를 취소함으로써 바이든 행정부의 백악관 청정에너지 '혁신시행처 신설 및 국가기후 태스크포스 설립계획'을 좌절시켰다.

다만 2025년 1월 발령된 IRA 조정 관련 내용을 담은 행정명령에는 IRA 세액공제 요건이 포함되지 않아, 미국에 투자한 글로벌 기업들이 의존하는 IRA 세액공제의 존속 여부에는 즉각적인 영향이 없을 것으로 보인다.[134] 그리고 앞서 살펴본 것처럼, 트럼프 행정부는 기후위기 대응보다는 국내 에너지 산업 육성에 초점을 맞추고 있어, 이미 중요한 산업으로 자리잡은 국내 재생에너지 산업을 완전히 배제하기는 어려울 것으로 전망된다. 따라서 IRA 세액공제의 존속 여부는 일방적으로 결정되기보다는 국내 산업 보호라는 맥락에서 다시금 면밀하게 검토될 것으로 예상된다.

그리고 트럼프 2기 행정부의 에너지 정책은 '에너지 안보' 강화 목표와도 밀접하게 연결되어 있다. 이를 위해 국내 천연자원과 화석연료 생산을 확대하고, 에너지 수입 의존도를 줄이는 정책을 추진할 가능성이 높다. 최근 언급되고 있는 알래스카 LNG 가스관 건설도 마찬가지 맥락이다.[135] 또한 에너지 시설 보호와 사이버 공격 대응 능력을 강화하며, 원자력 기술 개발에 대한 투자도 이루어질 전망이다.[136] 이러한 정책 기조는 국제 에너지 협력에 대한 소극적인 태도로 이어지고, 미국의 에너지 자급자족 체제를 구축하려는 방향으로 나아갈 가능성을 보여준다. 동시에 희토류 등 전략적 광물의 안정적인 공급망을 구축하여 에너지 및 자원 분야의 자립성을 강화하려는 의도가 분명하다. 트럼프 대통령이 러시아-우크라이나 전쟁의 종전을 추진하면서 우크라이나 내 대규모 희토류 채굴권을 요구한 것도 이러한 기조의 연장선으로 볼 수 있다.[137] 이 같은 접근은 일자리 창출과 경제성장을 촉진하는 한편, 국제 시장에서 미국 기업의 영향력을 확대하려는 움직임과 맞닿아 있다. 이렇듯 '에너지 자립'과 '산업 경쟁력 강화'를 목표로 하는 정책은 궁극적으로 미국 내 에너지 산업 전반의 성장에 긍정적인 영향을 미칠 가능성이 높아 보인다.

종합해보면 트럼프 2기 행정부는 '미국 우선주의'를 기조로 반도체 등 첨단산업, 철강, 에너지 부문을 중심으로 국내 산업의 육성과 자립을 추진할 것으로 보인다. 또한 규제 완화와 보호무역주의를 통해 미국 중심의 경제성장을 도모할 가능성이 크다. 이러한 정책 방향은 AI, 통상·관세, 환경, 안보·에너지, 천연자원 산업 등 여러 분야에 걸쳐 중요한 변화를 가져올 것으로 예상된다. 한편 바이든 행정부에서 추진했던 제조업 육성, 공급망 회복탄력성 강화, 친환경 산업정책 등의 큰 방향성은 유지될 것으로 보이나, 세부적인 조정이 어떻게 이루어질지는 지켜볼 필요가 있다. 특히 IRA 관련 정책에서 미국 기업(특히 화석연료 및 재생에너지 기업 모두)에 유리하도록 제한된 수준에서 조정이 이루어질 가능성이 크다. 이러한 맥락에서, 앞으로는 친환경 에너지 산업의 육성과 보호, 그리고 화석연료 기반 에너지 산업 간의 균형을 어떻게 조율해 나갈지가 핵심 쟁점이 될 것 같다. 비록 트럼프 대통령이 현재 화석연료 기반 에너지를 강조하고는 있지만, 재생에너지 등 친환경 산업은 변화된 글로벌 환경 어젠다와 산업육성정책의 연속성, 그리고 이미 국내에 구축된 친환경 산업 인프라 등을 고려할 때 쉽게 포기하기 어려운 분야이기 때문이다.

이러한 배경에서 트럼프 행정부의 전반적인 산업정책 경향은 수요 확대보다는 '공급' 측면의 개혁, 특히 국내 생산 역량을 회복하고 강화하는 방향의 산업정책에 보다 초점을 맞출 가능성이 크다. 이는 고율 관세를 통한 외국산 제품의 시장 진입 제한, 규제 완화, 특정 전략 산업에 대한 선택적 지원 등을 통해 국내 생산 기반을 재건하겠다는 공급 중심 전략으로 해석할 수 있다. 이러한 접근은 단기적인 소비 진작보다는 생산 능력의 회복과 산업 자립을 정책의 핵심 목표로 삼는 것이다.

이런 맥락에서 트럼프 행정부는, 기존 수요를 충분히 충족하지 못하고 있는 특정 산업을 전략적으로 선정해 산업정책을 강화할 것으로 예상되며, 그 중에서도 조선 산업 등의 전략 산업이 안보 정책과 맞물려 그 중심에 설 가능성이 높다. 실제로 바이든 행정부 시절 시작된 중국 조선업체들에 대한 미국 무역대표부의 조사는 2025년 4월 17일에 종료되었으며, 이에 따른 대응 조치로는 미국 조선 산업 지원을 위한 재정 확보 수단으로 모든 중국산 선박에 항만 이용료를 부과하는 방안이 유력하게 거론되고 있다.[138]

이에 더하여, 언론인이자 경제분석가인 라나 포루후어(Rana Foroohar)는 미 의회에 발의된 초당적 법안인 '미국을 위한 선박법(Ships for America Act)'을 언급하며, 조선소 산업 기반의 재건과 해운 부문 활성화를 통한 미 조선업 부흥이 정책의 중심에 설 수 있다고 지적하였다.[139] 이 법안은 트럼프 대통령이 국가안보보좌관으로 지명한 공화당 하원의원 마이크 월츠(Mike Waltz)가 공동 발의한 것으로, 향후 트럼프 행정부의 산업정책 구상과 밀접히 연관될 가능성이 크다. 또한 마르코 루비

오(Marco Rubio), 제이미슨 그리어 등 주요 내각 인사들도 과거 미국 산업 기반의 재건 필요성에 대해 공감을 표명한 바 있다.

포루후어는 이러한 흐름이 단순한 경제정책 차원을 넘어, 중국과의 전략적 경쟁 등 국가 안보와 결합된 산업정책의 적극적 추진으로 이어질 수 있다고 분석한다. 이와 같은 맥락에서 산업정책 추진의 또 다른 경로로 방위산업 조달(defense procurement)이 주목받고 있다. 트럼프 대통령이 경제자문위원회(Council of Economic Advisers) 위원장으로 지명한 스티븐 미란(Stephen Miran)은 전기차 보조금이나 바이든 행정부의 노동·환경 규제에 대해 비판적 입장을 보여왔으며, 산업정책은 규제 완화, 감세, 투자 환경 개선 등 '공급' 측면 개혁에 집중해야 한다고 주장해왔다. 이는 공급 기반을 튼튼히 해 기업의 생산성과 투자 여력을 높이자는 전략이다. 하지만 최근 관련 보도에 따르면, 미란은 방위산업 조달과 같은 특정 분야에서는 예외적으로 '수요 기반(demand-side)' 접근도 유효할 수 있음을 시사하기도 했다.[140] 다시 말해 정부가 시장 수요를 인위적으로 창출해 산업 성장을 유도하는 방식도 필요하다는 것이다. 예컨대 무기 체계나 함정 등을 대규모로 발주하거나, 특정 제품의 의무 구매를 법제화하거나, 소비자에게 보조금을 지급함으로써 시장을 만들어주는 방식이 이에 해당한다. 미란은 이러한 국방 관련 수요가 조선·방위 등의 분야에서 공급 역량을 끌어올리는 역할을 할 수 있다는 점을 인정하고 있는 것으로 보인다.

이는 트럼프 2기 행정부가 공급 중심의 산업정책 기조를 유지하면서도, 정치적 여건과 전략 산업의 특수성에 따라 수요 기반의 정책 수단, 예컨대 보조금 지급 등을 병행할 여지를 열어두고 있음을 보여준다.

EU, 탄소중립을 넘어 '규제 발전소'로: 환경과 기술을 결합한 산업전략

2차 세계대전 이후 유럽에서는 전쟁무기 생산에 필수적인 석탄과 철강 산업을 통합하기 위한 노력이 있었고, 여러 변화와 노력을 거쳐 지금의 유럽연합(EU)이 만들어졌다.[141] 이처럼 산업정책이 유럽 통합의 핵심 요소였던 것처럼, 오늘날 EU에서도 '유럽을 위한 새로운 산업 전략'과 '그린딜(Green Deal)' 등의 통합적인 산업정책이 주요 경제정책으로 자리잡고 있다. 이러한 경제적 결속력은 EU의 강력한 시장 지배력으로 이어지는 동시에, 회원국 간 입장 차이로 인한 갈등을 초래하기도 한다. 다음에서는 현재 EU의 산업정책 현황을 진단해본다.

1. EU 산업정책의 어제와 오늘

산업정책의 적극성 면에서 EU는 현재 미국에 비해 경쟁력을 잃었다는 우려가 팽배한 것으로 보인다. 이에 대응하여 EU는 내부적으로 산업정책을 더욱 강화해야 한다는 압박을 받고 있다. 사실 EU는 전통적으로 강력한 산업정책을 펼쳐온 역사를 지니고 있다. 예를 들어 에어버스(Airbus)는 국가 항공 및 방위 산업의 강자를 만들기 위한 여러 회원국의 노력이 합쳐져 탄생한 산물이다. 그러나 유럽식 산업정책은 지난 30년간 자유무역주의의 흐름 속에서 지속적으로 약화되어왔다. 최근 유럽 시장의 경쟁력 상실에 대한 우려가 커지면서, 그만큼 보호무역 및 산업정책 강화의 목소리는 늘어났다. 이에 전 EU 집행위원장장 클로드 융커(Jean-Claude Juncker, 2014~2019년 재임)는 유럽의 정치적 목표를 새롭게 설정하기에 이르렀다. 이들 목표는 크게 ① 디지털 단일 시장(Digital Single Market, DSM), ② 미래 지향적인 기후변화 정책을 갖춘 '탄력적인 에너지 연합(resilient energy union)', ③ 더 깊고 공정한 경제·통화 연합 등으로 구성되어 있다.[142]

특히 '디지털 단일 시장' 목표를 달성하기 위해 EU 집행위원회(European Commission)는 디지털 단일 시장 전략(Digital Single Market Strategy)을 채택하여 EU 내 디지털화를 촉진하고 원활한 국경 간 전자정보 교환을 촉진하기 위한 입법 제안과 정책 이니셔티브를 도입했다.[143] 그리고 '탄력적인 에너지 연합' 목표를 위해 2015년 2월 EU 유럽위원회는 '2030 정책 프레임워크에 기반한 유럽 에너지 연합 전략'을 발표했다. 이에 따라 EU는 2030년까지 회원국들이 달성해야 할 세 가지 주요 목표로 ① 1990년 수준 대비 온실가스 배출량 최소 40% 감축, ② 재생에너지 비중 27% 이상 확대, ③ 에너지 효율 27% 이상 향상을 제시하였다.[144]

오늘날 EU의 산업정책은 현 EU 집행위원장 우르줄라 폰데어라이엔(Ursula von der Leyen, 2019~)의 리더십 아래, 전임 집행위원회가 수립한 기존 정책 목표를 기반으로 더욱 구체화되었다. 예컨대 2020년 상반기에 발표된 '유럽을 위한 새로운 산업 전략(New Industrial Strategy for Europe)'이라는 제목의 유럽위원회 커뮤니케이션은 EU 산업정책의 구체적인 모습을 설명하고 있다.[145] 이에 따르면, 코로나19 팬데믹을 기점으로 EU는 3가지 문제를 꾸준히 지적해왔다. ① 사람, 상품, 서비스의 자유로운 이동을 제한하는 국경 문제, ② 필수 제품의 가용성에 영향을 미치는 글로벌 공급망의 중단 문제, ③ 수요의 혼란 문제가 그것이다.[146] 그리고 유럽위원회는 이들 문제를 해결하기 위해 ① EU 단일 시장의 회복력(resilience) 강화, ② 의존성(dependencies) 문제 해결, ③ EU 산업의 친환경 및 디지털 전환 등을 제안하였다.[147] 이들 제안은 곧바로 EU 산업정책을 확대해야 한다는 정치적 압력이 반영되어 더욱 구체화되었다.

예컨대 2020년 EU 집행위원회는 코로나19 팬데믹 이후 국가 지원을 제한·규율하는 여러 규정(state-aid rules)을 폐지하며 산업정책을 확대할 수 있는 기반을 마련했다. 또한 2023년 1월에 발표된 '그린딜 산업 계획(Green Deal Industrial Plan, GDIP)'을 통해 각 회원국이 친환경 에너지 프로젝트에 대해 보조금을 제공할 수 있도록 허용함으로써, 미국 등 다른 지역에서 추진되는 유사한 프로젝트와 경쟁할 수 있는 여지를 열어두었다.[148] 실제로 IMF는 2021년부터 2023년까지 EU 내에서 무역을 왜곡하는 보조금이 이전 3년과 비교하여 3분의 2 증가했다고 보고했다.[149]

이렇게 EU가 2020년 이후 추진한 산업정책의 근간에는 폰데어라이엔 위원장이 2019년에 이미 제시한 6가지의 정책 목표가 있었다. ① 유럽 그린딜(European Green Deal), ② 사람을 위한 경제(Economy that Works for People), ③ 디지털화(Digitalization), ④ 유럽인의 삶의 방식 보호(Protecting the European Way of Life), ⑤ 세계에서 EU의 역할 강화(Stronger Europe in the World), ⑥ 민주주의 수호(Defending Democracy)가 그것이다.[150] 이들 목표는 현재 추진되고 있는 EU 산업정책의 기본 방향을 결정하는 중요한 기준이 되고 있다. 따라서 EU 산업정책의 특징을 파악하기 위해서는 각 목표의 개념을 먼저 살펴볼 필요가 있다. 여기에서는 유럽 그린딜, 사람을 위한 경제, 디지털화를 중심으로 살펴본다.

(1) 유럽 그린딜: 친환경이라 쓰고 산업정책이라 읽다

'유럽 그린딜'은 2019년 12월 유럽연합 집행위원회에서 선언한 대표적인 유럽의 산업정책이다. 이는 2050년까지 탄소중립 달성을 궁극적 목표로 하는 정책 이니셔티브 패키지이다. 동시에 이러한 '녹색 전환'을 통해 유럽 각국의 산업정책 방향을 미리 설정한 것이라고 볼 수도 있다.[151] 이러한 점에서 미국의 IRA가 친환경 제품과 에너지 산업에 각종 혜택을 부여하여 미국 산업정책에 '에너지 전환'의 색깔을 입힌 것과 취지 면에서는 유사하다. 유명 일간지 《폴리티코(Politico)》는 폰데어라이엔의 '특징적인' 유럽 그린딜 프로젝트를 묘사하며 "돈을 벌면서, 세계 최대 오염원이자 가장 강력한 경제 블록인 중국과 미국과의 글로벌 청정에너지 경쟁에서 승리하기 위한 것"이라고 평가했다. 그러면서 친환경·재생 에너지를 중심으로 글로벌 산업 경쟁 구도에서 우위를 점하기 위해 구성된 EU 산업정책의 특징을 강조하였다.[152]

이러한 EU의 기후-산업 혼합 정책은 몇 가지 중요한 경제 정책과 조치로 더욱 구체화되었다. 예를 들어 ① EU의 2050년 탄소중립 목표를 법적으로 통합한 최초의 '유럽 기후법(European Climate Law)' 도입,[153] ② 배출권 거래제를 해양 부문, 교통 및 건설 부문으로 확대하고 항공사에 대한 무상 배출권의 점진적 감축,[154] ③ 탄소 누출을 방지하기 위한 탄소국경세 도입,[155] ④ 에너지 과세 지침 재검토[156] 등이 그것이다. 그리고 EU 위원회는 2021년 5월 '유럽의 산업 미래를 위한 장기 전략(long-term strategy for Europe's industrial future)'을 수정하여 '유럽 그린딜'의 목표와 긴밀히 연계하기 시작하였다. 이 장기 전략에는 '지속 가능성을 위한 화학물질 전략'[157]과 '새로운 배터리 규제 제안'[158], '건설 제품에 대한 제안'이 함께 포함되었다.[159] 또한 2020년 3월에 도입된 순환경제 실행 계획(Circular Economy Action Plan)은 전자, 섬유, 건설 등 환경에 큰 영향을 미치는 것으로 알려진 자원 집약적 부문에 특히 중점을 두고 자원의 '책임감' 있고 '지속 가능한' 활용을 강조했다.[160]

이러한 환경·산업 정책적 특징은 앞서 언급한 '그린딜 산업 계획(GDIP)'에 그대로 반영되었다. GDIP에 따르면, 그린딜의 목표는 유럽의 탄소중립 산업 경쟁력을 강화하고 탄소중립으로의 전환을 가속화하는 것이다. 이를 위해 GDIP는 넷제로(Net Zero) 기술(탄소중립 기술) 및 제품에 대한 EU의 제조 역량을 확대·지원하기 위한 환경 조성을 목표로 설정하였다.[161] 이처럼 GDIP는 당시 바이든 행정부가 IRA를 통해 제공하는 막대한 보조금에 대응하여 유럽의 산업을 보호·육성하기 위해 개발되었다고도 볼 수 있다.[162] 그리고 IRA가 중국의 보조금 지급에 관한 우려를 반영하고 있는 것처럼, GDIP 역시 중국의 보조금 지급에 대한 우려를 내포하고 있다. 이처럼 EU는 GDIP를 통해 최근 미국과 유럽, 중국으로 대표되는 보조금 지원 등의 산업정책 경쟁에서 힘의 균형을 맞추려 노력하고 있음을 알 수 있다. 실제로 폰데어라이엔 위원장은 GDIP를 발표하는 성명에서 일본, 호주, 영국의 보조금뿐만 아니라 미국의 IRA도 명시적으로 언급하며,[163] 기후변화에 대응하기 위한 이들 국가의 투자를 환영하면서도, EU가 "단일 시장 내에서의 공평한 경쟁뿐만 아니라 글로벌 경쟁에서도 공평한 경쟁의 장을 마련하는 것이 중요하다"고 말하며 GDIP 추진을 정당화하였다.[164]

이러한 GDIP는 네 가지 세부 목표로 구성되어 있다.[165] 첫 번째 목표는 EU 탄소중립 산업의 경쟁력을 강화하기 위한 규제 환경 조성에 관한 것이다. 이를 위해 EU 집행위원회는 2023년 3월 14일 전력 시장 설계 개혁을 제안했으며, 이어 2023년 3월 16일에는 '탄소중립 산업법(Net-Zero Industry Act)'과 '중요 원자재법(Critical Raw Materials Act)' 도입을 제안했다. 또한 EU의 규제 프레임워크를 간소화하기 위한 노력도 포함되었다. 이는 모두 탄소중립을 위한 입법 제안인 동시에 희토류 등 핵심 기술 제조에 필수적인 원자재에 대한 안정적 접근을 보장하기 위한 이니셔티브로 볼 수 있다.

두 번째는 EU 차원에서의 공공 및 민간 자금에 대한 접근성을 확대 및 가속화하여, 사실상 산업 보조금에 대한 접근을 용이하게 하는 것이다. 이를 달성하기 위해 집행위는 회원국에게 EU 경쟁 정책에 따라 더 많은 유연성을 제공하여 특정 부문에 대한 한시적 국가 지원을 허용할 수 있도록 했다. 언론 보도에 따르면 GDIP에는 총 2,500억 유로의 보조금이 포함되어 있는 것으로 파악된다.[166] 또한 '유럽 공동 관심 중요 프로젝트(Important Projects of Common European Interest, IPCEI)'에 대한 국가 지원을 확대하고, 이에 따른 제한 규정을 완화하는 계획도 포함되었다. 이를 통해 EU는 회원국 간 협력을 강화하고, 대규모 산업 및 기술 프로젝트 추진을 촉진하려는 목표를 가지고 있다. 2018년 이후 여러 IPCEI 관련 프로젝트가 승인되었지만, GDIP는 간소화된 절차로 수혜자를 늘리는 것을 목표로 하고 있는 것으로 보인다.

GDIP의 세 번째 목표는 탄소중립 산업을 위한 숙련된 인력 개발과 기술 향상에 관한 내용이다. 성장하는 탄소중립 산업을 지원하기 위해 숙련되고 적절하게 훈련된 인력을 확보하기 위한 이니셔티브를 강조하였다.

마지막 네 번째는, 공급망 회복력 강화를 위한 글로벌 협력 및 국제 무역에 대처하는 것이다. 이를 위해 글로벌 차원에서 다른 국가들과 협력하여 공급망의 견고성을 높이는 한편, FTA 및 각종 무역구제 수단을 활용해 개방적이면서도 공정한 무역을 촉진하는 계획이 포함되었다.[167]

(2) 사람을 위해 일하는 경제: EU 시장의 체질 개선

EU의 두 번째 목표인 '사람을 위해 일하는 경제'는 몇 가지 핵심 요소를 포함하고 있다. 첫째, 중소기업의 시장 접근성을 높이기 위한 중소기업 육성 전략이 포함된다. 둘째, 중소기업의 '기업 공개(IPO)'를 촉진하는 데 초점을 맞춘 민간-공공 펀드 설립을 추진한다. 셋째, 전반적인 경제 체제를 강화하기 위해 경제통화동맹을 심화시키고 은행동맹을 완성하며 유로화의 국제적 위상을 강화하기 위한 노력을 기울인다. 넷째, 공정한 과세를 실현하고 조세 사기에 단호한 조치를 취하기 위한 이니셔티브가 포함된다. 이러한 조치는 모두 유럽 내에서 성장, 지속 가능성, 재정 건전성을 촉진하기 위한 광범위한 전략의 일환이다. 그리고 코로나19 팬데믹과 러시아의 우크라이나 침공으로 인한 심각한 경제 충격에 대응하여 집행위원회는 경제 회복을 촉진하고 경제의 회복력을 높이기 위한 경제 조치를 시행했다. 이렇듯 '사람을 위해 일하는 경제'는 그린딜로 대표되는 유럽형 산업정책에 앞서, 중소기업 육성과 유럽 금융·경제 시장의 전반적인 체질 개선을 모색하는 정책으로 여겨진다.

(3) 디지털 시대에 맞는 유럽: 규제와 육성으로 이원화된 첨단 산업정책

집행위는 경제적 조치 외에도 유럽이 5G 네트워크에 대한 통일된 표준을 수립하고 기술 주권을 확보하는 것이 중요하다고 강조했다. 이러한 비전을 실현하기 위해 다양한 조치가 추진되고 있는데, 여기에는 인공지능의 인간적·윤리적 측면에 관한 통합적인 EU법을 만들기 위한 노력이 포함되어 있다. 이러한 노력은 2024년 초 'EU AI법'의 통과로 이어졌다.[168]

또한 EU는 디지털 플랫폼, 서비스, 제품에 대한 책임과 안전 규정을 강화하는 새로운 디지털 서비스법(Digital Services Act, DSA)을 도입하여 디지털 '단일 시장'의 완성을 앞당기려 하고 있다.[169] 이러한 계획하에 디지털 교육 실행계획(Digital Education Action Plan)도 시행하고 있다.[170] 디지털 시장법(Digital Markets Act, DMA)[171]과 '높은 공통 수준의 사이버 보안에 관한 지침(NIS2)', 데이터법(EU Data Act)[172] 등이 대표적인 디지털 관련 입법에 해당한다.

한편 유럽의회와 유럽연합이사회는 2023년 EU 인공지능법(EU AI법)의 최종 텍스트에 합의하여 2024년 6월 유럽의회 선거 직전에 최종 채택하였다.[173] 'AI 책임 지침(AI liability directive)'도 제안되었지만 아직 초기 단계이며 위원회 내부에서 논의 중인 것으로 알려져 있다.[174] 이 지침은 비계약적 민사 책임 규정을 인공지능(AI)의 맥락에 맞게 조정하는 것을 목표로 한다.

이처럼 EU는 디지털 서비스, 디지털 교육, 보안, 인공지능 규제 등과 같은 디지털 관련 '규제'를 통해 글로벌 기업과의 경쟁에서 우위를 차지하기 위해 노력하는 것으로 보인다. 유럽이 여러 규제를 통해 첨단기술 기업들의 시장 침투를 방어하고 자체적인 기술 역량을 개발·육성하는 방향으로 첨단 산업정책을 구성하고 있다는 평가도 이러한 맥락에서 나오는 것이다.

한편 미국의 CHIPS법과 마찬가지로 유럽 또한 보조금 위주의 반도체법(EU Chips Act)을 추진하고 있는 점도 주목해야 한다. EU는 2023년 9월 '반도체법'을 제정하여 유럽 관보(Official Journal of the EU)에 공포하였는데, EU 반도체법은 유럽의 반도체 생태계를 강화하기 위한 규정이다.[175] EU는 이를 통해 2030년까지 현재 10%인 반도체 점유율을 20%로 확대하기 위해 430억 유로를 투자하는 계획을 발표했다.[176] 이 법의 세 가지 주요 목표는 다음과 같다. 첫째, '유럽 반도체 이니셔티브'를 통해 반도체 기술을 학계에서 산업계로 이전하고, 첨단 반도체 시생산 라인 구축과 클라우드 기반 설계 플랫폼 개발을 촉진하는 것이다. 둘째, 반도체 생산 능력을 확대하기 위해 공공 및 민간 투자를 장려하고, 이를 위한 설비 투자 가이드라인을 마련하는 것이다. 셋째, 회원국 간 협력을 강화하고 반도체 공급망을 모니터링하는 메커니즘을 확립하여 공급망 불안에 대응하는 시스템을 구축하는 것이다.[177] 이는 미국의 CHIPS법에 대응하는 법제이고, 반도체 산업 육성을 위해 보조금을 통한 각종 산업 지원을 모색한다는 점에서 미국의 첨단 제조업 육성 산업정책과 유사한 성격을 지닌다.

결론적으로 EU의 디지털 관련 산업정책은, 디지털·첨단산업 보호·육성을 위한 강력한 규제 정책과 보조금 정책으로 이원화되어 있다. 이는 보조금·공공투자 위주의 디지털 정책을 활용하는 미국보다 더욱 방어적인 성격의 산업 전략이라고 볼 수도 있다.

2. 경쟁국 보조금에 맞선 EU의 전략적 무역구제 조치와 선별적 보조금 정책

EU는 산업 보조금을 통한 무역 왜곡 관행에 대응하는 것 외에도 조사 및 집행 조치를 통해 적극적인 무역구제 조치 전략을 펼치고 있다. 무역구제 조치란 덤핑, 보조금, 수입 급증 등으로 인한 산업 피해에 대응해 반덤핑 관세, 상계관세, 세이프가드 등을 부과하는 조치를 말한다. 이는 기본적으로 통상정책에 해당하지만, EU 산업정책을 이행하기 위한 하나의 전략적 수단으로도 사용되고 있다. EU는 회원국의 국내 투자심사를 강화하고 새로운 도전에 대응하기 위한 새로운 법적 수단을 개발하는 등 무역구제에 새로운 초점을 맞추고 있다.[178] 이 전략의 핵심에는 (정상 가격보다 낮게 들어오는 수입품에 부과되는) 반덤핑 및 (외국 정부의 보조금 지급에 대응하는) 상계관세 조치가 포함된다. EU는 이 중에서도 상계관세 조치를 특히 적극적으로 활용하고 있는 것으로 보인다. 조사 건수는 예년에 비해 크게 증가하지 않았지만, EU는 최근 중국산 전기자동차 수입에 대한 자체 상계관세 조사와 같이 주목할 만한 무역구제 조사를 몇 차례 개시한 바 있다.[179] 또한 EU는 중국 정부가 제공한 보조금을 받은 것으로 의심되는 이집트와 인도네시아 수입 상품에 상계관세를 부과하는 등 '초국가적 보조금(transnational subsidy)'에 대한 대응에 앞장서고 있다.[180] 산업정책에 따른 EU의 통상정책 변화에 대해서는 4장에서 자세히 살펴볼 것이다.

그러나 많은 이들이 EU는 미국과 중국의 보조금에 효과적으로 대응할 수 있는 능력이 제한적일 수밖에 없다고 평가한다. 이는 특정 산업 부문에 보조금을 지급할 수 있는 EU의 연방 예산이 제한되어 있기 때문이다. 폰데어라이엔 위원장이 이를 극복하기 위해 '메이드 인 유럽' 산업을 위한 유럽 국부 펀드(sovereign fund)를 만들자고 제안했지만 일부 회원국의 반대에 부딪혔다.[181] 프랑스는 이 이니셔티브를 지지했지만 독일과 네덜란드는 기존 EU 기금을 사용하자고 주장했다. 논란 끝에 2024년 2월, EU 집행위원회와 EU 의회 및 이사회(회원국으로 구성됨)는 이 기금의 축소된 버전인 '유럽을 위한 전략기술 플랫폼(Strategic Technologies for Europe Platform, STEP)'에 합의했다.[182]

STEP은 "디지털 및 딥 테크(deep tech), 청정 기술(clean tech), 생명공학 분야에 대한 투자를 동원함으로써 EU의 주권을 강화하고, 핵심 기술에 대한 장기적인 경쟁력을 확보하는 것"을 전반적인 목표로 삼고 있다.[183] STEP은 이러한 목표를 달성하기 위해 EU의 산업 역량을 강화하고, 전략 기술 분야에서 글로벌 경쟁력을 높이는 데 중점을 두고 있다. 그러나 이 프로그램에 대한 새로운 별도 기금은 승인되지 않았고, 대신 기존 기금을 활용할 것으로 예상된다. 'EU 우선 분야에 대한 민간투자 촉진'을 위한 EU 기구인 'InvestEU'와 같은 기금도 GDIP에 따라 확대되었으므로, 이 또한 STEP을 위한 기금으로 활용될 것 같다.[184] 그러나 이러한 제한적 보조금 지급에 대하여 녹색당 의원과 일부 이해관계자들은 STEP의 결과가 불충분하다고 비판했다. 예를 들어 독일의 한 의원은 "(보조금의) 유예는 올바른 접근 방식이 아니"라고 강조하면서 "중국은 유럽이 깨어날 때까지 기다리지 않는다"고 주장했다.[185] 일부 싱크탱크는 "IRA 이후 청정 기술에 전략적으로 투자할

EU 기금을 기대했지만, 우리가 얻은 것은 기본적으로 웹사이트에 불과"하다고 비판했다.[186] 아울러 EU 기금이 없는 상황에서 "실행 가능한 유일한 대안은 각국 정부가 제공하는 국내 보조금뿐이지만, EU 개별 회원국들이 자체적인 보조금을 운용함으로써 경제적 분열로 이어질 위험이 있다"는 우려도 제기되었다.[187] 본래 'EU 국가 보조금 제도'는 회원국이 제공할 수 있는 보조금을 제한하고 있으나, 위와 같은 비판에 직면하자 이러한 제약 중 일부를 완화하는 움직임을 보이기도 하였다.[188] 그러나 아직 더 구체화된 사례는 보이지 않는다.

3. 산업정책의 노골적인 확대를 향한 EU의 새로운 리더십

유럽 통합의 핵심 원칙 중 하나가 산업정책이었듯, 오늘날에도 '유럽을 위한 새로운 산업 전략'과 'EU 그린딜' 등의 정책을 통해 이러한 방향이 이어지고 있는 것은 분명하다. 그러나 현재 EU 최대 경제국인 독일은 '점진적 탈산업화(deindustrialization)' 문제에서 벗어나기 위해 고군분투하고 있으며, 프랑스를 비롯해 전통적으로 산업정책을 선호해온 다른 회원국들과 함께 더 강력한 산업정책을 요구하고 있다.[189] 기존의 엄격한 보조금 규정을 완화하고 산업정책에서 전반적인 개혁을 하자는 것이다. 특히 유럽 산업이 미국과 중국에 비해 경쟁력을 상실했다는 우려가 커지면서, EU 집행위원회는 과거보다 더 강력한 산업정책을 추진해야 한다는 압박을 받고 있다.

이러한 압박의 결과로, 폰데어라이엔 집행위원장은 2023년 마리오 드라기(Mario Draghi) 전 이탈리아 총리이자 유럽중앙은행 총재에게 EU의 미래 경쟁력에 대한 자문을 요청했다. 그렇게 만들어진 '드라기 보고서(Draghi Report)'는 2024년 9월 발표되어, 이후 이루어진 EU의 산업정책 논의에 큰 영향을 미쳤다.[190] 드라기 보고서는 유럽이 혁신 투자 부족, 국경을 기준으로 한 금융 시장의 분열, 일부 전략적 상품과 서비스의 비유럽 기업 의존으로 인해 '점진적 침체(slow agony)'의 위험에 처해 있다고 경고했다. 그리고 유럽의 쇠퇴를 막고 미국 및 중국과의 격차를 좁히기 위해 매년 8,000억 유로 규모의 민간 및 공공 투자 확대를 제안했다. 이를 위해 드라기 보고서는 기술 및 방위 부문 거래 승인을 용이하게 하기 위한 경쟁 규칙 개정, 인수합병 검토 시 혁신과 경제 안보 고려, 공동 채무 발행을 통한 산업 및 방위 목표 지원, 원자재부터 최종 제품까지 아우르는 가치사슬 전략 수립 그리고 세계적 수준의 혁신 허브 개발을 주요 권고안으로 제시하였다.[191]

　이러한 와중에 2024년 중반 새 유럽의회(European Parliament, EP) 선거가 치러졌고, 연말에는 새로운 집행위원회가 구성되었다. 중도우파와 우파 정당이 새 의회에서 의석을 확대하면서 중도우파가 새 집행위원회를 주도하게 되었다.[192] 이러한 정치적 변화는 향후 몇 년간 EU 정책, 특히 산업정책에 상당한 영향을 미칠 것으로 보인다. 특히 최근 EP 선거에서 녹색당과 중도좌파의 의석 손실은, 기존 EU 집행위가 환경 및 기후변화와 관련된 새로운 규제로 인해 부담과 비용 증가에 대한 불만에 직면했기 때문이라는 분석이 있다.[193] 우파 정당들은 EU 전역의 규제에 반대하고 환경정책에 회의적인 입장을 보이며 의석을 확대했다.[194] 이에 따라 새 의회에서 새로운 환경 관련 조치에 대한 정치적 지지가 약해졌으며, 이미 도입된 환경 법규를 일부 완화하려는 논의도 진행 중이다.[195]

폰데어라이엔은 2024년 7월 유럽의회에서 401표를 얻어 집행위원회 의장으로 재선되었다. 그녀는 유럽국민당(EPP), 사회당(S&D), 리뉴 유럽(Renew Europe)의 지지를 받았다. 그녀는 '2024~2029년 유럽위원회 정치 가이드라인(Political Guidelines for the Next European Commission 2024-2029)'이라는 문서를 통해 향후 5년간의 우선순위를 발표했으며, 이 중 다음 항목들이 EU 산업정책의 미래와 관련이 있어 보인다.[196]

- 글로벌 시장에서 EU 기업의 성장을 지원하는 새로운 경쟁 정책
- 새 집행위원회 첫 100일 내 발표될 새로운 '청정 산업 협약'
- 에너지 전환을 지원하기 위한 산업 탈탄소화 촉진법
- EU 기업의 에너지 비용 절감 이니셔티브
- 재활용 자원을 활용한 순환경제법
- 새로운 화학 산업 패키지 및 PFAS 규제 간소화
- AI 산업 활용을 촉진하기 위한 지원 프로그램
- EU 방위산업에 대한 투자 확대 등

폰데어라이엔 위원장은 EU 회원국이 제안한 후보를 바탕으로 26명의 신임 집행위원을 지명하였고, 의회는 11월 27일 최종 명단을 승인했다. 새 집행위원회는 2024년 12월 1일 공식 임기를 시작했고, 이전보다 더 우파 성향을 띠는 것으로 평가되고 있다. 새 집행위원회 구조는 이전보다 더 계층적으로 구성되었으며, 6명의 집행위원이 집행부 부위원장 역할을 맡아 다른 집행위원들을 관리할 예정이다. 이러한 구성은 기존 집행위보다 더 위계적이면서 동시에 체계적이라는 평

가도 있다. 이 중에서 앞으로 EU 산업정책에서 핵심 역할을 할 집행위원은 세주르네(Séjourné)와 리베라(Ribera) 부위원장 그리고 쿠빌리우스(Kubilius), 셰프초비치(Šefčovič), 돔브롭스키스(Dombrovskis), 후크스트라(Hoekstra) 집행위원이다.[197]

먼저 프랑스 출신의 세주르네는 마크롱 대통령이 지명했으며, 이번에 신설된 '번영과 산업 전략(Prosperity and Industrial Strategy)' 집행위원이자 부위원장 직위를 수행하게 된다. 그의 주요 임무는 "산업과 기업이 투자하고 탈탄소화를 이루며 더 경쟁력 있는 환경을 조성하는 조건을 마련"하는 것으로 요약된다. 또한 산업, 중소기업(SME), 단일시장 포트폴리오를 책임지고 있으며, 넷제로(Net Zero) 산업법 실행, 유럽 경쟁력 펀드 개발, 공급망 보안 강화, 소기업 및 중견기업 지원, 중요 원자재법 시행, 순환경제법 제안, 철강·금속 산업 계획 개발, 지식재산권 정책 집행 등 유럽 산업 혁신과 경쟁력 강화를 위한 핵심 과제를 담당한다.

이전 무역 집행위원이었던 돔브롭스키스는 이번에는 '경제 및 생산성 집행위원'으로 임명되었다. 그의 새로운 역할은 EU와 회원국 간 정책 조정을 개선하고 행정 간소화를 촉진하는 것으로, 청정 무역 및 투자 파트너십 주도, 무역 방어 도구 활용, 관세 개혁 및 EU 관세 당국 설립을 통한 EU 경쟁력 강화 등이다. 또한 유럽 경제 안보 전략 시행, 외국인직접투자(FDI) 관리, 수출 통제, 주요 기술 보호 및 무역 제재 시행을 통해 국제 시장에서 EU 기업의 공정한 경쟁과 경제 안보를 지원하는 역할을 맡고 있다.

그 외에 셰프초비치는 신임 무역 집행위원으로서, 미국 및 기타 무역 파트너들과 EU 산업정책과 관련된 무역 논의를 주도하게 되었다. 쿠빌리우스는 방위 및 우주 집행위원으로, 유럽 방위산업 전략을 감독한다. 마지막으로 리베라 부집행위원장과 후크스트라 집행위원은 EU의 녹색 정책을 담당하게 되어 기후, 넷제로 및 청정 성장 집행위원으로서 청정산업 협약 및 산업 탈탄소화 촉진법 개발에 기여하며, 혁신기금(Innovation Fund) 시행을 지원한다. 여기서 주목할 점은 이번에 임명된 셰프초비치 집행위원이, 신설된 번영·산업전략 수석 부위원장에게 보고하는 구조로 집행위가 구성되었다는 점이다.[198] 이처럼 EU는 산업정책에 관한 높은 요구에 호응하여, 향후 미국과 마찬가지로 '산업정책'에 방점을 두고 통상정책을 추진해 나갈 것으로 평가된다.

그리고 앞서 설명한 드라기 보고서의 산업정책 관련 진단과 권고안은 이미 새로운 EU 집행위원회의 정치 및 정책 논의의 중심 주제가 되었다. 2024년 11월 폰데어라이엔 위원장은 보고서 권고안을 구체적인 제안과 입법으로 전환하기 위한 태스크포스 설립을 발표했다. 또한 향후 5년간의 주요 이니셔티브로 '경쟁력 나침반(Competitiveness Compass)'을 도입해 미국과의 혁신 격차를 줄이고 EU 경제의 탈탄소화 및 경제적 독립을 강화할 계획이라고 밝혔다.[199]

4. EU 산업정책의 딜레마: 강화되는 정부 개입, 기대와 현실의 괴리

IMF의 최근 보고서는 유럽이 지정학적 분열과 경제 안보 문제를 해결하고 생산성을 높이며 녹색 전환을 가속화하기 위해 산업정책에 점점 더 의존하고 있다고 지적한다.[200] 보고서에 따르면, 지난 10년 동안 EU의 국가 보조금 지출은 3배 증가했으며, 이 중 상당 부분이 녹색 기술과 에너지 효율성에 집중되었다고 한다. 이러한 증가를 주도한 국가는 프랑스, 독일, 이탈리아와 같은 주요 EU 회원국이다.[201] 관련하여 현재 EU 회원국들 간에는 경제성장을 촉진하기 위해 더 많은 국가 보조금이 필요하다는 정치적 합의가 형성되고 있는 것으로 보인다.[202]

그러나 2024년 11월 스웨덴 배터리 제조업체 노스볼트(Northvolt)가 파산 보호를 신청한 사례는 EU의 산업정책에 큰 타격을 준 사건으로 회자되고 있다. 노스볼트는 유럽의 전기차 배터리 시장에서 중국의 지배를 막기 위한 대안으로 기대되면서, 독일 정부로부터 9억 200만 유로의 보조금을 받았다.[203] 당시 EU 경쟁 담당 집행위원이었던 마르그레테 베스타거(Margrethe Vestager)는 이 보조금을 승인하면서 노스볼트의 배터리 생산 공장이 유럽 교통의 전기화를 위한 중요한 단계라고 평가했다.[204] 그러나 노스볼트는 2030년까지 유럽 배터리 시장의 25%를 점유한다는 목표와 달리, 2023년 말까지 16GWh의 생산 용량 중 단 1%도 달성하지 못했다. 기술적 노하우 부족, 중국산 양극재와 기계 장비에 대한 높은 의존도, 심지어 장비를 운용할 중국 인력의 필요성 등 여러 문제에 직면했기 때문으로 분석된다.[205] 일각에서는 중국, 일본, 한국이 지배하는 산업 분야에서 유럽 지역의 '국가대표'를 육성하려는 EU의 시도가 비효율적임을 보여주는 사례라는 지적도 나온다. 그보다는 중국 및 기타 아시아 기업과의 전략적 파트너십을 통해 이들의 기술과 제조 효율성을 활용하고 시장 접근을 교환하는 방식이 더 현실적이라는 것이다.[206] 이들은 '소유권보다는 위치(Location over Ownership)'를 중요시하는 접근 방식을 통해 탈탄소화, 경쟁력, 회복력이라는 EU의 세 가지 목표를 달성할 수 있다고 보고 있다. 즉 특정 기술을 보유한 기업을 유럽 내에서 새롭게 육성하기보다는, 해외 기업이라 하더라도 해당 기술을 가진 기업이 유럽에 물리적으로 자리잡도록 유도하는 것이 더 중요하다는 것이다.[207]

그러나 이러한 협력 방식의 접근법을 적용하는 경우, EU는 배터리 생산 보조금 대가로 유럽 내에 '위치한' 중국 기업에 기술 이전까지 요구하고 있는 것으로 보인다.[208] 이에 대한 비판론자들은 이를 경제적 강압으로 보고, 중국의 보복 가능성과 EU 시장에서의 영향력 확대를 우려하고 있다. 반면 지지자들은 기술 이전 조건이 EU 산업 기반을 강화하고, 초기 산업 개발의 어려움을 줄이며, 관세보다 효과적이라고 평가한다. 기술 이전과 현지 생산 요구가, 중국 기업이 단순히 배터리를 수출하는 데 그치지 않고 EU 산업에 기여하도록 유도한다는 주장이다. 이 정책이 중국의 배터리 기술과 생산력 우위를 활용하고, EU 내부의 분열을 최소화하며, 초기 개발 과정에서의 문제를 완화할 수 있다고 보는 것이다. 또한 관세와 달리 이 접근법이 공급망 혼란을 방지하면서 산업 문제를 해결한다고 평가하기도 한다.[209] 배터리 기술 이전 요구는 EU 보조금 체계의 다른 분야에도 확대될 가능성이 있는 시범 정책으로 간주되고 있어, 앞으로 어떤 분야로 확대될지 지켜볼 필요가 있다.[210]

아울러 EU 집행위원회는 2025년 '청정 산업 딜(Clean Industrial Deal)'을 비롯하여, 에너지 비용 절감 방안과 규제 보고 요건 완화를 포함한 여러 이니셔티브를 발표할 예정이다.[211] 세주르네 집행위원은 트럼프 2기 행정부의 미국 우선주의를 본뜬 '유럽 우선(Europe First)' 전략을 강조하며 철강, 자동차, 항공우주, 청정 기술과 같은 전략적 부문에 초점을 맞춘 정책을 추진하겠다고 밝혔다.[212] 그는 공공조달 규정을 통해 유럽산 제품과 녹색 산업을 지원하고, 에너지 집약 산업을 위한 긴급 대책을 마련하며,[213] 규제 완화를 포함해 여러 관련 있는 법안들을 하나의 포괄적인 법률로 묶는 방안(옴니버스 법안) 등을 통해 EU 기업들의 부담을 줄이겠다고 밝혔다.[214] 또한 미국의 관세 인상에 대응해 방어적이면서도 공격적인 요소를 결합한 전략이 필요하며, 조기 무역 합의를 통해 무역 전쟁을 피할 수 있을 것이라고 보았다.[215] 유럽의 산업 계획에 대한 세부 사항은 향후 더 구체화될 것이며, 그 내용은 앞서 언급한 '경쟁력 나침반' 보고서 등을 통해서도 이미 가시화되고 있다.

중국, 기술패권을 향한 질주: '혁신주도 발전전략'과 산업 강대국의 길

1. 중국 산업정책의 과거와 현재

중국은 역사적으로 국가와 정부가 국가 경제에서 항상 중요한 역할을 해왔다. 시간이 지남에 따라 국가의 경제 개입 범위는 다소 줄어들었으나, '마오주의 시대'의 '명령 경제'까지도 '산업정책'으로 간주한다면 중국의 전통적인 경제정책과 산업정책의 구분이 쉽지 않다. 따라서 여기서는 일반 공공 인프라(예컨대 도로 및 교량)에 대한 투자나 교육 또는 기초 연구에 대한 일반적 투자와 같은 정부 활동은 '산업정책'에 포함시키지 않기로 한다.

이러한 정의에 터잡아 볼 때, 중국 산업정책의 발전은 크게 세 단계로 나눌 수 있다. 첫 번째 단계는 1978년 중국의 이른바 '개혁개방' 시기가 시작될 때부터 2006년까지로, 이 시기에 중국의 산업정책은 적은 수의 기업을 대상으로 하여 상대적으로 가볍게 진행되었다. 두 번째 단계는 2006년부터 2015년까지로, 중국의 산업정책이 크게 바뀐 시기다. 이때에는 더 넓은 범위의 산업군을 직접적으로 육성하기 위해 훨씬 더 많은 자원을 투입하였다. 마지막으로 2015년부터 현재까지 중국의 산업정책은 '혁신'을 중심에 두고, 주요 전략 산업 분야와 기술력을 증진하는 데 집중하는 시기로, 혁신 산업의 발전을 위해 전례 없는 수준의 정부 지원을 제공하고 있다.

(1) 1단계(1978~2006): 개혁개방과 불안정한 산업정책

먼저 1978년부터 2006년까지의 시기는 소위 '개혁개방'의 시기이다. 중국이 마오쩌둥 시대의 '명령 경제'에서 벗어나 '시장 지향적 개혁'을 대거 시행한 이 시기는 1978년 12월 3차 전국인민대표대회에서 본격적으로 시작되었다.[216] 당시 덩샤오핑이 이끄는 새로운 중국 지도부는 '개혁개방' 기간 동안 계속해서 5개년 계획을 수립했으나 계획은 이전 마오 시대보다 덜 적극적이었다. 예컨대 제6차 5개년 계획(1981~1985년)은 안정적인 경제 운영을 위해 상대적으로 저성장을 지향하며, 과잉 생산을 억제하고 에너지와 같은 인프라 분야에 집중적인 투자를 계획했다.[217] 그러나 개혁개방 정책이 본격적으로 추진되면서 시장 지향적 변화가 예상보다 빠르게 진행되었고, 이는 급속한 경제성장과 구조적 변화로 이어졌다. 이러한 결과는 정책의 초기 목표였던 안정적 저성장과는 크게 어긋난 것으로, 사실상 본래 취지가 무색해졌다.[218] 이후 두 차례의 5개년 계획에서도 비슷한 상황이 반복되었고, 이로 인해 일관된 산업정책을 수립하기 어려웠다.[219] 결국 급격한 시장 변화와 경제성장은 중국 지도부가 예상하지 못한 결과였고, 초기 계획의 수정 및 폐기를 불가피하게 만들었다.

이러한 단점에도 불구하고 중국의 시장 지향 정책은 특정 경제 영역의 발전을 가져왔고 중국의 경제 구조에 큰 변화를 가져왔다. 예컨대 농업 부문에서는 농민들에게 사실상의 사유지를 허용하는 등 상당한 자유화를 통해 식량 생산성이 크게 향상되었다.[220] 이러한 발전으로 인해 많은 중국 노동자들이 농촌을 떠나 도시의 다른 산업 부문에 취업할 수 있었다. 마찬가지로 국유 기업에 대한 광범위한 개혁을 통해 국유 기업이 집중되어 있는 특정 산업 부문의 발전과 생산성 향상이 가능했다.[221] 한편 이 기간 동안 과학기술정책은 산업정책과 다소 별개의 것으로 취급되었다. 당시 과학기술정책은 정치 지도부와 관련 기관 간의 협의에 중점을 두었는데, 주로 연구를 위한 광범위한 자금 지원과 연구 우선순위에 대한 협의였다.[222]

이처럼 1978년부터 2005년까지 중국의 산업정책은 특정 산업을 지원하는 비교적 제한적인 접근 방식을 취하며, 동시에 경제 전반에 걸친 광범위한 시장 개혁을 허용했다. 그러나 초기 의도와는 달리, 중국 경제는 예상보다 급격히 발전하면서 오히려 높은 수준의 불확실성을 초래했다. 이로 인해 중국 정부는 계획적이고 체계적인 산업정책을 수립하는 데 상당한 어려움을 겪었다. 그 결과, 이 시기 동안 중국 경제는 혁신적이고 광범위한 변화를 이루었지만, 시장 지향적 정책 외에 '산업정책'이라고 명명할 만한 구체적이고 일관된 정책은 거의 실행되지 못했다.

(2) 2단계(2006~2013): 기술 자립을 향한 변곡점

중국 산업정책 발전의 변곡점은 2006년 중국 정부가 '중장기 과학기술 발전계획(Medium-and Long-Term Plan for the Development of Science and Technology, MLP)'을 발표하면서 시작되었다. 이 계획은 과학기술 혁신을 통해 중국의 산업 경쟁력을 강화하고, 자국 중심의 기술 개발을 촉진하며, 경제 전반의 구조적 전환을 목표로 삼았다.[223] MLP의 발표는 중국이 기존의 시장 지향적 접근에서 벗어나 보다 체계적이고 적극적인 산업정책을 추진하기 시작한 전환점으로 평가된다. MLP는 다소 개략적인 내용으로 구성되어 있었으나, 이후 수년 동안 광범위한 중국 산업정책 프로그램의 토대가 되었다. 특히 MLP는 '토착 혁신'을 경제적 우선순위로 삼았으며, 이에 따라 16개 분야의 대규모 프로젝트를 선정하여 보조금을 지원했다.[224] 이후 MLP의 이행을 위해 발표한 구체적인 정책에는 각종 보조금 프로그램(정부 직접 자금 지원, 보조금 대출, R&D 세액공제 등)을 비롯한 여러 이행 수단이 포함되었고, 이를 계기로 특정 산업군들에 대한 정부 지원의 폭이 크게 확대되었다.[225]

여기서 MLP '토착 혁신 정책(indigenous innovation policy, IIP)'이란 일종의 자국 제품 우대 정책을 의미한다. 이는 정부조달 과정에서 중국 기업이 개발하거나 소유한 기술이 포함된 국내 제품에 다양한 인센티브를 제공하는 것을 목표로 한다.[226] 해당 제품이 국내 제품으로 인정받으려면 중국 정부의 인증을 받아야 하고, 인증 요건에는 생산자가 중국 법률에 따라 설립된 중국 법인의 지위를 가질 것과 제품 제조 과정에서 중국에서 창출된 지식재산권에 대한 소유권을 보유할 것이 포함된다.[227] 이렇게 인증된 제품은 정부조달에서 우선 구매 대상에 포함되었다.[228] 이러한 정책 조치는 특히 기술 제품 및 서비스 분야에서 중국 제품의 시장 수요를 창출하고, 이를 통해 국내 생산을 촉진하려는 의도로 시행되었다.

MLP의 토착 혁신 정책 일환으로 선정된 16개의 대규모 프로젝트는 당시 중국 산업정책의 핵심 요소 중 하나였다.[229] 이들 프로젝트는 중국의 경제 및 사회 발전에 중대한 영향을 미칠 수 있는 기술 및 산업 분야에서 눈에 띄는 성과를 내기 위해 설계되었다.[230] 전체 16개 프로젝트는 다양한 분야에 걸쳐 있으나, 특히 다음 산업들이 중점적으로 포함되었다.

- 마이크로칩 및 소프트웨어
- 통신
- 첨단 제조
- 에너지
- 환경 기술
- 의료 및 바이오 제약
- 우주 기반 기술(예: 인공위성)
- 민간 항공[231]

이들 프로젝트는 2007~2008년에 1차적으로 계획되었으나, 본격적인 정부 지출은 2008년 이후부터 시작되었다. 초기에는 총 60억 위안 규모로 비교적 제한적으로 운영되었으나, 2008년 말 글로벌 금융위기에 대응한 대규모 경기 부양책의 일환으로 지출이 대폭 확대되면서 2009년에는 330억 위안까지 급증했고, 이후에는 매년 450억~500억 위안 수준으로 유지되었다.[232] 주목할 점은 이들 프로젝트 중 일부가 전통적인 정부 부처 주도 사업이 아니라 법인의 형태로 조직·관리되었다는 것이다. 예를 들어 'C919 대형 여객기 프로젝트'는 '중국 상용항공기공사(Commercial Aircraft Corporation of China, COMAC)'가 설립되어 운영을 맡았다. '대규모 첨단 가압경수로 원자력발전소 프로젝트'는 '중국핵공업집단공사(China National Nuclear Power Technology Corporation, CNPTC)'가 관리했는데, CNPTC는 전통적인 국영 기업이었다. 반면 COMAC는 당시로서는 독특한 구조로 설립되었다. 상하이 국영기업집단공사(SASC), 상하이 국성그룹(상하이시 정부가 설립), 중국 항공공업공사, 중국 알루미늄공사 등 다수의 국영 기업이 주주로 참여한 주식회사 형태였다. 이러한 조직 모델은 이후 중국 산업정책에서 자주 활용되는 중요한 선례가 되었다.[233]

2009년 11월, 원자바오 중국 총리는 개선된 '전략적 신흥산업(Strategic Emerging Industries, SEI)' 이니셔티브를 발표했다.[234] 본래 SEI는 앞서 언급한 대규모 프로젝트에서 비롯된 산업정책의 연장선상에 있었다. SEI 프로그램이 이후 12차 5개년 계획에 통합되면서, 첨단기술 및 서비스 중심의 산업정책은 중국의 전통적인 경제 계획 체계에 본격적으로 포함되기 시작했다.[235] 한편 SEI 이니셔티브는 기존 대규모 프로젝트 정책과는 달리, 전적으로 정부 자금에 의존하지 않는 방식을 채택했다.

대신 정부는 특정 산업 분야에서 시장을 창출하여 기업의 성장과 발전을 유도하는 것을 주요 목표로 삼았다. 실제로 정부의 직접적인 재정 지원은 전체 자금의 약 5~15%에 불과했으며, 나머지 자금은 국책 금융기관의 금전적 지원, 우대 세제 정책, 규제 완화 등을 통해 조달되었다.[236] 이러한 구조는 민간 소유의 중국 기업들이 국영 기업과 협력하거나 때로는 경쟁하면서, 중국 산업정책의 목표 달성에 기여할 수 있도록 설계된 것이다.

SEI 프로그램이 초점을 맞춘 산업 및 기술 분야는, 중국 정책 입안자들이 중요하다고 판단하면서도 여전히 글로벌 공급 시장이 확고히 자리잡지 않은 미래 기술에 집중되었다. 이를 통해 중국은 기존 선진국들의 기술을 넘어설 수 있는 도약의 기회로 SEI를 활용하고자 했다.[237] SEI는 첨단기술과 서비스 산업을 육성하면서, 중국이 국제 경쟁력을 강화하고 산업 구조를 고도화하는 데 핵심적인 역할을 수행했다. 2015년 대대적으로 수정되었으나 중앙정부부터 지방정부, 비정부 기관(국영 금융기관 등)에 이르기까지 모든 영역에서 꾸준히 시행되어왔다. 따라서 SEI 프로그램에는 대단히 광범위한 자원이 투입되고 있으며, 민간을 제외한 여러 정부 부처들(국무원 등)이 공표하는 SEI 관련 정책만 400여 개가 넘는 것으로 파악된다.[238]

정리하자면, 2006년 MLP 발표를 기점으로 중국의 산업정책은 중점 분야와 지원 수준 모두에서 크게 변화했다. 이 시기에 실현된 산업정책 접근 방식은 현재 중국 산업정책의 토대가 되었으며, 앞으로도 당분간은 지속될 것으로 보인다.

(3) 3단계(2015~현재): 본격화된 '혁신' 중심 산업정책

중국 산업정책의 최신 단계는 2015년에 시작되었다. 이 단계는 '중국 제조 2025(Made in China 2025)'와 '인터넷 플러스 프로그램(Internet Plus Program)'이라는 두 가지 주요 산업정책 계획의 발표로 시작되었다. '중국 제조 2025'는 중국이 첨단 제조업 중심의 기술 자립을 통해 양적 성장보다 질적 성장을 강조하며, 스마트 제조와 친환경 기술 등 산업 고도화를 목표로 추진한 전략이다. 특히 2025년까지 '제조 대국'에서 '제조 강국'으로 전환하겠다는 야망이 반영된 정책으로, 함께 병행적으로 추진되고 있는 기존 SEI(전략적 신흥산업)의 목적과 구별된다. 한편 '인터넷 플러스'는 모바일 인터넷, 클라우드 컴퓨팅, 빅데이터, 사물인터넷 등을 전통 산업과 결합하여 새로운 산업 생태계를 창출하려는 전략이다. 즉 '중국 제조 2025'가 제조업의 고도화를 목표로 한다면, '인터넷 플러스'는 산업 간 융합과 디지털화를 촉진하는 전략이다.

이후 중국 정부는 2016년 5월, 이 두 계획을 통합하고 뒷받침하는 중요한 산업정책 전략인 '혁신주도 발전전략(Innovation-Driven Development Strategy, IDDS)'을 발표했다. 이 과정에서 기존 전략적 신흥산업(SEI) 프로그램은 보다 효율적으로 운영될 수 있도록 대폭 재구성되었으며, IDDS와의 일관성도 강화되었다.[239] 특히 SEI 프로그램에서 선정된 9개의 주요 산업 분야 중 5개 분야(정보기술 산업, 고품질 산업 장비, 바이오 및 제약, 신에너지 자동차, 청정에너지)는 즉각적인 조치를 위해 우선적으로 추진되었고, 나머지 4개 분야는 추후 조치를 위한 준비 작업이 실행되도록 조정되었다.[240] 즉각 조치 대상이 된 5개 분야는 다른 4개 분야와 달리 구체적인 생산량 목표가 설정되었으며, 해당 프로그램을 감독하는 정부 관리에게는 가시적인 성과를 달성할 책임이 부과되었다. 이러한 체계는 중국이 산업 경쟁력을 강화하고 경제 구조를 고도화하기 위한 중요한 전략적 조치로 자리잡았다.

한편 IDDS는 중국의 정책 입안자가 21세기 전반기에 전개될 것으로 예상하는 기술 혁명을 통해 기술 '강국'으로 도약하고자 추진한 전략으로, 기존 산업정책과 차별화된다. 예컨대 SEI 프로그램은, 글로벌 선도 기업이 아직 등장하지 않은 새로운 기술에 투자한다는 특징이 있었다. 그러나 그렇게 선정된 기술들을 범주화하는 일관된 비전이나 논리가 없었으며, 해당 기술 분야들은 서로 연결되어 있지 않았다. 반면 IDDS는 특정 우선순위 분야의 발전이 다른 우선순위 분야의 발전을 보완하고 향상시킨다는 논리를 가지고 추진된다는 점에서 SEI와는 다른 특징을 가지고 있었다. 또한 IDDS는 첨단 통신, 데이터 처리 능력, 인공지능 등 핵심 신흥 기술을 경제 전반에 도입함으로써 생산성과 경쟁력을 혁신적으로 향상시킬 수 있다는 정책적 인식 아래 추진되었다.[241] 그러나 IDDS 아래 정부가 특정 세부 산업 부문에 대한 지원 정책을 추진한다는 점에서는 기존 산업정책들과 맥을 같이 하고 있다.[242]

IDDS의 중요성은 여러 측면에서 두드러진다. 먼저 IDDS는 중국 공산당 중앙위원회와 국무원이 공동으로 발표한 정책으로, 중국의 두 최고 의사결정기구가 승인한 만큼 상당한 권위와 영향력을 갖게 되었다. 이는 중국의 당-국가 체제 내 모든 행위자에게 실질적인 구속력을 부여한다는 점에서 기존 정책들과 차별화된다.[243] 또한 기존 산업 정책이 주로 5~10년 단위로 설계된 반면, IDDS는 2050년까지를 목표로 하는 장기적인 계획으로, 매우 이례적인 사례로 평가된다.[244] 이처럼 높은 권위와 장기적인 기간에 걸맞게, 투입되는 기금의 규모 또한 막대하다. 중국의 산업정책 자원 배분의 주요 채널 중 하나는 소위 '정부 산업지도기금(政府引口基金, Government Guidance Fund)'이다. 한 통계에 따르면, 2020년 상반기까지 목표한 이 기금의 총규모는 약 1조 6,000억 달러에 달한다.[245] 기금의 실제 조성 금액은 이보다 적을 수 있지만, 여전히 IDDS에 투입되는 자원은 중국 GDP의 상당 부분을 차지한다. 중국 정부가 IDDS에 거는 기대가 얼마나 큰지 가늠할 수 있다.

이러한 IDDS의 성격을 통해 '중국 제조 2025'와 같은 최근 산업정책과의 관계를 보다 명확히 이해할 수 있다. 요컨대 '중국 제조 2025'는 IDDS를 구체적으로 실행하기 위한 하위 수준의 정책 구성 요소로 볼 수 있다. 따라서 미국 및 다른 선진국으로부터 국가 주도 산업정책으로 인한 시장 왜곡 등의 이유로 '중국 제조 2025'에 대한 국제적 비판이 집중되었을 때, 중국은 겉으로는 해당 전략에 대한 언급을 자제하며 표면적인 수위를 조절하면서도, IDDS라는 전체 산업정책 전략의 틀 안에서는 큰 방향성을 유지한 채 정책을 세부적으로 조정할 수 있었다.

다시 말해 IDDS는 '중국 제조 2025'와 같은 하위 산업정책을 파생시키면서 일관된 정책 비전을 제시하는 포괄적인 산업정책이다. 중국의 혁신·자립·질적생산 중심 산업정책으로서 IDDS의 중요성은 14차 5개년 계획(2021~2025년)에서도 뚜렷하게 나타난다. 이 계획은 혁신 중심의 경제 발전에 큰 비중을 두며, 우선순위가 지정된 첨단 분야로 인공지능, 양자 정보, 반도체, 유전학 및 생명공학, 심우주, 심해, 극지 탐사 등을 포함하고 있다. 또한 신소재, 첨단 교통, 스마트 제조 및 로봇공학, 신에너지 자동차, 고급 의료 장비 및 혁신 의약품, 첨단 농업 장비 등은 중국 제조업 경쟁력 강화를 위한 주요 우선순위로 제시되었다.[246] 더불어 14차 5개년 계획은 2025년까지 전략적 신흥산업(SEI)의 부가가치를 GDP의 17% 이상으로 증가시키겠다는 명확한 목표를 설정하고 있다.[247] 이 모든 요소는 중국이 혁신 주도 산업 '강국'에 대한 강한 의지를 가지고 있으며, 첨단기술 및 신흥산업 부문의 발전을 위해 막대한 자원과 관심을 집중하고 있음을 보여준다.

2. 중국 산업정책의 단면: 반도체 산업 지원

이처럼 현재 중국의 혁신 주도 산업정책은 방대하고 광범위하다. 그중에서도 제조업 관련 혁신 산업정책 중 가장 높은 우선순위가 부여되고 있는 '반도체 산업'은 특히 더 자세히 살펴볼 필요가 있다. 거의 모든 신기술에서 반도체가 차지하는 근본적인 중요성을 고려해보면, 중국 정부가 반도체 산업 육성에 최우선순위를 두는 것은 당연해 보인다. 실제로 지난 10년간 중국은 반도체 산업 발전에 모든 국가적 자원과 노력을 집중적으로 투입해왔다. 여기서는 ① 중국이 반도체 산업 발전을 지원하기 위해 활용했던 몇 가지 구체적인 정책 수단을 살펴본다. 그리고 ② 국가 안보 정책에 관한 고려가 반도체 산업 정책에 어떻게 반영되고 있는지 검토해본다. 이를 통해 중국 내 다른 첨단산업 분야에 대한 전반적인 정책 수단과 안보정책 또한 유추해볼 수 있을 것으로 생각된다.

(1) 막대한 자금 위에 쌓아올린 반도체 굴기 전략

중국 정부는 오랫동안 반도체 산업을 지원하기 위한 구체적인 산업정책을 시행해왔다. 특히 2014년에는 산업 매출, 생산 능력, 기술 발전에 대한 목표를 포함한 '국가 집적회로 진흥지침(National IC Promotion Guidelines)'(또는 국가 IC 계획)을 발표하며 지원을 대폭 강화했다. 이 지침에 따라 중앙정부, 지방정부 그리고 여러 국유 기업을 통해 약 1,500억 달러 규모의 정부 보조금이 배정되었다.[248] 이듬해인 2015년에 '중국 제조 2025' 계획이 발표되면서 2025년까지 반도체 자급률을 70%로 끌어올리겠다는 목표도 포함되었다.[249] 이후 중국의 반도체 산업정책은 국가, 성省, 지방 차원에서의 다양한 조치로 구체화되었지만, IC 계획과 (IDDS 정책 테두리 속의) '중국 제조 2025' 계획은 여전히 중국 반도체 산업정책의 기본 틀을 제공하고 있는 것으로 보인다.

먼저 국가 IC 계획의 핵심 역할을 하는 요소는 '국가 집적회로 산업개발 투자기금'(통칭 '빅 펀드' 또는 '국가 IC 펀드'로 알려짐)이다. 이 '빅 펀드'는 2014년 국가 IC 계획 발표 시점에 약 230억 달러의 국가 지원 자금으로 출범했다. 이후 2017년까지 800억 달러를 조성했으며, 2019년에는 약 350억 달러를 추가로 조성하였다.[250] 한편 중국은 반도체 산업 지원을 강화하기 위해 약 250억 달러 규모의 전용 자금을 활용한 15개 이상의 지방정부 IC 펀드도 설립했다.[251] 더 나아가 2023년 9월에는 약 410억 달러의 추가 지원을 목표로 새로운 기금 모금 계획을 발표했다.[252] 이로써 당초 국가 IC 계획에서 목표로 했던 1,500억 달러 규모를 초과하는 보조금이 반도체 산업에 투입되었으며, 이는 중국의 반도체 산업 육성을 위한 강력한 의지를 보여준다.

중국 반도체 산업에 대한 정부의 재정 지원은 다양한 방식으로 이루어지고 있으며, 그 중 가장 주목할 만한 것은 정부의 지분 투자이다. 현재 중국 반도체 산업에 등록된 자본의 43%(총 510억 달러)는 중국 정부가 직간접적으로 소유하거나 통제하고 있다.[253] 2014~2018년 기간을 분석한 OECD 보고서에 따르면, 중국 반도체 산업에서 (시장보다 유리한 조건으로 제공되는) '시가 이하 자본(below-market equity)'을 통한 정부 지원이 특히 큰 것으로 평가되었다.[254] 이는 정부가 시장 원리에 따라 요구되는 조건보다 훨씬 유리한 방식으로 자금을 지원했음을 의미한다. 보고서는 또한 SMIC, 칭화유니그룹(Tsinghua Unigroup) 및 그 자회사를 포함한 4개 주요 기업에 대해, 2018년까지 총 220억 달러의 정부 기금이 주식 자금 형태로 투입되었다고 밝혔다. 특히 이들 기업은 초기 230억 달러 규모로 출범한 국가 IC 계획 자금 중 약 100억 달러를 지원받은 것으로 나타났다.[255] 보고서는 나아가 "중국 정부 자금의 지분 투입과 중국 내 새로운 반도체 팹(fab) 건설 사이에 직접적인 연관성이 있다"는 결론을 내리며, 정부 자금이 중국 반도체 제조업 인프라 확충에 핵심적 역할을 하고 있음을 강조했다.[256] 이러한 지원은 중국 반도체 산업의 성장과 글로벌 경쟁력 강화를 위한 중국 정부의 전략적 의지를 보여주는 사례라 할 수 있다.

중국 반도체 부문에는 정부의 지분 투자 외에도 보조금, 공공요금 감면, 대출 우대, 세금 감면, 토지 무상 또는 할인 등 다양한 유형의 보조금이 널리 퍼져 있는 것으로 파악된다.[257] 그중에서도 위 OECD 보고서가 주목한 '시가 이하 자본'이 중요한 역할을 한 것으로 보인다. 예컨대, 국가 IC 계획은 "국내 개발은행과 상업은행이 집적회로 산업에 지속적으로 금융 지원을 제공"하도록 정하고 있는데,[258] 이를 통해 2014년부터 2018년까지 시가 이하의 자본을 지원받은 3대 기업은 칭화유니그룹(34억 달러), SMIC(6억 9500만 달러), JCET(6억 8,800만 달러)로 알려져 있다.[259] 이들 기업은 중국은행, 중국개발은행, 중국건설은행 등 중국 국유 은행에서 대출을 받은 것으로 나타났다.[260] 또 다른 중국의 대형 반도체 기업인 화훙(Hua Hong)은 이 기간 동안 중국 은행으로부터 약 7,100만 달러의 시가 이하 자본을 조달하였다.[261]

또한 특혜 세금정책 형태의 보조금도 중국 정부의 반도체 지원 제도에서 중요한 역할을 하고 있다. 예컨대 2020년 8월 중국 정부는 "자국 반도체 기업과 소프트웨어 개발자"에게만 제공되는 반도체 부문 세금감면 혜택 프로그램을 발표했다.[262] 이 프로그램에 따라 15년 이상 운영되고 28nm 이상의 첨단 칩을 제조하는 업체는 최대 10년간 법인세가 면제되며, 우대 기간은 회사의 첫 수익 창출 연도부터 시작된다.[263]

다른 한편, 중국 공급업체의 장비 또는 자재 결함에 대비하여 중국 정부가 중국 반도체 회사에 보험을 제공하는 것 또한 중요한 혜택으로 알려져 있다. 이 혜택은 중국 공급업체를 사용하겠다는 약속을 전제로 하는 다른 정부 보조금 조건들과 연계되어 있다.[264] 또한 반도체를 포함한 다양한 중국 제조업체가 중국 수출입은행(Ex-Im Bank)의 공격적인 수출 신용 이니셔티브의 혜택을 받고 있다.[265] 이러한 맥락에서 미국 수출입은행은 "(중국 수출입은행의) 금융 약관의 대부분이 OECD 가이드라인에 부합하지 않았고, 부합하지 않는다"고 결론 내리기도 하였다.[266]

(2) 반도체 안보 플랜: 내수 확대로 육성하는 첨단 반도체 산업

중국은 오랫동안 반도체 산업의 내수 시장을 확대하기 위해 노력해왔으며, 2022년 10월 미국이 첨단 반도체와 반도체 제조 장비에 대한 광범위한 수출 통제를 시행하면서 이러한 노력은 더욱 강화되었다. 중국은 반도체의 높은 대외 의존도를 줄이고 자급률을 높이기 위해 다양한 정책적 노력을 기울이고 있다.

먼저 첨단 반도체 개발을 위해 자국 반도체 기업에 대한 직간접적 재정 지원을 크게 확대했다. 중국 정부는 190개 상장 반도체 제조업체에 18억 달러의 직접 보조금을 제공했으며, 비상장 기업에도 대출과 지분 투자를 통해 재정을 지원했다.[267] 중앙정부는 '빅 펀드'를 비롯한 국영 금융기관을 통해 더 큰 금액을 간접적으로 반도체 분야에 투자하고 있다. 예를 들어 이들 기관은 YMTC에 총 71억 달러를 투자한 것으로 알려졌다. 2023년 1월, 빅 펀드는 우시 지역의 한 법인과 협력해 중국 반도체 제조업체 화홍이 우시 지역에 12인치 웨이퍼 팹을 건설하고 레거시 반도체를 제조하는 데 약 20억 달러를 투자할 것이라고 발표했다. 이어 2023년 10월, 빅 펀드는 20억 달러를 투자해 메모리칩 제조업체 창신 신차오의 지분 3분의 1을 확보했다.[268] 중앙정부의 재정 지원은 성 및 지방 정부의 추가 지원을 통해 더욱 강화되고 있다. 예컨대 2023년 초 장쑤성 정부는 지역 반도체 회사에 연구개발, 장비 구매, 설계 및 패키징 비용을 지원하기 위해 연간 7,400만 달러를 제공하기로 약속했다. 또한 장쑤성은 지역 대학에 반도체 관련 프로그램을 위한 현금 보조금을 지원함으로써 기술 인재 육성에도 기여하고 있다.[269]

둘째, 중국은 외국의 과학 및 기술 전문가를 자국 반도체 산업으로 유치하기 위한 다양한 프로그램을 시행하고 있다. 예를 들어 한 프로그램은 반도체를 포함한 민감하고 기밀성이 높은 분야에 종사할 박사급 전문가로 외국인 및 화교를 채용하는 것을 목표로 하고 있다. 이 프로그램은 보조금이 지원되는 주택과 42만~70만 달러에 이르는 계약 보너스 등 다양한 인센티브를 제공하며, 첨단 반도체 생산에 필요한 핵심 지식을 보유한 경력직 엔지니어에게는 단기간에 정년퇴직 급여에 상응하는 수준의 보수를 제안한다.[270] 중국 정부는 이러한 외국 인재를 국내 반도체 산업에 적극 참여시킴으로써, 외국 반도체 기업과의 기술 격차를 줄이고 선진국 반도체 산업의 기술을 습득할 수 있기를 기대하고 있다. 특히 선진국에서 외국 반도체 기업을 직접 인수하기 어려운 상황을 타개하고, 고급 기술과 전문 지식을 내재화하려는 의도로 이러한 정책을 추진하고 있는 것으로 보인다.

셋째, 중국 정부는 중앙 및 지방 정부 차원에서 외국산 반도체 설계에 대한 의존도를 낮추고, 이를 국산 반도체로 대체하도록 장려하고 있다. 예를 들어 광저우시는 2023년에 210억 달러 이상을 투입하여 중국 반도체 소비자들이 시스템에서 외국산 기기를 배제하고 국산 반도체를 사용하도록 지원하기로 했다. 또한 중국은 28nm 이상의 첨단 노드에서 작동하는 반도체 제조업체에 대해 국무원의 '신시기 집적회로 및 소프트웨어 산업의 고품질 발전촉진정책(Policies to Promote the High Quality Development of the Integrated Circuit and the Software Industry in the New Period)'에 따라 10년간 세금을 면제해주고 있다.[271] 아울러 개방형 RISC-V 시스템과 같은 대체 반도체 설계 아키텍처의 사용을 장려하고 있다. RISC-V는 서구 기술에 의존하지 않고 반도체를 설계하고 제조할 수 있는 무료 오픈소스 플랫폼으로, 더 빠르고 저렴한 대안을 제공한다.[272] 이러한 전략은 외국 기술에 대한 의존도를 줄이고 국산 기술과 제품의 경쟁력을 강화하기 위한 중국 정부의 정책적 의지를 보여준다.

끝으로, 중국은 국내 반도체 산업의 현재 역량을 활용해 소위 '레거시 칩'(일반적으로 28nm 노드 수준 이상의 칩)을 집중적으로 생산하고 있다. 레거시 칩은 민간 및 군사 애플리케이션에서 여전히 널리 사용되고 있으며, 첨단 칩만큼이나 국가와 경제 안보에 중요한 역할을 한다. 중국 기업들은 이미 레거시 칩을 효율적으로 생산하며 전 세계 반도체 소비의 상당 부분을 차지하고 있는 것으로 알려져 있다.[273] 특히 2022년 미국의 수출 규제 발표 이후, 중국은 레거시 칩 제조에 대한 투자를 크게 확대했다. 한 통계에 따르면, 향후 몇 년 내에 전 세계 반도체 제조 공장을 합친 것보다 더 많은 레거시 반도체 제조 공장을 건설할 것으로 예상된다.[274] 이러한 투자는 중국이 레거시 반도체 시장의 비대칭적 이점을 활용해 세계 반도체 시장에서 입지를 강화하려는 전략의 일환이다. 중국의 계획은 국내 기업들이 레거시 반도체 시장에서 벌어들인 수익을 첨단 반도체 연구개발(R&D)에 재투자하도록 유도하는 것이다. 이를 통해 레거시 시장에서 수익을 극대화하는 동시에 첨단 반도체 시장에서도 해외 경쟁업체들을 서서히 잠식해 나갈 목표를 세우고 있다. 만약 중국 기업들이 레거시 시장을 장악하는 데 성공한다면, 첨단 반도체 공급망에서 중국을 배제하려는 수출 통제 등 미국을 중심으로 한 국제적 노력은 상쇄될지도 모른다.

또한 중국 정부는 자국 반도체 산업의 내수 시장 확장을 위해 노력하는 동시에, 외국 첨단 반도체 기업들의 시장 침투에도 적극적으로 대응하고 있다. 이는 중국 정부가 반도체 산업을 단순한 경제 문제가 아니라 국가 안보의 핵심 요소로 인식하고 있음을 보여준다. 따라서 중국은 반도체 부문의 자급자족 목표를 달성하기 위해 앞으로도 필요한 지원을 지속적으로 제공할 것으로 보인다.

인도, 산업 보호의 방패를 들다:
자국 산업 육성과 다자 체제에서의 강경 노선

1. 인도의 산업정책: 제조업의 도약과 자립을 향한 역주

다른 많은 국가와 마찬가지로 인도 역시 침체된 제조업 공급망에 활력을 불어넣기 위해 산업정책을 활용하고 있다. 특히 반도체와 스마트폰 같은 첨단 제조업 분야에서 중국을 대체할 수 있는 제조 강국으로 부상하는 것을 목표로 하고 있다.[275] 이는 2024년 선거에서 3연임에 성공한 나렌드라 모디(인도국민당) 총리의 내각에서도 지속될 것으로 전망된다.[276] 인도의 산업정책은 '빅싯 바라트(Vikshit Bharat)', 즉 '선진 인도(Developed India)'라는 장기 정책 비전에서 출발한다. 이 정책 비전은 2047년까지 인도가 더 이상 '신흥경제국'이나 '개발도상국'으로 간주되지 않고, 마침내 '선진국', 나아가 '강대국'의 반열에 오르고 말겠다는 강한 의지를 담고 있다.[277]

'선진 인도' 목표는 글로벌 가치사슬에 과도하게 종속되지 않으면서도 자립을 달성하는 데 초점을 두고 있으며, 특히 제조업 분야의 발전이 핵심 우선순위로 자리잡고 있다. 이를 위해 인도 정부는 2030년까지 인도의 세계 제조업 점유율을 5%, 2047년까지 10%로 확대할 계획이라고 한다.[278] 구체적인 세부 계획은 아직 공개되지 않았지만, 그간 중국에 의존해온 공급망 구조를 다변화하려는 움직임은 명확히 드러나고 있다.[279] 이를 위해 인도 정부는 보조금 지원 외에도 토지 및 노동 개혁을 통해 제조업 발전을 촉진하려 하고 있다. 현재 인도는 불명확한 토지 소유권 기록, 과도한 정부 규제 그리고 분쟁해결절차의 불투명성 등으로 인해 제조업 투자에 부적합한 곳으로 평가받고 있다.[280] 이에 대해 인도 정부는 '인도에서 만들기(Make in India)'와 '생산 연계 인센티브(Production-Linked Incentive, PLI)'를 통해 규제 장애물을 제거하고 불확실성을 줄이기 위해 노력하고 있다고 주장한다.[281]

이처럼 인도 정부는 제조업 중심의 산업정책을 통해 글로벌 공급망에서 강력한 제조 기지로 자리잡기 위해 지속적으로 노력하고 있다. 아래에서는 이러한 정책적 노력을 구체적으로 살펴본다.

2. '인도에서 만들기' 이니셔티브: 개방과 보호주의의 두 얼굴

현재 인도의 산업정책은 해외 자본과 투자를 인도로 적극 유치하는 동시에, 해외 경쟁으로부터 자국 산업을 보호하는 데 초점이 맞추어져 있다. 이 맥락에서 모디 총리는 2014년 첫 미국 방문을 앞두고 '인도에서 만들기' 프로그램을 발표했다.[282] 일자리 창출과 기술 향상에 중점을 두고 25개 부문을 지원 대상으로 선정했는데 자동차, 생명공학, 항공, 건설, 식품 가공, 광업, 철도, 재생에너지, 우주 등이 포함되었다. 일부 무역 촉진 및 규제 완화 정책도 있었지만, 토착 산업 성장

을 장려하기 위한 여러 보호주의 정책도 포함되어 있었다.[283]

이처럼 '인도에서 만들기' 정책에는 수입 가격을 높이기 위한 비관세 조치, 대상 산업에 대한 보조금 제공 확대, 수출 허브 구축, 수입품의 가격을 높이고 국내 제품의 경쟁력을 높이기 위한 여러 장치가 포함되어 있다. 이 맥락에서 인도 정부는 2017년 "단순히 무역이나 조립을 위해 수입하는 기업보다는 '국내 제조업체'의 공공조달 활동 참여를 장려"하기 위해 "인도 국내제품 우선구매 명령"을 발표하였다.[284] 심지어 2023년 8월에는 노트북이나 태블릿과 같은 전자제품에 대한 '의무적 수입 라이선스 조건'을 발표했지만, 미국과 관련업계의 압력에 밀려 일단 철회하였다.[285]

그러나 인도 정부는 국내 산업을 보호·육성하기 위해 대외 수출을 확대하고 수입을 제한하는 정책을 지속적으로 추진해왔다. 이를 위해 2023년에 기존의 '5개년 대외무역정책(Foreign Trade Policy, FTP)'을 보완·수정하여 제조 및 서비스 수출을 늘리기 위한 프레임워크를 강화했다. 2015년에 발표한 초기 FTP에는 '자유', '금지', '제한' 목록을 시행함으로써 인도의 수입 허가 시스템을 확대하는 조항이 포함되어 있었다. 2023년 수정안에서는 2030년까지 2조 달러 수출을 목표로 설정하고, 수출 부문에 '평균 수출 의무(Average Export Obligation, AEO)'를 도입했다.[286] FTP 시행 이후 인도의 수출 성장률은 세계 평균을 초과했다. 2018년부터 2023년까지 인도의 수출은 75% 증가했으며, 특히 IT와 농업 분야는 각각 81%와 61%의 성장률을 기록하며 가장 큰 폭으로 증가했다.[287] 그러나 FTP는 '인도에서 만들기' 이니셔티브와 함께 국제적인 비판을 받고 있다. 정책 시행 과정에서 무역장벽이 급격히 높아졌기 때문이다. 이러한 조치는 국제무역 환경에서 보호주의적 성격으로 간주되어 논란이 되고 있기도 하다.

3. '생산 연계 인센티브': '인도에서 만들기'를 현실로 만드는 성장 엔진

'생산 연계 인센티브(PLI)'는 제조업 육성을 위해 2020년에 처음 시작되었다. 인도 정부는 이 프로그램을 위해 2조 루피(240억 달러)의 예산을 책정했다.[288] PLI는 전자, 섬유 등 인도 정부가 중요하게 여기는 14개 산업 분야에서, 특정 조건을 충족하는 기업에게 2020년 이전 수준 대비 초과되는 매출액의 4~6%에 해당하는 지원금을 지급한다.[289] 이러한 인센티브는 생산과 연계되어 "더 많이 만들수록 더 많은 정부 지원금"을 받는 구조로 설계되어 있다.[290] '인도에서 만들기' 이니셔티브가 인도 내에서 제품을 개발·제조·조립하도록 장려하고 제조업에 대한 전용 투자를 장려하는 프로그램이라면, PLI는 '인도에서 만들기 정책'의 구체적 이행을 위한 수단으로 활용되고 있다.

예컨대 인도 전자정보기술부(Ministry of Electronics and Information Technology, MeitY)는 전자부품 및 반도체 제조계획(Scheme for Promotion of Manufacturing of Electronic Components and Semiconductors, SPECS) 프로그램과 전자 제조 클러스터(EMC 2.0) 프로그램의 일환으로 기술 산업에 대한 PLI를 시행하였다.[291] SPECS에는 4억 4,000만 달러의 지원금이 지급되었으며, 적격 상품에 대한 자본 지출에 대해 25%의 인센티브를 환급 기준으로 제공하였다.[292] 여기서 적격 상품의 정의에는 "전자제품의 다운스트림 가치사슬을 구성하는 상품, 즉 전자부품, 반도체 및 디스플레이 제조 장치, ATMP 장치, 특수 하위 어셈블리 및 앞서 언급한 상품의 제조를 위한 자본재 등 모두 고부가가치 제조를 수반하는 상품"등이 포함되었다.[293] 한편 EMC 2.0은 "공급망 대응력 강화, 공급업체 통합, 시장 출시 기간 단축, 물류 비용 절감"을 통해 국내 및 해외 시장 간 연계 강화를 목표로 하였다. 이를 위해 EMC 2.0에 5억 달러가 투입되어 전자제조업체를 위한 공용 시설 및 편의 시설뿐만 아니라 인프라 구축에 대한 재정적 인센티브가 제공되었다.

아울러 MeitY는 인도 현지 반도체 제조를 장려하기 위해 100억 달러의 별도 인센티브와 지원을 마련하였다.[294] 그래서 베단타(Vedanta)와 폭스콘(Foxconn) 같은 기업은 인도에 공장을 설립하는 데 상당한 투자를 진행하였다.[295] 폭스콘은 현재 30개 이상의 인도 공장을 보유하고 있으며, 약 4만 명의 직원이 근무하고 있다. 폭스콘 최고 경영자는 이것이 "시작에 불과하다"고 말했다.[296] 실제로 인도 정부는 공급망을 형성할 핵심 투자자인 '앵커 투자자(Anchor Investor)'를 유치하기 위해 폭스콘과 같은 글로벌 기업 외에도 여러 기업에게 혜택을 약속해온 것으로 알려졌다.[297]

'인도에서 만들기'와 'PLI 제도'의 연계 추진 결과로 인해 인도 내 첨단산업, 그 중에서도 스마트폰 제조업은 큰 성공을 거두었다. 예컨대 2019년 이후 인도의 스마트폰 수출액은 3배로 증가했으며, 전체 아이폰 중 14%가 인도에서 조립되어 전년 대비 7% 증가하였다.[298] 삼성은 최대 규모의 스마트폰 제조 시설을 인도로 이전했으며, 타타(TATA)와 같은 인도 내 제조업체들도 인도 시장을 확대하고 있다.[299] 이제 인도는 세계에서 두 번째로 큰 스마트폰 제조 공장으로 자리매김하였으며, 이에 따라 수입량도 크게 감소하였다.[300]

그러나 그밖의 다른 산업 분야(섬유 등)에서는 PLI의 효과가 크지 않았다.[301] 이러한 불일치는 지난 10년간 평균 관세가 13%에서 15%로 상승한 인도의 보호무역주의적 관세 부과에서 기인한다는 지적이 있다.[302] 중간재에 부과된 관세로 인해 PLI 보조금의 가격 효과가 상쇄되었다는 것이다. 아울러 인도 정부는 PLI 지원금의 불투명한 처리와 지연에 대해서도 비난을 받았다.[303] 그럼에도 불구하고 '인도에서 만들기'에 기반한 PLI는 인도 내에서 여전히 인기 있는 프로그램으로 남아 있으며, 2024년 연임에 성공한 모디 총리의 새로운 연립 정부에서도 정책 변화의 조짐은 보이지 않고 있다.

4. 제조 강대국을 위한 인프라 투자: 모디의 경제특구 전략

인도 정부의 산업 인프라 투자 규모는 제조업 부양에 대한 진지함을 여실히 보여준다. 지난 10년 동안 인도 정부의 인프라 투자 지출은 2015년 GDP의 1.6%에서 2024년 현재 3.2%로 두 배나 증가했다.[304] 이러한 지출은 인도 정부가 수출산업을 보호·육성하기 위한 메커니즘으로 활용한 '경제특구(special economic zone)' 조성에 따른 것이다. 현재 인도의 경제특구는 약 250개에 달하며, 제조업과 외국인 투자를 유치하기 위한 중요한 기반이 되고 있다.

모디 총리는 취임 전 구자라트 주 수석장관(prime minister)으로 재직하며 적극적인 산업정책을 추진한 것으로 유명하다. 특히 '돌레라 특별투자지역(Dholera Special Investment Region, DSIR)'이라는 경제특구를 성공적으로 조성하여, 구자라트를 인도의 주요 제조 및 투자 허브로 성장시킨 경험이 있다. 이후 인도 총리로 당선되면서 구자라트에서 추진했던

DSIR 모델을 전국적으로 확산시켰고, 프로젝트 기반 투자를 장려하고 더 많은 산업단지를 조성하기 위해 꾸준히 노력했다. 그 결과 2024년 1월, 타타 그룹은 DSIR에 반도체 제조 공장을 건설할 계획을 발표했고, 이는 인도 제조업 중심지로서의 입지를 한층 강화하는 계기가 되었다.[305]

인도의 산업정책 현황과 전망을 요약하자면, 인도는 제조업을 중심으로 한 산업정책을 통해 글로벌 공급망에서 강력한 제조 허브 또는 제조 강대국으로 자리매김하려는 야심찬 목표를 세우고 있다. '인도에서 만들기'와 '생산 연계 인센티브'와 같은 정책은 첨단산업, 특히 반도체와 스마트폰 제조 분야에서 큰 성과를 거두며, 자립적인 제조 기반 구축과 해외 투자 유치를 동시에 추구하고 있다. 또한 경제특구와 같은 인프라 투자를 통해 산업 기반을 강화하며, 글로벌 공급망 구조의 다변화를 꾀하고 있다. 그러나 보호주의적 관세 정책과 PLI 지원금의 불투명성 등은 일부 산업에서 정책 효과를 저해하는 요소로 지적되고 있다. 그럼에도 불구하고 인도 정부의 산업정책은 제조업 성장과, 나아가 '자립'을 목표로 지속적으로 추진되고 있으며, 2024년 재집권한 모디 정부에서도 이러한 기조는 계속 이어질 전망이다.

4장

통상정책의 전환: 무역질서 재편의 중심에서

미국, '아메리카 퍼스트' 통상정책:
정치적 조건들로 점철된 형식적 자유무역

EU, 가치 기반 통상정책:
환경과 인권이 만든 무역장벽

중국, '쌍순환' 통상정책:
내수 시장 확대와 기술 자립을 동시에 추구하다

인도, 자국 산업 보호를 위한 통상정책:
수입 제한과 수출 진흥의 조화

산업정책이 중심이 된 지금,
자유무역은 신념이 아니라 조건부의 전략적 선택이다.

앞장에서는 미국, EU, 중국 등 기존의 강대국들과 인도와 같은 차세대 강대국의 산업정책 추진 현황을 살펴보았다. 이들 산업정책은 대체로 국제 공급망에서 핵심적인 위치를 차지하는 산업 분야를 국내(EU의 경우 권역 내)에서 육성하기 위한 지원과 보호의 형태로 진행되고 있다. 또한 기후위기와 같은 글로벌 과제와 디지털화의 흐름은 산업정책의 초점이 되는 분야(친환경 에너지·발전, 인공지능 등)와 정책 방향에 중요한 영향을 미치고 있다. 이러한 산업정책의 전방위적 추진은 기존의 자유무역 체제가 지배하던 세계 경제 질서 속에서 국가 간 또는 경제권역 간의 산업정책 경쟁을 초래하고 있다.

지난 30년 동안 전 세계적으로 형성된 거대 공급망은 국가들이 시장 원리에 따라 필요한 상품을 자유롭게 교역하고, 원하는 국가에 직접 투자하면서 자연스럽게 구축된 결과물이었다. 자유무역을 통해 교역에 참여하는 모든 국가의 복리가 함께 증대된다는 소위 리카르도(Ricardo)의 '비교우위' 이론은 이러한 '자유로운 공급망 형성'의 근거로 작용했다. 이에 따라 '비차별', '시장 접근', '공정거래'의 원칙은 세계 주요국들이 보편적으로 추구하던 통상정책의 핵심이 되었으며, 이 원칙을 구체화한 WTO 규정은 지난 30년간 국제통상 질서를 주도하는 규범으로 자리잡았다.

그러나 앞서 살펴본 것처럼, 이제 자유무역 일변도의 통상정책이 주요 강대국들을 지배하던 시대는 저물고 있다. 국가 안보, 공급망 안정성, 기술 패권 문제가 중대한 국가 이익으로 부상하면서 산업정책의 형태로 구체화되고 있다. 산업정책은 이제 통상정책을 변화시키는 핵심 조건이자 동인이 되고 있다. 이러한 산업정책의 부상은 자유로운 수입과 시장 접근을 불가피하게 제한하며, 국내 산업 보호를 정당화하는 논리로 작동한다.

결과적으로 국가 간 산업정책의 충돌과 함께 보조금 확대, 과도한 무역구제 조치(반덤핑, 상계관세, 세이프가드 등), 외국인 투자 제한, 수출 통제, 환경·노동 기준 연계 등의 새로운 통상규제 수단이 빠르게 확산되고 있다. 다만 이러한 변화는 국가별 경제·산업 구조와 정치적 목표 등과 같은 다양한 조건에 따라 다르게 나타나고 있어, 글로벌 통상정책의 흐름은 점점 더 복잡해지고 있다. 예컨대 미국은 반중 전략과 국내 제조업 강화라는 두 가지 목표를 바탕으로 '온쇼어링'을 추진하면서 동맹국의 산업까지도 강하게 압박하는 '미국 우선(America First)'의 공급망 재편을 가속화하고 있다. EU는 산업정책과 연계하여 '탄소국경조정제도(CBAM)'를 비롯한 다양한 통상규제를 공격적으로 도입하고 있다. 중국은 '쌍순환双循环' 전략을 통해 내수 중심 성장을 추구하면서도 핵심 기술의 해외 유출을 차단하고 기술적 자립을 확보하기 위한 강력한 규제를 시행하고 있다. 인도는 자국 산업 보호를 위한 높은 관세 및 수입라이선스 정책과 더불어 해외 투자를 유치하는 이중 전략을 구사하고 있다.

과거 WTO 중심의 다자무역 체제에서는 비교적 일관된 규칙이 적용되었으나, 오늘날의 글로벌 통상정책은 각국의 정치·경제적 이해관계가 노골적으로 투영된 산업정책에 따라 점점 더 복잡성과 변동성이 확대되고 있다. 따라서 현재의 국제통상정책을 제대로 이해하기 위해서는, 각 경제권역의 산업정책 변화가 통상정책에 미치는 영향을 면밀히 분석해야 하며, 통상 규범과 정책의 다변화를 고려한 맞춤형 접근법이 필요하다. 특히 통상정책은 참여국 간의 '관계' 설정이 핵심이기 때문에 국가별 통상전략 또한 이러한 조건에 맞춰 유연하게 변화해야 한다.

예를 들어 한국과 같이 수출 주도형 경제를 추구하는 국가는 각국의 통상정책 변화에 대응하여 무역 협력 방식을 세분화할 필요가 있다. 자유무역 체제를 유지하려는 국가와는 기존 무역 관계를 지속하되, 기존 자유무역협정의 개정이나 공급망 협력 등을 통해 산업정책적 이해관계를 조정해야 한다. 반면 보호무역을 강화하는 국가와는 새로운 통상 현실을 고려한 대응 전략을 마련해야 하며 기술 도입을 위한 R&D 협력, 현지 생산 확대, 맞춤형 무역협정 등과 같은 비전형적 통상 조건들을 활용할 필요가 있다. WTO 출범 이후 자유무역과 세계화가 글로벌 통상정책의 주된 흐름이었다면, 현재는 각 경제권역이 각기 다른 통상정책을 채택하는 '다극적 체제'로 전환되는 과정이라 볼 수 있다.

이에 따라 오늘날 자유무역 질서의 흔적이 남아 있는 통상질서 속에서 새로운 질서를 형성해가는 주요 조건들, 즉 통상정책과 국제통상규범의 변화를 분석하는 것이 필수적이다. 이번 장에서는 미국, EU, 중국, 인도의 산업정책이 어떻게 통상정책의 변화를 이끌고 있는지 살펴본다. 또한 이러한 변화 속에서 새롭게 등장하고 있는 국제통상규범은 5장에서 자세히 논의할 것이다.

미국, '아메리카 퍼스트' 통상정책: 정치적 조건들로 점철된 형식적 자유무역

2장에서 살펴본 것처럼, 10년 전만 해도 미국의 통상정책은 대체로 미국과 세계 경제 간의 자유화와 통합을 강화하는 데 초점이 맞춰져 있었다. 이는 2차 세계대전 종전 이후, 특히 냉전 종식 이후 미국 통상정책의 일관된 방향이었다. 그러나 지난 10년간 미국의 무역정책은 이러한 자유화 기조에서 벗어나, 폭넓은 산업정책과 이를 기반으로 한 수입 대체 전략(즉 해외 의존도를 낮추고 자급 체계를 강화하려는 전략)으로 전환되었다. 이러한 변화는 2016년 도널드 트럼프 대통령의 당선을 계기로 명확해졌지만, 그 기원과 가속화는 이전부터 점진적으로 이루어지고 있었다.

1. 지난 10년 — 반자유무역을 향한 전주곡

지금으로부터 약 10년 전(대략 2013년경) 미국은 경제 자유화와 통합을 위한 몇 가지 주요 성과를 달성한 상태였다. 예컨대 미국 의회와 오바마 행정부는 ① 한국, 콜롬비아, 파나마와의 새로운 포괄적 자유무역협정(FTA) 승인,[1] ② 러시아와 몰도바의 WTO 가입을 가능하게 하는 정상 무역관계 승인,[2] ③ 개발도상국에 대한 미국의 일반특혜제도(Generalized System of Preferences, GSP)[3] 갱신 등을 마무리하였다. 또한 일본을 환태평양경제동반자협정(TPP)[4] 협상의 12번째 참가국으로 맞이하고, EU와의 포괄적 FTA 체결을 위한 협상을 개시하고자 하였다.[5]

한편 미국 정부가 자유무역 질서의 토대를 다지던 시기에도 의회를 중심으로 '티파티 공화당(Tea Party Republicans)'과 '월스트리트 점령운동(Occupy Wall Street)' 같은 영향력 있는 포퓰리즘 움직임이 등장하기 시작했다.[6] 이러한 흐름은 2008년 금융 위기를 계기로 본격적으로 가시화되었는데, 두 그룹 모두 금융 위기의 원인으로 지목된 은행권과 이를 구제한 정부에 대해 강한 분노를 공유하고 있었다. 이러한 정치세력에 기반을 둔 정치인들은 의회 내 온건파 정치인들의 영향력을 약화시켰으며, 동시에 정치적 이념이나 대중 여론보다는 엘리트 전문가들의 판단과 데이터 분석을 우선시해서 정책을 만드는 소위 '기술주의적(technocratic)' 정책 결정에 전반적인 불신과 적대감을 드러냈다.[7] 실제로 당시 대중 여론은 금융 상품, 금융 위험 평가, 금융 규제 완화, 주택 및 모기지 정책 등 금융 위기의 주요 원인으로 인식되는 분야에서 관련 전문가들을 강하게 비난했다. 은행 구제금융 역시 기술주의 전문가들의 잘못된 결정으로 간주되며 비판받았다. 전문가에 대한 불신은 금융권과 금융정책을 넘어 국제통상 분야로도 확산되었다.[8] 이는 글로벌 자유무역 질서 속에서도 미국 내에서 지속적으로 명맥을 유지해온 자유무역 회의론(반자유무역주의)에 불을 지피며 미국 통상정책 변화의 토대를 형성했다.

자유무역 회의론자들은 1980년대에 이미 미국의 산업과 노동자에게 불리하다는 이유로 일본산 수입품을 강하게 비판했다.[9] 이후 1990년대에는 북미자유무역협정(NAFTA)과 WTO에 대해서도 같은 이유를 들어 비난의 수위를 이어갔다. 이러한 목소리는 자유무역이 야생동물과 환경에 미치는 영향에 대한 비판과 함께 시너지 효과를 내기도 했다.[10]

그러다가 2001년 중국이 WTO에 가입하자, 중국산 수입품과의 경쟁은 무역 자유화에 대한 또 다른 비판의 대상이 되었다.[11] 그리고 2008년 금융 위기를 계기로 노동조합과 환경운동가 등을 중심으로 반자유무역주의 세력은 더욱 확대되었다. 그러나 이러한 목소리는 아직 노골적인 반자유주의적 정책으로 이어지지는 않았고 노동, 환경과 같은 그들의 기본 가치를 자유무역 질서 속에서 실현시키려는 노력으로 발현되었다.[12] 예컨대 환경, 지식재산권, 농업 생명공학, 경제 거버넌스(규제 관행 등) 등과 같은 기본 가치를, 각종 경제협정의 체결과 이행을 통해 미국의 통상 파트너들에게 전파하려는 시도가 이루어졌다.[13] 해외 시장에서 미국의 기준과 가치를 전파하는 것 자체가 수출을 촉진하여 미국 수출산업에 이바지하는 효과도 기대해볼 수 있었다.[14] 뿐만 아니라 민주주의, 법치주의, 시장경제를 국제적으로 확대하려는 미국의 지정학적 이익을 뒷받침하는 것으로 여겨지기도 하였다.

한편 외교 및 안보적 고려사항은 미국이 주도권을 잡고 TPP 협상에 임하게 된 주요 원인이었다. 오바마 행정부는 아시아·태평양 지역에서의 영향력을 놓고 중국과 경쟁하기 위한 수단으로 TPP를 노골적으로 홍보했다.[15] 즉 TPP 국가들 간에 중국이 충족하기 어려운 높은 수준의 통상 기준을 설정하자는 것이었다.[16] 특히 오바마 행정부는 '미중 전략 및 경제 대화(U.S.-China Strategic and Economic Dialogue)'를 지속함으로써 주로 중국의 내부 경제체제 개혁을 압박하기보다는 국경 밖에서 중국의 영향력에 대응하기 위한 목적으로만 TPP를 추진했다.[17] 하지만 2015년에 들어서면서 주요 정치세력인 노동조합을 중심으로 미국이 기존에 체결했던 여러 FTA에 대한 반대가 거세지고 있었고,[18] 이는 궁극적으로 TPP를 추진하는 미국의 동력에도 영향을 미치게 된다.

2. 트럼프의 등장과 미국 통상정책의 전환: 보호무역, 관세전쟁, 미·중 갈등

미국 무역정책의 전환점은 2016년 대통령 선거였다. 이전 8년 동안 오바마 행정부는 노동과 환경에 관한 FTA 규정을 강화하고, 국영기업에 대한 규율을 혁신했으며,[19] 미국 무역법과 협정을 적극적으로 집행해오던 참이었다.[20] 그러나 이는 국제무역의 자유화와 통합을 지속적으로 추진한다는 전제하에서 이루어진 것이었다. 이와는 반대로 2016년 대선 기간 동안 도널드 트럼프는 TPP 탈퇴, NAFTA 재협상, 중국산 수입품에 대한 새로운 관세 부과, 미국의 WTO 탈퇴 등을 강력하게 주장했다.[21] 트럼프의 대선 상대인 민주당 힐러리 클린턴도 오바마 대통령 시절 국무장관으로서 TPP를 추진했음에도 불구하고 대선 캠페인 기간 동안 TPP에 반대했다는 점에서 초당적인 반자유무역주의 흐름이 우세해졌다.²² 그리고 이러한 정치적 변화의 저변에는 국내 제조업 육성과 중국 견제를 중심에 둔 산업정책적 의도가 깔려 있음을, 이미 2장에서 살펴본 바 있다.

트럼프는 2016년 공화당 예비선거에서 마침내 승리했고, 본선에서는 힐러리 클린턴을 여유 있는 차이로 물리쳤다. 트럼프의 선거 승리에 통상정책에 관한 그의 입장이 얼마나 영향을 미쳤는지는 분명하지 않다. 그러나 경제 악화를 이유로 국제무역의 자유화를 공격하는 그의 메시지가 중서부 경합주의 유권자에게 큰 반향을 불러일으킨 것은 분명하다. 이러한 경합주에서 노동조합의 강력한 역할, 경제난의 원인을 무역 탓으로 돌리는 화법이 유권자에게 어필하면서 민주당 후보 클린턴은 TPP에 반대할 뿐만 아니라 오바마 행정부의 무역정책과도 거리를 두게 되었다. 이 시기부터 민주당과 공화당은 미국의 전통적인 자유무역정책 입장을 더욱 초당적으로 거부해오고 있다.

트럼프는 대통령에 당선되자 선거운동 때 주장했던 통상 관련 공약들을 강하게 추진하였다. 실제로 TPP 탈퇴, FTA와 NAFTA의 재협상, 중국산 수입품 및 모든 국가의 철강 및 알루미늄 제품에 대한 관세 인상을 단행하였다. 그리고 WTO는 탈퇴하지 않았지만, WTO 상소기구 위원의 선정을 저지하여 WTO 체제에서 분쟁해결절차의 강제성을 사실상 무력화시켰다. 통상정책에 노동조합의 목소리를 반영하기 위해서도 애썼는데, 실제로 새로운 NAFTA인 '미국-멕시코-캐나다 협정(U.S.-Mexico-Canada Agreement, USMCA)' 재협상 당시 노동조합의 지도자들이 깊게 관여하여, USMCA에 추가적인 노동 관련 조항이 포함되었다.²³

트럼프 행정부의 통상정책은 미국이 지정학적 이유로 동맹국들에게 확대해온 자유무역 질서를 상당 부분 거부한 것으로 평가된다. 실제로 트럼프 행정부는 1962년 제정된 '무역확장법(Trade Expansion Act of 1962)' 232조를 근거로, 안보상의 이유를 들어 동맹국에서 수입되는 철강과 알루미늄 제품에 새로운 관세와 쿼터를 적용했다. 무역확장법 232조는 특정 수입품이 국가 안보에 위협이 되는지를 미국 상무부가 조사한 후 대통령에게 정책 권고를 제안하고, 대통령이 이를 기반으로 조치를 결정하는 구조로 이루어져 있다. 이에 따라 트럼프 행정부는 2018년 한국을 포함한 동맹국과 여러 국가에서 수입되는 철강 제품에 25%의 관세를, 알루미늄 제품에 10%의 관세를 부과하기로 결정했다. 그리고 2018년 이후부터 2024년까지, 미국은 이들 제품에 대하여 관세 대신 일정 물량 내 수출에 대해 면세 혜택을 부여하는 쿼터(TQR) 방식으로 전환하였다. 이 같은 관세 내지 쿼터 등에 의한 무역조치는 철강 및 알루미늄 산업에 종사하는 미국 내 노동자들뿐만 아니라 해당 산업의 기업으로부터도 높은 지지를 받았다. 그러나 국제적으로는 무역 갈등을 촉발하며 동맹국들 사이에서조차 환영받지 못했다.

이러한 통상정책 기조에서 미·중 무역 갈등은 본격적인 협상 단계로 이어졌다. 2018년부터 트럼프 행정부는 중국의 불공정 무역 관행을 문제삼으며 고율 관세를 부과하기 시작했고, 이에 맞서 중국도 보복 관세를 시행하면서 양국 간 무역전쟁이 심화되었다. 양국은 협상에 돌입했고, 2020년 1월 '1단계 합의(Phase 1)'가 체결되었다.[24] 이 합의에서 중국은 향후 2년 동안 2,000억 달러 규모의 미국산 제품(농산물, 제조업 제품, 에너지, 서비스 포함)을 추가 구매하고, 지식재산권 보호를 강화하며, 금융시장 개방을 확대하기로 약속했다. 반면 미국은 일부 중국산 제품에 대한 추가 관세를 보류하고 기존 관세율을 일부 인하했다.[25] 그러나 이후 트럼프 행정부가 중국의 산업 보조금, 국영 기업 문제, 강제 기술 이전 등 구조적 문제 해결을 목표로 했던 '2단계 합의(Phase 2)' 협상은, 2020년 미국 대선과 코로나19 팬데믹으로 인해 더 이상 진전되지 못했다.[26] 결국 '1단계 합의' 이후 추가적인 무역 협상은 이루어지지 않았고, 조 바이든 행정부로 정권이 교체되면서 미·중 통상정책은 새로운 국면으로 접어들었다. '1단계 합의'의 유효성에 대해서는 논란이 있다. 원래 합의는 2년간(2020~2021년) 중국이 미국산 제품 구매를 확대하는 것이 핵심 내용이었지만, 중국은 합의된 구매 목표를 충족하지 못했다. 이에 따라 일부 전문가들은 사실상 합의가 무력화되었다고 평가한다.[27] 한편 바이든 행정부는 트럼프 1기 행정부 시절의 대중국 고율 관세를 대부분 유지하였으며, 추가적인 협상 없이 강경한 대중 통상정책을 이어갔다.[28]

3. 2020년 이후 바이든 행정부: 트럼프 기조의 지속과 산업전략의 강화

2020년 대선에서 도널드 트럼프 대통령이 패배하고 민주당의 조 바이든 행정부가 들어섰지만, 새로운 정부 역시 전반적으로 트럼프 행정부의 통상정책 기조를 거의 그대로 유지했다.[29] 예를 들어 중국산 제품에 대한 관세, 철강 및 알루미늄 제품에 대한 관세와 쿼터 그리고 WTO 상소기구 구성에 대한 거부권 행사는 바이든 행정부에서도 지속되었다. 이와 함께 바이든 행정부는 미국의 산업정책 변화에서 비롯된 새로운 통상정책도 도입했다. 대표적으로, CHIPS법과 IRA를 통해 대규모 보조금 프로그램을 추진하며 미국 내 제조업과 첨단 기술 산업의 국제 경쟁력을 강화하고자 했다. 또한 재협상된 USMCA에서는 강화된 노동 기준을 이행하기 위한 추가 조치를 시행했으며,[30] 새로운 대중 무역 제재 수단으로 '위구르 강제노동방지법(Uyghur Forced Labor Prevention Act, UFLPA)'을 통과시켜 중국 신장성으로부터의 수입을 금지했다.[31]

다자적인 측면에서 특히 주목할 점은 바이든 행정부가 새로운 자유무역협정(FTA)을 전혀 추진하지 않았다는 점이다. 이는 미국 통상정책의 우선순위가 기존의 다자간 자유무역 체제에서 산업 보호와 대내적 경쟁력 강화로 이동했음을 보여준다. 바이든 행정부는 트럼프 행정부와 마찬가지로 자유무역이 미국 중산층의 고용에 부정적인 영향을 미친다는 비판에 민감하게 반응했다. 더 나아가 자유무역이 공급망 형성에는 유리하지만 회복력에는 취약하다는 입장을 견지했다. 이러한 입장은 팬데믹 동안의 백신·개인보호장비(PPE)·반도체 부족 사태와, 러시아-우크라이나 전쟁으로 인한 글로벌 식량 위기에서 얻은 교훈이 반영된 결과로 보인다.[32]

이러한 바이든 행정부 통상정책의 핵심 요소는 산업정책과 마찬가지로 국내 노동조합과 노동자의 지지 확보였다. 이에 따라 FTA 체결보다는 수입 제한과 국내 제조업 고용 창출에 초점을 맞춘 IRA와 '글로벌 지속 가능한 철강 및 알루미늄 협정(Global Sustainable Steel and Aluminum Agreement, GSSA) 이니셔티브' 같은 조치들이 추진되었다.[33]

그리고 바이든 행정부에서도 중국에 대한 견제는 트럼프 1기 행정부와 마찬가지로 아주 중요한 고려사항으로 작용했다. IRA와 GSSA 협상은 각각 중국산 광물 조달 금지와 금속 제품의 과잉 공급에 대응하기 위한 목적을 내포하고 있다고 볼 수 있다. 여기에 첨단기술에 대한 광범위한 수출 통제, 위구르 강제노동방지법 시행, 트럼프 행정부 당시 부과된 대중 고율 관세를 유지한 것도 같은 목적 아래 추가되었다고 볼 수 있다. 아울러 FTA 대신 추진된 '인도-태평양 경제 프레임워크(Indo-Pacific Economic Framework for Prosperity, IPEF)' 협상의 목표 또한 중국을 배제한 주요 지역 경제공동체 형성을 통해 중국의 경제적 영향력을 견제하려는 의도를 반영하고 있었다.[34]

바이든 행정부는 의회의 지원 없이 대통령 단독으로 이행할 수 있는 형태의 통상정책을 선호했다. 이는 통상정책이 정치적 의지를 바탕으로 신속히 실행될 수 있도록 의회의 방해를 최소화하려는 노력의 일환이었다. 다만 통상정책에 대한 대통령 권한의 경계는 다소 모호한 부분이 있다. 이러한 의회 배제 경향은 바이든 행정부가 추진한 여러 경제 협정에서도 명확히 드러났다. 예를 들어 IPEF는 법적 구속력이 없는 형태의 대통령 단독 이니셔티브로 추진되었고,[35] 또한 이러한 행정부 주도의 통상정책하에서 미국은 주요 무역 파트너들과의 무역 분쟁 해결을 외교적 성과로 강조했다.[36] 예컨대 유럽연합, 영국, 일본, 인도와의 무역 문제를 해결하는 한편, 양자간 협력을 강화하기 위해 미국과 유럽연합 간 '무역 및 기술 위원회(Trade and Technology Council, TTC)'를 출범시켰다.[37] 이는 무역과 기술 협력을 통해 양국 간의 경제적 파트너십을 강화하려는 의도를 반영한 것이다.

4. 바이든 행정부 산업정책의 핵심 키워드: 프렌드쇼어링과 소다자 협정

바이든 행정부의 통상정책은 중국을 염두에 둔 '공급망 회복력(supply chain resilience)'을 핵심 목표로 삼고 있으며, 이에 따라 추진된 공급망 재편 정책은 산업정책 전반에서 가장 두드러진 특징으로 나타난다. 따라서 이러한 공급망 재편 전략의 내용과 구조를 보다 구체적으로 살펴볼 필요가 있다. 공급망이 미국 통상정책의 주요 주제로 부상한 계기는 코로나19 팬데믹 기간 동안 발생한 공급 중단과 부족이었다. 특히 개인보호장비(PPE)와 반도체 공급 부족으로 공급망의 취약성을 드러냈으며, 이는 공중 보건과 미국 국내 제조업, 특히 자동차 부문에 심각한 영향을 미쳤다. 또한 러시아의 우크라이나 침공으로 유럽에 에너지 공급이 차단되고 글로벌 식량 공급망이 타격을 입으면서 공급망 회복력 문제는 더욱 부각되었다.

CHIPS법과 인플레이션 감축법(IRA)을 통해 반도체, 전기차, 청정에너지 기술의 국내 생산을 지원하는 데 수십억 달러를 할당한 것은, 산업경쟁력을 강화하는 측면도 있지만 공급망 회복력을 증진하기 위한 목적도 있었다. 바이든 대통령은 임기 초반, 여러 정부 기관장에게 미국의 전략적 공급망에 대한 연구를 수행하도록 지시했으며,[38] IPEF 협정(Pillar 2) 또한 같은 맥락에서 공급망 회복력을 목표로 타결되었다.[39] 동시에 중국을 신뢰할 수 없는 공급자로 간주하고, 중국산 수입을 배제하기 위해 트럼프 행정부의 대중국 관세를 유지했다.[40]

또한 바이든 행정부는 다각화된 공급망 전략으로 '프렌드쇼어링'을 강조했다. 이는 '온쇼어링'의 변형된 형태로, 미국 소비자를 위한 해외 생산을 비우호적 국가에서 우호적 국가로 이전하는 것을 의미한다. 이 개념은 중국을 주 대상으로 삼고 있으며, 높은 관세와 같은 조치는 중국 이외 국가로 생산기지를 이전하도록 유도하려는 의도를 담고 있다. CHIPS법에는 국제 기술 보안 및 혁신을 지원하기 위해 500억 달러가 포함되었으며, 이는 미국의 동맹국으로 간주되는 국가에만 지원될 것으로 기대되었다.[41] 또한 IPEF 공급망 협정 역시 IPEF 회원국과의 공급망 협력을 촉진하며 넓은 의미의 프렌드쇼어링 전략에 포함된다.

한편 바이든 행정부가 추진한 '중요 광물 협정(Critical Minerals Agreement, CMA)' 역시 공급망 재편과 프렌드쇼어링 전략의 연장선으로 볼 수 있다. 2023년 3월, 일본과 체결한 '중요 광물 협정'이 그 사례 중 하나다.[42] IRA의 전기차 세액공제 요건은 가공된 중요 광물을 미국 또는 FTA 파트너 국가에서 조달하도록 규정되어 있다. CMA는 미국과 FTA를 체결하지 않은 일본에게 이러한 자격을 부여하기 위해 마련되었다.[43] EU와의 CMA 협상도 추진되었으며,[44] IPEF 공급망 협정은 인도네시아를 포함한 다른 파트너들과 CMA 협상을 논의하기 위한 장으로 활용될 가능성이 전망되었다.[45]

바이든 행정부는 또한 공급망의 탄력성과 신뢰성을 확보하는 동시에, 중국을 견제하면서 미국 중심의 경제 블록을 강화하는 '지정학적 목표'를 통상정책 수립의 기준으로 삼았다. TPP와 IPEF의 사례에서 알 수 있듯, 미국은 인도-태평양 지역에서 중국의 경제적 영향력을 견제하기 위해 높은 경제 기준을 수립하며 중국을 배제하는 통상정책에 집중했다. 마찬가지로 유럽과의 다자무역 이니셔티브인 '범대서양무역투자동반자협정(Trans-Atlantic Trade and Investment Partnership, TTIP)'과 '미국-EU 무역 및 기술 위원회(US-EU Trade and Technology Council)' 설립 또한 경제적 이유보다는 지정학적 전략이 더 많이 반영된 사례로 볼 수 있다.[46] 유럽은 북대서양조약기구(NATO)를 매개로 미국의 동맹국이 모여 있는 곳이므로, 유럽과 미국의 협력은 안보적·지정학적 이해관계와 밀접한 관련이 있다. 그러나 유럽이 자유무역 질서를 유지하기 위해 높은 기준을 적용하는 것은 산업정책과 공급망 재편을 강조하는 미국에게는 부담이 되기도 했다. '미국-EU 무역 및 기술 위원회'는 러시아의 우크라이나 침공 8개월 전인 2021년 6월 출범했으며, 이후 수출통제와 같은 안보 중심 요소를 강조하며 전략적 기능과 중요성이 강화되었다.[47]

한편 '미주 경제번영 파트너십(Americas Partnership for Economic Prosperity, APEP)'은 미국이 주도하는 중남미 경제 협력 이니셔티브로, 미주 지역 국가들과의 경제적 연대와 협력을 강화하기 위해 설계되었다. 이는 바이든 행정부가 미주 지역에서 경제적 리더십을 유지하고, 중국의 경제적 영향력 확대를 견제하기 위한 전략적 접근으로 평가된다. 2024년 2월에 열린 첫 번째 공식 회의에서 APEP 참여국 정부는 무역 규칙 및 투명성, 지속 가능한 가치 및 공급망, 포용적 무역 및 중소기업 위원회를 포함한 '위원회 및 실무그룹'을 설립하기 시작했다고 밝히기도 했다.[48] 이처럼 APEP는 IPEF와 마찬가지로 바이든 행정부의 국가 안보 전략의 일환으로 등장한 결과물이다. 그러나 IPEF와 APEP 모두 현재로서는 지정학적 파트너십이라는 큰 틀만 제시할 뿐, 미국의 새로운 다자통상 전략을 보여주는 구체적인 움직임은 전혀 드러나지 않았고, 트럼프 대통령의 재선과 함께 사라질 위기에 처해 있다는 평가가 지배적이다.

정리하자면, 바이든 행정부의 통상정책은 전통적인 무역 자유화보다는 산업정책의 이행과 중국을 견제하기 위한 공급망 재편 및 탄력성 강화에 초점을 맞추었다. CHIPS법과 IRA로 대표되는 산업정책을 통해 첨단 제조업의 경쟁력을 높이고, '프렌드쇼어링' 전략으로 생산기지를 우호적 국가로 이전하며, IPEF와 APEP 같은 소다자(mini-lateral) 이니셔티브를 통해 동맹국과의 경제 협력을 강화하는 데 주력했다. 이러한 통상정책은 공급망 재편·탄력성 향상과 함께, 국가 안보와 지정학적 경쟁을 고려한 전략적 접근으로, 미국 중심의 경제 블록을 구축하려는 방향으로 진화해갔다. 그러나 바이든 행정부가 추구했던 소다자적 체제는 초기 단계에서 협상이 마무리되지 못한 채 트럼프 대통령의 재선을 맞이하게 되었다. 따라서 향후 그 지속 가능성 여부는 대단히 불투명한 상황이다.

5. 트럼프 2기 행정부 통상정책: 산업정책 기조 지속과 온쇼어링으로의 회귀

트럼프 2기 통상정책의 본질을 이해하기 위해서는 산업정책의 방향을 결정짓는 지정학적 요인을 함께 고려해야 한다. 지정학은 본질적으로 국제적인 이해관계 및 힘의 균형과 관련된 개념이며, 미국의 대외 경제정책은 단순한 시장 개방이나 수출 촉진을 넘어 자국 산업의 보호와 육성을 위한 전략적 산업정책으로 진화하였다. 이러한 기조는 민주당과 공화당을 막론하고 지속되어왔지만, 정책 실행의 방식과 수단에서는 차이가 있다. 예를 들어 바이든 행정부는 지정학적 이해관계를 반영해 '공급망 회복력'과 '우방국 중심 무역(프렌드쇼어링)'을 강조하는 소다자적 접근을 선호한 반면, 트럼프 행정부는 관세와 무역장벽을 적극 활용하여 보다 직접적으로 자국 산업을 보호하는 전략을 택했다.

특히 반도체, 배터리, 희토류와 같은 전략 산업에서 미국은 더 강력한 산업정책을 추진하며, 그 이행 수단으로서의 통상정책을 수립하기 시작하였다. 대표적인 사례로 앞장에서 살펴본 바이든 행정부의 CHIPS법과 IRA가 있다. CHIPS법은 반도체 생산 역량을 미국 내로 유치하는 것을 목표로 했으며, IRA는 친환경 기술 개발 및 생산을 미국 중심으로 재편하려는 정책이었다. 이 과정에서 미국의 동맹국을 대상으로 한 프렌드쇼어링 전략이 적극적으로 활용되었다.

반면 트럼프 행정부는 바이든 행정부와 마찬가지로 미국 제조업 보호를 최우선 과제로 삼되, 산업 보조금 정책보다는 관세를 핵심 무역정책 도구로 활용하는 방향으로 정책의 무게중심을 이동시키고 있다. 다만 이는 IRA 폐지나 친환경정책의 전면 무력화와 같은 이분법적 변화로 이어지지는 않을 것으로 보인다. 오히려 미국 국내 산업의 이해관계에 따라 유연하게 조정될 가능성이 더 크다. 예를 들어 현재 법안 수준에 머물러 있는 '미국판 CBAM'으로 불리는 여러 탄소세 법안(Providing Reliable, Objective, Verifiable Emissions Intensity and Transparency Act of 2024, Clean Competition Act 등)이 트럼프 2기 행정부 임기 내에 발효될 가능성도 배제할 수 없다.

결국 미국의 통상정책은 독립된 정책 영역이라기보다 산업정책과 그 이면에 작용하는 지정학적 요인에서 출발해 국제무역에 영향을 미치는 정책의 연장선상에 놓여 있다. 따라서 미국과의 무역 관계를 유지하거나 강화하려는 국가들은 단순히 무역협정 체결 여부만을 고려할 것이 아니라, 미국 산업정책에 내재된 지정학적 가치와 그 조건 변화에도 주목할 필요가 있다.

(1) 트럼프 vs. 바이든: 같은 목표, 다른 방식

트럼프와 바이든 행정부의 정책을 구체적으로 비교해보면, 두 행정부 모두 미국 제조업 부흥과 공급망 확보라는 기본적인 목표를 공유하고 있다. 그러나 접근 방식에서 차이가 뚜렷하다. 바이든 행정부는 동맹국과의 협력과 다자주의적 틀을 중시하며, 지정학적 고려 속에서 문제를 해결하려 했다. 반면 트럼프 행정부는 고율 관세 부과와 일방적 무역 제한 조치 등 보다 직접적인 산업정책을 기반으로 '온쇼어링'에 무게를 두고 있다.

예를 들어 바이든 행정부는 IPEF를 통해 아시아 국가들과 협력을 추진하며 글로벌 공급망 안정화를 꾀했다. 그러나 핵심 협상 중 하나였던 무역 부문(trade pillar) 협상을 타결하지 못한 채 임기가 종료되었고, 트럼프 행정부는 IPEF를 새롭게 추진할 의지를 보이지 않고 있다. 바이든 행정부의 다자주의적 접근은 기대만큼 성과를 내지 못했고, 트럼프 행정부는 보다 단순한 방식으로 무역을 미국 우선주의 원칙에 따라 재편하려 한다.

가장 대표적인 사례는 보편적 관세 부과(universal tariff) 방안에서 확인할 수 있다. 트럼프 대통령은 후보 시절부터 모든 수입품에 10~20%의 보편적 관세를 부과하고, 중국산 제품에는 60%의 고율 관세를 부과하겠다고 공언한 바 있다.[49] 이러한 조치는 기존 무역협정들을 사실상 무력화할 가능성이 있으며 캐나다, 멕시코, EU 등 전통적 동맹국들마저도 무역 보복 조치를 검토하게 만들었다.

(2) 트럼프식 고율 관세와 무역 제한 조치

이처럼 트럼프 행정부가 새롭게 추진하고 있는 통상정책의 핵심은 '고율 관세'와 '수입 제한'이다. 이 중에서도 트럼프 1기 행정부는 자국 제조업을 지원하기 위해 무역장벽을 구축하는 데 초점을 맞추면서, 후보 시절부터 고율 관세 기조를 유지하였다. 2024년 10월 블룸버그와의 인터뷰에서 당시 트럼프 후보자는 "관세(tariff)는 내가 가장 좋아하는 단어이며, 사전에서 가장 아름다운 단어"라고 밝히기도 했다.[50]

두 번째 취임식 당일이었던 2025년 1월 20일 트럼프 대통령은 '미국 우선 무역정책(America First Trade Policy)'이라는 대통령 지침(Presidential Memorandum)을 발표했다.[51] 지침에는 대선 기간 중 그가 제기한 다양한 무역 현안에 대한 검토 및 권고안 제출을 정부의 경제 관련 부처들에 지시하는 내용을 담고 있었다. 예컨대 캐나다산 및 멕시코산 제품에 대한 25% 관세 부과, 관세 전담기관(External Tariff Revenue Service, ERS) 신설, 지속적인 무역적자 해소 등이 그것이다. 특히 관세와 관련해서는 2025년 2월 1일부로 멕시코와 캐나다에서 수입되는 모든 제품에 25%의 관세를 부과한다고 천명하였고,[52] 중국산 제품에는 곧바로 10%의 추가 관세를 적용하였다.[53] 이러한 관세 조치는 국제적으로 즉각적인 반발을 불러일으켰다. 캐나다는 300억 캐나다달러 규모의 미국산 제품에 보복 관세를 준비하였고, 멕시코 또한 보복 관세 및 무역 규제를 검토하였다.[54] 중국은 이에 더하여 최혜국 대우(GATT 1조) 및 관세양허 조항(GATT 2조) 위반을 들어 WTO에 미국을 제소하였다.[55] 이로 인해 트럼프 2기 행정부 동안 향후 미·중 무역전쟁이 다시 격화될 가능성은 점점 커졌다.

이어 2025년 2월 13일에는 '상호주의 무역 및 관세(Reciprocal Trade and Tariffs)' 지침이 발표되었다. 이는 미국의 주요 교역 상대국들이 취해온 '비상호적 무역 관행'에 대한 추가 검토를 지시한 것이다.[56] 지침을 통해 이러한 관행이 미국의 무역적자와 어떤 연관이 있는지를 밝히고, 관련 대응 방안을 도출하도록 했다. '미국 우선 무역정책'과 '상호주의 무역 및 관세' 지침에 따른 권고안 제출 기한은 2025년 4월 1일로 정해졌으며, 트럼프 대통령은 빠르면 4월 2일부터 이에 대한 관세 조치를 단행할 수 있다고 밝혔다.

그리고 예상대로 2025년 4월 2일, 트럼프 대통령은 '상호관세 명령(Reciprocal Tariff Order)'이라는 행정명령을 통해 미국의 모든 교역 상대국을 대상으로 관세 부과 조치를 시행했다.[57] 그는 이 명령을 통해 산업 기반의 재건 필요성을 강조하며, "미국의 만성적인 무역적자는 제조업 기반을 붕괴시키고, 첨단산업 역량의 확장을 저해하며, 주요 공급망을 약화시키고, 국방산업 기반을 적국에 의존하게 만들었다"고 주장했다. 제조업 기반의 이 같은 '공동화(hollowing out)'는 양자간 무역에서 상호주의가 결여된 결과라는 것이 트럼프 행정부의 입장이다. 본 행정명령은 이러한 비상호적인 무역 관계를 바로잡고, 국내 제조업을 장려하는 것을 목적으로 한다고 밝혔다.[58]

상호관세 명령으로 미국은 모든 교역국을 대상으로 최소 10%의 일괄 관세를 부과했으며, 여기에 더해 미국의 주요 교역 대상국을 포함한 57개국에 대해 '상호적 조치'를 추가로 부과하였다. 57개국에 대한 구체적인 명단은 행정명령 부속서 I(Annex I)에 명시되었으며, 여기에는 한국을 비롯해 기타 미국의 최대 무역국들이 모두 포함되어 있었다.[59] 다만 캐나다와 멕시코는 별도의 행정명령에 따라 다른 형태의 관세가 적용되어 이번 명령에서는 제외되었다. 이 명령에는 구리, 의약품, 반도체, 목재 제품, 일부 핵심 광물, 에너지 관련 제품 등 중요 품목에 대한 예외도 포함되어 있다.[60] 이외에도 트럼프 2기 행정부는 캐나다와 멕시코에 대한 별도의 관세 부과, 철강 및 알루미늄 수입에 대한 기존 관세의 확대, 자동차 및 자동차 부품 전면에 대한 관세 부과 등 다양한 관세 관련 조치를 잇달아 시행하였다.

이러한 고율 관세 조치에 대하여는 다른 여러 나라뿐만 아니라 미국 내부적으로도 상당한 비판이 이어졌다.[61]

트럼프 대통령이 이러한 강경책을 취하는 이유는 미국 내 제조업 보호·육성을 위한 '온쇼어링' 목적뿐만 아니라, 무역을 통해 압박을 가함으로써 해당 국가와의 외교적 문제나 기타 정치·경제적 현안을 해결하려는 전략적 목적도 포함되어 있었다. 예를 들어 트럼프 행정부는 멕시코가 불법 이민과 마약 문제를 해결하지 않을 경우 관세를 50%까지 추가 인상할 것이라고 경고했고,[62] 콜롬비아가 미국의 강제 송환 요구를 거부하자 즉각적으로 25%의 보복 관세를 부과하는 등[63] 통상을 양자간 정치·외교적 협상 카드로 활용하고 있는 것이다.

일각에서는 미국의 고관세 정책이 기축통화인 달러 가치를 인위적으로 낮추고 주요 교역국의 통화 절상을 유도하려는 전략적 산업정책에서 비롯되었다고도 해석한다. 이러한 해석을 대표하는 인물이 트럼프 2기 행정부의 대통령 경제자문회의(Council of Economic Advisers, CEA) 위원장 스티븐 미란(Stephen Miran)이다. 그는 관세와 환율을 연계한 복합 전략을 통해 글로벌 무역 시스템을 재편하고, 고율 관세를 활용해 외국 통화의 절상을 유도하겠다는 '마러라고 합의(Mar-a-Lago Accord)' 구상을 공식화한 바 있다.[64] 미국은 고율의 관세를 통해 중국의 수출 경쟁력을 약화시켜 무역흑자 감소와 성장 둔화를 유도한 뒤, 관세 완화를 조건으로 환율 조정을 압박하는 방식을 구상하고 있다. 이는 1985년 플라자 합의처럼 관세를 지렛대삼아 외환시장에 간접 개입함으로써 통화 가치를 조정하려는 새로운 형태의 경제 전술이다.[65] 이 같은 접근은 미국 내 제조업 회복과 무역적자 개선을 위한 산업정책적 도구인 동시에, 환율 압박과 결합된 전략적 협상 수단으로 기능하며, 특히 중국을 주요 타깃으로 삼고 있다. 중국산 제품의 구조적 가격 상승을 유도함으로써 중국 제조업의 경쟁력을 약화시키고, 장기적으로는 '잃어버린 30년'과 같은 경제 침체에 빠뜨리려는 의도를 담고 있다는 분석도 나온다. 이러한 전략을 뒷받침하기 위해 미국은 기존 국세청(IRS)과 별도로 관세를 전담할 새로운 관세청 설립까지 추진하고 있으며,[66] 이는 향후 미국의 통상정책이 보다 공세적이고 체계적인 방향으로 전환될 것임을 시사한다. 이와 같은 일련의 정책은 미국이 글로벌 통상질서의 주도권을 회복하고, 국제 분업 구조를 자국 중심으로 재편하려는 포괄적 전략의 일환으로 해석될 수 있다.

(3) 디지털 무역과 규제 갈등: 미국 vs. 세계

한편 디지털 무역 규제 또한 미국 통상정책의 새로운 전장이 되고 있다. 최근 빅테크 산업에서 가장 높은 경쟁력을 보이고 있는 미국은 이들 빅테크 기업에게 디지털 서비스세(Digital Service Taxes, DST)를 부과하는 국가들을 겨냥해 반격에 나서고 있다.[67] DST는 글로벌 IT 기업들이 각국 시장에서 벌어들이는 수익에 대해 해당 국가가 세금을 부과하는 정책으로, EU 및 한국을 포함한 여러 국가가 이를 도입했거나 추진하려는 움직임을 보인 바 있다.

2024년 9월, 캐롤 밀러 하원의원(공화당, 웨스트버지니아)은 한국의 '플랫폼 경쟁 촉진법'(이하 '플랫폼법')에 대응해 '한미 디지털 무역 집행법(United States-Korea Digital Trade Enforcement Act)'을 발의했다.[68] 플랫폼법은 한국 내 빅테크 기업의 시장 지배력을 제한하는 법안으로, 밀러 의원은 이 법이 중국에 유리하게 작용하고 미국 기업에는 불리한 결과를 초래한다고 주장했다.[69] 이에 따라 미 무역대표부(USTR)는 한국의 해당 법안이 미국 기업에 부당한 차별을 가하는지 조사해야 하며, 필요시 보복 조치를 취할 수 있도록 법안 내용을 구성하였다.[70] 플랫폼법은 2024년 9월 한국 정부에 의해 제정이 일단 철회되었다. 이에 한미 디지털 무역 집행법은 2024년 12월 하원 무역소위에 회부된 상태로 남아 있다가 회기를 넘겨 자동 폐기되었다. 아마도 플랫폼법의 향후 제정 여부에 따라 '한미 디지털 무역 집행법' 또는 유사 법안의 재발 여부가 결정될 수도 있을 것으로 보인다.

디지털 서비스를 둘러싼 갈등은 단순한 법률 문제가 아니라, 기술 산업 경쟁력을 유지하려는 미국의 IT 산업과 세계 각국의 디지털 규제 간 충돌을 의미한다. 따라서 앞으로도 기술 패권 유지를 위해 미국은 IT 기업 보호를 이유로 무역 압박을 강화할 가능성이 있으며, 한국과 EU 등 여러 국가는 이에 대한 대응책 마련에 고심할 것으로 전망된다.

(4) 국제 협력의 변화: IPEF, FTA, WTO를 둘러싼 불확실성

바이든 행정부는 아시아 국가들과의 협력을 강화하기 위해 IPEF를 추진했지만, IPEF 세부 부문 중 가장 민감한 사안들을 담은 '무역 부문'은 체결하지 못한 채 임기를 마쳤다. 트럼프 행정부는 IPEF를 새롭게 추진할 가능성이 낮으며, 기존 FTA조차도 재검토할 것으로 보인다. 특히 트럼프 대통령은 취임 이후 한미 FTA(KORUS) 개정도 포함될 수 있는 각종 양자 통상협정의 재검토도 시사한 바 있으므로 주목할 필요가 있다.[71] 과거 트럼프 1기 행정부에서도 한미 FTA 재협상을 통해 미국산 자동차 수출 확대와 픽업트럭 관세 연장을 이끌어낸 바 있다.[72] 따라서 한국을 포함한 주요 무역 파트너들은 트럼프 행정부의 새로운 무역 전략에 대비할 필요가 있다.

위의 진단들을 종합해보면, 트럼프 2기 행정부의 통상정책은 기존의 글로벌 무역 질서에 큰 변화를 가져올 가능성이 크다. 보호무역 기조가 강화되면서 전 세계적인 공급망 재편이 가속화될 것이며, 이에 따라 한국을 비롯한 주요 교역국은 새로운 대응 전략을 마련해야 하는 상황에 놓였다. 미국과의 통상 협상은 단순한 교역 문제를 넘어, 미국의 '산업정책'과 그 배경에 깔린 '지정학적 이해관계' 중심의 조건들을 종합적으로 고려하는 접근이 필요하다. 특히 트럼프 2기 행정부의 통상정책을 이해하고 대응하기 위해서는 네 가지 핵심 키워드에 주목해야 한다. ① 미국 제조업의 온쇼어링 촉진, ② 관세 압박을 활용한 외교 전략, ③ 자국 디지털 빅테크 기업 보호, ④ 다자·소다자 협력 기피 현상이 그것이다. 이들 요소는 트럼프 행정부의 통상정책 기조를 형성하는 중요한 축이 될 것으로 보인다.

따라서 미국과의 통상 관계를 유지하고자 하는 국가들은 각종 협상 과정에서 어떤 전략을 마련하고 어떤 협상 카드를 활용할 것인지에 대한 종합적인 분석과 대비가 필요하다. 단순히 개별 정책 변화에 대응하는 수준을 넘어, 미국의 산업 및 통상 정책의 방향성을 장기적으로 예측하고 이에 맞는 협상 전략을 수립할 중요한 시점이다.

EU, 가치 기반 통상정책:
환경과 인권이 만든 무역장벽

유럽연합(EU)은 세계에서 가장 큰 무역 블록으로, 지난 수십 년간 자유무역협정을 통해 야심찬 무역 자유화를 추진해왔다. 현재 EU는 70개 이상의 국가와 40개 이상의 무역협정을 체결하며 가장 광범위한 무역협정 네트워크를 구축하고 있다.[73] 그러나 EU의 무역정책은 최근 여러 도전에 직면하고 있다. 지지부진한 FTA 협상, 미국의 보호무역주의 강화, 중국의 경제적 영향력 확대, 유럽 산업 경쟁력의 약화, 코로나19 팬데믹과 러시아-우크라이나 전쟁으로 부각된 에너지 및 원자재 의존 문제가 이에 해당한다. 이처럼 복잡하게 전개되는 국제통상 환경 속에서, EU의 통상정책 방향을 이해하려면 유럽 특유의 정치적 요인을 함께 고려한 입체적인 분석이 요구된다. 분명한 것은, 비록 EU가 표면적으로는 WTO 중심의 자유무역 체제를 지지하는 입장을 견지하고 있지만, 실제로는 미국과 마찬가지로 산업정책적 조건이 통상정책 전반에 강하게 작용하고 있다는 점이다. 다음에서는 이러한 정책적 배경과 방향성을 보다 면밀히 살펴보고자 한다.

1. EU 통상정책: 신중하고 복잡한 회원국 간 균형의 산물

EU 통상정책은 미국과 비교할 때 선거와 같은 단기적 정치 환경의 영향을 상대적으로 덜 받는 편이다. 이는 EU 27개 회원국의 집합적 정치 구조에서 비롯된 특징으로, 통상정책 결정 권한이 EU 전체의 이익을 대변하는 초국가적 기구 'EU 집행위원회(European Commission, EC)'에 위임되어 있기 때문이다. 이 구조에서 개별 회원국은 관세 및 무역구제 조치와 같은 주요 통상정책 도구를 직접 통제할 수 없으며, EU 통상정책을 단기적인 국내 정치적 목적에 활용하려는 시도가 제한된다. 결과적으로 EU 통상정책은 회원국들의 좁은 경제적 이해관계가 아닌 장기적이고 초국가적인 관점을 바탕으로 추진된다는 점에서 미국의 통상정책과는 큰 차별점을 지닌다.

통상정책이 EU 차원에서 결정되고 유럽위원회에 의해 실행됨에 따라, 회원국 간 이해관계가 충돌하는 경우 이를 조정하기 위한 EU의 중립적 역할이 중요해졌다. 이러한 구조는 유럽위원회를 각 회원국의 통상 부처보다 더 기술적이고 관료적인 성격을 지닌 기구로 발전시키는 데 기여했다. 이러한 맥락에서 EU의 통상정책은 단순한 정치적 의지의 반영이라기보다, 다양한 이해관계를 조율하는 과정 속에서 신중하고 점진적으로 수립·이행되는 특징을 지닌다고 볼 수 있다.

EU의 이러한 조정적 성격에도 불구하고 각 회원국 정부는 무역정책위원회(Trade Policy Committee, TPC)와 EU 이사회(Council of the European Union)를 통해 통상정책에 일정한 영향력을 직접적으로 행사하고 있는 것도 사실이다. 예를 들어 각국 기업이 유럽 역내에서의 보호를 원할 경우, 자국 정부에 먼저 도움을 요청하는 것이 일반적인 관행이다. 이 경우 각국 정부는 EU 무역정책위원회나 이사회를 통해 자국의 입장을 개진한다. 무역정책위원회는 각 회원국 무역부처의 대표로 구성되며, 통상정책과 관련된 사안에 대해 유럽위원회를 지원하고 조언하는 역할을 수행한다.[74] 한편 EU 이사회는 27개 회원국의 국가원수 또는 정부 수반으로 구성되어 좀 더 정치적이고 정무적인 논의를 담당한다.[75]

한편 기업이 역외 시장으로 진출하거나 자유무역과 관련된 요구가 있을 경우에는 자국 정부보다 유럽위원회를 직접 접촉하는 경향이 두드러진다. 이는 유럽위원회가 통상정책을 관장하는 기관으로서 글로벌 자유무역 환경에서 더 직접적인 영향력을 행사할 수 있는 위치에 있음을 보여준다. 이러한 구조는 EU 통상정책이 초국가적 관점을 유지하면서도 각국의 이해를 조율하는 독특한 방식으로 운영되고 있음을 잘 드러낸다.

(1) 소규모 EU 회원국의 영향력: 구조적 요인과 변화

EU 내에서도 큰 회원국이 더 많은 영향력을 행사하는 것은 당연한 일이다. 특히 EU에서 가장 큰 두 경제 대국인 독일과 프랑스는 전통적으로 통상정책을 포함한 EU 정책 전반에서 가장 큰 영향력을 행사해왔다. 그러나 EU 회원국이 27개로 확대되면서 독일-프랑스 블록의 영향력은 다소 약화된 측면이 있다.[76]

반면 소규모 EU 회원국들은 규모에 비해 상대적으로 더 큰 영향력을 발휘해왔다. 이는 몇 가지 요인으로 설명할 수 있다. 우선 EU 회원국 중 15개국이 인구 1,000만 명 미만의 소규모 국가인데, 대부분의 주요 사안이 만장일치로 결정되기 때문에 작은 국가들의 의견도 정책 결정 과정에서 중요한 역할을 한다. 또한 소규모 회원국 출신 인사들이 EU의 고위직에 선출되는 경우가 많다는 점도 이들의 영향력을 강화하는 요인이다.[77]

아울러 EU의 엄격한 내부 규정이 각국 정부의 보조금 사용을 제한하는 점도 소규모 국가에 유리하게 작용한다는 견해가 있다. 재정 규모가 상대적으로 작은 국가들은 독일이나 프랑스처럼 대규모 재정을 활용할 수 있는 국가보다 이러한 규정을 준수하기가 용이하기 때문이다. 이러한 요인은 소규모 회원국들이 EU 내에서 자국의 이익을 효과적으로 대변할 수 있는 환경을 조성하는 데 도움이 되고 있다. 다만 팬데믹 이후 EU 내 보조금 규정이 완화되면서, 소규모 국가들의 상대적인 재정 활용 여력이 감소했다는 지적도 제기된다.[78]

(2) EU 의회의 통상정책 개입과 국가별 영향력

2009년 리스본 조약의 발효로 EU 의회는 회원국들로 구성된 EU 이사회와 함께 통상정책 분야에서 '공동 입법자'의 지위를 갖게 되었다. 리스본 조약에 따라 EU 집행위원회는 국제 협상과 관련된 사항을 유럽의회 산하 국제무역위원회(Committee on International Trade, INTA)에 보고해야 하며, 체결된 무역협정은 유럽의회의 동의를 얻어야 비준될 수 있다.[79]

더 나아가 EU 의회는 통상 협상의 초기 단계부터 사실상의 영향력을 행사한다. 의회는 제3국과의 협상이 시작되기 전에 구속력 없는 결의안을 통해 협상의 '레드라인'을 설정할 수 있으며, 협상 과정에서도 지속적으로 결의안을 통해 의견을 표명한다. 또한 최근 진행 상황을 논의하기 위해 무역 담당 집행위원을 INTA 위원회에 초청하는 권한도 보유하고 있다. 특히 의회가 협정의 최종 결과를 승인하지 않을 가능성을 내비치는 것만으로도 영향력을 발휘할 수 있다.[80]

EU 의회에서 통상 이슈와 관련하여 영향력이 큰 대표단은 독일, 폴란드, 루마니아, 네덜란드, 벨기에, 체코, 리투아니아, 에스토니아, 룩셈부르크 등이 꼽힌다. 이들 국가는 국가 규모를 고려할 때 상대적으로 높은 영향력을 행사하는 것으로 평가된다. 반면 프랑스를 포함해 그리스, 포르투갈, 덴마크, 불가리아, 크로아티아, 몰타 등은 통상정책과 관련된 영향력이 제한적이거나 국가 규모에 비해 실질적인 역할이 적은 것으로 분석된다.[81]

이와 같은 변화는 EU 통상정책의 투명성과 민주적 책임성을 높이는 동시에, EU 의회가 회원국 이익과 EU 차원의 공동 이익 간 균형을 유지하는 데 중요한 역할을 하고 있음을 보여준다.

(3) 친환경 산업정책 어젠다의 성장

2019년 유럽의회 선거에서 녹색당(European Green Party, Greens)의 득표율이 급증하면서, EU 의회의 환경 정책에 대한 적극성이 더욱 강화되었다. 녹색당은 일부 회원국의 중앙정부에서도 세력을 확장하며 영향력을 넓혔고, 이로 인해 EU 탄소국경조정제도(CBAM)와 유럽 그린딜(Green Deal)[82]과 같은 새로운 환경 규제가 도입되었다. 이러한 변화는 EU 통상정책에서 환경 이슈의 중요성을 크게 부각시켰다.

EU의 환경 규제는 주로 집행위원회 내 기후행동총국(Directorate-General for Climate Action, DG CLIMA)과 환경총국(Directorate-General for Environment, DG ENV)이 주도했다. 이들 기구는 유럽 그린딜과 같은 대규모 환경정책을 설계하고, 기후변화 대응 및 지속 가능한 발전을 목표로 환경 규제의 방향을 설정했다. 이 과정에서 네덜란드 출신 사회주의 정치인 프란스 팀머만스(Frans Timmermans)는 EU 환경법 제정에서 핵심적인 역할을 수행했다. 그는 유럽 사회당의 집행위원회 위원장 후보로 지명되었으나, 최종적으로 폰데어라이엔이 위원장으로 당선되었다. 이후 팀머만스는 EU 기후행동 집행위원 겸 부위원장으로 임명되어 유럽 그린딜[83]과 'Fit for 55' 입법 패키지의 승인 과정에서 중요한 기여를 했다. 그의 리더십과 더불어 네덜란드 출신의 디데릭 삼솜(Diederik Samsom) 내각 수석의 추진력, 그리고 다수 EU 회원국의 광범위한 지지가 이러한 성과를 가능하게 했다.[84]

한편 집행위원회의 통상총국(Directorate-General for Trade, DG Trade)은 이러한 환경 이니셔티브를 주도하지 않았지만, 대신 이 규제가 WTO 규정 및 국제무역 규범과 충돌하지 않도록 검토하고 조정하는 역할을 맡았다. EU의 환경 규제가 태생적으로 통상정책보다 환경 및 기후 정책을 중심으로 설계되었기 때문에, 자유무역 질서와의 합치성 여부에 대한 논란이 지속적으로 제기되고 있다.[85] 이는 환경 규제가 EU 무역정책의 새로운 핵심 요소로 자리잡으면서도, 기존의 국제통상규범과 잠재적으로 충돌할 가능성을 내포하고 있음을 보여준다.

3장에서 설명한 바와 같이, 2024년 폰데어라이엔 집행위원장이 연임에 성공하면서 그녀의 리더십 아래 추진된 EU의 산업정책에 영향을 받은 통상정책 기조가 한동안 유지될 것으로 보인다. 특히 EU 역내 산업을 육성하고 보호하려는 노력이 강화될 전망이며, 중국의 경제적 영향력에 대응하기 위한 보호무역적 접근 역시 지속적으로 강조될 가능성이 높다. 이와 관련하여 엔리코 레타(Enrico Letta) 전 이탈리아 총리가 발표한 '단일 시장의 미래에 관한 고위급 보고서'는 EU 통상정책의 향후 방향성을 잘 보여준다.

레타는 "이빨(teeth)이 있는 단일 시장"을 주장하며, EU 차원의 보조금을 제공하기 위한 범유럽적 국가 기여 메커니즘의 필요성을 강조했다.[86] 그는 "유럽은 제조업 리더로서의 역할을 다른 국가에 양도할 수 없으며, 양도해서도 안 된다"고 경고하면서, EU가 미국의 인플레이션 감축법과 같은 강력한 산업전략 도구에 대응하기 위해 경쟁력 있는 산업정책을 개발해야 한다고 주장했다.[87] 레타는 또한 미국이 채택한 신속하고 민첩한 세액공제 제도와 같은 도구들이 EU 내에 부족하다는 점을 지적하며, 단기적으로는 기존 프레임워크를 강화해야 한다고 주장했다. 그러나 장기적으로는 효과적인 새 산업전략을 수립하기 위해 정치적 분열을 극복하고 재정 능력을 강화해야 한다는 점을 강조했다. 그는 이러한 변화를 통해 EU가 글로벌 강대국들과의 경쟁에서 뒤처지지 않을 수 있다고 경고하며, EU 차원의 강력한 정치적 의지가 필요하다는 점을 역설했다.[88]

결론적으로 폰데어라이엔 위원장의 연임과 레타 전 총리의 보고서는 EU가 산업정책에 기반한 통상정책에서 더욱 독립적이고 강력한 입지를 구축하려는 방향으로 나아가고 있음을 시사하며, 이러한 기조는 당분간 EU의 정책 전반에 영향을 미칠 것으로 보인다.

2. EU 통상정책의 5가지 트렌드

EU의 통상정책은 미국과 마찬가지로 역내 산업의 육성과 보호를 위한 산업정책으로부터 큰 영향을 받고 있으며, 여기에 기후나 안보 등 다양한 지정학적 요소가 결합되어 여러 형태로 전개된다. 이렇게 여러 조건이 전제된 EU의 통상정책 트렌드는 크게 다섯 가지 특징을 가지고 추진되고 있는 것으로 보인다.

첫째, '지속 가능성'이 통상정책에서 대단히 중요한 요소로 부각되고 있다. 이는 환경적 목적을 달성하기 위한 무역 수단의 활용 증가로 나타나는데, EU '탄소국경조정제도(CBAM)'와 같은 조치가 이를 뒷받침한다. 둘째, '통상규제 집행 강화'가 주요 기조로 자리잡고 있다. EU는 반덤핑 및 반보조금 조치의 강화, WTO 소송, 새로운 법적 수단의 제정 등을 통해 불공정 무역 관행에 적극적으로 대응하고 있다. 셋째, '산업정책 강화'에 대한 압박이 커지고 있다. EU는 전통적으로 산업정책에 적극적이었지만, 최근 미국과 같은 다른 경제권에 비해 경쟁력을 상실하고 있다는 우려가 제기되며, 통상정책 기조를 수정해야 한다는 목소리가 노골적으로 높아지고 있다. 넷째, '대중국 전략'의 변화가 감지된다. EU는 과거 중국과 밀접한 경제 협력 관계를 유지하려 했으나, 최근에는 대중국 경쟁력을 확보하고 전략적 독립성을 강화하려는 방향으로 접근 방식을 수정하고 있다. 다섯째, '안보'가 EU 무역정책의 새로운 요소로 부상했다. 글로벌 공급망의 안정성, 에너지 안보, 중요 광물 확보와 같은 이슈들이 무역정책의 핵심 과제로 포함되며, 통상정책이 단순한 경제적 수단을 넘어 지정학적 역할을 수행하고 있다.

이러한 트렌드를 달리 표현하자면, 현재 EU 무역정책은 궁극적으로 지속 가능성, 경쟁력, 안보라는 복합적 목표를 달성하기 위해 진화하고 있음을 보여준다. 여기서는 이들 각 트렌드의 면면을 살펴본다.

(1) 지속 가능성 중심 통상정책: 기후 목표가 반영된 산업정책의 수단

EU 집행위원회의 한 보고서에 따르면 지금까지 EU는 "무역협정이 지속 가능성을 촉진하여 경제성장이 인권, 양질의 일자리, 기후 및 환경 보호와 함께 진행되도록 보장하고, 유럽연합의 가치와 우선순위를 완전히 준수하기 위해 크게 노력"해왔다.[89] 예컨대 EU는 개발도상국이 인권, 노동 및 환경 보호에 관한 핵심 국제협약을 비준하고 준수하는 경우, 전체 제품 범주의 3분의 2에 대한 관세를 완전히 철폐하는 특혜 프로그램을 2006년에 도입하였다.[90] 또한 2009년부터 EU가 체결하는 대부분의 FTA에 무역 및 지속 가능성 관련 챕터를 포함시키기 시작했다.[91]

2021년 6월, EU 집행위원회는 지속 가능한 무역을 촉진하기 위해 무역 파트너와의 협력 강화와 함께, 유럽 그린딜 및 다른 EU 정책 수단과의 통합적 이행을 목표로 '무역과 지속 가능 발전(Trade and Sustainable Development, TSD)' 챕터를 포함한 통상협정 전반의 역량 강화 방안 검토를 시작했다. 이후 집행위원회는 "국제 프레임워크와 표준에 기반한 현재의 참여 기반 TSD 접근법의 효과를 더욱 강화하고, 더 강력한 시행 규칙을 마련하기 위한" 새로운 정책을 발표했다.[92] 이 정책은 지속 가능성을 촉진하는 데 초점을 맞추면서도, 무역협정의 실행력을 높이기 위한 더 강력한 집행 메커니즘과 무역 제재 활용 방안을 포함하고 있었다.[93] 이는 EU가 환경, 노동권, 공정 경쟁 등의 지속 가능한 발전 목표를 무역정책의 핵심 요소로 포함시키고, 이를 실질적으로 이행하기 위해 제도적·법적 강화를 적극적으로 추진하고 있음을 보여준다.

EU는 우대 프로그램과 자유무역협정에 TSD 의무를 통합하는 데 그치지 않고, 지난 몇 년간 환경 및 기타 목표를 달성하기 위해 통상 관련 법규를 다수 제정해왔다. 이러한 노력은 2050년까지 순배출량 제로를 목표로 한다는 '그린딜' 계획에도 반영되어 있다. EU 집행위원회의 성명서에 따르면, 유럽 그린딜은 통상정책을 "기후 및 환경 행동에 대해 무역 파트너와 협력할 수 있는 플랫폼"으로 정의하고 있다.[94] 이에 따라 EU는 지속 가능한 개발을 약속하는 내용을 모든 통상협정에 포함시키고, 역내 정책에도 친환경 상품과 서비스, 기후 친화적 공공조달을 촉진하기 위한 무역 및 투자 목표를 통합해야 한다고 명시했다.[95]

이밖에도 EU의 대표적인 지속 가능성 통상정책 조치 중 하나로 'EU 탄소국경조정제도(CBAM)'의 시행을 빼놓을 수 없다.[96] 이 제도는 특정 수입 제품에 내장된 온실가스 배출량에 따라 국경 요금을 부과함으로써 EU 역내에서 시행되는 엄격한 탄소 규제를 우회하려는 행위를 방지하고, 탄소 집약적 제품의 경쟁력을 저하시켜 지속 가능한 생산을 촉진하려는 목적을 가지고 있다. 유사 통상규제로서 '산림벌채 없는 제품에 대한 EU 규정(EU Deforestation Regulation, EUDR)'이 발효되면서, 특정 상품을 EU 시장에 출시하거나 수출하려는 모든 사업자와 거래자는 해당 제품이 산림벌채된 토지에서 생산되지 않았으며 산림 황폐화에 기여하지 않았음을 증명해야 한다.[97] 이와 함께 '기업 지속 가능성 실사지침(Corporate Sustainability Due Diligence Directive, CSDDD)' 역시 최근 발효되어, 글로벌 가치사슬에서 환경 및 인권 문제를 고려한 지속 가능하고 책임감 있는 기업 경영을 촉진하려는 움직임이 본격화되었다.[98]

EU의 무역 및 환경·인권 조치는 일정 수준의 환경 및 인권 기준 준수를 EU 시장 접근의 조건으로 삼고 있다. 이러한 접근 방식은 WTO 비차별(non-discrimination) 원칙에서 벗어날 수 있는 가능성을 내포하고 있어 국제적인 논란을 불러일으키고 있다. 그러나 EU는 이러한 조치들이 글로벌 지속 가능성을 촉진하기 위해 필수적이고 정당한 수단임을 주장하며, 기존 WTO 자유무역 질서 내에서도 충분히 정당화될 수 있음을 강조하고 있다.[99]

EU의 주장과 관계없이 여전히 많은 국가가 이러한 조치를 보호무역주의라고 비판하고 있는 것으로 보인다. 특히 유럽 그린딜이 EU '산업정책'의 일환으로 추진되고 있다는 점은 부인하기 어려운 사실이다. 예를 들어 인도 상무부 장관 피유시 고얄(Piyush Goyal)은 WTO 13차 각료회의에서 CBAM과 기타 환경 규제들을 비판하며 "명백한 편견과 차별, 불공정의 사례"라고 지적했다.[100] 남아프리카공화국 역시 CBAM이 "기후 행동의 부담을 개발도상국에 전가하며, 이로 인해 우리나라와 산업에 부당하고 불공정한 부담을 지우고 있다"고 주장했다.[101] 또한 중국 철강협회(China Iron and Steel Association, CISA)는 CBAM을 "저탄소 기술을 빌미로 만들어진 새로운 무역장벽"으로 간주하며 강하게 비판했다.[102] 한국 역시 CBAM이 "외국 기업에 대한 EU의 시장 접근성을 크게 떨어뜨릴 수 있다"는 우려를 표명하며 EU의 접근 방식에 대한 문제를 제기한 바 있다.[103] 이처럼 EU의 지속 가능성 중심 통상정책은 기후 행동과 환경 보호를 목표로 하고 있지만, 개발도상국과 주요 무역 파트너들로부터 보호무역주의라는 비판을 받고 있다. EU의 정책이 국제 규범과 조화를 이루는 동시에 글로벌 지속 가능성을 달성할 수 있을지에 대한 논란은 앞으로도 계속될 것으로 보인다.

오늘날 EU의 지속 가능성 관련 산업정책은 유럽 외부 국가들의 국내 정책이나 기업 활동에 직접적인 영향을 미치는 '역외 적용(extraterritorial application)'의 특성을 지닌다. 결국 '통상정책'으로서의 역할을 하고 있다고도 볼 수 있다. 예를 들어 EU 탄소배출권 거래제(EU ETS)는 다른 국가들이 EU의 탄소 가격 책정 방식을 채택하도록 유도하는 것을 목표로 한다.[104] 마찬가지로 산림벌채 규정은 EU의 환경 기준을 타국의 농업 관행에도 적용함으로써, EU 시장에 접근하려는 기업들로 하여금 지속 가능한 생산 방식을 따르도록 요구하고 있다.[105]

이러한 환경 및 지속 가능성 이슈는 2009년 EU 의회가 무역협정 승인 권한을 부여받은 이후 점점 더 중요한 위치를 차지해왔다. 특히 2019년 EU 의회 선거에서 녹색당이 강력한 성과를 거두면서 이 의제는 더욱 탄력을 받았다.[106] 녹색당은 친환경 사회주의 정치인들과 연대하여, EU의 국내 정책과 통상정책 모두에서 더욱 엄격한 지속 가능성 기준을 도입하려는 입장을 고수했다. 그러나 이러한 환경정책이 EU 기업들에게 추가 비용을 부과하고 EU 산업의 경쟁력을 저하시킬 수 있다는 우려는 지속적으로 제기되어왔다. 이러한 우려는 특히 2024년 6월 EU 의회 선거를 앞두고 민족주의 및 보수 정당들에 대한 지지 확대로 이어질 것이 전망되었다. 하지만 실제 선거 결과는 이러한 반발이 예상만큼 강력하지 않았음을 보여주었고, 지속 가능성 중심의 통상정책이 여전히 상당한 지지를 받고 있음을 확인시켰다.[107] 재선에 성공한 폰데어라이엔 집행위원장 또한 무역을 포함한 EU의 광범위한 지속 가능성 이니셔티브의 핵심인 유럽 그린딜에 지속적인 지지를 표명하며, EU의 환경 및 지속 가능성 목표를 흔들림 없이 추진할 것임을 밝혔다.

　이러한 상황에서 EU는 산업 경쟁력 약화에 대한 우려를 해소하기 위해 역내 산업을 보다 적극적으로 지원하고 있다. 다만 3장에서 설명한 바와 같이, 그 방향은 지속 가능성과 친환경성을 중심으로 이루어지고 있다. 또한 EU는 수입품과 역내 해외 투자자에 대해 환경 및 지속 가능성 요건을 더욱 엄격히 적용하면서 통상정책 역시 지속 가능성을 강화하는 방향으로 구체화하고 있다. 이를 통해 자국 산업을 보호하는 동시에 해외 기업의 EU 수출 및 진출을 제약하는 효과를 거두고 있다고 볼 수 있다.

(2) 통상규제 강화: 산업 보호를 위한 무역구제·역외보조금 조치

EU는 '2021년 중기 무역정책'에서 명시한 3가지 핵심 목표 중 하나로 '통상규제의 효율적 시행 역량 강화'를 제시하며, 이를 위한 다양한 제도적 조치를 추진해왔다.[108] 집행위원회는 무역구제 수단의 활용을 확대하고, 시행 규칙을 개정하며, EU 회원국의 국내 투자심사 강화를 포함한 조치를 검토했다.[109] 이러한 노력의 일환으로 EU는 무역규제 및 구제 조치를 집중적으로 관할하는 '최고무역집행사무소(Chief Trade Enforcement Officer, CTEO)'를 설립했다.[110]

EU는 전통적으로 반덤핑 및 상계관세 조치를 적극적으로 사용해 왔다. 최근 몇 년 동안 주목할 만한 사례들이 등장했는데, 중국산 전기자동차 수입품에 대하여 직권으로 실시한 보조금 조사 등 잘 알려진 무역구제 조사를 여러 차례 개시한 바 있다.[111] 또한 중국 정부의 보조금을 받은 것으로 의심되는 이집트와 인도네시아 상품에 상계관세를 부과하는 등 '초국경 보조금'에 대하여 강경한 대응을 이어가고 있다.[112] 나아가 WTO 분쟁해결기구의 상소기구가 마비된 상황에서, 회원국이 패소한 패널 보고서를 상소하여 분쟁해결절차를 사실상 중단시키는 경우를 방지하기 위해 '일방적 보복 조치를 취할 수 있는 제도(Enforcement Regulation)'도 도입했다.[113]

무엇보다도 해외 기업이 EU에서 활동할 때 본국으로부터 받은 재정적 보조금을 조사할 수 있는 'EU 역외보조금 규정(Foreign Subsidies Regulation, FSR)'을 제정하여 시행 중이다.[114] FSR은 이미 실질적으로 적용되어, 불가리아의 열차 공공조달에 참여한 중국 기업과 루마니아의 태양광 발전소 프로젝트에 참여한 중국 기업들에 대해서 조사를 개시한 바 있다.[115] 결과적으로 이들 기업 모두 입찰을 철회하면서 EU의 규제는 실효성을 입증했다. 이러한 사례들은 EU가 중국 정부의 보조금 문제를 주요 타깃으로 삼고 있음을 보여준다. 앞으로도 EU는 무역구제조치와 FSR을 더욱 적극적으로 활용해, 중국을 포함한 주요 무역 파트너들의 불공정 보조금 관행에 대응할 가능성이 높아 보인다.

EU의 이 같은 조치는 통상규제 강화를 통해 지속 가능한 무역 질서를 구축하려는 의지를 보여주는 동시에, 글로벌 무역 환경에서 자국 산업과 시장을 보호하려는 전략적 목표를 담고 있다.

(3) 산업경쟁의 단면: '협력'에서 '견제'로 변화하는 EU의 대중국 전략

2023년 기준, 중국은 미국에 이어 EU의 두 번째로 큰 수출 시장이었으며, EU의 최대 수입국이었다. 2001년 중국이 WTO에 가입한 이후, EU는 양국 간 무역 및 투자 관계를 확대하고자 했다. 이 기간 동안 EU는 'EU-중국 2020 협력 전략 의제'를 추진했으며, 이는 추후 양국 간 '포괄적 투자협정(Comprehensive Agreement on Investment, CAI)'으로 발전했다.[116] 그러나 EU는 2019년 중국을 단순한 파트너로 보지 않고 경쟁자이자 시스템적 라이벌로 묘사한 'EU-중국 전략적 전망(EU-China Strategic Outlook)'을 발표하며 중국에 대한 접근 방식을 바꾸기 시작했다.[117]

EU가 중국에 대해 보다 신중한 접근을 취하게 된 것은 여러 정치·경제적 요인에서 기인한다. 대중국 무역에서 최대 수혜국이던 독일을 비롯해 EU 국가들에게 중국은 수출 시장으로서의 매력을 점차 잃어가고 있는 상황이다. 또한 EU는 일부 중요한 제품에 대한 중국 의존도에 더욱 민감해졌으며, EU 투자자들의 중국에 대한 직접투자(FDI) 규모도 크게 둔화되었다. 특히 안보 및 정치 문제와 관련하여 서구 국가들에게 중국은 존재 자체가 부담이 되고 있다. 여러 인권과 노동 분야에서도 긴장이 고조되고 있는데, 여기에는 중국 신장의 위구르족 무슬림에 대한 인권 문제, 이에 대한 EU의 제재 부과 및 중국의 대유럽 제재, 리투아니아가 대만 대표부의 지위를 격상시킨 이후 중국이 취한 강압적 조치, 우크라이나 침공 이후 러시아와 중국의 협력과 관련된 의견 불일치 등이 포함된다.[118] 또한 많은 동유럽 회원국의 대중국 태도 또한 크게 변화했다. 헝가리를 제외한 대부분의 동유럽 회원국은, 우크라이나 전쟁에서 중국이 러시아를 지원하고 리투아니아에 강압적 조치를 취한 이후 중국과의 관계가 악화되었다고 보고 있다.[119]

폰데어라이엔 위원장은 2023년 4월 베이징 방문을 앞둔 연설에서 중국과의 관계에 대한 자신의 견해를 밝혔는데, "지난 몇 년 동안 EU-중국 관계가 더욱 멀어지고 어려워졌다"고 인정하며 연설을 시작했다.[120] 이어서 EU 정책에 중국의 변화를 반영할 필요가 있음을 강조했다. 그녀는 중국이 "개혁개방 시대의 페이지를 넘기고 새로운 안보와 통제의 시기로 나아가고 있다"는 점, "안보와 통제의 필요성이 이제 자유 시장과 개방 무역의 논리보다 우선한다"고 본다는 점, 그리고 "중국 공산당의 명확한 목표는 중국을 중심으로 한 국제 질서의 체계적 변화"라는 점 등을 포함한 변화를 강조했다.[121]

이러한 변화를 감안하여 폰데어라이엔은 EU가 다음과 같은 네 가지 요소를 중심으로 경제 리스크 완화 전략을 수립해야 한다고 주장했다. 첫 번째 요소는 EU 경제와 산업의 경쟁력 및 회복력을 높이는 것으로, '산업정책'의 활성화이다. 폰데어라이엔 위원장은 태양광, 육상 및 해상 풍력, 넓은 의미의 재생에너지, 배터리 및 저장 장치, 열펌프, 그리드 기술 등 녹색 전환에 필요한 청정 기술의 최소 40%를 EU 내에서 생산하는 것을 목표로 설정했다고 언급했다. 이를 통해 EU는 기술적 자립도를 높이고, 주요 투입 요소(원자재 및 부품)의 출처를 보다 독립적이고 다양하게 확보하는 것을 중요한 목표 중 하나로 제시했다.[122] 두 번째 요소는 기존 무역 메커니즘을 더 잘 활용하기 위한 방안으로서 투자심사, 해외 보조금 규정, 반강제성 수단, 적극적인 정책 이행 수단을 통해 EU의 무역정책을 강화하는 것이다.[123] 세 번째 요소는 마이크로 전자공학, 양자 컴퓨팅, 로봇공학, 인공지능, 생명공학 등 핵심 기술 산업 부문에 대한 보호 수단 개발이다. 폰데어라이엔 위원장은 "(이중용도 목적이 있거나 인권이 관련되는 경우) 투자나 수출이 우리의 안보 이익에 부합하는지에 대한 명확한 경계가 있어야 한다"고 언급하며, 안보와 인권을 고려한 정책이 필요함을 강조했다.[124]

마지막 요소는 EU 무역 파트너들과의 협력 강화이다. EU와 중국은 2023년 12월 베이징에서 2019년 이후 처음으로 대면 정상회담을 개최했다.[125] 이 회담에서 샤를 미셸(Charles Michel) EU 상임이사회 의장과 폰데어라이엔 위원장은 EU와 중국이 중요한 경제 파트너임에도 불구하고 EU의 무역적자가 400억 유로에서 4,000억 유로로 급증한 상황을 지적하며 무역 관계를 재조정할 필요성이 있음을 강조했다.[126] 폰데어라이엔 위원장은 기자회견에서 이러한 무역 불균형의 원인이 "유럽 기업의 중국 시장 접근성 부족, 중국 국내 기업에 대한 특혜,

중국 생산의 과잉 설비"등이라고 지적하며, "불공정 경쟁으로 EU 산업 기반이 약화되는 것을 용납할 수 없다"고 강력히 비판했다. 또한 중국에 대한 EU의 '탈위험(de-risking)' 접근 방식을 설명하면서 "탈위험이란, 위험을 관리하고 과도한 의존성을 해결하며 회복력을 높이는 것"이라고 정의했다.[127]

폰데어라이엔 위원장의 대중국 접근 방식은 항상 EU 내 모든 회원국과 일치하는 것은 아니다. 2023년 중국 방문 당시, 폰데어라이엔 위원장은 시진핑 중국 국가주석과의 공식 회담에서 EU의 대중국 정책을 명확히 표명했으나, 마크롱 프랑스 대통령은 유화적인 태도를 취하며 중국과의 관계에서 더 협력적인 접근을 강조했다.[128] 마크롱 대통령은 폰데어라이엔의 연설과 달리, "우리가 겪지 않은 위기에 휘말리는 것"이 유럽이 직면한 "큰 위험(great risk)"이라고 경고하며, 유럽이 미국의 대중 정책을 무조건적으로 추종하는 것에 우려를 표명했다.[129] 그는 "최악의 상황은 우리가 추종자가 되어 미국의 의제와 중국의 과잉 반응에서 힌트를 얻으려는 것"이라고 지적했다.[130] 마크롱 대통령은 대중국 접근에서 경제적 협력 강화를 목표로 했으며, 50여 명의 비즈니스 리더(에어버스, EDF, 화웨이 프랑스 등)와[131] 동행한 방문을 중국과의 경제 관계를 증진하는 중요한 기회로 활용했다.

이와 대조적으로 독일의 올라프 숄츠 총리는 2023년 11월과 2024년 4월 두 차례 중국을 방문하여 경제적 이익을 증진하려 했지만 다소 미묘한 거리를 유지했다. 기업 사절단 규모도 프랑스보다 훨씬 작았다. 숄츠 총리는 개회사에서 화해적인 어조를 취했으나, 학생들과의 대담에서는 "경쟁은 공정해야 한다"며 공평한 경쟁의 중요성을 강조하기도 했다.[132] 이는 글로벌 시장에서의 중국의 불공정 행위를 에둘러 표현한 것으로 해석된다.

중국은 이제 EU의 주요 산업 가운데 특히 자동차 및 친환경 기술과 같은 분야에서 경쟁하는 보다 정교한 제품을 수출하고 있다. 이에 따라 EU 내 일부 국가, 특히 프랑스·이탈리아·독일의 대중국 시장 생산업체들은 상대적으로 취약한 상황에 놓이게 되었다.[133] EU는 중국에 대한 독자적인 정책을 추진하면서도 미국의 대중 강경 노선과는 차별화를 두려는 입장을 보이고 있다. 그러나 이러한 과정에서 미국의 압박이 지속될 가능성이 크며, 동시에 일부 EU 회원국이 자국의 정치·경제적 이익을 우선시하는 경향이 있어, EU가 일관된 대중국 전략을 수립하는 데에는 어려움이 따를 수 있다. 이러한 상황을 감안할 때, 중국이 EU 내 정책 분열을 유도하기 위해 회원국과의 개별 접촉 전략을 강화할 가능성도 배제할 수 없다. 2023년 EU 집행위원회와 프랑스·독일 정상들이 대중국 정책에 대해 서로 다른 입장을 내비친 사례에서도 볼 수 있듯, EU 차원의 전반적인 대중국 견제 기조는 각국 차원의 모호한 태도로 인해 불확실성이 존재한다. 그러나 산업정책에 대한 유럽 내 공감대가 점차 확대되면서 장기적으로 대중국 견제 분위기는 더욱 강화될 가능성이 높아 보인다.

(4) EU 통상정책의 안보화: 산업보호와 전략적 규제

유럽의 자유무역 질서 옹호론자들은 전통적으로 통상정책과 군사·외교적 문제를 분리해 다루어왔다. 그러나 최근에는 통상정책을 포함한 EU 정책에서 안보 문제가 차지하는 비중이 커지고 그 상관관계도 더욱 강조되기 시작했다.[134] 사실 "자유주의 무역정책과 외교·정치를 분리하려는 블록에 경제와 국가 안보를 연계하는 것은 한때 상상할 수 없는 일"이었다.[135] 그러나 미·중 긴장, 리투아니아에 대한 중국의 조치, 러시아의 우크라이나 침공으로 인해 EU는 보다 현실적인 접근 방식을 취해야 했다. 이에 2021년경에는 "정치적, 지정학적 긴장으로 인해 글로벌 불확실성이 증가하고 있다"는 지적과 함께 "국제 협력과 다자간 거버넌스 대신 일방주의가 증가하고 있으며, 그 결과 다자간 제도가 중단되거나 우회되고 있다"는 경고도 EU 집행위 보고서에 등장하였다.[136]

이러한 다자주의에 대한 위기의식의 반작용으로, EU는 효과적인 규칙 기반(rule-based)의 다자주의 체제에 대한 지지와 개선을 더욱 강조하기 시작했다.[137] WTO 개혁에 관한 EU의 입장 또한 이를 반영한다. 즉 EU는 WTO가 세계 경제 회복, 양질의 일자리, 지속 가능한 개발 및 녹색 전환을 지원하는 글로벌 기관으로서의 역할을 하도록 개선하겠다는 입장이다. 아울러 다자 체제의 효율성을 높이기 위해 WTO 내 유사 입장국 간의 협력 체제 또한 구축하려 노력할 것으로 보인다.[138]

이러한 노력에도 불구하고 다자주의에 대한 도전은 증가하고 있다. 따라서 이에 대응하기 위한 EU의 독자적인 행동이 필요하다는 목소리도 함께 높아졌다. 이처럼 다자주의와 일방·보호주의 간의 긴장이 고조되고 있는 상황에서, 안보에 대한 우려는 EU의 새로운 통상정책의 여러 요소에 반영되기 시작했다.[139] 예컨대 EU가 미국과의 관계에 우선순위를 두고 있는 점, 전략적 의존도를 줄이기 위한 노력에 안보 우려가 반영되어 있다는 점 등이 그것이다.[140] 이러한 노력은 에너지뿐만 아니라 원자재, 반도체, 배터리와 같은 다른 핵심 분야에도 적용되고 있다. 또한 러시아뿐만 아니라 중국에 대한 의존도와 관련해서도 안보 우려가 통상정책에 반영되기 시작하였다.[141] 이러한 안보 우려는 회원국의 외국인직접투자(FDI) 심사 및 수출규제 이행을 강화하려는 EU의 목표뿐만 아니라 강압 방지 규정(Anti-Coercion Instrument) 채택, 핵심 광물법, 디지털 의제에도 포함되어 있다.[142]

이 같은 안보 우려에 기반하여 EU는 2023년에 새로운 '경제안보전략(Economic Security Strategy, ESS)'을 발표하면서 경제정책에 안보를 더욱 긴밀히 통합하고자 하였다.[143] ESS는 EU의 경제 기반과 경쟁력을 증진하고, 위험으로부터 보호하며, 가능한 한 광범위한 국가와 협력해 공동의 우려와 관심사를 해결함으로써 경제 안보를 달성하기 위한 공통의 프레임워크를 제시하였다. ESS는 주요 내용으로서 ① 에너지 안보를 포함한 공급망 복원력에 대한 리스크, ② 중요 인프라의 물리적 및 사이버 보안 리스크, ③ 기술 보안 및 기술 유출과 관련된 리스크, ④ 경제적 의존의 무기화 또는 경제적 강압의 위험 등 네 영역에서 경제 안보에 대한 위험 평가를 수행할 것을 제안하였다.[144] 그리고 이러한 리스크들을 완화하기 위해 세 가지 접근 방식을 제시하였다. 첫째, 단일 시장 강화, 강력하고 탄력적인 경제 지원, 기술 투자, EU의 연구, 기술 및 산업 기반 육성을 통해 EU의 경쟁력을 높이는 것이다. 둘째, 다양한 기존 정책과 도구를 통해 EU의 경제 안보를 보호하고 가능한 한 격차를 해소하기 위한 새로운 정책과 도구를 고려하는 것이다. 셋째, 무역협정의 진전 및 마무리, 기타 파트너십 강화, 국제 규칙 기반 경제질서 및 WTO와 같은 다자 기구 강화, 글로벌 게이트웨이를 통한 지속 가능한 개발에 대한 투자 등 경제 안보를 강화하기 위해 가장 광범위한 파트너와 협력하는 것이다.[145]

폰데어라이엔 EU 집행위원장은 이러한 ESS를 정당화하면서, 글로벌 통합과 개방 경제는 유럽 비즈니스와 경쟁력 그리고 유럽 경제에 원동력이 되어왔으나, 점차 경쟁이 치열해지고 지정학적으로 변해가는 세계에 대해서도 냉철한 시각을 가져야 할 것을 강조했다.[146] 특히 최근 유럽이 경제 안보에 대한 전략을 수립한 최초의 주요 경제권이 되었다는 점에 주목하며 이 전략이 향후 몇 년간 유럽의 주권, 안보, 번영을 보장할 것이라고 역설하였다.[147]

이처럼 안보와 통상의 연계성에 대한 인식이 높아지고 있지만, 일부 EU 회원국에서는 여전히 이 문제에 민감하게 반응하고 있다. 이러한 민감성 때문에 ESS는 "새로운 법률에 대한 구체적인 제안이라기보다는 애피타이저에 가깝다"는 평가를 받기도 한다.[148] 일부 회원국은 ESS가 EU 집행위원회의 '권력 장악(power grab)'이라고 의심하였다. 즉 경제 안보를 가장하여 더 많은 권한을 위원회에 이양하려는 시도라는 것이다.[149] 또 다른 회원국 그룹은 폰데어라이엔 집행위원장이 (최소한 바이든 행정부까지는) 지나치게 친미적이라며, 미국과 너무 밀접하게 연계된 정책은 유럽 국가들의 저항에 부딪힐 것이라고 경계하였다. 한편 자유무역 질서를 옹호하는 회원국들은 안보 문제 해결의 필요성을 인정하면서도 개방 무역 체제를 훼손하지 않아야 한다고 강조하였다.[150]

(5) 결국은 '산업정책': EU 통상정책 변화의 핵심 조건

앞서 설명한 바와 같이, EU 차원의 산업정책은 유럽 통합 프로젝트의 핵심 축 가운데 하나였으며, 이를 통해 주요 산업 프로젝트들이 성공적으로 추진되어왔다. 최근 유럽 대륙의 경쟁력 상실에 대한 우려가 커지면서, EU 산업정책의 확대를 요구하는 정치적 압력도 거세지고 있다. 안보, 환경, 보조금, 기술 경쟁 등 다양한 의제가 산업정책에 반영되면서 그 방향과 성격에 영향을 미치고 있다. 이처럼 산업정책은 오늘날 통상정책의 기반이며, 국가 이익을 창출하기 위한 입구이자 출구로 자리잡고 있다. 이에 관한 논의는 앞서 충분히 다루었기에 여기서는 추가 설명을 생략한다.[151]

3. 무역협정에서 드러나는 EU 자유무역 정책의 변화

폰데어라이엔 위원장의 전임자인 장 클로드 융커가 그의 임기(2014~2019년) 동안 가장 큰 중점을 둔 통상정책 성과는 미국과의 '범대서양무역투자동반자협정(TTIP)'이었다. 그러나 트럼프 집권 이후 TTIP가 실패로 돌아감에 따라 EU 집행위는 다소 중립적인 방향으로 정책 노선을 변경하기에 이른다. 즉 미국과의 파트너십보다는 자유무역 질서 중심의 다변화되고 균형 잡힌 세계 경제 협력에 중점을 두기 시작했다. 이러한 맥락에서 융커 위원장 리더십 아래의 EU 집행위원회는 EU-캐나다 포괄적 경제무역협정(Comprehensive Economic and Trade Agreement, CETA)을 잠정 발효(2017년 9월)시키고, EU-일본 경제동반자협정(Economic Partnership Agreement, EPA)도 발효(2019년 2월)시켰다.[152] WTO가 국제무역을 촉진하고 개방하는 데에는 한계가 있다는 인식하에, EU는 양자간 무역협정을 추진하는 쪽으로 초점을 전환한 것이다. 융커 집행위원회는 이러한 접근 방식하에 다양한 무역 파트너와 협력하였다.[153]

(1) EU 자유무역의 외연 확장과 복잡한 도전

현재 EU는 다양한 방면에서 양자 및 다자 무역협정을 추진하고 있다. 예를 들어 호주, 인도, 인도네시아, 필리핀과 협상을 진행 중이다. 공식적으로는 2021년 협정 체결을 목표로 중국과도 2013년부터 투자협정을 협상하기도 했다.[154] 또한 칠레, 케냐, 메르코수르(Mercosur, 남미공동시장), 멕시코, 뉴질랜드와도 무역협정을 채택하거나 비준을 기다리고 있다.

먼저 EU-호주 무역 협상은 2018년부터 진행되어왔다. 2023년 상반기 말까지 협상이 타결될 것이라는 기대가 있었으나 결국 결렬되었다.[155] EU-인도 무역 협상은 초기 단계에 있다. 양측은 2007년에 무역협정 협상을 처음 시작한 후 2013년에 중단했다. 2022년 6월에 재개되어 현재 진행 중이며, 투자 보호 협정과 지리적 표시(geographical indications) 협정에 대한 협상을 병행하고 있다. 2023년 말까지 공식적으로 마무리하고자 하였으나 2025년 상반기 현재 아직 마무리되지 않고 있다.[156] EU와 인도 모두 협상 진전에 관심을 표명했지만 타결 시점이 명확히 예측되지는 않는다.

인도네시아와의 협상은 2016년부터 지속되고 있으나 아직까지 별다른 진전이 없다. 인도네시아가 팜유의 최대 생산국인데, EU가 팜유를 포함시킨 산림벌채 규정(de-forestration Act)을 새롭게 채택하면서[157] 양측의 통상관계에 더욱 긴장감이 감도는 것으로 보인다. 이처럼 인도네시아의 산림벌채와 같은 환경 문제는 EU와 회원국들이 협상 및 이행 단계 모두에서 통상협정을 중단하게 만드는 주요 걸림돌로 남아 있다. 따라서 EU-인도네시아 자유무역협정의 성공적인 체결은 여전히 불확실하다.¹⁵⁸ EU와 통상 협상을 진행 중인 마지막 국가는 필리핀이다. EU-필리핀 협상은 2017년 이후 두 차례 진행되었을 뿐 중단된 상태다. 그러나 2023년 7월, EU와 필리핀은 "잠재적으로 자유무역협정 협상을 재개하기 위한" 기술 논의를 시작한다고 발표했고, 2024년 3월 '지속 가능성'을 핵심 내용으로 하는 FTA 협상 재개를 공식적으로 발표했으며, 여전히 진행 중이다.¹⁵⁹

EU는 향후 통상협정을 포함한 공식 협상 외에도 기존에 협정을 체결한 일부 국가 및 블록과도 논의를 계속하고 있다. 이는 앞서 설명한 정치적 이유로 인해 특정 협정의 비준 및 실행이 불가능한 경우에 해당한다. EU 통상협정(특히 더 포괄적인 협정)의 비준 및 이행은 다른 나라들에 비해 상당히 복잡하다. 특정 무역협정의 조항이 EU의 배타적 권한을 벗어나는 경우(소위 '혼합 협정'), 해당 협정은 국내 절차에 따라 모든 EU 회원국의 비준을 받아야 하기 때문이다. 대표적인 예로 2019년에 체결되었지만 아직 비준되지 않은 EU-메르코수르 무역협정이 있다. 프랑스와 오스트리아 등 EU 회원국들은 환경 및 노동 관련 우려를 제기하며 협정 이행을 막고 있다.¹⁶⁰ 이러한 상황을 해소하기 위해 EU와 메르코수르 협상국들은 노동 및 환경 기준에 대한 추가 약속을 통해 EU 회원국을 안심시키기 위한 공동 문서를 고안해왔다.¹⁶¹ 그런데 프랑스와 오스트리아 같은 회원국의 회의론은, 메르코수르 농업의 높은 경쟁력에 대한 우려 때문이라는 의견도 제기되고 있다.

EU가 혼합 무역협정을 완전히 비준하지 못하는 어려움을 극복하기 위해 실험 중인 새로운 전략은, 이러한 협정을 EU-회원국 간 달리 적용되는 조항을 기준으로 분할하는 것이다. 즉 ①EU의 독점적 권한과 관련된 조항과 ② EU가 회원국과 권한을 공유하는 분야의 조항을 구분하는 방식이다. 이 접근 방식은 임시 자유무역협정과 더 넓은 '선진 프레임워크 협정(advanced framework agreement)'으로 나뉜 EU-칠레 무역협정에도 활용되었다.[162] 이는 EU-메르코수르 무역협정 문제를 극복하기 위해 고려된 것으로 알려졌는데, EU는 멕시코와의 무역협정에서도 이를 제안하였다.[163] 그러나 EU의 제안에 대한 멕시코의 냉담한 반응이 이 접근법의 한계를 보여준다는 비판도 있다.[164]

(2) 'EU식' 조건부 자유무역 모델: 지속 가능성, 디지털 전환, 통상규제

EU는 다국적 블록이라는 특성상 무역 및 투자 협정을 협상할 때 회원국 간의 우선순위 타협을 통해 의제를 설정하며, 이 과정에서 정치·경제적 고려사항이 상당 부분 반영된다. 달리 말하면 환경과 노동, 디지털 부문을 중시하는 EU 산업정책의 특성이 통상협정의 협상 과정에 그대로 투영되고 있는 것이다. 이렇게 설정된 의제는 기후변화, 탈세계화, 디지털화, 자원과 시장을 둘러싼 국제 경쟁, 서구의 재산업화 계획, 개발도상국의 부상, 유럽 경제 침체 등과 같이 최근 몇 년 동안 여러 차례 변화를 겪었다. 통상정책의 일환으로 추구해야 할 목표에 합의하는 것은 EU의 대외 신뢰도를 위해서만 중요한 것이 아니다. 회원국들이 독자적인 정책을 펼칠 위험이 항상 존재하기 때문에 EU 단일 시장의 내부 일관성을 위해서도 중요하다.[165]

EU의 통상정책 의제는 많은 경우 통상협정을 통해 구체화되는 경향이 있다. EU가 체결하는 통상정책은 EU 수준에서 체결하는 '단독 협정(EU-only trade agreements)'과 그밖에 (위에서 언급한) 소위 '혼합 협정(mixed agreements)'으로 불리는 범주가 있다. 전자는 EU의 독점적 권한, 즉 EU가 자율적으로 입법할 수 있는 사항과 관련된 조항만 포함한다.[166] 따라서 혼합 협정보다 더 전통적인 경향이 있으며 범위가 상대적으로 좁다. 반면 후자의 혼합 협정은 EU와 회원국 간에 공유되거나 회원국에게만 주어진 배타적인 권한을 다룬다.[167] 통상협정에 대한 기대치가 다변화함에 따라, EU와 각 회원국은 단독 협정보다는 혼합 협정을 더 자주 활용하게 되었다. 2021년 2월에 발표된 현행 무역정책은 코로나19 팬데믹 이후 EU의 회복 과정에서 환경 및 디지털 전환 지원의 중요성을 강조하고 있다. 또한 EU는 통상협정에 정치·경제적 가치를 포함시키려는 경향이 뚜렷해지고 있다. 이를테면 '인권'이나 '노동권'과 같은 문제를 통상협정에 포함시켜, EU 정책이 지향하는 가치를 해당 협정을 통해 발전시키는 수단으로 활용하는 것이다. 이러한 맥락에서 EU 집행위원회는 EU가 체결하는 자유무역협정을 "(EU의) 가치와 이익을 추구하는 협력 강화를 위한 플랫폼"이라고 묘사하기도 했다.[168]

이 같은 맥락에서 2011년에 발효된 한-EU FTA는 노동 및 환경 표준 챕터가 포함된 EU 최초의 협정이었다.[169] 이후로 이러한 표준 챕터는 EU 무역협정의 지속적인 고정 조항이 되었다. 문제는 이 챕터가 해당 FTA의 비준 및 이행에서 고질적인 걸림돌이 되고 있다는 점이다. EU는 점점 더 엄격한 환경 조치를 채택함에 따라 다른 곳에도 유사한 정책을 확산시키고자 하고 있다. 무역 파트너가 완화된 환경 및 노동 기준을 통해 비용을 절감하는 것을 결코 원치 않는 것이다. 따라서 채택에 따르는 여러 어려움에도 불구하고 무역과 지속 가능한 개발 챕터를 앞으로도 포기하지는 않을 것으로 보인다. 앞으로 EU 집행위원회는 지속 가능한 식량 시스템에 관한 챕터를 강조하는 한편, 파리협정에 대한 존중을 강조할 것으로 예상된다. G20 국가들과의 무역 및 투자 협정에 대해 가능한 한 빠른 탄소중립 달성을 위한 공통 목표에 기반하고, '기후변화에 관한 정부 간 패널(Intergovernmental Panel on Climate Change, IPCC)'의 권고에 부합해야 한다고 강조하는 등 더욱 야심찬 태도를 보이고 있다. 생물다양성 협약 이행에 관해서도 마찬가지 태도를 견지하고 있다.[170]

현재 EU의 통상정책은 EU의 지속 가능성 의제를 증진하는 것 외에도 디지털 전환을 지원하는 동시에 EU의 서비스 무역을 개방하는 데 중점을 두고 있다. 따라서 디지털 무역과 서비스 무역 챕터는 EU가 통상협정의 일부로서 추구하는 주요 관심 분야이다. 데이터 및 개인정보 보호에 대한 EU의 높은 관심 또한 무역 협상의 일부로 고려되는 요소이다. "국경 간 데이터 이전 및 데이터 현지화 요구 사항의 금지와 관련하여 집행위원회는 유럽의 가치와 이익에 기반하여 개방적이면서도 단호한 접근 방식을 따를 것"으로 보인다.[171] 예를 들어 데이터 현지화 요건(특정 위치 내에서 데이터를 처리 및 저장하는 것)을 금지하는 2022년 12월 EU-칠레 무역협정에서는 해당 조항이 "양 당사자의 각 조치에 의해 제공되는 개인 데이터 및 개인정보 보호에 영향을 미치지 않도록" 규정하고 있다.[172]

한편 EU는 통상협정을 통해 당사국과의 새로운 약속을 모색하는 것 외에도, 기존에 존재하던 협정상 약속에 대해서도 더 많은 양보를 얻어내려 시도하고 있다. '시장 접근성' 관련 조항에 대한 강조가 대표적인 예이다. 한편으로 탄소중립 전환(그리고 그 과정에서 재산업화)에 필요한 제조 기술로의 전환을 모색하면서도, 회원국 내 핵심 자원에 대한 외국의 접근은 경계하고 있다. 다른 한편 EU는 회원국 간 정치·경제·사회적 긴장을 우려하여 자체 시장을 개방하는 데 소극적이다. 이는 높은 인건비 및 에너지 비용과 같은 요인으로 인해 EU의 경쟁력이 떨어지는 분야에서 두드러진다. 농업과 같은 전통적인 강점 분야에서도 EU는 메르코수르, 캐나다 또는 호주와 같은 대형 생산국과의 경쟁에서 점점 자신감이 줄어들고 있는 것으로 보인다.

끝으로, 최근 EU가 집중하고 있는 또 다른 분야는 규제 영향력의 강화이다. 전 세계가 기후변화나 디지털화 등에서 새로운 규칙과 표준으로 전환하는 시점에, EU는 규칙을 적용하는 역할이 아닌 규칙을 만드는 역할을 주로 하고 있다. 그러나 집행위는 "새로운 규제 기관의 출현과 급속한 기술 발전으로 EU의 상대적 영향력이 줄어들고 있으며, 종종 EU 외부에서 규제를 주도하고 있다"고 말한다.[173] 이에 따라 집행위는 무역협정을 규제 제정에 영향을 미치기 위한 포괄적 전략의 일부로 활용하고 있다.[174]

4. 글로벌 도전 속 유럽연합 통상전략의 재편

정리하자면, 유럽연합은 지난 10년간 기후변화, 보건 위기, 우크라이나 전쟁, 식량 안보, 국가 안보, 사이버 문제 등 격변하는 글로벌 이슈뿐만 아니라 EU의 상대적 경제 쇠퇴, 새로운 무역 강국의 등장에 직면하면서, WTO 중심의 자유무역 질서를 기반으로 한 기존 통상전략을 재검토해야 했다. 이러한 상황은 EU가 보다 강력한 경제적 통합, 간접적으로는 정치적 통합을 향해 나아가는 계기가 되었다. 또한

EU의 자유무역 기조를, 여러 고려사항을 전제로 한 '조건부'로 만들었다.

2015~2016년의 이주민 위기,[175] 브렉시트, 최근 일부 EU 회원국의 법치 위기,[176] 트럼프 대통령이 WTO 상소기구 마비를 통해 구현한 다자통상 체제 위기는 EU가 역내 통상정책을 변화시키는 계기가 되었을 뿐만 아니라, 여러 양자간·다자간 무역 협상을 추진하는 계기가 되었다. 미국과 EU 간의 무역 균열, 코로나19 팬데믹, 기후변화 등의 자극을 받은 EU는 핵심 상품과 기술에 대한 과도한 타국 의존도를 해결하고자 하였다. 아울러 기후변화의 영향을 완화하는 동시에, 역내외에서 EU 비즈니스의 공정 무역과 경쟁력을 보장하기 위한 정책에 매진하게 되었다.

앞으로도 EU의 통상전략은 대외 경제정책과 역내 정책을 연계하는 데 중점을 두고 추진될 것으로 보인다. 즉 통상협정을 활용해 보편적으로 공유되는 여러 정치·경제적 가치와 덕목을 서로 통합하면서, 현재 직면한 여러 대내외 도전에 대응해 나갈 것이다. 특히 여러 회원국의 서로 다른 입장을 조정해야 할 뿐만 아니라, 미국과 중국의 산업·통상 정책에서 비롯되는 여러 압박에도 대응해야 하는 상황에 놓여 있다. 이에 따라 EU는 기존에 의존하던 WTO 중심의 자유무역 질서에서 벗어나, 사실상 모든 산업·통상 정책의 지속 가능성 제고, 강력한 통상규제의 시행, 대중국 경쟁력 강화 및 불공정행위 규제, 자유무역협정 체결의 다변화 등을 추구하는 다소 변형된 자유무역 질서를 구축해 나가고 있다.

중국, '쌍순환' 통상정책:
내수 시장 확대와 기술 자립을 동시에 추구하다

1. 중국 통상정책의 변화: 개방, WTO 가입, 자립의 3악장

중국의 무역정책은 중국 산업정책의 변화와 함께 크게 3단계에 걸쳐 발전해온 것으로 분석된다. 1978년부터 2001년까지 진행된 첫 번째 단계는 개방과 자유화의 무역정책으로, 2001년 WTO 가입으로 정점을 찍었다. 2002년부터 2020년까지의 두 번째 단계는 WTO 의무를 준수하기 위해 추가적인 개혁을 단행하고 글로벌 무역 시스템에 빠르게 통합되면서 무역정책을 지속적으로 자유화하던 시기였다. 2020년경부터 현재까지의 세 번째 단계는 무역정책이 글로벌 무역 시스템과의 '전략적·조건부 통합(hedged integration)'으로 전환되는 시기이다. 대표적인 산업정책인 '쌍순환 전략(dual circulation strategy)'을 통해 주요 상품의 생산력을 증진하고 경제 발전을 위한 '자립'을 강조하고 있다.

(1) 1단계(1978~2001): 개혁개방과 WTO 가입을 향한 오랜 노정

마오쩌둥 시대에 중국은 외부 세계와의 무역이 대부분 차단되었다. 이 시기의 시작은 소련(또는 그밖의 다른 사회주의 국가들)에 수입을 의존하는 것이 특징이었다.[177] 그러나 1958년 마오쩌둥과 소련 지도부 간의 이념적 분열로 인해 소련과의 무역마저 사실상 중단되었다. 1960년대에 중국은 일본, 일부 유럽 국가, 당시 영국 식민지였던 홍콩과 조금씩 무역 관계를 맺기 시작했다.[178] 1970년대에는 중국이 국제무대에서 정치적 고립을 벗어나기 시작하면서 무역 관계 확대가 가속화되기 시작했다. 마오 시대 중국의 대외무역 시스템은 국영 기업의 전적인 지배, 국가 경제 계획, 수입 대체에 대한 강한 강조(이를 위한 수단으로서의 무역[179])가 특징이었다.[180]

마오쩌둥 시대에도 일부 무역에 참여했지만, 중국이 본격적으로 국제무역에 진출한 것은 1978년부터 시작된 '개혁개방' 시대에 무역이 자유화되면서부터이다. 실제로 대외무역은 전반적인 '개혁개방' 정책에서 중요한 역할을 했다. 중국의 무역 자유화 정책에서 핵심 개혁 조치 중 하나는 '무역권'의 다양화였다. 마오쩌둥 시대에는 무역권이 소수의 전문 대외무역 기업으로 한정되었다. 1980년대와 1990년대에는 수많은 다른 기업들도 대외무역을 할 수 있게 되면서 이 제도는 부분적으로 변화했다. 첫째, 1980년대 중국의 외국인 투자 규정이 제정되면서 모든 외국인 투자 기업은 자동으로 무역권을 부여받았다. 국내 기업의 경우, 대외무역부는 대외무역을 할 수 있는 800개 이상의 별도 법인 설립을 승인했다. 다만 이들 대부분은 국유 기업이었다. 무역 허가를 받은 국내 기업 수는 매년 급격히 증가하여 2001년까지 3만 5,000개 이상의 기업이 대외무역 허가를 취득했다.[181] 또한 무역에서 국가 계획의 역할이 크게 축소되었다.[182]

수입 제도를 살펴보면, 엄격한 수입 계획은 점차 관세 및 비관세 장벽 시스템으로 전환되었다. 1980년대 초부터 외국 제품이 중국 시장으로 밀려드는 것을 막고자 많은 제품에 대해 높은 수준의 관세율이 책정되었다. 그러나 시간이 지나면서 중국은 일련의 관세율 인하에 착수하여 1982년 56%였던 수입품의 평균 관세율을 2001년까지 15%로 낮췄다.[183] 이 기간 동안 중국은 주로 쿼터와 라이선스 형태의 광범위한 비관세 무역장벽을 운용했다. 그러나 이러한 비관세 장벽의 범위는 시간이 지남에 따라 점차 축소되었다. 예를 들어 1980년대 후반에는 53개 품목의 상품이 라이선스 요건을 적용받았으며, 이는 전체 수입품의 46%에 해당했다. 1990년대 말에 이르러서는 전체 수입의 8.45%에 불과했다. 또한 이 기간 동안 중국의 수입대체제도, 즉 해외에서 들여오던 제품을 국내에서 생산하도록 유도하던 정책은 공식적으로 폐지되었다.[184]

중국의 초기 무역 자유화 과정에서 가장 중요한 발전은 궁극적으로 WTO에 가입한 것이다. 그러나 중국이 WTO에 가입하기까지는 협상 완료에 거의 15년이 걸리는 등 긴 여정이었다. 이 과정은 1987년 중국이 WTO의 전신 조직인 '관세 및 무역에 관한 일반협정(General Agreement on Tariffs and Trade, GATT)'에 처음 가입을 신청하면서 시작되었다. 중국의 신청을 처리하기 위해 GATT에 설립된 작업반은 이후 1995년 WTO가 출범하면서 중국의 WTO 가입을 위한 작업반으로 전환되었다.[185] 가입을 위한 협상 과정은 미국 등 주요 WTO 회원국과의 극명한 정치적·이념적 차이, 경제 규모, 다양한 WTO 협정을 준수하기 위해 수행해야 할 개혁의 규모 등 다양한 요인으로 인해 매우 복잡했다. 결국 중국은 2001년 말 WTO 가입 협상에 성공했다.[186] 그러나 WTO 협정 자체에 포함된 일반적인 의무보다 훨씬 큰 경제적 양보를 통해 가입에 성공할 수 있었으며, 이러한 조건은 중국의 '가입 의정서(Accession Protocol)'에 명시되었다.[187]

중국은 가입 의정서 및 WTO 협정 자체의 의무를 준수하기 위해 광범위한 분야에 걸쳐 수많은 고통스러운 국내 경제 개혁을 단행해야 했다.[188] 그러나 개혁의 어려움에도 불구하고 중국의 WTO 가입은 중국과 글로벌 무역 시스템 전반에서 역사적인 전환점이 되었으며, 이후 중국이 몇 년 동안 엄청난 혜택을 누리게 되는 대사건이었다.

(2) 2단계(2002~2020): WTO 체제 속 중국의 무역 확장과 전략적 FTA

WTO에 가입한 이후 중국은 WTO 의무를 점차 준수하면서 무역 관련 정책을 지속적으로 자유화했다. 중국은 세계 무역 시스템의 중심으로 빠르게 이동하면서 엄청난 경제성장을 이루었고, 2001년부터 전 세계로 꾸준히 수출을 늘리며 '세계의 공장', 즉 제조업 '대국'이 되었다. 2001년부터 2020년까지 중국의 수출은 870%, 수입은 740% 증가했다. 또한 전 세계 무역 총액은 같은 기간 동안 810% 급증하여, 같은 기간 동안의 전 세계 무역 증가율 180%를 훨씬 앞질렀다.[189]

최근 몇 년간 중국이 WTO 약속을 지키지 않았다는 국제사회의 비판이 많지만, 적어도 다른 회원국과의 WTO 분쟁해결절차(DSU)에 따른 승패 결과의 이행과 준수에서는 비교적 성실한 태도를 보여온 것 같다.[190] 그러나 이 기간 동안 전 세계와 중국의 무역 관계가 급속히 대규모로 성장하면서 많은 국가(특히 선진 산업국)에서 경제적 혼란이 야기된 것도 사실이다. 따라서 이러한 혼란이 중국의 불공정행위에서 기인했다는 인식 또한 널리 퍼졌다.

이 기간 동안 중국 통상정책의 또 다른 주요 특징은 WTO 외에도 다른 국가와 양자간 및 다자간 개별 자유무역협정(FTA)을 추진한 것이다. 중국은 2001년 WTO 가입 이후 2023년까지 전 세계 총 26개 국가 및 지역 블록(아세안 10개국 포함)과 23건의 FTA를 체결했다.[191] 여기에는 호주, 한국과 같이 무역협정 체결에 적극적인 국가도 있었고 파키스탄, 페루, 캄보디아 같은 개발도상국도 포함되었다.[192] 중국이 현재까지 체결한 FTA 중 가장 규모가 크고 중요한 것은 역내 포괄적 경제동반자협정(Regional Comprehensive Economic Partnership, RCEP)으로, 전 세계 인구와 GDP의 약 30%를 차지하는 15개 회원국(중국 포함)이 참여하고 있다.[193] 이러한 지표로 볼 때 RCEP는 역사상 가장 큰 규모의 자유무역협정이다.

한편 중국이 FTA를 추진하는 방식과 관련하여 중국의 동기와 우선순위가 미국 등 다른 선진국과는 다소 다르다는 시각도 존재한다. 중국이 공식적으로 발표한 FTA 추진 정책은 없지만, 학계에서는 전통적인 시장 접근성 향상 외에도 다양한 동기가 FTA 파트너 선정과, FTA의 일환으로 추진한 실질적인 약속에 영향을 미쳤다는 의견을 제시하고 있다. 이러한 목표 중 가장 중요한 두 가지는 국내 산업을 위한 '적절한 천연자원 확보'와 '중요한 지정학적 관계 강화'인 것으로 보인다.[194] 예를 들어 중국이 아세안과의 FTA를 조기에 추진한 것은 이 두 가지 동기가 모두 반영된 결과라고 할 수 있다. 우선, 인도네시아 등 일부 아세안 회원국에는 중국의 산업발전에 꼭 필요한 천연자원이 풍부하다. 또한 중국 정부는 중국의 지역 외교에서 아세안이 중요하다는 점을 공개적이고 반복적으로 표명해왔다. 아울러 중국이 FTA를 추진한 것은 남중국해 해양 분쟁 등 경제·안보상의 이유로 중국의 부상을 경계하는 동남아시아 국가들을 안심시키기 위한 노력의 일환이었음을 암시한다.[195] 이러한 전략적 동기에 따라 중국은 FTA를 통한 부문별 개방 시기와 자유화 범위 및 속도 면에서 유례없는 양보

를 한 것으로 보인다.[196]

정리하자면, 2001년 WTO 가입부터 2020년까지 중국은 무역정책을 더욱 자유화하면서 세계와의 무역 관계를 전략적으로 확대하였다. 이 시기는 중국이 글로벌 무역 시스템에 통합되고 의존하게 된 기간이라고 할 수 있다.

(3) 3단계(2020~현재): 글로벌 시장에서의 자립과 다자주의 주도권 강화
- '쌍순환 전략': 경제 '성장'과 '자립'을 향한 구조적 전환

중국은 2020년경부터 '쌍순환双循环 전략(Dual Circulation Strategy, DCS)'을 공개적으로 발표하면서 무역정책에서 또 다른 전환점을 맞았다. DCS는 중국의 광범위한 경제 전략을 구성하는 한편, 글로벌 경제와의 상호작용에서도 중국 무역정책에 중대한 변화를 가져왔다. 시진핑 중국 국가주석은 2020년 5월 중국 공산당 정치국 상무위원회 회의에서 처음으로 DCS에 대한 비전을 발표했다. 이후 이 전략은 2021년 3월 중국의 중앙경제 청사진인 14차 5개년 계획에 통합되어 높은 수준의 권위 있는 정책으로 확고히 자리잡았다.[197] DCS는 '내부(국내) 유통'과 '외부(국제) 유통'이라는 두 가지 요소로 구성되어 있으며, 가장 중요한 목표는 국내 시장을 경제 발전의 주요 동력으로 확립하고 내부 및 외부 시장이 서로를 강화하고 유지할 수 있도록 하는 것이다.[198]

DCS의 내용은 때때로 모호하고 자기 모순적이지만, 전략의 핵심 목표는 다음 네 가지로 파악된다. 첫째, 내수 소비를 촉진함으로써 경제성장의 주요 동력으로서의 외부 수요(수출 의존)를 줄여 나간다. 둘째, 중국을 고부가가치 제품 분야의 글로벌 제조 강국으로 자리매김하도록 만들어, 가치·기술 사슬에서 지속적으로 상위 위치를 확보한다. 셋째, 국내 혁신을 강화하여 주요 분야에서 더 높은 수준의 국내 자급자족(내수 시장)을 달성한다. 넷째, 국제 공급망을 다변화하고 수입 의존도를 줄여 나간다. 이를 위해 특정 부문에 투자하는 방식으로 주요 투입물에 대한 접근성을 확보한다.[199]

따라서 DCS는 중국이 본질적으로 글로벌 경제에 자유로이 통합되던 이전의 접근 방식에서 독자적인 방식으로 세계와 관계를 맺으려는 일종의 '전략적·조건부 통합'으로의 전환을 의미한다.[200] 이는 특히 서방 선진국과 그 동맹국으로부터의 지정학적 불확실성과 위험 증가에 대응하기 위해 중국의 역량을 강화하려는 통합적인 정책이라 볼 수 있다.

현재 DCS를 통해 중국은 위 네 가지 주요 목표에서 엇갈린 성공을 거두었다. 첫째, 중국 경제의 주요 동력인 국내 소비를 늘리겠다는 DCS의 가장 중요한 목표와 관련하여, 적어도 2025년 현재까지는 중국 정부가 기대했던 방식대로 전략이 실행되지는 않은 것으로 보인다. 2020년 코로나19 팬데믹이 시작된 이후 내수 소비는 수출에 비해 상대적으로 약세를 보이고 있다.[201] 실제로 중국 부동산 부문의 장기적인 침체로 인해 소비자 신뢰가 계속 약화되면서 소비 성장률은 당분간 약세를 유지할 것으로 보이는데, 그 끝이 잘 보이지 않는 상황이다.[202] 고질적으로 높은 청년 실업률 등 다른 요인들도 중국 소비 심리를 더욱 위축시키는 역할을 할 가능성이 높다. 부동산 시장 침체, 지속적으로 높은 청년 실업률, 불완전 고용, 급속한 인구 증가와 낙후된 복지 시스템 등 뿌리깊은 구조적 문제로 인해 당분간 DCS의 핵심 목표를 달성하기는 매우 어려울 것으로 보인다.

둘째, 중국의 전체 경제성장에서 수출 의존성을 축소하는 동시에 주요 고부가가치, 첨단기술 상품에서는 중국의 세계 수출 점유율을 확대하는 것을 목표로 한다. 중국은 최근 첨단 제조업과 신흥 기술 분야의 발전을 촉진하기 위한 산업정책 노력을 강화하고 있다. 그러나 이 분야에 투입한 막대한 자원과 최근 AI와 로보틱스 분야 등에서의 약진을 감안하더라도, 세계 시장 점유율 확대 목표를 달성하기는 어려울 것으로 보인다. 2020년 중국 GDP 대비 제조업 부문의 부가가치는 26.2%로 2006년의 32.5%에서 현저히 감소했다.[203] 2025년 상반기 현재 이 수치는 크게 달라지지 않은 것으로 보인다.[204] 그러나 자원 투입과 그 효과가 실현되는 시차가 흔히 발생한다는 점을 고려할 때, 중국이 이러한 추세를 반전시킬 수 있는 가능성은 여전히 남아 있다.

한편 중국 정부는 고부가가치 첨단기술 수출을 확대하는 동시에 자급률을 높여 수입 의존도를 낮추려 하지만, 이 두 목표는 근본적으로 모순될 수 있다는 점도 주목해야 한다. 예컨대 첨단 제품의 생산량이 증가하면 필연적으로 수입 투입물(imported inputs)에 대한 의존도도 함께 높아지는 경향이 나타난다. 이 과정에서 수입 증가 품목에는 에너지 및 원자재 같은 기초 자원뿐만 아니라 반도체와 같은 고부가가치 핵심 투입물도 포함된다. 따라서 첨단기술 상품의 수출 확대와 수입 의존도 감소 또는 내수 자급률 증대가 동시에 이루어지기 어려운 구조적 한계를 극복하지 않는 한, DCS가 지향하는 이상적인 모습에 도달하기는 어려울 것으로 생각된다.

DCS의 세 번째 주요 목표인 국내 혁신 강화는 위의 모순에 대한 전략적 해답일 수 있다. 3장에서 살펴본 것처럼, 중국은 막대한 자원 투입을 바탕으로 산업정책을 '혁신' 역량 강화(혁신주도 발전전략 등)에 집중해왔다. 이와 관련하여 중국은 최근 몇 년 동안 어느 정도 성공을 거둔 것으로 보인다. 이는 주로 R&D에 대한 지출 증가에 힘입은 바가 크다. 중국의 R&D 지출은 1991년과 2020년 사이에 130억 달러에서 5,630억 달러로 42배나 급증했다.[205] 2020년 중국은 일본, 독일, 한국, 프랑스, 영국 등 5개국의 R&D 지출을 합친 것보다 훨씬 많은 금액을 지출했다. 중국의 R&D 지출은 여전히 미국에 비해 뒤처져 있지만 양국 간의 격차는 좁혀지고 있다.

그러나 중국의 이러한 노력이 여전히 여러 도전에 직면해 있는 것도 사실이다.[206] 중국은 13차 5개년 계획에서는 2020년까지 GDP의 2.5%를 R&D에 지출한다는 목표를 세웠지만, 목표에 살짝 못 미치는 2.4%에 그쳤다.[207] 14차 5개년 계획을 통해서는 2021~2025년 동안 R&D 지출을 매년 7%씩 늘리겠다는 목표를 세웠다. 특히 중국이 그동안 뒤처져 있던 기초 연구 분야에 대한 지출을 늘리는 데 집중하겠다고 밝히며 인공지능, 생명공학, 블록체인, 신경과학, 양자 컴퓨팅, 로봇공학 등을 우선순위에 두어야 할 분야로 강조하였다.[208] 이러한 핵심 기술 분야에 대한 외국인 투자 유치는 중국이 기술 자급자족을 추구하는 데 핵심 요소이기도 하나, 대중국 외국인 투자는 대부분의 분야에서 크게 줄어들고 있는 상황이다.[209]

마지막으로, 혁신에 대한 투자가 '자립'을 향한 주요 진전을 이루려면 수년이 걸릴 것이기 때문에, 중국은 국내 산업에 필요한 자원의 접근성을 확보하기 위해 다양한 조치를 취하고 있다. 이를 위해 중국 정부는 에너지, 식량 및 기타 원자재 수입을 다변화하고 가능한 경우 공급망을 현지화하는 것을 목표로 하고 있다. 주요 원자재 확보와 관련하여 중국은 RCEP와 같은 FTA와 아시아, 아프리카, 라틴아메리카 등 자원이 풍부한 개발도상국에 대한 투자를 통해 이러한 목표를 추구해왔다.[210] 동시에 호주와 같이 상호 신뢰가 점차 약해지고 있는 국가로부터 주요 원자재를 조달하는 것에서 벗어나고 있지만, 이 과정이 완전히 이루어지려면 몇 년이 더 걸릴 것으로 보인다.[211] 반도체와 같은 첨단기술 수입에 대한 해외 의존도와 관련하여, 다각화를 위한 대체 공급업체가 없다는 점을 고려할 때 중국이 단기적으로 할 수 있는 일은 거의 없다. 그러나 중국은 가능한 한 빨리 반도체 생산을 토착화하기 위해 국내 반도체 산업에 대규모 투자를 진행하고 있으므로 반도체 토착화 속도는 점차 가속화할 것이다.

한편 중국의 통상정책(또는 더 넓은 의미에서 경제정책)에 국가 안보를 고려하는 요소가 점점 더 많이 반영되고 있다는 사실은 전체 DCS에서도 나타나고 있다. 예를 들어 2020년 중국은 국가 주권, 안보 또는 경제 발전 이익을 위협하거나 국제적으로 통용되는 무역 및 투자 규칙에서 벗어나는 행동을 하는 외국 기업을 대상으로 '신뢰할 수 없는 기업 목록'을 관리하는 시스템을 도입했다. 2023년 2월, 중국은 대만에 대한 무기 판매를 이유로 록히드 마틴(Lockheed Martin)과 레이시온(Raytheon)을 '신뢰할 수 없는 기업'으로 지정하고, 해당 조항에 따른 첫 번째 제재 조치를 발표했다.[212] '신뢰할 수 없는 기업 목록'은 2021년 초에 제정된 중국의 '외국 법률 및 기타 조치의 부당한 역외조치 차단 규정'과 관련이 있다. 이 규정은 부분적으로 중국에 역외 적용되며 중국의 국가 주권, 안보 또는 경제 발전 이익에 방해가 되는 외국 법률 및 조치의 집행에 협조하는 외국 기업 및 개인을 제재하기 위해 고안된 것이다.[213] 2023년 7월에 발효된 중국의 새로운 대외관계법도 마찬가지로 적대국의 무역 조치에 대한 중국의 우려를 드러내고 있다. 특히 이 법에는 중국의 이익에 위해한 활동을 하는 외국 기업을 겨냥한 것으로 보이는 조항이 포함되어 있다. 예를 들어 새로운 대외관계법 6조는 모든 중국인과 기업 조직이 외국과 거래할 때에는 "중국의 국가 주권, 안보, 존엄, 명예 및 이익을 보호할 책임과 의무"를 고려해야 한다고 규정하고 있다.[214] 이 조항은 정치적으로 신뢰할 수 없다고 여겨지는 외국 기업과 거래하지 않도록 중국 기업에게 경고하는 것으로 해석되곤 한다.[215]

종합해보면 중국의 통상정책은 빠른 경제 통합과 성장을 강조하는 것에서 벗어나 경제성장을 다소 희생하더라도 '안보'와 '자립'을 우선시하는 자세로 다소 물러앉는 중요한 변곡점을 맞이하고 있는 것으로 보인다.

- **중국의 다자통상 전략: 미국 없는 무역 질서에서의 주도권 강화**

다른 한편 DCS의 맥락을 벗어나 중국의 다자통상 정책과 관련된 두 가지 측면도 간략히 언급할 가치가 있어 보인다. 첫째, 중국은 WTO가 현재 기능 마비와 개혁 정체로 인해 더 이상 다자무역 시스템의 미래를 대표하지 않는다고 생각하지만, 그럼에도 불구하고 최근 몇 년 동안 꾸준히 WTO에 참여하고 있다. 중국의 WTO 참여에서 주목할 만한 한 가지 측면은 EU 및 다른 24개 회원국과 함께 다자간 임시상소중재약정(Multi-Party Interim Appeal Arbitration Arrangement, MPIA)에 참여하여, 임시적으로라도 상소기구 마비 상태를 극복하고 WTO 분쟁해결 절차의 정상 운영을 위해 노력하고 있다는 점이다.[216] 특히 중국은 최근 리투아니아가 제소한 상품 무역에 관한 리투아니아 분쟁(DS610) 및 EU가 제기한 지식재산권 집행에 관한 분쟁(DS611)에 대해서도 MPIA를 통한 상소 절차를 적용하기로 했다. 이처럼 민감한 피소사건에 대해서도 스스로 상소 절차와 종국판정을 받기 위해 노력하는 한편, 이러한 절차적 분쟁해결 노력을 의도적으로 배척하는 미국을 일종의 '나쁜 행위자'로 고립시키는 전략을 취하고 있다.

또한 중국은 대중 무역구제 조치를 강하게 부과하고 있는 EU나 캐나다 등 주요 회원국과도 WTO 분쟁해결 '시스템'의 보존에서만큼은 입장을 같이하며 WTO 체제의 수호자를 자처하고 있다. 이를 통해 미국 이외 국가와의 무역 관계를 WTO 규칙에 따라 지속 관리하는 동시에, 통상 분쟁 또한 구속력 있는 절차에 따라 해결하기를 희망하고 있는 것으로 보인다.

둘째, 중국은 WTO에서 진행 중인 특정 다자간 협정 및 이니셔티브에 대한 협상에 계속 참여하고 있다. 예컨대 중국은 개발 촉진을 위한 투자촉진협정 협상에서 비중 있는 역할을 해왔다. 또한 플라스틱 오염 및 환경적으로 지속 가능한 플라스틱 무역에 관한 비공식 대화에서 주도적인 역할을 하고 있으며, 무역 및 환경 위원회 내에서 보호주의적 기후변화 조치에 대한 우려를 제기하기 위해 다른 국가들과도 협력하고 있다. WTO의 불확실한 미래에도 불구하고 중국이 이 기구에 대한 관심을 잃거나 더 이상 중국의 이익에 부합하지 않는다고 결론을 내린 징후는 보이지 않는다.

아마도 중국은 국제통상 질서의 미래가 WTO와 같은 다자간 기구보다는 양자간 및 다자간 무역협정에 기반하여 발전해나갈 것이라는 인식 아래 FTA를 지속적으로 추구해왔던 것으로 보인다. 앞서 설명한 RCEP 외에도 최근 몇 년간 중국이 이 분야에서 보여준 가장 주목할 만한 움직임은, 2021년에 공식화한 '포괄적·점진적 환태평양경제동반자협정(Comprehensive and Progressive Agreement for Trans-Pacific Partnership, CPTPP)' 가입 신청일 것이다.[217] 중국이 CPTPP에 가입하려면 특정 시장 접근 개혁과 기타 변화를 이행해야 한다는 것은 의심의 여지가 없다.[218] 그러나 중국은 역사적으로 이와 같은 무역협정을 체결하면서 더 큰 지정학적 고려를 해왔고, 이러한 지정학적 이해관계는 국내 경제의 개혁으로 이어졌다.

따라서 중국의 CPTPP 가입 신청은 몇 가지 중요한 지정학적 함의를 갖는다. 첫째, CPTPP 가입 신청에는 중국이 아시아 지역과 긴밀히 협력함으로써 중국의 정치·경제적 영향력을 확대하고 이를 통해 큰 이득을 취하고자 하는 계산이 깔려 있다. 둘째, CPTPP의 전신 협정(환태평양경제동반자협정, TPP)의 협상을 주도했다가 2017년 협정에서 탈퇴한 미국은 자유무역 국가로서의 평판에 큰 타격을 입을 수 있다. 그러나 중국이 CPTPP 가입 자격을 갖추기 위해 필요한 개혁을 수행할 역량이나 의지와 관계없이, 현 단계에서 중국의 진입을 가로막는 주요 장벽은 정치적 문제이다. 특히 호주, 캐나다, 뉴질랜드 등과 같은 기존 CPTPP 회원국들은 중국의 가입 가능성에 대해 노골적인 거부감을 표명하고 있다. 중국의 가입을 위해서는 이들 국가의 동의가 필요하다. 시간이 지나면서 이러한 정치적 우려가 중국의 협정 가입으로 발생할 분명한 경제적 이익으로 상쇄될 수 있을지는 불확실하다.

요약하면, 중국은 WTO 개혁 이니셔티브가 명백하게 중국을 겨냥하지 않는 한 계속해서 지지할 준비가 되어 있는 것으로 보인다. 중국은 WTO에 구현된 다자간 규칙기반 무역 시스템의 주요 '수혜자'이기 때문에 이 시스템이 완전히 유명무실해지는 것은 중국의 이익에 부합하지 않기 때문이다. 동시에 중국은 다른 주요 무역국과 마찬가지로 WTO의 미래가 불투명하다는 점을 인식하고 CPTPP 등과 같은 다른 다자 무역 협정 및 제도에 집중하고 있는 것으로 보인다.

2. 중국의 투자정책

중국의 통상정책을 종합적으로 이해하려면 쌍순환 전략과 다자통상 정책뿐만 아니라 대내외 투자정책도 함께 고려해야 한다. 이는 중국이 단순히 무역정책을 조정하는 데 그치지 않고, 해외 투자를 활용하여 글로벌 공급망을 재편하고, 동시에 외국인 투자를 통해 국내 산업을 강화하려는 전략을 병행하고 있기 때문이다. 중국은 국내 산업의 발전과 자립을 촉진하기 위해 외국인 투자를 적극 유치하면서도, 해외 공급망을 확보하고 지정학적 리스크를 완화하기 위해 대외 투자에도 지속적으로 힘을 쏟고 있다. 특히 핵심 기술 및 전략 산업의 자급률을 높이고, 주요 원자재 및 에너지 공급을 안정적으로 확보하는 것이 중요한 정책 목표다.

이처럼 중국의 투자정책은 단순한 경제적 이익을 넘어, 국가 안보와 경제적 자립, 글로벌 경제 질서 속에서의 영향력 확대라는 거시적 목표와 연결된다. 따라서 중국의 통상정책을 온전히 이해하려면 무역 정책뿐만 아니라 외국인 투자 및 대외 투자 전략이 어떤 방식으로 연계되고 있는지 살펴볼 필요가 있다.

따라서 여기서는 중국의 외국인 투자정책과 대외 투자정책이 글로벌 통상 환경 속에서 어떻게 운용되고 있는지 살펴본다.

(1) 중국의 외국인 투자 확대와 통제: 제도적 모순과 불확실성

중국의 외국인 투자(인바운드) 정책의 발전은 크게 세 단계로 나눌 수 있다. 첫 번째 단계는 1978년부터 1999년까지로, 외국인 투자의 초기 도입 및 점진적 자유화가 이루어진 시기이다. 두 번째 단계는 2000년부터 2019년까지로, 외국인 투자가 더욱 자유화되고 활성화된 시기이다. 마지막으로 2020년에 시작되어 현재까지 이어지는 세 번째 단계는 외국인 투자를 더욱 장려하는 동시에 광범위한 경제 목표에 부합하는 특정 경제 부문으로 외국인 투자를 유도하는 시기이다.

이를 위해 중국은 2019년 기존의 투자법제를 하나의 통합법으로 정비·통합한 새로운 '외국인 투자법(Foreign Investment Law, FIL)'을 제정하였다.[219] FIL은 두 가지 핵심 목표 달성에 초점을 맞추고 있다. 첫째, 여러 법으로 나뉘어 있던 기존의 투자법제 시스템을 종식하고 모든 유형의 외국인 투자에 단일 통합 체제를 적용함으로써 외국인 투자를 간소화하고 단순화하여 투자를 촉진하는 것을 목표로 하였다. 둘째, 외국인 투자자와 외국 투자 기업에 추가적인 권리와 보호를 제공함으로써 외국인 투자를 더욱 자유화하고자 하였다.[220]

FIL에 포함된 새로운 주요 보호 조치 중 하나는 외국인 투자에 대한 전국적이고 새로운 관리 체제로서 '설립 전 내국민 대우(Pre-establishment national treatment) 및 네거티브 리스트(negative list)'를 도입한 것이다. 이 제도에 따르면, 네거티브 리스트에 의해 해당 산업에 대한 투자가 제한되지 않는 한 FDI 프로젝트는 더 이상 사례별 심사 및 승인을 거치지 않아도 된다.[221] 2020년에도 중국은 외국인 투자자에 대한 제한을 더욱 완화하는 네거티브 리스트 개정안을 발표했다.[222] 또 다른 주요 보호 조치는, 경쟁 중립 원칙을 도입하여 중국 시장에서 외국인 투자 기업과 다른 기업(예로 국내 국영 기업)의 동등한 대우를 공식적으로 보장하는 것이다. 또한 외국인 투자 기업이 제조한 제품에도 중국 정부조달 자격을 부여한다.[223]

FIL이 외국인 투자자를 추가로 보호하는 또 다른 주요 부문은 지식재산권 영역이다. FIL은, 특정 기밀 기술이나 영업비밀 정보를 행정 요건으로 정부 당국에 공개하도록 요구하는 이른바 '강제적 행정 기술 이전' 관행을 금지한다.[224] 또한 외국인 투자자의 지식재산권을 침해하는 행위에 대해 엄중한 처벌 의지를 드러내고 있다.[225]

마지막으로 FIL은 정부가 일반적으로 지식재산과 기타 자산을 포함한 외국인 투자자의 투자를 수용(expropriation)하지 못하도록 규정하고 있다.[226] 정부가 공익을 위해 필요한 수용을 실시하는 경우, FIL은 수용을 위한 일반적인 법적 프레임워크 내에서 수용을 실시하도록 요구하며, 투자자에게 적시에 공정하고 공평한 보상을 제공하도록 규정하고 있다. 또한 중앙·지방 정부가 승인 없이 외국인 투자자의 법적 권리와 이익을 불법적으로 감소시키거나 의무를 증가시키거나 시장 접근 또는 퇴출 조건을 설정하는 조치를 금지한다.[227]

한편, FIL이 잠재적으로 우려되는 특징 중 하나는 외국인직접투자(FDI)에 대한 국가 안보 검토(national security review) 시스템을 구축한 점이다.[228] 국가 안보 검토 제도는 외국인 투자자가 특정 투자를 하기 전에 중국 당국의 승인을 받지 않고 신고만 하면 되는 FIL의 신고 기반 FDI 제도를 보완하기 위한 것으로, 특정 FDI 프로젝트가 성립된 후 정부가 이를 검토할 수 있도록 하는 제도이다. 그러나 국가 안보 검토 조항의 문구가 모호하고, 어떤 FDI 프로젝트가 안보 검토 대상이 되는지를 판단하는 기준이 명확하지 않다. 따라서 FIL의 국가 안보 검토 제도는 외국인 투자 제도의 투명성과 확실성을 증진하려는 법의 일반적인 취지에는 다소 반하는 것으로 보인다.

FIL은 현재 중국 '외국인 투자 제도'의 핵심 축을 이루고 있다. 하지만 기술 자립과 같은 중국의 광범위한 경제 목표에 부합하는 특정 부문과 프로젝트에, 외국인 투자를 유치하기 위한 다양한 정책적 노력도 관찰된다. 중국에서 가장 크고 해외 투자자 진출이 활발한 도시인 상하이는 이러한 노력의 선두에 서 있다. 최근 몇 년 동안 상하이 정부는 투자를 장려하기 위한 다양한 정책을 시행해왔으며, 특히 AI, 생명공학, 반도체, 친환경 기술 등의 분야에 대해 외국인 투자를 장려하고 있다. 예를 들어 상하이시는 푸둥의 링강신구에서 반도체, AI, 바이오 의약 분야에 종사하는 기업에게 15%의 법인세율 감면 혜택을 제공하고 있다.[229] 또한 외국인 투자 R&D 센터의 개발을 장려하고, 친환경 및 저탄소 기술 및 산업 분야의 FDI를 장려하는 정책을 도입했다.[230] 또 다른 예로 2019년에는 테슬라가 상하이 인근에 전액 출자한 기가팩토리(Gigafactory) 자동차 생산시설 건설이 최초로 승인되었다.²³¹ 이 시설은 현재 매년 수십만 대의 전기차를 생산하고 있으며, 전기자동차 생산을 지원하는 국내 공급업체 생태계를 촉진하는 데 기여했다.²³²

위와 같은 지방정부 정책과는 별개로, 중앙정부 차원에서 국무원은 2023년 8월 우선순위가 높은 부문에 대한 외국인 투자를 촉진하기 위해 새로운 정책을 발표하기도 했다.²³³ 이렇게 중앙정부가 '장려하는 산업 목록(Catalogue of Encouraged Industries)' 부문에 투자하는 외국인 기업은 지방정부의 혜택을 받는다. 2023년 1월 1일 발효된 '산업 목록'에는 첨단 제조업, 현대 서비스, 첨단기술 및 녹색경제 부문과 특히 저개발 지역에 대한 외국인 투자를 장려하기 위한 239개 품목이 추가되었다.²³⁴ 외국인 투자 기업의 주재원은 주택, 자녀 교육비 및 기타 수당에 대한 세금 특혜도 누릴 수 있다.²³⁵

요약하자면, 중국의 현재 외국인 투자 제도는 전반적으로 외국인 투자를 촉진하고 가능한 한 첨단기술과 같은 우선순위 부문에 투자하도록 유도하는 데 초점을 맞추고 있다. 그러나 선진국 투자자들의 중국에 대한 투자, 특히 첨단기술에 대한 투자에 점점 더 엄격한 심사(경우에 따라서는 노골적인 제한)를 하고 있고, 임금 인상과 같은 경제 요건 및 엄격해진 안보 심사 등은 중국의 외국인 투자 유치에 상당한 걸림돌이 되고 있다. 따라서 중국의 현재 정책이 장기적으로, 특히 첨단 분야에서 외국인 투자를 유치하는 데 얼마나 성공할지는 아직 미지수다.

(2) 중국의 해외 투자 정책

중국의 '해외직접투자(Outward Foreign Direct Investment, OFDI)' 정책의 발전

은 크게 네 단계로 나눌 수 있다. 첫 번째 단계(1978~1984년)에는 특정 대형 국영 기업에 의해 소규모로만 이루어졌기 때문에 OFDI가 중국의 전반적인 발전에 도움이 되는지에 대한 의견이 갈렸다. 두 번째 단계(1985~1998년)에서는 OFDI에 대한 정치적 반대가 점차 사라지고 OFDI가 중국의 경제 개혁 의제에 공식적으로 포함되었다. 세 번째 단계(1999~2012년)는 세계화 이후 세계화의 경쟁 효과 증가에 대응하기 위해 OFDI를 명시적으로 장려하는 정책이 시행되었다. 마지막 단계(2013~현재)에서는 '일대일로 이니셔티브(The Belt and Road Initiative, BRI)'가 출범하여 세계 경제와 더욱 통합하고 국내 '과잉 생산 능력'을 해결하기 위해 특정 지역의 OFDI를 장려했다. 최근에는 중국 중앙정부가 2016년 말부터 일부 민간 기업의 소위 '비합리적인' 투자를 통제하기 위해 일련의 제한 조치를 시작했다.[236] 또한 지난 10년 동안 다양한 요인으로 인해 BRI 맥락에서 벗어난 중국의 OFDI 흐름은 의미 있는 변화를 겪었다.

따라서 현재 중국의 OFDI 정책에는 기본적으로 두 가지 요소가 있다. 첫째, 중국의 대표적인 OFDI 정책인 BRI가 지속적으로 시행되고 있고, 둘째, 지난 10년간 그 성격이 크게 변화한 BRI의 범위 밖에서 발생하는 OFDI도 계속되고 있다. 여기서는 이 두 가지 흐름에 관해 간략히 살펴본다.

- 일대일로 이니셔티브: 중국 해외직접투자의 핵심 정책

현재 중국의 OFDI 정책은 주로 '일대일로 이니셔티브(BRI)'라는 하나의 주요 프로젝트에 집중되어 있다. 시진핑 중국 국가주석은 2013

년 10월에 BRI를 처음 공개적으로 발표했다. BRI의 가장 중요한 목표는 중국과 유럽 간의 연결성을 강화하여 아시아의 '인프라 격차'를 해소하고 경제 협력을 강화하는 동시에 중국의 '과잉 설비(over-capacity)' 관련 문제를 해결하는 것이다.[237] BRI는 크게 두 가지로 구성되는데, 하나는 중국 서부의 시안에서 중앙아시아를 거쳐 중동, 러시아, 유럽으로 이어지는 실크로드 경제벨트이고, 다른 하나는 남중국해에서 인도양, 동아프리카, 홍해, 지중해를 연결하는 해상 실크로드이다.[238] 원래 구상대로라면 BRI는 전 세계 인구의 약 70%, 에너지 자원의 4분의 3, 상품과 서비스의 4분의 1, 전 세계 GDP의 28%(약 21조 달러)에 해당하는 65개 국가를 포괄하는 것이 목표였다.[239]

2015년 3월, 중국의 관련 중앙정부 기관은 공동으로 '실크로드 경제벨트 및 21세기 해상 실크로드 공동 건설에 관한 비전과 조치'라는 제목의 BRI 실행 계획을 발표했다.[240] 이 계획은 정책 조정, 시설의 연결성, 무역 장애물 제거, 금융 통합, 인적 유대 등 BRI의 다섯 가지 주요 목표를 제시했다.[241] 실제로 BRI는 중국이 자금을 지원하는 인프라 프로젝트(도로, 교량, 파이프라인, 항만, 철도, 발전소 등)를 BRI 경로에 있는 국가에서 개발하는 데 중점을 두었다. 이러한 인프라 프로젝트는 국내 산업에 원자재를 공급하고 중국 상품을 동남아시아, 아프리카 및 유럽 등 성장하는 시장으로 운송하는 데 기여한다.[242]

이에 따라 중국 정부는 2013년부터 BRI 국가 인프라에 대한 해외 직접투자(OFDI)를 적극 장려하고 있다. BRI의 주요 투자자로는 중국개발은행·중국수출입은행 등 중국 정책 은행, 중국건설은행·중국은행 등 국유 은행, 에너지 및 인프라 분야의 국영 기업, 아시아인프라 투자은행·신개발은행·아시아개발은행 등 대형 금융기관이 있다.[243] 2014년부터 2017년까지 일대일로 노선 국가에 대한 중국의 OFDI는 총 646억 4,000만 달러로 연평균 6.9%의 성장률을 기록했다.[244]

BRI는 국제적으로, 특히 선진국으로부터 상당한 비판을 받아왔다.[245] 이는 중국의 영향력 강화가 여러 개발도상국에 미칠 수 있는 영향, 그리고 많은 프로젝트의 자금 조달 방식이 지속 불가능하거나 심지어 '약탈적'이라는 우려 때문이다. 중국은 BRI에 대한 비판에 지속적으로 반발해왔지만, 최근 몇 년 동안 BRI의 추진 범위를 상당히 축소한 것으로 보인다. 이러한 변화는 BRI 프로젝트의 재정적 성과와 운영상 문제 때문으로 해석된다. 예를 들어 2017년과 2018년 동안 중국의 주요 정부 기관들은 BRI 관련 OFDI 프로젝트의 신청 승인을 사실상 중단한 바 있다.[246]

이후 관련 규제가 더 완화되면서 중국 기업들은 해외 계약 프로젝트와 금융 투자 활동에 더 쉽게 참여할 수 있게 되었고, 이에 따라 프로젝트 감독 및 품질 관리 부담도 줄어들었다.[247] 그러나 2018년 이후 신규 BRI 관련 OFDI 프로젝트의 체결 건수는 지속적으로 감소하고 있다. 이는 초기 BRI 프로젝트의 과열로 인해 많은 참여 기관이 기존 프로젝트의 수익성이 명확해질 때까지 신규 투자 결정을 보류하고 있음을 시사한다.[248]

이러한 문제를 인식한 시진핑 주석과 중국 정책 입안자들은 해외 투자자들과 금융기관에 BRI 프로젝트의 리스크 관리 및 품질 관리 강화를 촉구했다.[249] 또한 많은 중국 정부 기관과 투자자(국영 투자자를 포함한 대출기관 등)는 BRI 프로젝트 주최국과 채무 재조정 협상을 벌여야 하는 상황에 직면했다.²⁵⁰ 이에 따라 중국 기업들은 대출기관에서 빌린 수천억 달러의 자금을 상환해야 하는 동시에, BRI를 통해 형성된 주최국과의 관계를 유지해야 하는 상황에서 전략적 판단을 요구받고 있다.²⁵¹

그러나 이러한 문제에도 불구하고 중국 지도부는 여전히 BRI에 대해 강한 의지를 보이고 있다. 따라서 BRI의 범위와 성격은 지속적으로 변화할 가능성이 있지만, 당분간은 중국 OFDI 정책의 핵심축으로 자리할 가능성이 높아 보인다.

- 중국의 해외 투자 재편: 민간 기업의 부상과 정책적 개입

중국의 해외직접투자 정책이 점차 완화되면서 많은 민간 기업이 국영 기업과 함께 해외 투자 활동을 벌이고 있다. 2006년 중국 전체 해외직접투자에서 민간 기업이 차지하는 비중은 19%에 불과했지만 2015년에는 49.6%로 증가한 반면, 같은 기간 국유 기업의 해외직접투자 비중은 81%에서 50.4%로 감소했다.²⁵² 이후 중국 정부는 이러한 추세에 대응하기 위해 OFDI 제도를 개혁했다.²⁵³

2015년부터 일부 중국 기업, 특히 민간 기업들은 미국과 같은 선진국의 부동산, 문화, 스포츠 및 엔터테인먼트 산업에 막대한 투자를 해왔다.²⁵⁴ 그러나 이러한 종류의 투자는 종종 상당한 외환 손실을 초래했다.²⁵⁵ 특히 2015년과 2016년 사이에는 자본 유출이 과도하게 발생하여 위안화 가치가 하락하고 외환 보유액이 1조 달러나 손실되었다.²⁵⁶ 2016년 말부터 중국 중앙정부는 이러한 현상을 해결하고, 이른바 '비합리적인' 산업 자산 인수에 대한 반대 입장을 분명히 하기 위해 노력해왔다. 특히 중국 정부가 무분별한 OFDI를 '국가 안보 문제'로 규정하면서 주요 투자 기업들이 면밀한 조사를 받았다. 이에 따라 완다(Wanda) 그룹, 안방보험(Anbang Insurance) 그룹, HNA 그룹 등 유명 기업들이 호텔, 영화관, 스포츠 클럽 등에 대한 투자와 관련해 정부의 감시를 받게 되었다.[257]

2017년 8월, 중국 정부는 '해외직접투자 규제에 관한 신지침(New Guidance Regarding the Regulation of Outbound Investment)'이라는 제목의 OFDI 관련 규정을 발표하며 공식적으로 대응에 나섰다. 이 조치는 OFDI를 '장려', '제한', '금지'의 3가지 범주로 다음과 같이 분류하였다.[258] '장려' OFDI에는 BRI 프로젝트 건설을 지원하는 투자, 중국의 기술 표준을 개선하는 투자, 연구개발 투자, 석유 및 광물 탐사 투자, 농업 및 수산업에 대한 투자가 포함된다.[259] '제한' 투자에는 부동산, 호텔, 영화, 엔터테인먼트, 스포츠, 노후화된 장비 및 환경 기준을 위반하는 프로젝트에 대한 투자가 포함된다.[260] 마지막으로 '금지' 투자에는 군수산업의 핵심 기술 또는 제품 수출과 관련된 투자, 도박이나 포르노 등 중국에서 불법인 산업에 대한 투자, '국익과 국가 안보를 위태롭게 하거나 위태롭게 할 수 있는' 모든 투자가 포함된다.[261] 이러한 조치는 중국 정부의 우선순위가 아닌 분야에 대한 중국인의 해외직접투자를 축소하고 대신 중국 정책 입안자들이 선호하는 분야로의 투자를 유도하기 위한 것이다.

한편 이러한 개혁 이후 몇 년 동안 중국의 OFDI에서 또 다른 추세가 뚜렷해졌다. 특히 중국의 OFDI는 선진국 중심에서 소위 '글로벌 사우스(Global South)'라고 불리는 개발도상국으로 뚜렷하게 전환되고 있다.[262] 이러한 추세는 중국 기업이 미국 등 선진국의 중국산 제품에 대한 무역장벽에 대응하기 위한 조치에서 비롯되었다. 중국 기업은 관세가 적용되지 않는 다른 개발도상국의 생산에 투자함으로써 중국산 제품에 대한 가파른 관세를 피하면서 미국 시장에 계속 판매할 수 있게 된다. 예를 들어 지난 3년 동안 9개의 중국 자동차 회사가 멕시코에 진출하여 현재 현지 시장 점유율이 10%에 육박하고 있다.[263] 이들 기업은 멕시코가 미국 및 캐나다와 체결한 무역협정(USMCA)을 활용하여, 중국에서 직접 선적된 자동차에 부과되는 27.5%의 관세를 회피하고 미국 시장에 보다 유리한 조건으로 자동차를 수출하는 전략을 취하고 있다.

중국의 멕시코 투자 확대는 2013년 선언된 '중국-멕시코 간 포괄적·전략적 동반자관계(comprehensive strategic partnership)'에 기반하고 있다. 이러한 투자 확대는 과거 중국이 베트남에 대규모로 투자했던 방식과 유사하다. 특히 베트남에 대한 중국의 직접투자는 낮은 인건비를 활용하고 수출 위험을 줄이는 전략의 일환이었으며, 미국-베트남 관계가 포괄적 전략동반자관계로 격상되면서 이러한 투자 흐름은 더욱 강화되었다. 이러한 추세는 최근 몇 년간 베트남과 멕시코의 대미(對美) 수출이 급증한 이유를 설명해준다. 지난 5년간 미국의 전체 수입에서 베트남이 차지하는 비중은 4%로 두 배 증가했으며, 2023년에는 멕시코가 중국을 제치고 미국의 최대 무역 파트너로 부상했다. 이러한 변화 속에서 중국 기업들이 수행하는 역할은 점점 더 중요한 의미를 갖고 있다. 물론 트럼프 2기 행정부가 멕시코에 대한 고율의 관세를 부과할 경우, 중국 기업들의 우회 수출 전략은 도전에 직면하게 된다. 따라서 향후 미국의 대(對)멕시코 관세정책이 어떻게 전개될지 지속적으로 주목할 필요가 있다.

요약하면 중국의 OFDI 정책은 민간기업들의 해외투자 증가와 함께 BRI 중심에서 벗어나면서, 선진국과 개발도상국 간, 그리고 서비스·부동산·제조·인프라 등 부문 간 투자 흐름이 감소하는 추세를 보이고 있다. 이에 따라 중국 정책 입안자들은 새로운 규정을 시행하여 OFDI 흐름을 통제하고, 정부 정책 기조에 부합하는 프로젝트로 투자를 유도하고 있는 것으로 보인다. 아울러 중국은 글로벌 사우스로의 투자를 전략적으로 확대함으로써, 멕시코·베트남 등지를 활용한 우회 수출 경로를 확보하려는 의도를 보이고 있다.

3. 전환기 통상정책의 딜레마 : 쌍순환 전략과 글로벌 고립

오늘날 중국의 통상정책은 쌍순환 전략을 기반으로 국내 산업을 육성하는 동시에, 자유무역 체제를 적극 활용하기 위한 다자무역 체제에 참여하는 방향으로 수립되고 있다. 이를 더욱 전략적으로 확장하기 위해 외국인 투자를 유도하고 있지만, 선진국 투자자들의 대중국 투자는 점차 감소하고 있으며, 안보상의 이유로 과거보다 외국인 투자에 대한 환대도 줄어들고 있는 상황이다.

해외 투자 흐름 또한 변화하고 있다. 기존의 일대일로(BRI) 정책 및 선진국(특히 미국) 제조업 중심의 투자에서 벗어나, 점점 더 '글로벌 사우스'라 불리는 개발도상국으로 이동하는 추세가 뚜렷해지고 있다. 그러나 이러한 전환만으로는 중국이 기존의 쌍순환 정책과 새로운 다자 체제를 지속적으로 발전시킬 동력을 확보하기는 어려울 가능성이 크다.

여기에 더해 트럼프 2기 행정부는 중국을 겨냥한 강한 관세 압박을 가하고 있어, 중국은 대내적으로는 시장 침체, 대외적으로는 수출·투자 제한이라는 이중고에 직면해 있다. 더욱이 미국이 전 세계를 상대로 '관세 전쟁'을 선포했음에도 불구하고, 자유무역 질서의 근본적인 문제 중 하나인 중국의 과잉 설비·생산과 비시장경제 산업정책으로 인한 보조금 문제는 여전히 해결되지 않고 있다. 이러한 이유로, 미국을 제외한 다른 국가들이 자유무역 질서를 수호하기 위해 중국과 공동으로 대미^{對美} 공동전선을 형성할 가능성은 낮아 보인다. 결국 국제적 고립이 지속될 가능성이 커지는 상황에서 중국이 향후 어떤 대응 전략을 펼칠 것인지에 대한 관심이 집중되고 있다.

인도, 자국 산업 보호를 위한 통상정책:
수입 제한과 수출 진흥의 조화

미국, 중국, EU와 함께 글로벌 산업 및 통상 정책의 흐름을 좌우하는 네 거인 중 하나인 인도는, 정책 입안 과정에서 자국 대기업의 이해관계에 큰 영향을 받고 있는 것으로 보인다. 1990년대 일련의 경제 위기를 겪은 후, 인도는 단계적 자유무역 개방을 통해 글로벌 경제와의 폭넓은 통합을 이루었으며, 2000년대와 2010년대 초반까지 이러한 자유화 기조가 꾸준히 이어졌다. 그러나 현재 집권당인 인도국민당(Bharatiya Janata Party, BJP)의 '인도 우선주의'는 민족주의와 보호무역주의의 부상을 촉진하는 요인이 되고 있다. 2014년 집권 이후, 인도 정부는 WTO 회원국들과의 충돌이 잦아졌으며, 여러 무역협정에서 탈퇴하는 등 점차 자국 산업 보호 중심의 정책을 강화해왔다. 또한 수입 허가 및 관세 제도를 일부 복원하며 보호무역 기조를 강화하는 행보를 보이고 있다. 한편 나렌드라 모디 총리는 여전히 집권 중이지만, 최근 선거에서 BJP가 2014년 이후 처음으로 의회 과반수를 상실했다.[264] 이러한 국내 정치·경제적 변화는 인도의 통상정책에 또 다른 전환점을 가져올 가능성이 크다. 특히 집권 연합의 불안정성이 커진 상황에서 BJP가 수출 성장과 관련된 주요 공약을 이행하는 데 어려움을 겪을 것으로 보인다.

여기서는 인도의 통상정책 경로와 최근 나타나고 있는 산업정책의 변화(3장 참조)에 따른 통상정책 조정이 어떻게 이루어지고 있는지 살펴보고자 한다.

1. 인도 통상정책의 발전 경로: 보호주의에서 자유무역으로의 전환기

인도의 초기 통상정책은 주로 관세, 쿼터, 수입 금지, 수입 허가 제한과 같은 국경 조치와, 제품 생산에 필요한 부품을 일정 비율 이상 자국에서 조달하도록 요구하는 규정(현지 조달 요건), 그리고 보조금과 같은 국내 조치에 중점을 두었다. 인도는 독립 이후 민족주의를 반영하고 자급자족을 선호했으며 관료주의를 우선시했다. 1966년 루피화 평가 절하와 무역 제한 완화 시도는 격렬한 국내 반대에 부딪혀 철회되었다. 이러한 추세는 인도가 '단계적 자유화(phased liberalization)의 시기'를 맞이한 1970년대 후반까지 계속되었다.[265] 그러나 1990년대까지 인도는 여전히 내향적인 보호주의 무역정책을 유지했으며, 자유화는 별다른 대내외 선전 없이 '조용히' 이루어졌다.²⁶⁶ 이러한 보호주의적 결정으로 인해 1990년대 초 인도의 외환 보유고는 급감했고, 재정 적자는 8%를 넘어섰으며, 국제수지 위기가 심화되고, 거시경제 위기가 연쇄적으로 발생했다.²⁶⁷

국제수지 위기를 해결하기 위해 인도는 1991년 자유화와 다자주의를 지향하는 세계적인 추세에 발맞춰 대대적인 통상정책 개혁을 단행했다. 인도는 대폭적인 관세 인하, 수입 관세 간소화, 관세 및 쿼터제 간소화, 수입 제한 철폐를 시행했다.²⁶⁸ 또한 여러 제품에 대한 수출 인센티브, 외국인직접투자(FDI) 장려 정책, 투명성을 높이고 외국 기업의 인도 진출을 촉진하기 위한 제도적 변화(관세위원회 개편 등)를 시행했다. 이는 위기 종식이라는 단기적인 목표뿐만 아니라 국내 산업의 효율성 증대, 신산업 육성, 수출 증대, 신흥 기술 도입 촉진, 식량 불안 해소, 의약품과 같은 필수품의 낮은 가격 유지, 관광 진흥 등의 장기적인 목표도 함께 달성하기 위한 것이었다. 이 시기의 다른 개발도상국들과 마찬가지로 인도 역시 경제 발전을 위해 대외 정책으로 눈을 돌리기 시작했다.²⁶⁹

인도의 1991년 정책 개혁은 인도의 통상정책이 작동하는 방식을 이해하기 위한 단초를 제공한다. 첫째, 관세가 완만하게 인하되었지만 특정 산업(농업, 소비재)을 육성하기 위해 부분적으로 여전히 높은 관세를 유지했다.²⁷⁰ 둘째, 자유주의적 개혁이 관료당국의 주도로 점진적으로 이루어졌다. 셋째, 개혁의 속도와 범위는 정부와 국내 산업의 광범위한 경제적 우선순위와 연계되어 결정되었다.²⁷¹ 이러한 1991년 통상정책 개혁(무역 자유화)은 관세 및 비관세 장벽의 철폐라는 두 가지 범주로 분류할 수 있다.

(1) 관세 개혁: 제한적 관세 인하 속 자유무역을 향한 첫걸음

1991년 개혁 이후 인도는 꾸준히 관세를 인하해왔다. 개혁 이전에는 최고 관세율이 355%에 달했으며, 1991~1992년에 150%까지 떨어졌고, 2007~2008년에는 10%까지 하락했다.[272] 단순 평균 관세의 감소도 비슷한 추세를 보였다. 관세율은 1990~1991년 125%에서 2014~2015년 13%로 떨어졌다. 이러한 관세 인하로 인해 수입 대비 관세 수입(customs revenues)은 1990년 47.8%에서 2015~2016년 13%로 40% 가까이 감소했다. 이러한 감소세는 가파르게 보이지만, 당시 인도는 다른 국가들에 비해 여전히 뒤처져 있었고, 아세안 국가 중에는 가장 높은 관세 수준을 유지하였다.[273]

이에 인도는 2005년 이후 FTA를 추진하면서 제한적이지만 추가적인 관세 자유화를 추진했다. 1990년대에는 FTA 체결이 거의 없었으나, 2000년대 중반부터 '포괄적 경제동반자협정(CEPA)'과 '포괄적 경제협력협정(CECA)'을 적극적으로 추진하기 시작했다. 당시 인도의 FTA 체결이 "늦고 조심스러운 출발"이라는 평가도 있었지만, 2000년대 중반 이후 협상 속도는 빠르게 가속화되었다. 그러나 이러한 진전에도 불구하고 현 정권에서는 직접적인 관세 인하와 FTA 비준이 모두 지연되고 있다는 점이 주목할 만하다.

(2) 비관세 개혁: 1990년대 세계화와 자유무역 질서로의 도전과 통합

인도는 다른 나라보다 높은 관세율을 유지했지만, 대부분의 무역은 라이선스와 강력한 표준 제도에 따라 관리되었다.[274] 1988년에는 비관세 장벽이 전체 수입품의 95%에 적용되다가, 1999년에는 24%에만 적용되는 수준으로 감소하였다.[275]

보호무역주의를 강화하는 데 가장 효과적인 도구였던 인도의 수입 라이선스 제도는 매우 복잡하고 권위적이었다. 외국 상품을 자유롭게 수입하려면 '개방형 일반 라이선스(Open General License, OGL)' 목록에 등재되어야 했다. 이 시스템은 상품을 '소비재, 중간재, 자본재'라는 세 가지로 분류해 수입 라이선스에 차등을 두었다. 먼저 소비재의 수입은 전면 금지로 가장 엄격하게 규제되었다. 국내 제조업체가 특정 상품을 공급할 수 없는 경우, 수입 허가는 국영 독점 기업에게만 주어졌다.[276] 이에 비해 중간재와 자본재는 국내 공급 가능 여부에 따라 더 많은 상품이 OGL 목록에 올라가는 등 규제가 다소 완화된 편이었다. 수입 허가 제도는 1991년 개혁 이전에도 자유화 과정의 주요 핵심이었다. 1976년부터 1988년까지 OGL 목록에 포함된 자본재 수는 79개에서 1,170개로 증가했으며, 1990년에는 인도 전체 수입품의 약 30%가 OGL의 적용을 받았다. 인도는 1992년 수출입 정책을 통해 이 제도를 더욱 간소화했다.[277] 이 새로운 정책으로 수입 허가를 받아야 하는 제품에 대해 통합된 '네거티브' 목록을 만들었고, 그 외의 모든 제품은 허가 없이 수입할 수 있게 했다.[278] 이 새로운 시스템은 단순성, 효율성, 투명성을 높였으나 수입 제한은 여전히 흔한 일이었으며 국내 산업 및 정치적 긴장에 따라 영향을 받는 경우가 많았다.

OGL 시스템에서 더 좁은 네거티브 리스트로의 전환으로 수량 제한은 급격히 감소했다. 1991년 개혁 이전 인도는 80%의 상품에 대해 수량 제한을 적용했다.[279] 개혁 과정의 일환으로 1996년에는 488개 품목, 1997년에는 391개 품목, 1998년에는 894개 품목에 대해 양적 제한을 철폐했다. 인도가 1995년 WTO에 가입한 이후, 2001년에 나머지 제한도 철폐되었다.[280]

인도의 '무역에 대한 기술 장벽(Technical Barriers to Trade, TBT)'과 '위생 및 식물 위생(Sanitary and Phytosanitary Measures, SPS)' 조치는 무역정책의 다른 측면에 비해 비교적 온건한 편이다. TBT 및 SPS 표준에 대한 개혁은 국내 표준을 국제 프레임워크에 맞추는 데 집중되어왔다. 2014년 인도는 국제 표준과의 조율을 촉진하고 인도 기업의 표준 준수 부담을 완화하는 데 초점을 맞춘 '연례 표준 회의(Standards Conclave)'를 설립했다. 민간 표준 설정은 '인도 품질위원회(Quality Council of India, QCI)'에서 담당했다. QCI는 국제 표준을 충족하기 위해 인도 기업과 협력하고 공동 표준 설정을 위해 국제기구와 MOU를 체결하였다. 인도는 표준으로 인해 WTO 분쟁이 발생한 상위 10개국에 속하지만, 분쟁 건수는 유럽연합, 중국, 미국 등 주요 경제권에 비해 훨씬 적다.[281]

수입 허가 외에도 인도는 서비스 부문의 민영화에 착수하여 통신, 해운, 도로, 항공 등에 대한 외국인 투자 기회를 열었다. 인도의 통신은 국가가 통제하고 있었지만 1994년에 외국인에게도 투자가 개방되었다. 1999년에 신통신정책이 시행되면서 특정 인터넷 서비스 제공업체에 대해 최대 100%의 외국인 투자가 허용되었다. 마찬가지로 같은 해 국영 보험 부문에도 외국인 참여가 허용되었다. 1997년에는 WTO

금융서비스 협정(Financial Service Agreement)에 가입하기로 결정하면서 외국계 민간 은행의 인도 내 참여 또한 확대되었다.[282]

1998년에는 인프라, 에너지, 전력 등 이전에는 폐쇄적이었던 인도의 여러 중요 부문에서 상당한 규모의 외국인직접투자가 이루어질 수 있었다. 1991년 개혁으로 외국인 지분 투자의 40% 제한이 폐지되고 여러 부문에 걸쳐 외국인직접투자 자동 승인이 도입되었다. 수자원 운송(물류) 프로젝트에 최대 51% 또는 74%의 외국인 참여가 자동으로 이루어질 수 있었다. 식품 제조 부문에서는 외국인은 최대 50%, 비거주 인도인은 최대 100%까지 자동 승인이 허용되었다. 자동차 부문에서는 외국인 지분 참여가 최대 51%까지 자동으로 허용되었으며, 정부 승인을 받으면 최대 100%까지 허용되었다. 또한 일부 광업 분야에서는 최대 50%까지 자동 허용되었다.[283]

1991년 개혁의 마지막 주요 성과는 공공 부문의 독점을 해체하고 민간 부문에 대한 규제를 완화한 것이었다.[284] 1970년대와 1980년대 내내 민간 부문의 성장은 '독점 및 제한적 거래 관행법(Monopolies and Restrictive Trade Practices Act, MRTP)'에 의해 엄격하게 규제되었다. MRTP는 자산 규모 20만 루피(240만 달러) 이상의 민간 기업에게 신규 투자, 확장 또는 합병을 하기 전에 추가 라이선스를 취득하도록 요구했다. 또한 연방정부는 18개 부문에 대한 민간 투자를 금지했다. 1991년 개혁 이후 MRTP는 기업 간 합병이 추가 라이선스 없이도 가능하도록 개정되었다.[285] 또한 공공 독점은 "안보 및 전략적 이유로 선정된" 8개 부문으로 제한되었으며, 점차 철도 운송과 원자력에너지의 2개 부문으로 축소되었다.[286]

이러한 일련의 개혁은 거의 즉시 인도를 강력한 성장 경로에 올려놓았다. 1998년 WTO 보고서에 따르면 "인도의 개방성 확대와 세계 경제와의 통합은 1990년대에 기록한 건전한 경제성장을 설명하는 데 중요한 요소"였다.[287] 이러한 1990년대 성장 경로를 정량화하자면, 중앙정부의 총 재정 적자는 1990년 GDP의 7.9%에서 1992년 5.6%로 감소했고, 비석유 수입은 1991년 22% 줄었으며, 경상수지 적자는 1990년 GDP의 3.2%에서 1991년 0.3%로 감소한 것을 확인할 수 있다.[288] 그리고 단기 부채 재고는 1991년 3월 외환 보유고의 146.5%에서 1992년 76.7%, 1993년 64.5%로 감소했다. 실질 GDP 성장률은 재정 위축 기간 동안 1990년 5.6%에서 1991년 1.3%로 하락했지만 1992년에는 5.1%로 빠르게 회복되었다.[289]

이러한 개혁의 여파로 인도의 대외무역도 크게 증가했는데, 특히 1990년과 2000년 사이에 두드러졌다. 이 기간 동안 GDP 대비 상품 및 서비스의 총수출 비율은 7.3%에서 14%로 두 배 가까이 증가했다.[290] GDP 대비 수입 증가율은 약간 뒤처졌지만 여전히 9.9%에서 16.6%로 증가했다.[291] 그리고 GDP 대비 총 상품 및 서비스 무역의 비율은 1990년 17.2%에서 2000년 30.6%로 증가했다.[292]

인도의 세계 수출 비중은 1980년대 이후 지속적으로 증가하여 2002년에는 0.5%에서 0.8%로 증가했다. 특히 1991년 개혁 이후에는 세계 평균보다 더 빠른 속도로 성장세를 이어갔다.[293] 현재 인도의 제조업 수출 비중은 1.5%에 달한다. 더욱 인상적인 성장 스토리는 수출 비중이 4.1%에 달하는 서비스 부문에서 이루어졌다.[294] 이처럼 인도 정부는 세계 수출 시장에서 자국 제품의 점유율 확대를 핵심 무역정책으로 삼게 되었다.

　수입 라이선스 개정과 FDI에 대한 규제 완화는 인도 경제에 큰 구조적 변화를 가져왔다. 2000년대 이후 인도의 FDI가 급격히 증가하면서 국제 가치사슬의 중요성은 더 커졌다. 이에 따라 인도는 무역 촉진과 인프라 개선 문제에 더욱 집중하여 인도와 다른 국가들 사이에 효과적이고 효율적인 가치사슬을 구축하기 위해 노력했다. 인도 경제의 대외 개방을 경계하는 국내 업계에서 저렴한 수입품에 대한 위협을 인식하고 있음에도 불구하고 수입은 인도 수출에서 점점 더 중요한 역할을 차지하게 되었다. 2010년대 후반의 데이터에 따르면 수입 원자재 가치가 인도 수출 전체 가치의 약 25%를 차지하는 것으로 나타났다.[295]

　이후 인도의 통상정책은 점진적으로 변화했다. 관세 인하와 같은 국경 조치의 비중이 줄어들면서, 인도의 초점은 지식재산권, 서비스 대우 등과 같은 국내 정책 이슈로 이동했다. 최근에는 반덤핑 조치가 급격히 증가하며 시장 개방 기조와 균형을 이루는 방향으로 전개되고 있다. 2010년 기준, 인도는 전 세계 반덤핑 제소 건수의 약 20%를 차지하여 미국에 이어 두 번째로 많았는데, 주로 화학 산업과 관련된 분야에 집중되었다.[296]

　2010년대 동안 인도의 무역정책은 중국과 같은 강대국들과의 경쟁 대응에 초점을 맞췄다.[297] 2000~2010년 동안 중국은 인도보다 훨씬 높은 수출·수입 증가율을 기록했으며, 외국인직접투자도 더 많이 유치했다.[298] 이에 인도는 경쟁력을 높이기 위해 250개 이상의 경제특구(SEZ)를 조성하는 등의 정책을 도입했다. 그러나 이러한 경제특구를

활용해 수출 지향적인 FDI를 유치하는 데 중국만큼의 성과를 거두지는 못했다.[299]

2. 오늘날 인도의 통상정책

(1) 산업정책 기반의 인도 경제: 국내 시장 중심 성장과 반자유무역 기조

인도의 국내 정치 환경과 산업정책은 통상정책에 큰 영향을 미친다. 특히 WTO와 같은 다자간 기구와의 복잡한 관계는, 기본적으로 무역 자유화에 회의적인 산업정책을 중시하는 인도 정부의 태도와 복잡하게 얽혀 있다. 앞서 살펴본 인도의 산업정책은 친투자-반수입 접근 방식을 사용하는 '인도에서 만들기(Make in India)' 이니셔티브의 형태로 이루어졌다. 이 이니셔티브의 목표는 인도의 제조업 경쟁력을 높이고 수출 및 투자를 강화하는 것이다. 2014년 10월, 인도 산업 및 내부무역 촉진부(Department for Promotion of Industry and Internal Trade)는 일본의 투자 제안을 신속하게 처리하기 위해 '일본 플러스' 태스크포스를 구성했다. 이와 유사하게 2016년 6월에는 한국 투자를 위한 '코리아 플러스' 태스크포스도 만들었다.[300] 이러한 프로젝트는 FDI 규제의 일부 완화와 함께 인도에 대한 외국인 투자를 유치하는 데 어느 정도 성공을 거두었다. 2014년부터 2015년까지 인도의 외국인직접투자는 총 411억 5,000만 달러에 달했다. 이 금액은 2021~2022년에 거의 두 배로 증가하여 총 836억 달러에 달했다.[301] 그러나 인도의 FDI는 여전히 다른 많은 신흥 시장에 비해 뒤처져 있으며 수출 부문에 대한 FDI 유치에 어려움을 겪고 있다.

앞서 언급했듯 인도는 2000년대 이후 자국 산업을 보호하기 위해 반덤핑 조치와 같은 무역구제 수단을 강력하게 활용하고 있다. 인도는 WTO 회원국 중 세계에서 무역구제 조치를 가장 많이 사용하는 국가 중 하나였다.[302] 특히 2023년은 무역구제 조사 개시가 가장 많았던 해 중 하나로, 2023년에 총 38건, 3분기에만 23건이 개시되었다. 이 중 대부분은 반덤핑 조사였으며, 상계관세 조사는 5건, 세이프가드 조사는 단 1건만 개시되었다.[303] 과거와 마찬가지로 중국이 가장 많은 조사 대상국이었고, 한국(2023년 6건의 조사 개시 대상국), 태국, 대만, 일본, 싱가포르가 그 뒤를 이었다.[304] 2023년에 발표된 32건의 최종 조사 결과 중 관세 부과를 권고하지 않은 것은 단 2건에 불과했다.[305]

이러한 무역구제 경향은, 인도 국내 경제에서 무역의 역할이 중요하지만 그 비중이 상대적으로 적기 때문에 나타나는 것으로 보인다. 인도는 GDP 대비 무역 비중에서 멕시코, 터키, 러시아, 남아프리카공화국에 비해 뒤처져 있다. 외국인직접투자 유치에는 성공했지만, 국내로 유입된 외국인직접투자 규모는 중국, 브라질, 멕시코, 러시아에 비해 여전히 낮다. 또한 인도가 유치하는 FDI의 대부분은 수출 지향 산업이 아닌 내수 시장을 위한 것이다.[306] 인도는 비슷한 규모의 다른 경제권에 비해 글로벌 공급망에 대한 참여도가 상대적으로 낮고 해외 생산 네트워크와의 연계도 미미하다. 따라서 인도 경제에서 국내 부문이 차지하는 비중이 상대적으로 크며, 국내 산업계는 무역정책 형성에 상당한 정치적 영향력을 행사하고 있다. "인도가 참여하는 다양한 대외 협상에서 국내 이해관계와 민감성이 가장 우선시되는 것은 당연하다"는 평가도 존재한다.[307] 이는 특히 농업 부문에서 잘 드러나는데, 수백만 명의 인도 국민이 농부와 생산자로서 농업에 참여하고 있는 상황이며, 일각에서는 농업을 인도에서 가장 "개혁되지 않고 비생산적이며 정치적으로 민감한 분야"라고 부르기도 한다.[308] 인도의 농산물 관세는 동종 경제국 중 가장 높은 수준이며, 쌀과 밀 같은 주요 농산물에 대한 수출 금지 조치를 취할 뿐 아니라 관세도 지속적으로 부과하고 있다.[309]

모디 인도 총리는 자신의 핵심 유권자인 인도 농민들의 거센 반발로, 인도의 농업 보조금 제도를 자유화하기 위한 2021년 개혁 패키지를 포함한 법안을 여러 차례 철회해야만 했다.[310] 농민들은 개혁에 반발해 수도로 향하는 주요 도로를 16개월 이상 봉쇄했고, 결국 정부가 해당 개혁안을 철회한 것이다.[311] 재집권에 성공했지만, 이제 모디 총리는 20여 개 작물에 대한 국가 수매와 의무 가격을 보장하라는 농민들의 새로운 요구를 수락해야 할지도 모르는 상황이다.[312] 이러한 강력한 국내 지지층으로 인해 인도는 농업과 같은 문제에 대해 WTO와 같은 다자 기구에서 강경한 입장을 취하고 있다. 인도가 2024년에 열린 13차 WTO 각료회의에서 농업 문제에 대한 진전을 막은 것도 농민들의 지속적인 시위와 모디 총리의 재선 및 총선에 관한 정치적 계산이 일정 부분 작용한 것으로 보인다.[313]

인도에는 강한 목소리를 내는 반자유무역 단체가 몇 있지만, 반대로 대외 지향적인 무역정책을 옹호하는 국내 로비 및 이익 단체는 부족한 것으로 알려져 있다. 의약품과 보석, 가죽 등의 상품 분야에서 인도 수출업체들은 세계 시장에서 상당한 점유율을 차지하고 있으며, 때때로 무역장벽을 제거하기 위해 정부에 로비를 벌여왔다.[314] 그러나 친자유무역 성향의 선거구와 이익 단체는 여전히 소수에 불과하다.[315]

현존하는 친자유무역 단체가 "대외 지향적 정책에 반대하는 목소리에 비해 턱없이 부족하다"는 평가도 있다.[316] 이는 농업뿐만 아니라 자동차, 소규모 소매업, 낙농업 등의 분야에서도 마찬가지인 것 같다. 이들 국내 기업이 외국 기업과의 경쟁력을 우려하고 추가 자유화를 국내 시장 장악에 대한 위협으로 간주하기 때문이다. 그 결과 자유화된 무역 의제를 추진할 수 있는 BJP의 능력은 제한적이었다. 의미 있는 무역 자유화 정책을 추진할 때마다 상당한 정치적 대가를 치르는 위험을 감수해왔다. 이에 모디 총리와 BJP는 "많은 대중 유권자의 지지를 받아 선출되었음에도 불구하고, 수입과 대외 개방을 장려하는 자유무역 정책을 추진하면 핵심 지지층을 동요시킬 수 있다는 우려 때문에 이를 주저하고 있다"는 평가를 받기도 한다.[317]

일각에서는 복잡한 정치적 이해관계가 무역을 통해 얻을 수 있는 인도의 기회를 방해한다고 본다. 예를 들어 인도가 추진하는 농업 보조금 개혁과 관련해, 기존 보조금 체계는 현재 인도의 현실과 맞지 않다는 지적이 있다. 인도는 이제 세계 곡물 시장에 참여할 만큼 경제적으로 성장했으며, 식량 부족의 위험도 낮다. 따라서 농업 정책은 밀과 쌀 위주의 생산에서 벗어나야 하며, 현대적인 식습관 변화에 대응하고, 제한된 수자원을 효율적으로 활용할 수 있도록 작물 다양화를 유도할 필요가 있다는 주장이다.[318]

(2) 인도의 반反FTA 기조: 보호주의, 수입 공포증 그리고 경제민족주의

인도는 전통적으로 FTA 협상을 꺼려왔다. 하지만 2010년대 중반 일본, 한국, 싱가포르, 말레이시아 등 아시아 주요 경제국과의 FTA를

추진하면서 상황이 바뀌었다. 이 중 일부는 자유화를 의제로 하여 추진된 반면, 아프가니스탄, 부탄, 네팔, 스리랑카와 같은 다른 국가들과의 FTA는 보다 비경제적이고 전략적인 의제에 중점을 두었다.[319] 후자의 협상은 주로 관세와 원산지 규정, 비관세 장벽, 서비스, 투자, 지식재산권에 비중이 실렸다. 반면 이후 싱가포르, 말레이시아, 일본, 한국, 아세안과의 FTA 협상은 서비스, 투자, 경쟁, 지식재산권, 정부조달 등 현대 무역 이슈를 포괄하는 보다 광범위한 협상이었다. 그러나 인도의 FTA는 보통 다른 나라들과 마찬가지로 WTO 규범보다 조금 더 개방적인 수준(WTO 플러스)에 그치며, 그보다 더 진전된 내용을 담은 경우는 거의 없었다. 인도는 금융 서비스, 국영 기업, 환경 및 노동 기준과 같이 산업정책의 일부로서 정치적으로 민감한 문제를 수반하는 이슈를 회피해왔다.

2014년 모디 정부가 선출되면서 인도의 FTA 정책은 눈에 띄게 변화했다. 2010년대 후반과 2020년대 초반에 체결된 최근의 FTA는 '단편적인' 시장 접근 조항만 포함하는 등 야심찬 성격이 덜했다.[320] 농업 부문과 같은 대규모 이익 단체들도 미국과 같은 대규모 시장과의 FTA 협상에는 반발하고 있다.[321] 이에 EU, 호주, 캐나다 등과의 FTA 협상은 완전히 중단되었다. 세계화에 대한 태도 변화는, 2008년 금융 위기의 여파로 인해 당시 집권당이었던 인도 국민회의가 세계화 지향 정책에 심각한 도전을 받은 것이 주된 원인으로 꼽히고 있다.[322]

제조업 및 농업 부문의 중요성과 로비력 역시 인도 정부가 수입 관세 인하 협상에 적극적으로 나서지 못하게 하는 요인으로 작용했다. 인도에서는 제조업 수입이 수출보다 훨씬 많고 2000년대 초반부터 "산업 및 제조업 성장을 촉진하기 위해 수입에 대한 의존도가 광범위"했다. 그런데 이러한 수입이 인도의 산업 성장을 유지해왔음에도 불구하고 역설적이게도 보호주의에 대한 요구는 더욱 강화되었다. 이러한 모순은 부분적으로 중국과 같이 지정학적으로 다소 적대적인 국가에 과도하게 의존하는 것에 대한 정치적 우려 때문으로도 설명할 수 있다. IT와 제약 등 인도의 주요 산업은 중간재 생산을 위해 중국 수입에 크게 의존하고 있다. 그러나 양국 간 긴장이 고조됨에 따라 인도는 막대한 경제적 비용을 감수하더라도 공급망을 분리하려는 노력을 기울이고 있다. 인도는 현재 31억 8,000만 달러에 달하는 원료의약품의 거의 절반을 중국에서 수입하고 있지만, 인도 제조업체들은 가격 상승을 감수하고서라도 수입을 제한하려고 노력하고 있다.[323] 자급자족의 필요성에 대한 정치적 메시지가 점점 더 강조되면서 인도의 '수입 공포증'도 증가하고 있는 것이다.

인도는 2019년 RCEP 협상에서 이탈했다. 이 결정에는 국내 산업의 이해관계가 중요한 요인으로 작용했다. 특히 중국과의 무역에서 수입 급증과 무역 적자 확대 가능성에 대한 우려가 크게 작용했다.[324] 그러나 반무역 이익 단체와 유권자들이 정부의 협상 철회 결정에 상당한 영향력을 행사한 것으로 널리 알려져 있으며, 특히 2019년에 전국적인 반대 시위를 벌인 국산품 자립경제 진흥단체 '스와데시 자그란 만치(Swadeshi Jagran Manch, SJM)'[325]도 큰 영향을 미쳤다고 한다.[326] SJM은 영향력 있는 국내 로비 단체의 지원을 받아 수입 공포증을 부추기는 데 성공했다.[327]

한편 인도는 국내 서비스 부문을 확대하려는 노력을 기울이고 있지만, 동시에 중국에 대한 의존도가 높아지는 역설적인 상황에도 노출되고 있는 것으로 보인다. 관광, 운송, 소매, 교육 등 다양한 서비스 분야의 경쟁력을 강화하는 과정에서, 스마트폰과 같은 소비재를 중국에서 수입할 수밖에 없는 상황에 놓인 것이다. 제약 산업에서도 유사한 흐름이 나타나는데, 인도의 제약 산업은 세계 최대 규모 중 하나로 성장했지만 생산 과정에서 중국산 중간재에 크게 의존하고 있다. 그러나 이들 사례는 다소 이례적이라 볼 수 있고, 대부분의 주요 인도 수출 산업은 주로 국내 공급망을 활용하고 있는 것으로 나타난다. 예를 들어 농업과 서비스 부문은 각각 90%, 제조업은 70%에 달하는 높은 국내 기여도를 유지하고 있다.[328]

(3) 인도의 다자통상 및 WTO 전략: 국내 정치와 산업정책이 만든 반자유무역의 최전선?

인도는 한때 WTO의 적극적인 회원국이었지만, 최근 WTO 각료급 회의에서 공격적인 입장 표명과 함께 합의 도출 시도를 차단하려는 의지를 보여 많은 사람들이 인도를 이 기구의 '악당(villain)'처럼 인식하고 있다.[329]

1980년대와 1990년대에 인도는 GATT 및 WTO의 무역자유화를 조심스럽게 지지했다.[330] '도하 개발 어젠다(DDA)'를 주도하는 동시에 '발전적 다자주의(developmental multilateralism)'라는 개념을 장려하기도 했다.[331] GATT 및 WTO에서 인도의 무역 의제는 신흥 경제국에 대한 특별 및 차등(special & differential, S&D) 대우를 확보하는 데 중점을 두었다. '개발도상국' 지위에 기반한 무역 의제를 옹호하는 인도의 정책은, 빠른 경제성장과 세계 5위의 경제 대국에 기반한 차세대 '강대국' 위상에도 불구하고 2020년대까지 계속되었다(사실, WTO에서의 개발도상국 지위를 주장하는 전략은 이미 G2 강대국 반열에 올라선 중국도 마찬가지였다).

그러나 농장 및 의류 노동자 노동조합부터 BJP 모조직인 '인도 국민봉사단(Rashtriya Swayamsevak Sangh, RSS)'에 이르기까지 국내 유권자들이 대외무역정책에 더욱 적대적인 태도를 견지하면서, 인도는 WTO 관련 협상에서 한층 완강한 태도를 보이게 되었다. 2024년 13차 WTO 각료회의에 앞서 인도의 고위 관리들은 "환경, 젠더, 중소기업(MSME) 등과 같은 비무역 이슈에 대한 어떠한 작업 프로그램이나 협상 의무에도 반대할 것"이라고 밝히며 보호주의적 태도를 노골적으로 표시했다.[332] 그리고 곧 열린 인도 연방 선거는 당시 자유무역을 반대하던 국내 정치권에 큰 힘을 실어주었다. 이에 따라 WTO 각료회의에서 인도는 자국 농업 보조금에 대한 양보를 확보하고, 남획을 초래하는 보조금 폐지 협상을 연기하며, 국경 간 전자상거래 과세 동결을 해제하는 것을 목표로 협상에 임했다.

이처럼 인도가 반자유무역적 성과를 관철하기 위해 WTO 각료회의를 사실상 '지렛대'로 활용하며 강경한 협상 전략을 펼친 이유는 다양한 요인으로 설명할 수 있다. 먼저 약 8억 명의 인도인에게 보조금으로 곡물을 제공하는 인도의 식량 복지 프로그램이 종종 WTO 규정 준수에 대한 우려를 불러일으켰다. 인도 정부는 또한 WTO 농업 협정에 대해 다소 비우호적인 입장을 취하고 있다.[333] 인도 농민들은 국내적으로 특히 영향력이 큰 유권자 집단으로서 자유화에 격렬하게 반대하는 것으로 잘 알려져 있다. 각료회의가 열리기 몇 주 전부터 농민들은 농작물에 대한 고정 보조금을 더 많이 확보하기 위해 대규모 시위를 벌이며 인도 농업부와 면담을 진행했다.[334] 인도의 현행 농업 정책하에서 정부는 정해진 생산량을 맞추기 위해 농부들에게 시장 가격 이상의 보조금을 지급하고, 그 결과 발생하는 잉여분은 일반적으로 국제 시장에 재판매한다. 인도는 중국에 이어 세계에서 두 번째로 큰 밀과 쌀 생산국이며, 농민들의 막강한 협상력으로 인해 농업 보조금에 대한 국제적 합의를 위반할 가능성도 높은 상황이다.[335]

인도가 농업 보조금 개정을 명확히 반대하는 것과는 대조적으로, 어업 보조금에 대한 인도의 입장은 불분명하다. WTO는 지난 수년간 어족자원의 남획에 기여하는 국가 보조금을 종식시키기 위해 노력해 왔다. 이에 인도는 그러한 보조금 금지 규정과 관련하여 개발도상국에 대해서는 25년간의 면제가 부여되어야 한다고 주장해왔다. 인도는 전 세계 어부 인구의 4분의 1을 차지하지만,[336] 인도의 어업 보조금은 총 3억 달러로 미국, EU, 중국이 어업에 제공하는 수십억 달러의 보조금에는 훨씬 못 미친다.[337] 또한 인도 어민들은 농민들과 달리 정부와의 협상력이 다소 약한 편이다. 이러한 사실에 비추어 볼 때, 인도가 WTO 어업 협상을 지연시키는 동기는 보조금에 대한 정책적 우려만은 아닌 것 같다. 오히려 개발도상국 대표로서의 힘을 과시하고 국내 산업에 영향을 미치는 WTO 결정에 대해 강경한 입장을 취하려는 의도 때문으로 보인다.

인도는 국경 간 전자상거래에 대한 세금 유예를 종료하려 하고 있으며, 남아프리카공화국과 인도네시아도 같은 입장을 보이고 있다. 이들 국가는 디지털 기술의 발전으로 전자상거래가 빠르게 성장하면서, 전통적인 무역 방식과 비교해 상당한 세수 손실이 발생하고 있다고 주장했다. 특히 인도는 책이나 비디오 등 실물 상품이 디지털 방식으로 유통되면서 관세가 적용되지 않아 세수가 줄고 있다는 점을 문제로 삼고 있다.[338]

일각에서는 인도가 WTO 협상에서 성과를 내지 못한 이유는 새로운 무역 이슈에 익숙하지 않고, 협상에 적극적으로 참여하려는 의지가 부족하기 때문이라는 주장도 있다. 인도의 무역정책이 보호무역주의와 관세 중심으로 정의되고 있는 상황에서, 환경 규제, 노동 기준, 데이터 보안 등 최근 글로벌 무역에서 핵심적으로 논의되는 이슈를 다룰 준비가 되어 있지 않다는 지적도 존재하는 것으로 보인다.[339]

5장

통상규제의 격돌: '보이지 않던 손'이 움직인다

5가지 통상규제 트렌드:
21세기를 지배하는 가치들이 격돌하는 최전선

미국, 자국 산업 보호를 위한 통상규제:
'미국산 우선' 정책의 실체

EU, 규제의 칼날을 세우다:
환경·인권·공정을 내세운 통상규제 폭풍

중국, '데이터 장성'을 쌓다:
사이버 안보와 기술 자립을 위한 통상규제

인도, 전략적 개방과 선택적 통제:
수입허가 강화와 보호무역 정책의 그림자

수출 통제와 경제 제재:
안보와 경제가 뒤얽힌 통상규제의 새로운 전선

글로벌 시장을 움직이던 '보이지 않는 손'이 물러나고,
이제 통상규제라는 '보이는 손'이 조건부 자유무역 시대를 만들어간다.

최근 미국, EU, 중국 등 기존의 경제 강대국들은 산업정책을 전략적으로 강화하고 있으며, 인도와 같은 차세대 강대국도 이에 발맞춰 자국 중심의 산업·무역 정책을 적극 추진하고 있다. 이로 인해 과거 자유무역에 기반한 경제 질서와는 다른 새로운 질서가 형성되고 있다. 이러한 흐름은 흔히 '보호무역'이나 '경제 블록화'로 설명되기도 하지만, 보다 근본적으로는 각국의 '산업정책 강화'와 그에 따른 '글로벌 분업체계 약화'라는 공통된 양상을 보여준다.

미국, 중국, 인도는 관세, 보조금 지원, 수입 제한, 국내 산업 보호 및 육성 등 강력한 산업정책을 통해 이미 통상 전략 추진을 본격화했다. 반면 EU는 산업정책의 필요성을 인식하면서도 급격한 변화를 모색하기보다는, '그린딜'과 같은 친환경 전환 정책을 중심으로 산업정책을 추진하고 있다. 동시에 다른 국가들의 무역정책 변화에 대응하기 위해 통상규제를 강화하는 전략을 취하고 있다. 이들 각국의 산업정책은 전반적으로 국내 산업 육성을 공통 목표로 하며, '친환경', '디지털 기술', '공급망 강화', '지속 가능성' 등의 목표를 만나 그 방향성을 구체화해가고 있다. 미국의 경우, 비록 트럼프 2기 행정부가 환경 관련 정책에 강하게 반대 입장을 표명했지만, IRA 등에 반영된 거대한 '친환경' 산업정책의 흐름과 그에 따라 이미 민간 투자가 집중되고 수익 구조가 자리잡은 산업 인프라 전환을 이제 와서 되돌리기는 현실적으로 어렵다는 점은 이미 언급한 바 있다.

이러한 변화는 각국의 '규제'와 정부 조치를 통해 보다 분명하게 가시화되고 있다. 특히 국내 법규로 제정된 규제들이 국경을 넘어 '역외'로 적용되며 통상규제로 작용하고 있는 현실에 주목해야 한다. WTO를 중심으로 한 기존 자유무역 체제가 침체하면서, 이러한 통상규제는 새로운 무역 질서를 만드는 핵심 도구로 자리잡았다. 이처럼 '통상규제 폭풍'과 '통상규제 격돌'의 시대가 도래하고 있으며, 글로벌 시장은 수요·공급의 '보이지 않는 손'이 아닌 통상규제라는 '보이는 손'에 의해 재편되고 있다. 이번 장에서는 주요 경제권역들의 통상규제 특징과 주요 내용을 개관해본다.

5가지 통상규제 트렌드:
21세기를 지배하는 가치들이 격돌하는 최전선

미국, EU, 중국 등 기존 강대국과 인도 등 차세대 강대국의 산업·통상 정책은 서로 다른 조건 속에서도 유사한 전략적 가치 지향이 드러난다. 물론 이 가치들이 전적으로 공유되는 것은 아니고, 각국의 조건과 목표에 따라 교차하거나 엇갈리기도 한다. 이들을 개괄적으로 범주화해 보자면, ① 기후·녹색 전환, ② 첨단기술, ③ 공급망·안보, ④ 지속 가능성, ⑤ 보조금이라는 다섯 가지 핵심 트렌드로 구분되며, 이들 간에는 상호 중첩되는 지점도 존재한다. 그리고 각국의 여러 '통상규제'들로 구체화되고 있다.

첫째, 환경 보호, 특히 기후변화 완화와 녹색 전환으로의 지원이 규제와 정책의 중심 명분으로 등장하고 있다. 재생에너지로의 전환을 가속화하기 위한 조치들이 지속적으로 확대되고 있으며, 산림벌채나 플라스틱 오염 같은 글로벌 환경 문제를 규제하려는 움직임도 활발히 이루어지고 있다. 이러한 규제 개입은 국제무역과 글로벌 가치사슬 전반에 걸쳐 환경 문제를 해결하려는 강력한 의지를 보여준다.

둘째, 거의 모든 경제권역에서 기술 규제를 통한 비관세 장벽이 크게 증가하고 있다. 이러한 규제 활동은 디지털 경제와 서비스 산업이라는 글로벌 경제의 핵심 부문에서 특히 두드러지게 나타난다. 기술 발전과 새로운 과학적 정보를 반영하기 위해 기존 규제를 개정하려는 노력이 활발하지만, 규제 간 조율과 통합이 이루어지지 않을 경우 시장 분열을 초래할 가능성이 크다. 동시에 서비스 부문에서는 국내 규제와 서비스 제공업체 인가 절차의 투명성, 예측 가능성, 효율성을 높이기 위한 조치들이 증가하고 있다. 또한 정보통신기술 제품 등 새로운 분야에서 독자적인 규범을 마련하려는 움직임과 이에 따른 새로운 규제들이 늘어나고 있으며, 이는 강력한 무역장벽으로 작용할 가능성을 내포하고 있다.

셋째, 공급망 관련 조치와 제안에서는 특정 국가를 겨냥하거나 특정 공급원에 대한 의존도를 낮추려는 움직임이 두드러진다. 코로나19 팬데믹의 여파와 러시아의 우크라이나 침공으로 인한 지정학적 충격은 이러한 변화를 가속화했다. 일부 국가는 특정 국가에 대한 불균형적 수입 의존으로 발생할 수 있는 공급 부족을 피하기 위해 무역 파트너를 다변화하려는 노력을 기울이고 있다. 동시에 '우방국' 인센티브와 제재 위협을 통해 러시아와 중국 같은 특정 국가에 대한 핵심 수입품 의존도를 줄이려는 조치가 시행되고 있다. 특히 미국은 국가 안보 우려를 이유로 중국으로부터의 수입을 억제하고 대중국 투자를 제한하려는 경향이 뚜렷하다. 이러한 흐름은 많은 국가에서 공통적으로 나타나며, 국가 안보와 경제 문제가 어느 때보다 밀접하게 연계되어 있음을 보여준다.

넷째, 공급망 전반에서 '환경, 사회, 거버넌스(Environment, Social, Governance, ESG)' 등 지속 가능성 표준을 모니터링하고 실사를 보장하는 조치가 유럽을 중심으로 확산되고 있다. 민간 기업들이 ESG 표준을 개발하도록 유도하는 한편, 투자자에게는 심사와 보고 의무를 강화하는 조치라고 할 수 있다. 점차 많은 국가 또는 경제권역에서 ESG 준수 요구가 강화되고 있으며, 이는 글로벌 공급망의 지속 가능성을 확보하려는 국제적 노력의 일환으로 볼 수 있다.

다섯째, 보조금(세액공제, 직접 보조금, 대출 등)과 국산 부품 사용 의무(local content requirement) 그리고 기타 수단을 활용해 특정 산업 부문에 대한 현지 투자를 지원하고 촉진하려는 다양한 산업정책과 조치가 적극적으로 시행되고 있다. 이러한 정책들은 국내 산업을 보호하고 육성하는 동시에 국가 경제의 경쟁력을 강화하려는 목적을 담고 있다.

이 다섯 가지 범주의 흐름은 많은 경우 서로 중첩되어 나타난다. 환경 보호와 국내 제조업 활성화를 동시에 추구하는 정책들이 그 대표적인 예라 할 수 있다. 예를 들어 미국의 IRA에 따른 전기자동차 세액공제와 인도의 전기차 제조 촉진 제도에 따른 관세 혜택은 모두 국내 부가가치 창출을 조건으로 하고 있다. 이와 함께 EU의 다양한 친환경 라벨링 요건은 소비자에게 제품 정보를 제공하는 것을 넘어, 규제 개입을 통해 시장 행동을 유도하고 소비자의 인식을 변화시켜 환경 보호를 실현하려는 의도를 담고 있다. 이러한 정책들은 환경, 경제, 나아가 안보라는 다층적인 목표가 결합되어 글로벌 시장과 무역 구조에 변화를 일으키고 있다.

1. 기후변화 및 친환경 전환 관련 규제

※ 이하에 예시로 제시하는 표의 통상규제 중, 이번 장에서 자세히 다룰 규제는 별도로 설명하지 않는다. 본문에서 다루지 않은 규제의 내용은 미주를 통해 간략히 소개한다.

화석연료에서 재생에너지로의 전환, 녹색경제 지원 그리고 기후변화 완화를 목표로 한 환경 보호는 현재 여러 국가의 통상규제에서 핵심적인 경향으로 자리잡고 있다. 많은 국가들이 탄소 배출 저감을 중심으로 한 기후변화 대응 조치를 시행하며, 동시에 '친환경' 제품과 서비스에 다양한 인센티브를 제공하여 녹색경제를 활성화하려는 노력을 기울이고 있다. 이러한 추세는 앞으로도 지속적으로 발전할 가능성이 크며, 녹색경제 성장에 따른 혜택을 누리기 위해 국내 산업을 육성하려는 국가 간 경쟁도 치열해지고 있다. 이 과정에서 산업 발전과 기후변화 완화라는 두 가지 목표가 종종 병행되고 있는데, 이러한 정책들이 진정으로 환경 보호를 목적으로 하는지 아니면 산업 구조 개선을 위한 수단으로 활용되는지에 대한 혼동을 일으키기도 한다. 실제로 주요 경제권역의 국가들은 모두 녹색경제 경쟁에 참여하며 국내 '친환경' 상품과 서비스를 지원하기 위한 다양한 정책과 규제를 채택하거나 준비 중이다. 이러한 움직임은 해외 경쟁업체들이 각국의 지원책을 통해 경쟁력을 강화할 가능성을 높이며, 이는 한국의 경제적 이익에도 상당한 영향을 미칠 수 있다.

아래 표 1은 기후변화 및 녹색 전환 관련 국가별 통상규제 규범 및

국가	주요 규제
중국	탄소시장 강제관리 규정[1] 설비 개조, 에너지 절감 및 배출 저감 프로젝트 관련 보조금[2]
EU	탄소국경조정제도(CBAM) 배터리 규제(Battery regulation) 배출권 거래제도(ETS) 탄소중립 산업법(Net-Zero Industry Act)
미국	인플레이션 감축법(IRA)에 따른 청정에너지 세액공제(Clean energy tax credits)
인도	2022 개정 에너지 절약법(Energy Conservation Amendment Act, 2022)[3]

표 1

조치들의 예시이다.

2. 디지털 경제와 서비스 산업 전반의 부상

과거에 산업 및 농업과 같은 전통적인 분야에 비해 규제가 적었던 디지털 경제와 서비스 산업에 대한 규제 활동은 최근 크게 증가했다. 즉 기술 발전과 새로운 과학적 발견에 맞춰 기존 규정을 개정하고 새로운 규제를 도입하려는 움직임이 활발히 이루어지고 있는 것이다. 정보통신기술(ICT) 제품을 포함한 새로운 분야나 제품에 대한 규제는 시장 접근을 제한하는 강력한 장벽으로 작용할 수 있어 그 중요성이 크다. 또한 운송 및 물류, 에너지, 금융 서비스 등 민감한 분야로 간주되는 서비스 산업에 대한 정부의 통제력이 강화되고 있으며, 국내 서비스 제공업체를 보호하고 지원하기 위한 규정이 점차 마련되고 있는 추세이다.

한편 이러한 발전이 단순히 일방적인 규제 강화로만 이루어진 것은 아니다. 실제로 서비스 관련 국내 규제의 증가에 대응해 2021년 12월에는 WTO 회원국 67개국이 협상을 성공적으로 마무리하며, 서비스 산업에서의 국내 규제 투명성과 공정성을 높이는 데 합의했다. 표 2는 이러한 디지털 경제와 서비스 산업에 관한 주요 규제와 조치의 몇 가지 대표적인 예를 보여준다.

3. 국가 안보, 자율성, 공급망 관련 규제

2014년 우크라이나에 대한 러시아의 부분적 침공 이후, 미국과 중국의 관계는 더욱 긴장되었고 러시아에 대한 반감도 커지면서 수출

국가	주요 규제
중국	공공데이터 자원 등록 및 관리에 관한 임시조치(2025년 1월)[4] 인공지능 생성 콘텐츠 식별 조치(2025년 3월)[5] 사이버보안법 데이터보안법 개인정보보호법
EU	디지털 서비스법(Digital Services Act; DSA)[6] 디지털 시장법(Digital Markets Act; DMA)[7] EU 데이터법 EU 인공지능법
인도	2023 디지털 개인정보보호법(Digital Personal Data Protection Act, 2023)[8]

표 2

통제, 경제 제재, 외국인투자심사 강화 등 국가 안보와 관련된 각종 이니셔티브와 조치가 크게 증가했다. 전 세계가 점점 더 '우방국'과 '적대국'으로 나뉘면서 이러한 유형의 조치는 더욱 두드러지고 있으며 앞으로도 계속 증가할 것으로 보인다. 이는 특히 중국과의 긴장이 고조되고 있는 상황에서 중국으로의 상품 및 서비스 수출을 제한하기 위한 다양한 조치와 이에 대응하는 중국의 조치에서 확인할 수 있다.

또한 각국이 '국가 안보'를 당면한 안보 상황(예컨대 국방 및 군사)뿐만 아니라 '경제 안보'의 측면에서도 바라본다는 사실은, 국가 안보와 다소 거리가 있는 규제라도 국가 안보 목표에 따라 광범위한 규제가 계속 개발될 가능성이 높다는 것을 의미한다. 미국의 철강 및 알루미늄 분야와 같이 보호주의 조치를 정당화하는 '경제 안보'의 가장 두드러진 사례는 미국의 무역확장법(Trade Expansion Act of 1962) 232조 조치다. 안보 관점에서 '민감한' 분야로 간주되어 제한 또는 추가 통제가 적용되는 분야는 점점 더 많아지고 있다. 즉각적인 군사적 위협이 존재하지 않더라도 점점 더 많은 산업 부문이나 국가에 외국인 투자 및 활동에 대한 제한이 부과되고 있다.

최근 각국 정부는 경제에 필수적인 상품의 공급원을 다변화하여 심각한 공급 부족 위험을 피하고 특정 국가로부터의 수입을 제한하기 위한 정책과 조치를 채택하고 있다. 글로벌 가치사슬에 대한 의존도는 이전보다 더 높은 위험 요소로 간주되고 있다.

끝으로, '경제적 강압'으로 간주되는 사안에 대해 일방적인 보복 조치를 취하는 사례가 점점 더 늘어나고 있다는 점도 주목할 만하다. 이러한 조치는 WTO 분쟁해결절차(DSU 23조)에서 요구하는 회원국 간 논의와 WTO 패널의 공식적인 판단 과정을 거치지 않고, 해당 국가가 독자적으로 상대국의 조치를 '위법'이라고 판단한 후 대응 조치를 취하는 방식으로 이루어진다. 이는 국제무역의 규범 기반 체제를 약화시키고 분쟁해결 과정의 혼란을 초래할 가능성이 있다. 예를 들어 EU의 강압 방지 규정(Anti-Coercion Instrument), 미국의 2023 경제 강압방지법안[9], 브라질의 분쟁해결 지연 회원국에 대한 양허 중단 잠정조치[10] 등이 이러한 사례로 꼽힌다.

이러한 규제를 비롯해 경제 및 안보와 관련된 모든 조치는, 확대된 수출 통제 목록에 등재된 제품의 확보를 잠재적으로 더욱 어렵게 만든다. 예컨대 한국 생산업체에 원자재와 투입재를 공급하는 무역 파트너가 이러한 목록에 등재되는 경우 해당 한국 업체는 직접적인 영향을 받게 된다.

이러한 수출 통제와 제재 조치 등 안보 관련 조치 외에도, 국가 안보 관련 규제들의 기타 예시는 아래 표 3에 나열된 것들이 눈에 띈다. (그밖에 경제안보에 관한 글로벌 '수출 통제' 및 '경제 제재' 법규 일반 현황에 관해서는 이번 장 후반부 '6. 수출 통제와 경제 제재: 안보와 경제가 뒤얽힌 통상규제의 새로운 전선'에서 별도로 자세히 기술한다.)

국가	주요 규제
중국	외국 주권면제법[11] 수출 금지 및 제한 기술 목록 네트워크 보안제품 규정[12] 드론 수출 통제 수출입 허가 품목 및 이중용도 품목 목록 신뢰할 수 없는 기업 목록 반외국제재법[13] 사이버보안법 데이터보안법 개인정보보호법
EU	반도체법(Chips Act)[14] 반강압 규제(Anti-Coercion Regulation)[15] 핵심 원자재법(Critical Raw Materials Act)[16]
미국	중국 및 첨단기술 제품 관련 BIS 수출 통제 확대 해외직접투자 검토제도(Outbound FDI review mechanism)[17] 미국 내 투자 검토제도(Inbound foreign investment review process administered by the Committee on Foreign Investment in the United States; CFIUS)[18] 커넥트카 관련 ICT 공급망 보호조치(Securing the information and communications technology and services supply chain: connected vehicles)[19] IRA30D조: 해외 우려 기관(foreign entity of concern,; FEOC) 제외 조항

표 3

4. 공급망 ESG 관련 규범

오늘날 여러 경제권역에서 제정되고 있는 규제들은 ESG 문제에 초점을 맞추고 있다. 이는 기업의 공급망과 최종 제품에서 발생할 수 있는 인권 침해, 노동권, 환경 보호 그리고 거버넌스 문제를 해결하기 위한 요건을 법제화하는 움직임으로 나타나고 있다. 특히 ESG에서 'E(Environment)'는 기후변화 대응과 녹색 전환을 지원하기 위한 조치들과 일부 겹치며, 많은 규제가 보고 의무와 투명성을 강조하는 경향을 보이고 있다.

이러한 규제에 따라 외국 기업을 포함한 모든 기업은 실사(due diligence) 관련 정책을 수립하고, 공급망 내 비즈니스 파트너에 대한 철저한 실사를 수행하며, 발견된 문제를 해결하기 위한 구체적인 조치를 취해야 한다. 또한 외국 기업들은 수입국의 광범위한 보고 의무를 준수하기 위해 제품 수입업체와 긴밀히 협력해야 한다. 만약 보고 의무를 이행하지 않거나 제품이 강제노동에 의해 생산된 것으로 판명될 경우, 해당 제품은 수입국에서 판매 금지될 가능성이 높다.

표 4에는 ESG와 관련된 '실사' 규제를 개발 중이거나 이미 시행하고 있는 주요 사례들이 포함되어 있다.

5. 적극적 보조금 및 사업 지원 관련 규범

최근 주요 경제권역의 국가들은 자국 산업을 보호하고 육성하기 위한 산업정책을 강화하며, 국내 산업에 재정적 및 비재정적 지원을 제공하는 다양한 조치를 시행하고 있다. 이러한 조치에는 보조금, 세액공제, 국내 콘텐츠 요건, 그리고 불공정 경쟁으로부터 국내 생산자

국가	주요 규제
EU	기업 지속가능성 실사지침(CSDDD) 기업 지속가능성 보고지침(CSRD) 강제노동 수입 금지[20] 산림벌채 규제(Deforestation regulation)[21] 에코디자인 규제(Ecodesign regulations) 포장재 및 폐기물 운송규정(Rules on packaging and packaging waste and on waste shipments)[22] 수리 권리 보장규정[23]
미국	위구르 강제노동방지법(UFLPA)

표 4

를 보호하기 위한 조치 등이 포함된다. 특히 농업, 재생에너지, 배터리, 반도체, 원자재 등 광범위한 산업 부문이 지원 정책의 대상이 되고 있다.

보조금 자체는 새로운 개념이 아니지만, 최근에는 전통적인 보조금 외에도 새로운 형태의 지원 조치들이 등장하고 있다. 예를 들어 EU는 '역외보조금 규정(Foreign Subsidies Regulation, FSR)'을 도입하여 외국 투자자들로부터 역내 사업자들의 경쟁력을 보호하고 있다. 또한 여러 국가들이 배터리, 반도체와 같은 핵심 첨단산업에 대한 지원을 강화하며, 이러한 보조금을 통해 산업 발전을 촉진하려는 경쟁이 치열해지고 있다. 동시에 녹색 전환을 경제성장과 연결시키기 위한 지원 정책도 활발히 추진되고 있다(EU의 그린딜 정책이 대표적이다). 이러한 보조금 및 지원 조치는 특정 국가, 특히 중국과 같은 특정 공급원에 대한 의존도를 줄이려는 국가 안보상의 우려와 맞물려 증가하고 있는 추세이다.

특히 미국은 과거에 자국 생산자에 대한 보조금 지급에 소극적이었으나, 앞서 3장에서 살펴본 대로 최근에는 IRA과 같은 법안을 통해 국내 산업을 지원하는 경쟁에 본격적으로 참여하고 있다. 이러한 주요 교역 상대국들의 산업 지원 조치는 한국을 비롯한 다른 통상 파트너들의 경제적 이익에도 직접적인 영향을 미치게 된다. 예컨대 미국 등의 해외 경쟁업체가 상당한 지원을 받을 경우 이는 경쟁업체인 특정 한국 기업에 불리한 경쟁 환경을 조성할 수도 있다. 그러나 외국에 투자한 한국 기업이 특정 조건을 충족할 경우, 해당 국가의 보조금 및 지원 정책의 혜택을 받을 가능성도 있으므로 이에 대한 개별적인 검토가 필요하다.

아래 표 5는 각국의 보조금 및 산업 지원 관련 정책 중 특히 주목할

국가	주요 규제
중국	집적회로 및 산업기계 제조업체 세금 인센티브 민간 항공엔진 및 항공기 개발지원 세제혜택 2025년 관세 조정계획 농기계 보조금 청정에너지 개발 특별기금운영 관리조치(2025년 3월)
EU	반도체법(Chips Act) 배터리 규제(Battery regulations) 핵심 원자재법(Critical Raw Materials Act) 역외보조금 규정
미국	'미국산 구매법' 연방조달 최종지침(Final guidance re: Build America, Buy American Act for federal procurement) IRA 청정에너지 세액공제(Clean energy tax credits) 칩스 및 과학 법(CHIPS and Science Act)에 따른 보조금
인도	전기차 제조촉진 지원제도(Scheme launched to promote the manufacturing of electric vehicles)[24]

표 5

만한 주요 조치들의 예시이다.

6. 자유무역 체제 속 새로운 통상규제: 법적 한계와 대응

이처럼 각국의 산업정책과 통상정책에서 파생되어 나오는 5가지 경제적 가치 트렌드는 부분적으로 중복되기도 하고 서로 영향을 미치기도 한다. 그럼에도 불구하고 이들 트렌드의 공통점이라면, 기존의 WTO 규정이 이 조치들을 효율적으로 다루기에는 한계가 있어 보인다는 점이다. 전반적으로 이 조치들은 1994년 GATT 1조 및 3조의 차별 금지 의무(최혜국 대우, 내국민대우), TBT(기술 장벽) 협정, SCM(보조금·상계관세) 협정 및 TRIMS(무역 관련 투자 조치) 협정의 요건 등에 저촉될 가능성이 지적되고 있다. 고갈되는 천연자원의 보존, 건강, 국가 안보 또는 공중도덕과 관련된 예외 규정이 적용될 여지도 있지만, 위 규제와 조치들이 차별적으로 적용될 가능성을 고려해볼 때 예외 규정 적용 여부의 입증은 만만치 않아 보인다.

국가 안보 측면에서도, 현재까지의 WTO 법리에 따르면 전쟁이나 그와 유사한 상황과 무관한 조치의 경우에는 안보예외(GATT 21조)에 따른 정당성을 인정받기가 매우 어려운 상황이다.[25] 기본적인 WTO 의무 대부분이 FTA에 포함되어 있다는 점을 고려할 때, 이 조치들 중 상당수는 한국이 체결한 FTA 맥락에서도 비슷한 우려를 불러일으킨다고 볼 수 있다. 따라서 이제 개별 국가들의 정부, 업계, 학계 등 모든 이해관계자들은 경제적, 법적, 정치적 이해관계를 면밀히 검토하여 글로벌 통상규제에 대한 구체적인 대응 방안을 종합적으로 살펴볼 필요가 있다.

이하에서는 이러한 글로벌 통상규제들을 일부 선별하여 국가별, 주요 경제권역별로 살펴본다.

미국, 자국 산업 보호를 위한 통상규제: '미국산 우선' 정책의 실체

앞서 살펴본 바와 같이 미국의 통상정책은 국내 산업 육성을 위한 강력한 산업정책에서 출발한다. 이에 따라 미국의 3대 핵심 산업정책 법규(인프라 투자 및 일자리 법, 칩스 및 과학 법, 인플레이션 감축법)는 사실상의 통상규제 관련 법규로 자리잡고 있다. 트럼프 행정부가 재출범하면서 일부 법률(인플레이션 감축법, 칩스 및 과학 법 등)에 대한 폐기 주장도 나오고 있으나, '국내 산업의 육성과 보호'라는 기본 원칙은 미국 통상정책의 핵심 기조로 유지될 가능성이 높아 보인다. 다만 그 추진 방식에서는 변화가 예상된다. 예컨대 첨단산업 육성 기조는 지속될 가능성이 크지만, 친환경 산업 관련 정책은 다소 후퇴할 가능성이 높다. 그러나 전 세계적으로(심지어 미국 국내에서도) 친환경 산업이 확산되는 흐름을 감안하면, 미국이 이에 역행하기는 쉽지 않을 것으로 보인다. 따라서 어느 정도의 조정과 균형을 통해 정책이 지속 추진될 가능성이 커 보인다.

아래에서는 미국의 주요 통상규제 법규들을 상세히 알아보고, 이들이 외국 기업들에 대하여 갖는 함의에 대해서도 간략히 살펴본다.

1. 인프라 투자 및 일자리 법

　바이든 대통령은 2021년 11월 미국 인프라 투자를 위해 주, 지방 및 연방 정부에 1조 2,000억 달러 규모의 자금을 지원하는 '인프라 투자 및 일자리 법(IIJA)'을 제정했다. IIJA는 연방정부 지원 인프라에 적용되는 '미국산 구매(Buy America)' 요건을 확대하여, 전통적으로 이러한 요건이 적용되는 상품뿐 아니라 프로젝트 유형까지 포함시켰다. '미국산 구매'는 전통적으로 연방정부가 보조금, 협력 계약 및 대출로 제공하는 자금에 첨부되는 국내 부품 사용의무(국내 콘텐츠 요건)가 있는 일련의 법률에 일반적으로 부여되는 이름이다. 특정 예외를 제외하고 미국산 구매법에서는, 주로 프로젝트에 사용하기 위해 조달되는 모든 철과 철강 및 제조 제품이 미국에서 생산되지 않는 한, 미국 교통부 자금을 프로젝트에 의무적으로 사용하지 않도록 요구해왔다.[26]

　IIJA는 흔히 '초당적 인프라 법'이라고도 불린다. 이는 법의 목적, 즉 미국 내 인프라 프로젝트에 대한 자금 지원을 보다 직접적으로 표현하는 말이다. 이 법에는 도로, 교량 및 주요 프로젝트(1,100억 달러), 여객 및 화물 철도(660억 달러), 대중교통(390억 달러), 공항(250억 달러), 항만 인프라(170억 달러), 교통 안전 프로그램(110억 달러), 전기자동차(75억 달러), 탄소제로 및 저공해 버스와 페리(75억 달러), 지역사회 활성화(10억 달러) 등의 교통 관련 프로젝트를 위한 할당금이 포함되어 있다. 또한 광대역(650억 달러), 전력 인프라(730억 달러), 깨끗한 식수(550억 달러), 복원력 및 서부 수자원 저장(500억 달러), 수질 및 토양 오염 제거(210억 달러) 등의 추가 인프라 프로젝트에 대한 할당금도 포함되어 있다.[27]

　한편 '미국 건설, 미국 구매법(Build America, Buy America Act, BABA)은 IIJA

의 하위 섹션이다. 교통 및 수자원 프로젝트를 넘어 모든 인프라에 대한 연방 재정 지원 프로그램으로 미국산 구매 요건의 적용 범위를 확대한다. 이 프로그램에는 송전 시설 및 시스템, 유틸리티, 광대역 인프라, 건물 및 부동산이 포함되지만 이에 국한되지 않는다. 또한 BABA는 현행 미국산 구매법의 범위를 확대하여 정부 계약업체가 미국산 철, 철강 및 제조 제품 외에 미국에서 생산된 건설 자재만 사용하도록 요구하고 있다.[28]

IIJA는 BABA에 따른 '미국산 구매' 요건이, 국제 조약에 따른 미국 정부의 의무와 일관되게 해석되어야 한다고 명시하고 있으며, WTO의 정부조달협정(GPA)도 이러한 조약에 포함된다고 밝히고 있다. EU 집행위원회와 다른 국가들은 WTO 정부조달위원회에서 미국의 BABA 이행이 조약상 의무를 위반할 가능성이 있다는 우려를 제기한 바 있고,[29] 이에 대해 미국은 "국제 의무에 부합하는 방식으로 BABA 법을 적용할 것"이라고 답변했다.[30]

이러한 규제로 인해 미국에 투자하는 외국 기업은 프로젝트별로 미국산 특혜 규정을 숙지하고 각종 면제 방안을 강구해야 할 필요가 생겼다. 외국 기업들이 주도하는 모든 대규모 인프라 프로젝트의 특성상 미국산만으로 동시다발적 인프라 건설 수요를 소화하기는 사실상 불가능하기 때문이다. 따라서 미국 정부가 예외 적용 확대 등 융통성 있는 법규 적용을 할 것이라는 전망이 나온다. 외국 기업 입장에서는 전략적으로 현지 생산 인프라를 구축하는 방안을 강구하고, BABA를 우회하는 방안도 고려해야 한다. 특히 건설 서비스 기회 확대를 위해 미국 현지화, 틈새시장 탐색, 현지화 전략(현지 합작투자 또는 M&A) 등을 통해 미국 시장 내 네트워크를 구축하여 미국 시장 내에서의 신뢰도를 구축할 필요성도 생겨나고 있다.

2. 칩스 및 과학 법

2022년 8월, 바이든 대통령은 미국 내 과학 연구개발 및 반도체 생산에 약 2,800억 달러를 투자하는 '칩스 및 과학 법(CHIPS법)'에 서명했다. 2,800억 달러의 예산은 미국 상무부(DOC), 국립과학재단 및 미국 교육부가 관리하는 프로그램을 통한 연구개발(R&D) 및 인력 개발에 2,000억 달러, 반도체 제조에 527억 달러(세부 기금 명칭은 3장 참조), 칩 생산 세액공제에 240억 달러, 공급망 효율성 향상을 위한 신기술 개발에 30억 달러가 할당되어 있다.[31] CHIPS법에 명시된 목표는 반도체 제조 및 기술 분야에서 미국의 리더십을 강화하고, 중국의 반도체 제조 및 기술 경쟁력 상승에 대한 우려를 해소하며, 동아시아의 반도체 생산에 대한 과도한 의존도를 낮추는 것이다.

CHIPS법은 반도체 연구, 개발 및 제조 분야에서 미국의 입지를 강화하고 활성화하기 위해 상무부에만 500억 달러의 투자 예산을 배정했다. 이 중 390억 달러(미국을 위한 칩스 펀드)는 미국 내 시설 및 장비 투자에 대한 인센티브를 제공하는 데 사용되고, 110억 달러는 강력한 국내 연구개발 생태계를 개발하는 데 투자하고 있는 DOC CHIPS 프로그램 사무소(Chips Programs Office)에 배정되었다. 이 프로그램에는 직접 제공과 자금 지원 계약이 모두 포함된다.

또한 CHIPS법은 반도체를 제조하는 법인이 이용할 수 있는 첨단 제조 세액공제(섹션 48D)를 신설했다. 이 세액공제는 적격 납세자의 '첨단 제조 시설'과 관련하여 해당 과세연도 '적격 투자'의 25%에 해당하는 금액이다.

또한 CHIPS법에는 수혜업체의 생산을 장려하고 유도하기 위한 몇 가지 조항이 포함되어 있다. 상무부는 2023년 9월, "미국 정부 자금을 받는 기업이 미국의 국가 안보를 약화시키지 않도록 보장"하는 CHIPS법의 가드레일을 요약한 최종 규칙을 발표했다.[32] 이 규칙에 따라 CHIPS 기금을 받는 기업은 향후 10년간 "우려되는 해외 국가"로 제조업을 확장할 수 없고, 수혜자는 우려 대상 국가와 공동 연구 또는 기술 라이선싱에 참여하는 것도 금지된다.[33]

지금까지의 통계에 따르면 CHIPS법에 따라 여러 국가의 기업이 혜택을 약속받은 것으로 보인다. 여기에는 한국 반도체 기업들뿐만 아니라 TSMC와 인텔도 포함되며, 이들은 모두 미국에 새로운 공장을 건설하기로 하였다.[34] 이러한 생산량 증가가 미국이 동아시아의 지배적인 칩 제조업체에 대한 의존을 중단한다는 뜻은 아니지만, 잠재적인 공급망 중단으로 인한 충격을 관리할 수 있는 "훨씬 더 많은 범위"가 미국에 있음을 의미하게 되었다.[35]

이후 미국 상무부는 2024년 2월 28일 CHIPS법 '국가 첨단 패키징 제조 프로그램(National Advanced Packaging Manufacturing Program, NAMP)'에 대한 '재료 및 기판에 관한 자금지원기회 공고(Notice of Funding Opportunity concerning the NAMP Materials and Substrates, NOFO 3)'를 발표하였다.[36]

NOFO 3는 첨단 패키징 기판 및 기판 재료 관련 연구개발(R&D) 활동을 지원하여, 미국 내 관련 기술 역량을 구축하고 상용화를 가속화하기 위한 자금 지원 공고이다. NAMP는 CHIPS법에 따라 마련

프로그램 영역	보조금 영역	금액(USD)
제조 인센티브: 제조, 조립, 테스트, 첨단 패키징, 연구 및 개발을 위한 국내 반도체 시설 및 장비의 구축, 확장 또는 현대화를 위한 재정 지원	경쟁 선발을 통한 직접 보조금 지원	390억 달러
연구 및 개발 이니셔티브: 자금 배분을 위한 수단으로 4개의 연구기관을 설립한다.	경쟁 선발을 통한 직접 보조금 지원	110억 달러
첨단 제조업 투자 세액공제: 반도체 또는 반도체 제조 장비 제조에 대한 세액공제	세액공제	적격 투자의 25%
국방 기금: 연구, 개발, 테스트 및 평가, 인력개발, 기타 국방부 고유의 요구 사항 및 인텔리전스 커뮤니티	직접 자금 지원	20억 달러
국제 기술보안 및 혁신기금: 국제 정보통신기술 보안 및 반도체 공급망 활동	직접 자금 지원	5억 달러
인력 및 교육 기금: 국립과학재단을 위한 마이크로일렉트로닉스 인력개발 활동	직접 자금 지원	2억 달러
공공 공급망 혁신기금: 개방적이고 상호 운용 가능한 무선 액세스 네트워크를 사용하는 무선기술의 홍보 및 배포	직접 자금 지원	15억 달러

표 6 CHIPS법 개요[37]

된 반도체 산업 경쟁력 강화를 위한 특화된 제조 지원 프로그램으로, CHIPS법이 제공하는 110억 달러 규모의 포괄적 R&D 예산 내에서 운영되지만,[38] 그 성격은 보다 실용적이고 제조 인프라 중심적이다. NOFO 3는 NAMP하에서 발행된 첫 번째 자금 지원 공고로, 미국 상무부 산하 반도체 프로그램 사무소(Chips Program Office)가 약 3억 달러의 예산을 투입해 국내 첨단 패키징 생태계 조성을 지원할 계획이었다.

반도체 패키징이란 ① 반도체 칩을 기계적·열적·환경적으로 보호하고, ② 안정적인 반도체 간 통신 및 데이터 처리, 전력 공급, 안정적인 테스트 및 시스템 통합 플랫폼을 구현하는 두 가지 목적을 수행하는 것을 말한다. 그리고 '고급 패키징(advanced packaging)'은 반도체와 패키지 사이의 경계를 허무는 수준의 통합을 달성하기 위해 많은 수의 인터커넥트가 있는 다중 구성요소 어셈블리를 통합하는 것을 말한다. 반도체 제조업체는 첨단 패키징을 통해 디바이스 성능과 기능을 개선하고 부품을 다양하게 사용할 수 있게 함으로써 출시 기간을 단축할 수 있다. 물리적 설치 공간 감소, 저전력, 칩 재사용률 증가, 보안 강화, 잠재적 비용 절감 등의 추가적인 이점도 있다.[39]

NOFO 3에서는 "재료와 기판은 첨단 패키징의 기초"라고 설명하며, "재료 및 기판 R&D, 특히 응용 R&D는 미국 패키징 생태계를 확장하는 데 매우 중요하다"고 명시하고 있다. 기본적으로 NOFO 3는 다음과 같은 활동에 자금을 지원하는 것을 목표로 하고 있다.[40]

- 고급 포장재 및 기판에 대한 국내 R&D 및 혁신 촉진
- 국내 소재 및 기판 혁신을 미국 제조업으로 전환하여 이러한 기술을 미국 제조업체와 고객이 이용할 수 있도록 하고, 미국 경제 및 국가 안보에 상당한 혜택을 제공
- 첨단 포장재 및 기판 R&D, 시제품 제작, 상용화 및 제조를 위한 견고하고 지속 가능한 국내 역량 구축 지원
- 지속 가능한 국내 기판 제조 부문을 위해 숙련되고 다양한 인력 파이프라인을 촉진

이와 같은 목적 아래 NOFO 3는 다음 기술 분야 중 하나 이상과 관

련된 애플리케이션을 모집하였다.[41]

- 유기 재료 및 기판(팬아웃 포함)
- 유리 소재 및 기판
- 반도체 기반 기판

자금 지원 대상에는 국내 영리 및 비영리 단체, 커뮤니티 및 기술대학을 포함한 국내 공인 고등교육기관, 주·지방·자치지역·인디언부족 정부 등이 포함되었다.[42] 한편 외국 기관(예컨대 영리 기업, 교육 기관, 기타 비영리 단체)은 CHIPS R&D의 승인에 따라 프로젝트 팀의 구성원, 하위 수혜자 또는 계약자로 참여할 수 있다.[43] CHIPS R&D는 외국 기관이 프로젝트 관련 업무에 참여하기 전에 외국 기관의 자금 지원 프로젝트 참여에 대한 서면 승인을 제공해야 하고, 이를 위해 해당 신청자는 다음 사항을 입증하는 서면 자료를 CHIPS R&D에 제공해야 한다.[44]

- 외국 파트너의 참여가 프로그램 목표를 발전시키는 데 필수적이라는 점(예컨대 미국에서 쉽게 구할 수 없는 고유 시설, 지식재산 또는 전문지식에 대한 액세스 제공 등)
- IP 보호 및 데이터 보호와 관련하여 신청자와 해외 파트너 간의 모든 계약 및 프로토콜의 적절성
- 이 파트너십이 프로젝트가 제안한 국내 생산 경로의 건전성을 위태롭게 하지 않는다는 사실
- 필요시 해외 파트너는 필요한 모든 기밀 유지 계약, 보안 규정, 수출 통제법, 감사 요건 및 기타 준거법, 규정 및 정책을 준수하기로 동의한다

- 는 사실
  - 외국 파트너가 우려국(foreign country of concern)이 아니라는 사실
  - 해외 파트너는 적절한 경우 IP 유출에 대한 위험 평가를 포함할 수 있는 CHIPS R&D의 국가 보안 검토를 받는 데 동의한다는 사실

이와 같은 규정에서 알 수 있듯 미국 CHIPS법은 외국 기업의 미국 내 반도체 산업 진출에서 경제·국가 안보 목적과의 부합, 상업적 실현 가능성, 재무 건전성, 기술적 실행 가능성과 준비 상태, 인력 개발, 광범위한 공공 파급효과 등을 고려하고 있다고 볼 수 있다. 특히 이 중에서도 핵심 요건은 '경제·국가 안보 목적'으로, 해외 반도체 의존 감축 및 지속 가능한 국내 생산능력 구축을 골자로 한다. 이를 통해 미 정부가 사용하는 필수 기술의 공급망을 확보하고, 외국의 위협으로부터 반도체 산업의 취약성을 줄이고 회복력을 제고하기 위함이다. 따라서 미국 시장을 중심으로 반도체 산업의 해외 진출이 필수적인 외국 기업의 경우, CHIPS법은 보조금 수혜뿐만이 아니라 미국 정부의 정책적 태도와 궤를 같이한다는 점에서 대단히 중요한 법규라고 볼 수 있다.

다만 트럼프 2기 행정부가 출범하면서 반도체 보조금 축소에 대한 논의가 제기되고 있다. 반도체 산업 육성이라는 큰 전략적 방향은 유지될 가능성이 높지만, 구체적인 정책 수단으로서 보조금의 형태와 규모가 어느 정도 영향을 받을지는 지켜볼 필요가 있다.

3. 인플레이션 감축법

2022년 8월에 통과된 인플레이션 감축법(IRA)에는 첨단 운송 및 기

술 제조업을 미국으로 되살리기 위한 600억 달러 규모의 세액공제, 보조금, 대출 및 투자가 추가로 포함되어 있다. 이 광범위한 입법 패키지는 기후변화에 초점을 맞춘 환경 법안과, 의료 비용 및 처방약 가격 인하에 초점을 맞춘 사회 정책 법안에 대한 이전 협상을 결합한 것이다.[45]

IRA는 또한 북미에서 최종 조립이 이루어지고, 배터리에 미국 또는 무역 동맹국에서 공급되는 부품과 중요 광물이 포함된 전기자동차의 소비자와 제조업체에게 수십억 달러의 새로운 지원 혜택을 지급하고 있다. 2024년부터는 배터리 부품을 중국에서 제조하는 자동차 제조업체는 세액공제 등의 혜택을 받을 수 없다.[46] 또한 빈곤 지역 사회를 중심으로 미국 전역의 청정에너지 프로젝트에 투자하기 위해 '그린 뱅크'에 기금이 배정된다.[47]

그러나 IRA의 입법 초기 전기자동차 콘텐츠 요건은 특히 유럽연합, 일본, 한국 등에서 국제적인 논란을 불러일으켰고, 이후 무역 파트너에 대한 IRA 부품 요건에 대해 유연성을 시사했다. 2023년 3월, 캐서린 타이(Katherine Chi Tai) 미국 무역대표부(USTR) 대표는 일본 기업이 IRA 세액공제를 받을 수 있는 길을 열어주는 '미일 중요광물협정(US-Japan Critical Mineralization Agreement, CMA)'의 최종 타결을 발표했다.[48] 미국은 유럽연합과도 유사한 조정 협정을 협상하였으나,[49] 트럼프 2기 행정부에 들어서면서 중단되었다. IRA를 통해 미국은 중국 공급망과의 연결에 대해서는 강경한 태도를 취하면서 외국의 IRA 수혜 자격에 대해서는 협상할 의지가 있음을 시사했다고 볼 수 있다.[50]

(1) IRA의 구성

IRA는 사회 및 기후 관련 정책과 부자 증세 등 바이든 행정부의 정책 기조를 반영한 법안으로, 바이든 행정부 및 당시 집권 여당인 민주당의 기념비적인 법안으로 평가된다. 여러 정부 위원회와 관련된 다양한 규범을 포함하고 있으나, ① 재정적자 축소(deficit reduction), ② 에너지 안보 및 기후변화(energy security and climate change), ③ 보건(healthcare)의 세 가지 핵심 분야로 나누어볼 수 있다.[51]

재정적자 축소의 경우,[52] ① 직전 3년간 연평균 수익이 10억 달러 이상인 기업을 대상으로 15% 최저 법인세율을 부과하는 조항,[53] ② 자사주 매입에 대한 소비세를 부과하는 조항,[54] ③ 특정 처방 의약품에 대하여 제약업체들이 정부가 설정한 '최대공정가격(maximum fair price)'을 초과하는 가격을 설정할 경우 막대한 소비세를 부과하는 조항,[55] ④ 미국 국세청(IRS)의 세금 징수 및 집행을 강화하기 위해 IRS에 많은

프로그램 영역	지원 혜택 유형	금액(USD)
전기	세액공제, 직접 대출, 보조금 및 기술 지원	24.5억 달러
교통	세액공제, 보조금 및 리베이트	125억 달러
화석연료 자원	보조금	15억 달러
건물 및 에너지 효율성	세액공제, 직접 대출, 보조금 및 기술 지원	140억 달러
제조	세액공제, 직접 대출, 보조금 및 기술 지원	118억 달러
환경 및 기후 정의	직접 대출, 보조금 및 기술 지원	597억 달러
농업, 임업 및 토지 보존	직접 대출, 보조금 및 기술 지원	293억 달러
기후 연구	직접 대출, 보조금 및 기술 지원	30억 달러
범분야형 지원	보조금	70억 달러

표 7 IRA 개요[56]

예산을 배정하는 조항 등이 주요 내용이다.[57]

에너지 안보 및 기후변화의 경우, ① 소비자가 에너지 효율적인 가전제품, 청정자동차(clean vehicle) 등을 구매하고, 가정의 에너지 효율 향상에 투자하도록 유도하는 내용의 조항, ② 미국 내에서 태양광 패널, 풍력 터빈, 배터리 등을 생산하거나 청정에너지 제조 시설에 투자하면 세액공제 혜택을 부여하는 등 미국의 에너지 안보 및 자국 내 생산 관련된 조항, ③ 청정전기(clean electricity)로의 전환을 가속화하기 위한 주(州) 및 전력회사를 위한 보조금 및 대출 프로그램 등 탈탄소화를 촉진하기 위한 조항, ④ 환경 정의(environmental justice)의 촉진을 위한 각종 지원과 관련한 조항, ⑤ 바이오 연료(biofuel)의 미국 내 생산을 지원하고 지속 가능한 항공 연료 및 기타 바이오 연료 인프라를 구축하기 위한 세액공제 및 보조금 지원 등 농업인, 산림 소유자 및 농촌 지역사회 지원과 관련된 조항을 포함한다.[58]

보건의 경우, ① 메디케어가 처방 의약품의 약가를 제약회사와 직접 협상할 수 있는 권한을 부여하는 내용, ② 연간 최대 2,000달러의 Part D 본인부담금 한도를 설정하는 내용, ③ 건강보험개혁법(Affordable Care Act)에 따른 건강보험 보험료를 보조하는 내용 등이 해당된다.[59]

이러한 구성하에 IRA는 Title I(기획재정위원회 소관), Title II(농업·영양·임업 위원회 소관), Title III(은행·주택·도시문제 위원회 소관), Title IV(통상·과학·교통 위원회 소관), Title V(에너지·천연자원 위원회 소관), Title VI(환경·공공사업 위원회 소관), Title VII(국토안보·정부문제 위원회 소관), Title VIII(인디언문제 위원회 소관)의 총 8개의 Title로 구성되어 있다.

(2) 에너지 안보 관련 IRA 규범

위에서 살펴본 8개의 Title 중에서 역외적 무역정책과 연관된 'Title I의 Subtitle D'는 에너지 안보(Energy Security)와 관련된 다음의 조항들을 포함하는데, 이를 정리해보면 다음과 같다.

Part 1 청정전기 및 탄소배출감축(Clean electricity and reducing carbon emissions)

- Production tax credit(IRC Sec. 45, 이하 'PTC') : PTC는 특정 재생 가능 에너지 발전시설 중 2022년 이전에 건축이 시작된 시설에 대하여 해당 시설이 처음 가동되기 시작한 시기로부터 10년 동안, 해당 시설에서 생산되어 비특수관계인에게 판매된 에너지의 킬로와트시(kWh)에 대하여 일정 비율로 제공되는 세액공제이다.

Part 2 청정연료(Clean fuels)

- IRA는 재생 가능 연료 사용 촉진을 위한 다양한 세액공제 혜택의 신설 및 확장에 관한 내용을 포함하고 있다. 바이오디젤, 재생 가능 디젤 및 대체 연료를 위한 인센티브 연장, 2세대 바이오 연료 인센티브 연장 등이 그것이다.

- 지속 가능 항공연료 공제(Sustainable Aviation Fuel Credit, IRC Sec. 40B) : IRA는 2023년부터 지속 가능한 항공 연료의 판매 및 합성에 대한 신규 세액공제를 신설하여, 갤런당 기본 1.25달러에 생애 온실가스 배출량 감소 비율이 50%를 넘는 부분에 대하여 퍼센티지당 0.01달러만큼 더한 상당액의 세액공제를 적용하고 있다.

- 청정수소 공제(Clean hydrogen credit, IRC Sec. 45V) : IRA는 2033년 1월 1

일 이전에 건설이 시작된 적격 시설에서 해당 시설 운영의 시작으로부터 최초 10년 동안 생산된 적격 청정수소에 대하여 적용되는 세액공제를 신설하였다.

Part 3 개인 청정에너지 및 효율성 인센티브(Clean energy and efficiency incentives for individuals)

- 에너지 효율 주택 개선 공제(Energy efficiency home improvement credit, IRC Sec. 25C): 기존 법률은 (non-business energy property credit라는 이름으로) 납세자의 주요 거주지 내 거주용 에너지 자산의 에너지 효율을 높이기 위한 적격 개선 및 지출에 대해 10%의 세액공제를 제공하고 있고, 이는 일생 동안 500달러까지 적용 가능하다. IRA는 해당 세액공제의 적용 기간을 2032년 12월 31일까지로 연장하였고, 세액공제 요율을 10%에서 30%로 증가시켰으며, 금액 제한을 연당 1,200달러 및 아이템당 600달러로 증가시키고(일부 물품에 대해서는 2,000달러), 요구되는 에너지 효율 기준 또한 수정하였다.

- 주거용 청정에너지 세액공제(Residential Clean Energy Credit, IRC Sec. 25D): 기존 법률은 태양열 전기 자산, 태양열 온수 자산, 연료 전지, 지열 펌프 자산, 소형 풍력에너지 자산, 적격 바이오매스 연료 자산 구매에 대하여 세액공제를 제공한다. 2022년 기준 26%, 2023년 기준 22%로 적용되며, 2023년 말에 그 적용이 종료되었다. 이에 IRA는 해당 세액공제 적용 기간을 2034년 12월 31일까지로 연장하였고, 2032년까지는 30%의 요율이 적용된다. 적격 배터리 저장 기술 역시 적용 대상에 포함되어 적용 범위가 확대될 것으로 예상된다.

- 에너지 효율적 상업용 건물 공제(Energy Efficient Commercial Buildings Deduction, IRC Sec. 179D): 기존 법률은 ① 실내조명 시스템, ② 난방·냉방·환기·온수 시스템, ③ 건물 외피의 일부로 설치된 특정 에너지 절약형 상업용 건물에 대해서는 평방 피트당 최대 1.80달러의 영구적 공제를 제공하였다. 이에 IRA는 효율성 요건을 업데이트하고, 영구적 공제 요율은 기본 평방 피트당 0.50달러에 에너지 및 전기 비용이 감소되는 요율에 따라 0.02달러를 더한 것으로 하여 평방 피트당 최대 1달러로 정하였다. 단 적정 임금 및 견습 요건이 충족되는 경우 더 높은 요율 적용이 가능하다.

- 새로운 에너지 효율 주택 세액공제(New Energy Efficient Home Credit, IRC Sec. 45L): 기존 법률상, 2021년까지 에너지 효율 요건을 충족하는 신규 주택을 건축하고 판매하는 적격 계약자에게 2,000달러의 세액공제(특정 조립주택의 경우 1,000달러)를 제공하였다. IRA는 이 세액공제 적용 기간을 2032년 12월 31일까지로 연장하고, 2021년 이후에 취득된 주택 중 'Energy Star' 기준을 충족하는 주택의 경우 2,500달러, 'zero-energy'로 인증된 주택의 경우 5,000달러로 늘렸다.

Part 4 친환경차(Clean vehicles)

- 널리 알려진 바와 같이 IRA는 전기차 생산과 관련하여 제공되는 세액공제 범위를 다양한 방식으로 확대 및 수정하였으며, 주요 내용은 다음과 같다.

- 친환경차량 세액공제(Clean Vehicle Credit; IRC Sec. 30D): 기존 법률상 적격 플러그인 전기차를 구매한 자는 최대 7,500달러의 환급 불가한 세

액공제를 받을 수 있었다. 해당 세액공제는 해당 자동차 제조사가 20만 대의 적격 자동차를 판매한 시점부터 감소하기 시작한다. 또한 기존 법률은 2021년까지 연료전지 자동차에 대하여 최대 8,000달러의 세액공제를, 중형 연료전지 자동차에 대해서는 최대 4만 달러의 세액공제를 적용하도록 했다. IRA는 특정 자동차를 본 세액공제 목적상 적용 대상으로 확대하고, 상기 언급되었던 자동차 제조사에 대한 제한 조항을 삭제하였다. 즉 기존에는 각 제조사당 20만 대까지만 전기차 세액공제의 혜택을 부여받을 수 있었으나 20만 대 상한(cap)을 철폐하였고, 이에 따라 이미 20만 대를 초과하여 전기차를 판매한 제조사도 자신이 생산하는 신규 전기차가 IRA상 청정차량 세액공제(clean vehicle credits) 요건을 충족한다면 해당 전기차를 구매하는 납세자가 세액공제를 받을 수 있게 되었다. 결과적으로 경쟁사들에 비해 경쟁력 있는 가격에 전기차를 판매하여 혜택을 얻을 수 있게 된다. IRA로 개정된 조항에 따르면, 청정차량 세액공제의 적용을 받기 위해서는 ① 배터리 용량이 7kWh 이상인 충전 가능한 플러그인 전기차 및 연료전지 자동차로서 소비자가 최초로 사용을 개시해야 하고, ② 재판매 목적으로 취득되어서는 아니되며, ③ 북미에서 최종적으로 조립되어야 하고(공통 요건으로 북미 최종 조립 요건, 2022년 8월 16일 발효 즉시 적용), ④ 2023월 12일 31일 이후 사용 개시한 전기차 가운데 배터리 부품 중 어느 하나라도 '해외우려기관(foreign entity of concern, FEOC)'에 의해 제조되거나 조립되었다면 세액공제 대상인 새로운 청정자동차(new clean vehicle)의 범위에서 제외되며(적용 배제 요건 1), ⑤ 2024월 12일 31일 이후 사용 개시한 전기차 가운데 그 배터리에 사용되는 핵심 광물 중 하나라도 FEOC에 의해 채굴

되거나 처리되거나 재활용된 경우 세액공제 대상인 새로운 청정자동차의 범위에서 제외되고(적용 배제 요건 2), ⑥ 일정 비율 이상 특정 원산지로부터의 핵심 광물을 사용하여 전기차 배터리를 만들어야 하며(개별 요건 1: 핵심 광물 요건, 2023월 1월 1일부터 적용), ⑦ 일정 비율 이상의 북미산 배터리 부품을 사용해야 하고(개별 요건 2: 배터리 부품 요건, 2023월 1월 1일부터 적용), ⑧ 납세자의 조정총소득이 일정 금액을 넘는 경우 적용되지 않는다.

• 관련하여 미 재무부는 특히 2023년 4월 17일 본 세액공제 관련 잠정 규정(proposed regulations)을 발행하였다. 이 잠정 규정은 핵심 광물 및 배터리 부품 요건 등 관련 가이던스를 포함하는데, 핵심 광물 요건의 충족 여부를 판단하기 위한 3단계 과정(three-step process)을 제시하였다. 1단계로 제조자는 사용하는 각기 다른 핵심 광물의 채굴, 처리 또는 재활용 등 일련의 조달 공급선을 확인하고, 2단계로 미국 또는 미국과 FTA를 체결한 국가에서 채굴 또는 가공되었거나 북미에서 재활용되었는지를 '50% 부가가치 기준 테스트'로 결정한다. 핵심 광물 부가가치 50% 이상이 미국 또는 미국의 FTA 체결국에서 채굴 또는 처리되었거나 북미에서 재활용된 경우, 핵심 광물 요건을 충족한다. 마지막 3단계로 배터리에 사용되는 핵심 광물의 총가치에서 핵심 광물 요건을 충족하는 '적격 핵심 광물(qualifying critical minerals)'이 차지하는 비중을 계산해야 한다.

• 나아가 배터리 부품 요건의 충족 여부를 판단하기 위한 4단계 과정(four-step process)을 제시하였다. 1단계는 북미 제조 또는 조립 부품 확인으로, 특정 배터리 부품을 구성하는 부품이 제조되거나 조립된 장소와 상관없이 배터리 부품이 북미에서 '실질적으로 모두(substantially all)' 제조 또는 조립이 이루어졌는지를 확인한다. 2단계는 단계별 배터리 부품의 부가가치(incremental value) 여부 확인으로, 배터리에 사용되는 배터리 부품 각각의 부가가치와 북미에서 제조 또는 조립되는 배터리 부품의 부가가치를 확인한다. 3단계는 배터리 부품의 부가가치 합계 확인으로, 각 배터리 부품의 부가가치를 합하거나, 각 배터리 모듈의 총 가치로도 계산이 가능하다. 마지막 4단계는 적합 배터리 부품 비중 계산으로, 북미에서 제조 또는 조립된 배터리 부품의 부가가치 합계가 부품 총 가치에서 차지하는 비율을 산정한다.

- 한편 2023년 12월 1일 미 에너지부와 재무부는 친환경차 세액공제(clean vehicle credit)상 FEOC의 해석 및 이행에 관한 가이던스를 각각 '잠정 해석 규칙(proposed interpretate rules)'과 '잠정 규정(proposed regulations)'의 형태로 발행하였는데, 에너지부 가이던스는 FEOC의 해당 여부를 결정하는 해석상의 지침을 제공하고, 재무부 가이던스는 에너지부의 FEOC에 관한 정의를 적용할 때 준수해야 할 제조사의 실사 의무 등 실무적인 절차를 규정하였다.

- 에너지부 가이던스상 FEOC에 해당하기 위해서는 다음의 요건들을 충족해야 한다. 우선, 해외 기관(foreign entity)에 해당해야 한다. 해외 기관은 ① 외국 정부(a government of a foreign country), ② 미국 영주권자, 시민권자 또는 기타 보호 대상자에 해당하지 않는 자연인, ③ 외국의 법률에 따라 조직되었거나 외국에 주된 사업장을 둔 파트너십, 협회, 법인, 단체 또는 기타 개인들의 조합, ④ 미국법에 의해 설립되었으나 ①~③에 해당하는 해외 기관에 의해 소유 또는 통제되거나 그 해외 기관의 지시를 받는 기관으로 정의된다.

- 나아가 FEOC에 해당하기 위해서는 ① 해외우려국(중국, 러시아, 이란, 북한) 정부 관할에 속하거나, ② 해외우려국 정부에 의해 소유 또는 통제되거나 그 정부의 지시를 받아야 한다. 여기서 '해외우려국 정부의 관할에 속한다(subject to the jurisdiction of a government of a foreign country that is a covered nation)'의 의미는 ⓐ 해외 기관이 해외우려국에 설립되었거나 소재하거나, 해당국에 주요 사업장을 두고 있거나, ⓑ 특정 배터리의 핵심 광물, 구성품, 재료와 관련해서는 해당 핵심 광물의 채굴, 처리 또는 재활용, 해당 구성품의 제조 또는 조립, 해당 재료의 처리가 해외우려국에서 수행되는 것을 의미한다. 한편 해외우려국 정부의 소유·통제·지시는 ⓐ 문제가 되는 기관의 이사회 의석, 의결권 또는 지분의 25% 이상을 '직접' 또는 하나 이상의 중간 매개 주체(intermediate entity)를 통해 '간접적'으로 누적 보유하거나, ⓑ 특정 배터리의 핵심 광물, 구성품, 재료와 관련해서 문제되는 기관이 다른 기관과 라이선스 계약 또는 기타 계약을 체결함으로써 그 다른 기관이 핵심 광물, 배터리 부품 또는 재료의 추출, 처리, 재활용, 제조 또는 조립에 대한 실효적인 통제권을 행사하는 경우를 지칭한다.
- 위 ⓐ에서 간접 지배 여부는 다음과 같이 판단한다. 첫째, 모회사(해외우려국 정부 포함)가 자회사의 이사회 의석, 의결권 또는 지분의 50% 이상(50 percent or more)을 직접 보유하는 경우, 자회사는 모회사와 동일 법인(same entity)으로 간주하여 자회사의 모든 보유 지분은 전적으로 모회사에 귀속된다. 둘째, 모회사가 자회사 법인의 이사회 의석, 의결권 또는 지분의 50% 미만을 직접 보유하는 경우에 간접 소유권은 지분율에 비례하여 귀속된다.

지배 구조	FEOC
A(해외우려국 정부), B(A가 25% 소유), C(B가 50% 소유)	B, C
A(해외우려국 정부), B(A가 50% 소유), C(B가 25% 소유)	B, C
A(해외우려국 정부), B(A가 25% 소유), C(B가 40% 소유)	B

표 8 FEOC 관련 '간접 지배' 여부 판단 예시

한편 2025년 5월 미국 하원은 당초 2032년까지 유지될 예정이었던 청정차량 세액공제(IRC §30D)를 2025년 12월 31일부로 조기 종료하는 내용을 담은 개정안(소위 'One Big Beautiful Bill Act')을 통과시켰다. 이 법안이 상원을 거쳐 최종 입법될 경우, 청정차량 세액공제가 예정보다 앞서 종료될 가능성이 있어 업계의 혼란이 예상된다. 다만 해당 공제로 인해 실질적인 경제적 혜택을 보고 있는 공화당 주의 상원의원들이 상원에 다수 포진해 있는 만큼, 상원 통과 여부는 여전히 불확실하며, 추가적인 입법 절차의 향방을 지켜볼 필요가 있다.

Part 5 청정에너지 제조 및 에너지 안보에 대한 투자(Investment in clean energy manufacturing and energy security)

- 첨단 에너지 프로젝트 공제(Advanced Energy Project Credit(IRC Sec. 48C)): IRA는 적격 첨단 에너지 제조 세액공제(advanced energy manufacturing tax credit)에 추가적으로 예산을 할당하고 있다. 이 청정 제조 투자 세액공제는 특정 에너지 제조시설을 재설비, 확장 혹은 설치하는 프로젝트에 대한 투자 금액의 일부를 세액공제로 적용할 수 있도록 하는 제도이다. IRA는 해당 세액공제의 적용을 받을 수 있는 첨단 에너지 프로젝트의 범위를 확대하여, 재생에너지 자산의 생산 또는 재활용을 위한 제조 또

는 산업시설, 에너지 저장 시스템 및 부품, 그리드 현대화 장비 및 부품, 탄소 산화물 배출을 제거·사용 또는 격리하도록 설계된 자산을 재설비, 확장 또는 설치하는 프로젝트 등을 포함하도록 하였다. 또한 IRA에 따르면, 해당 세액공제의 기본 요율은 6%이나, 적정 임금 및 견습 요건을 충족하는 경우 30%의 요율을 적용할 수 있도록 하고 있다.

- 첨단 제조업 생산 공제(Advanced Manufacturing Production Credit, IRC Sec. 45X): IRA는 적격 태양광 및 풍력 에너지 주요 부품, 인버터, 배터리 부품, 핵심 광물의 미국 내 생산 및 판매와 관련하여 신규 세액공제를 신설함으로써 청정에너지 분야 핵심 산업을 육성하고 미국 내 제조 확대를 도모하고 있다(Section 45X). 이 'credit(첨단 제조 생산 세액공제)'은 미국 내에서 제품을 생산·제조하는 사업자에 대한 세액공제 규정으로서, 청정에너지 자동차 구매와 관련하여 소비자에게 세액공제 혜택을 부여하는 친환경차 공제(Clean Vehicle Credit, Section 30D)와 구분된다. 본 세액공제를 받기 위해서는 태양광, 풍력, 배터리 관련 첨단부품 등을 미국 내에서 생산하고 비특수관계인에 판매해야 한다. 2029년 말 이후, 해당 세액공제는 서서히 감소하기 시작하여 2032년 말 이후로는 적용이 종료될 예정이다.

Part 6 슈퍼펀드(Superfund)

- IRA는 특정 소비세에 대하여 유해물질 슈퍼펀드(Hazardous Substance Superfund)에 대한 자금 조달 요율을 재정립하였다. 해당 소비세는 미국 원유 및 수입 석유 제품에 대하여 배럴당 16.4센트의 세율로 적용된다. 해당 세금은 일반적으로 원유를 공급받는 정유회사 혹은 석유를

사용하거나 수입하는 사람이 납부하게 된다.

Part 7 청정 전기 및 청정 운송을 위한 인센티브(Incentives for clean electricity and clean transportation)

- 청정전력 생산 세액공제(Clean Electricity Production Credit, IRC Sec. 45Y): IRA는 미국 내에서 온실가스 배출율이 0을 넘지 않게 생산된 전기의 판매와 관련하여 신규 세액공제인 '청정전력 생산 세액공제'를 신설하였다. 해당 세액공제의 적용 대상이 되기 위해서는 2024년 12월 31일에 가동이 시작된 적격 시설에서 생산된 전기여야 한다. 해당 세액공제 금액은 기본 1kWh당 0.3센트이나, 적정 임금 및 견습 요건을 만족하는 시설의 경우 1kWh당 1.5센트로 적용 가능하다(물가상승률 반영하여 조정됨). 해당 세액공제는 시설이 가동되기 시작한 때로부터 첫 10년간 적용 가능하다. 단 해당 시설 혹은 해당 시설에서 생산된 전기에 대해서 다른 에너지 관련 투자 혹은 생산 세액공제를 적용받는 경우, 청정전력 생산 세액공제는 적용받을 수 없다. 본 세액공제는 2032년 혹은 온실가스 감축 목표가 도달되는 시점 중 늦은 시점부터 서서히 감소한다.

한편, 2025년 5월 하원에서 발의된 입법안(One Big Beautiful Bill Act)에 따르면, 생산 세액공제(PTC)에 해당하는 IRC §45Y는 법안 발효일로부터 60일 이후 착공되거나 2028년 12월 31일 이후 준공되는 프로젝트에 대해 공제가 종료되는 것으로 규정되어 있다. 이는 당초 IRA(인플레이션 감축법)하에서 §45Y가 2032년까지 혹은 전력 부문 탄소배출이 2022년 대비 25%로 감축될 때까지 유지되도록 설계되어 있던 것에 비해 상당히 앞당겨진 종료 일정이다. 이 법안은 아직 상원을 통과하지 않았기 때문에, 향후 입법 절차의 결과에 따라 적용 시기 및 범위가 달라질 수 있으며, 관련 업계의 대응과 정책적 영향 등을 고려해 추이를 지켜볼 필요가 있다.

- 청정전기 투자 세액공제(Clean Electricity Investment Credit, IRC Sec. 48E): IRA는 청정 전기 투자 세액공제를 신설하여, 무공해 발전 시설 또는 에너지 저장 기술에 대한 투자 금액의 일부를 세액공제로 적용받을 수 있도록 한다. 본 세액공제는 2024년 12월 31일 이후에 가동된 시설 및 자산에 대하여 적용되며, 상기 '청정 전력 생산 세액공제'와 동일한 일정으로 서서히 감소되기 시작한다.

한편 2025년 5월 하원에서 발의된 입법안(One Big Beautiful Bill Act)에 따르면, 투자세액공제(ITC)에 해당하는 IRC §48E는 법안 발효일로부터 60일 이후 착공되거나, 2028년 12월 31일 이후 준공되는 프로젝트에 대해 공제가 종료되는 것으로 규정되어 있다. 다만 고급 원자력 발전소의 경우에는 예외적으로, 2028년 12월 31일 이후 착공되는 프로젝트에 한해 공제가 종료되는 것으로 제안되었다. 이 법안은 아직 상원을 통과하지 않았기 때문에, 향후 입법 절차의 진행 여부에 따라 최종적인 적용 내용은 달라질 수 있으며, 향방을 계속 지켜볼 필요가 있다.

- 청정연료 생산 세액공제(Clean Fuel Production Credit, IRC Sec. 45Z): IRA는 2025년부터 미국 내 청정 연료 생산에 대하여 세액공제를 제공한다. 교통 연료의 경우, 기본 요율은 비항공 연료에 대해 갤런당 0.20달러, 항공 연료는 0.35달러로 책정된다. 다만 해당 생산자가 적정

임금 및 견습 요건을 만족하는 경우에는 갤런당 1.00달러, 항공 연료의 경우 1.75달러로 적용된다. 실제 세액공제 금액은 해당 요율에 해당 연료의 온실가스 배출 지수를 곱하여 결정한다. 본 세액공제를 받기 위해서는, 납세자가 적격 시설에서 해당 연료를 생산하고 판매하여야 한다. 본 세액공제는 2027년 말 이후에 판매되는 교통 연료에는 적용되지 않는다.

(3) 세액공제 비율 산정방식: 기본(base) 및 보너스(bonus)

이처럼 IRA하에서 제공되는 세액공제는 친환경 에너지 및 관련 부품의 생산과 투자에 중점을 두고 있다. 이들 조항은 성격별로 PTC(생산 관련 세액공제)와 ITC(투자 관련 세액공제)로 분류할 수 있다. PTC는 1992년에 처음 입법되었으며, 에너지를 생산하여 판매한 규모에 따라 세액공제가 제공된다. 에너지 생산시설의 수명 첫 10년 동안 매년 청구할 수 있으며, 에너지 저장 사업을 영위하는 경우에는 적용되지 않는다. 2023년부터는 재생에너지원에서 생산된 전기뿐만 아니라 태양광 및 풍력 에너지 부품, 배터리 부품, 핵심 광물 등의 제조 요건도 반영되었다. IRA의 발효로 Section 45X(첨단 제조생산)와 같은 새로운 조항도 추가되었다. 한편 ITC는 1978년에 처음 입법되었으며, 친환경 에너지 생산시설에 투입된 적용 가능한 원가를 기준으로 세액공제가 제공된다. 친환경 에너지 생산시설이 가동되면 일회성으로 공제가 가능하며, 2023년부터는 에너지 저장 사업을 영위하는 경우에도 적용된다. 사용하는 재생에너지원에 제한이 없으며, 온실가스 배출량이 기준을 충족하면 ITC를 적용받을 수 있다.

기업을 대상으로 하는 주요 PTC 및 ITC는 기본(Base)과 보너스(Bonus) 비율로 구성된 이중 구조(two-tier structure)로 볼 수 있다. 보너스 비율은 일정 조건을 충족할 경우 적용 가능하며, 추가 요건을 충족하면 추가 보너스 비율도 적용받을 수 있다. 추가 요건은 저소득층이나 에너지 커뮤니티를 지원하고 일정 수준 이상의 임금을 보장하는 일자리를 제공하는 것이다. PTC의 경우, 2023년 기준으로 Section 45 및 Section 45Y는 기본 비율 0.55센트/kWh를 기준으로 보너스 요건을 충족하면 기본 비율의 5배까지 공제받을 수 있다. 추가 보너스 비율이 적용 가능한 경우, 최대 3.35센트/kWh까지 세액공제를 받을 수 있다. Section 45Q, 45V 및 45Z의 경우, 세액공제별 기본 비율을 기준으로 최대 5배까지 공제받을 수 있다. 반면 Section 45X는 적격 부품별로 공제 금액이 상이하며, 보너스 비율 적용 대상에 해당하지 않는다. 한편 ITC의 경우, Section 48 및 48E는 투자금의 6%가 기본 비율로 적용되며, 보너스 요건을 충족하면 투자금의 30%를 공제받을 수 있다. 일정 추가 요건을 충족하는 경우에는 총 투자금의 70%까지 공제받을 수 있다.

보너스 비율 충족 요건은 적정 임금(prevailing wage) 요건과 견습생(apprenticeship) 요건을 모두 충족해야 한다. 적정 임금 요건은 노동자들에게 통상 임금 수준 이상을 지급해야 하며, 견습생 요건은 등록된 견습생 프로그램에 등록된 견습생을 일정 수준 이상 고용해야 한다. 이를 충족하지 못할 경우, 미국 국세청(IRS)에 벌금을 납부하면(시간당 미화 50달러로 계산) 견습생 요건을 충족한 것으로 간주한다. 또 다른 요건으로서 '기록 보관 및 보고'를 위해 납세자들은 관련 증빙자료를 IRS에 제출하고 보관해야 한다. 적정 임금 요건과 견습생 요건을 충족했음을 입증하는 다양한 자료가 요구되며, 추가 보너스 비율을 적용받기 위한 조건들도 상세히 규정되어 있다.

이에 더하여, 추가 보너스 비율 충족 요건도 존재하는데, 이를 통해 친환경 에너지 프로젝트에 사용되는 강철, 철 또는 생산재가 미국 내에서 생산되는 경우 세액공제의 10%를 추가로 공제받을 수 있다. 이는 Section 45/45Y 및 48/48E에 적용되며, 프로젝트의 부품이 미국 내에서 제조되었거나 일정 비율 이상의 원가가 미국 내에서 발생해야 한다. 미국 내 제조원가 비중은 프로젝트 건설이 2025년 이전에 개시된 경우 40%, 2026년 이후에 개시된 경우 55% 이상이어야 한다. 다른 추가 보너스 충족 요건으로 '에너지 커뮤니티' 요건이 있다. 브라운필드(오염된 부동산), 석탄, 석유 또는 천연가스의 추출, 가공, 운송 또는 저장과 관련된 직접 고용이 지역 총 고용의 0.17% 이상이거나 지방세 수입이 전체의 25% 이상인 지역, 실업률이 전년도 미국 평균 실업률을 초과한 지역, 또는 석탄광산이 폐쇄된 지역에 위치한 친환경 에너지 시설은 세액의 10%를 추가로 공제받을 수 있다.

그리고 마지막 요건으로, '저소득 커뮤니티'는 최대 순생산량이 5메가와트 미만인 태양광 및 풍력 에너지 시설에 투자한 금액을 기준으로 10% 또는 20%의 세액공제를 받을 수 있다. 추가 세액공제를 받고자 하는 경우 에너지부에 신청해야 한다. 저소득 커뮤니티 또는 미국 원주민 지역에 위치한 태양광 또는 풍력 시설의 경우 공제 가능한 세액의 10%를 추가로 공제받을 수 있으며, 저소득 주거용 건물 또는 저소득 경제적 혜택 프로젝트의 일부에 해당하는 태양광 또는 풍력 시설일 경우 20%의 추가 공제가 가능하다. 이러한 에너지 커뮤니티와 저소득 커뮤니티에 대한 세액공제는 친환경 에너지 시설의 투자와 개발을 촉진함으로써 경제적으로 취약한 지역의 경제 활성화와 고용 창출을 지원하는 데 목적이 있다.

(4) 세액공제의 현금화 가능성

IRA에서는 세액공제를 받는 대신 미국 재무부 또는 제3자를 통해 해당 세액공제 금액만큼을 현금화할 수도 있다. 미국 연방세법상 규정된 '선택적 지급(elective pay)' 제도는 연방소득세를 납부하지 않는 기관들이 세액공제 혜택을 받을 수 있도록 공제 가능한 금액을 납부세액으로 적용하거나, 공제 가능한 금액이 납부세액보다 클 경우 차액을 환급받을 수 있게 하고 있다. 면세기관, 주 및 지방 정부, 인디언 부족 정부 및 하위 기관, 알래스카 원주민 법인(Alaska Native Corporations), 테네시 밸리 당국(Tennessee Valley Authority), 농촌 전기협동조합, 미국 영토 및 정치적 하위 기관 등이 이러한 선택적 지급을 적용받을 수 있다. Section 45V, 45Q 또는 45X에 따른 세액공제를 받을 수 있는 기업은 시설 가동 후 5년 동안 그리고 2032년 말까지 선택적 지급 대상이 된다. 다만 2024년부터 선택적 지급을 적용받는 납세자가 미국 내 생산(domestic content) 요건을 충족하지 못하면 적용 가능한 세액공제 금액이 감소될 수 있으며, 선택적 지급을 적용받기 위해서는 사전등록 절차를 진행해야 한다.

세액공제를 제3자에게 양도하여 현금화할 수 있는 주체는 면세기관이나 주 및 지방 정부 등이 아닌 납세자들로, 양도 가능한 세액공제는 Section 30C, 45, 45Y, 45X, 45U, 45V, 45Q, 45Z, 48, 48E, 48C 등이 포함된다. 납세자는 공제 가능한 세액공제 금액의 전체 또는 일부를 양도할 수 있으나, 보너스 공제만 양도하는 것은 불가능하다. 세액공제를 양도받은 납세자는 이를 다시 양도할 수 없으며, 양도 전에 IRS의 전자 포털을 통해 사전등록 절차를 진행해야 한다. 세무신고 시에는 양도한 세액공제를 신고서에 명시하고, 양도 관련 양도선택진술서(Transfer Election Statement)를 첨부해야 한다.

미국 법인 형태인 파트너십 및 S 회사(S corporation)가 Section 45Q, 45V 또는 45X에 따른 세액공제를 받을 수 있는 경우, IRS로부터 세액공제 금액을 직접 지급받을 수 있으며, 해당 금액은 비과세 소득으로 간주되어 파트너 또는 주주들에게 지분에 따라 배분된다. 파트너나 주주는 파트너십 또는 S 회사가 직접 보유한 시설이나 자산과 관련된 세액공제의 선택지급 적용 여부를 결정할 수 없으며, 이러한 결정은 단체 수준에서 이루어져야 한다.

EU, 규제의 칼날을 세우다:
환경·인권·공정을 내세운 통상규제 폭풍

4장에서 살펴본 바와 같이, 미국의 통상규제는 국내 산업 보호·육성에서 출발한 정책이 지정학적 요인을 만나 국제무역에 영향을 미치는 연쇄작용 속에서 구체화되고 있다고 볼 수 있다. 따라서 미국과의 무역 관계를 유지하고자 하는 국가는 단순히 무역협정만을 고려할 것이 아니라, 미국 내 산업정책과 지정학적 이해관계의 변화에도 면밀히 주목해야 한다. 미국의 통상규제는 해외 경쟁 국가들과의 산업 경쟁 및 안보 경쟁으로부터 국내 산업을 보호·육성하는 전략적 산업정책에 그 뿌리를 두고 있다.

그러나 EU 차원의 통상규제는 국내 산업의 육성을 추구한다는 점에서는 같지만, 각종 보조금보다는 여러 규제를 통해 다른 나라들의 경쟁 산업 영향으로부터 국내 시장을 보호하는 데 초점을 두고 있다는 점에서 차이가 있다. 이러한 규제 경향은 환경, 노동, 보조금 등의 개념을 매개로 대단히 광범위하게 나타나고 있다. 이로 인해 현재 유럽은 '규제 발전소', '규제 폭풍의 진원지'라고 일컬어도 무방할 정도로 여러 규제가 만들어지고 있다. 따라서 외국 기업이 유럽 시장에 수출·투자 형태로 진출하기 위해서는 이러한 규제 폭풍을 뚫고 나아가지 않으면 안 되는 상황이 되었고, 준법(compliance)의 역할이 중요해졌다. 이는 상당한 함의를 던져주는데, 직접적인 국내 산업 육성정책 비중이 상대적으로 작기 때문에 외국 기업에게 유럽 시장은 경쟁이 적은 기회의 땅일 수도 있다. 그러나 반대로 유럽 시장 진출을 위해서는 여러 통상규제의 장애물을 헤쳐 나가야 하는 대가를 치러야 한다. 결국 이러한 통상규제에 대한 준법 정도에 따라 유럽 시장은 기회가 될 수도, 넘기 어려운 성벽이 될 수도 있다.

아래에서는 이 같은 환경, 노동, 보조금이라는 키워드로 요약되는 유럽 통상규제 법규들을 간략히 살펴본다.

1. EU 역외보조금 규정

EU는 역외보조금으로 인한 역내 시장의 왜곡을 방지하기 위해

2021년 5월 5일 'EU 역외보조금 규정(Foreign Subsidies Regulation)'을 발표하였다. 이 규정은 2023년 1월 12일 발효되어 그해 7월 12일부터 본격적으로 시행되었다.[60]

이 규정은 EU 역내에서 이루어지는 기업결합 및 공공조달, 그리고 기타 역내 시장에서 왜곡이 의심되는 경우에 대한 규제를 포함하고 있다. 기업결합의 경우, EU 내에서 매출액이 5억 유로를 초과하고, 해당 기업이 지난 3년간 5,000만 유로 이상의 역외보조금을 받은 경우 사전 신고 대상이 된다.[61] 이 경우 기업은 EU 집행위원회에 신고해야 하고, 신고 없이 기업결합을 진행할 경우 그 실행이 금지될 수 있다.

EU 집행위원회는 시장 왜곡적 역외보조금에 대한 직권 검토 권한을 가지고 있으며, 조사가 진행될 경우 시정조치나 과징금 부과 등의 제재를 가할 수 있다.[62] 공공조달과 관련해서도, 입찰 공고일 기준 최근 3년 이내에 지급된 역외보조금이 400만 유로를 초과하는 경우 사전 신고 의무가 부과된다.[63]

EU 집행위원회는 역내 시장에서 역외보조금이 경쟁을 왜곡한다고 판단할 경우, 해당 보조금을 받은 기업에 시정조치를 명령할 수 있고, 협조하지 않으면 과징금을 부과할 수 있다. 특히 고의 또는 과실로 인해 사전 신고 의무를 위반한 경우, 기업의 전년도 매출액의 최대 10%에 달하는 과징금을 부과할 수 있다.[64]

EU의 역외보조금 규제는 외국 기업에도 중요한 영향을 미칠 것으로 예상된다. 특히 역외보조금 사전 신고 의무가 외국 기업의 EU 내 투자 활동에 상당한 부담으로 작용할 것이 예상된다. 이는 EU 내에서 활동하는 비EU 기업들의 투자 위축을 초래할 수 있으며, 한국 기업들도 이에 포함될 것이다.

특히 기업결합이나 공공조달에 참여하는 외국 기업들은 사전 신고 의무와 관련된 비용과 절차로 인해 EU 시장에서의 활동이 위축될 수 있다. 실제로 EU 내에서 매출이 높은 외국 기업들은 사전 신고 대상이 될 가능성이 크며, 이로 인해 추가적인 법적 비용과 절차가 요구될 것이다.

공공조달의 경우도 대규모 인프라 프로젝트에 참여하는 기업들이 영향을 받을 수 있다. 예를 들어 동유럽 국가에서 발주하는 원전 및 발전소 건설, 도로, 교량 건설 등의 대규모 프로젝트에 참여하는 기업은 사전 신고 의무로 인해 불리해질 수 있다.

이처럼 EU의 역외보조금 규제는 외국 기업들이 EU 시장에서 활동하는 데 큰 장벽으로 작용할 가능성이 크다.

시행 이후 1년 동안 EU 역외보조금 규제로 인해 루마니아 태양광 사업과 불가리아 전동열차 사업 등에서 조사가 이루어졌는데, 이는 사실상 일부 중국 기업의 유럽 시장 진출을 저지하는 효과로 이어졌다.

(1) 사례 1: 루마니아 태양광 사업 관련 조사[65]

EU 집행위원회는 루마니아의 태양광 발전소 운영 관련 공공입찰에 참여한 두 중국 태양광 패널 제조업체에 대해 보조금 수혜 여부를 조사하기 위한 두 건의 심층 조사를 개시하였다.[66] 이 조사는 중국의 ① ENEVO 그룹(LONGi Solar Technologie GmbH 포함)과 ② 상해전기(Shanghai Electric UK Co. Ltd. 및 Shanghai Electric Hong Kong International Engineering Co. Ltd. 간 컨소시엄)이 제출한 사전 통지에 따라 시작되었다. 해당 공공입찰의 총금액은 3억 유로에 달했다. 집행위원회는 두 컨소시엄 모두 법률에 따라 불완전한 신고서를 제출했다고 판단했으며, 두 회사가 정부 보조금, 세금 환급, 재정 인센티브, 부과금 등을 포함한 외국 보조금을 받았다고 결론지었다. 상해전기(Shanghai Electric)는 약 3억 8,900만 유로의 세금 감면 혜택을 받았고, 롱지 그린에너지(Longi Green Energy)의 경우 구체적인 금액은 확인되지 않았다. 또한 상해전기는 국가 관련 기관에 상품 및 서비스를 판매하여 약 5억 4,600만 유로의 수익을 올렸으며, 이는 루마니아 입찰에서 상해전기가 '특별한 혜택'을 받았을 가능성이 있는 것으로 판단되었다. 반면 롱지 그린에너지는 입찰 전 3년 동안 제3국으로부터 자금을 지원받아 입찰 과정에서 특정 이점을 얻었다고 집행위원회는 밝혔다.

FSR 30조(5항)에 따라, 집행위원회는 심층 조사 개시 후 110일 이내에 결정을 내려야 하며, 이 과정에서 참여를 차단하거나 잠재적인 왜곡을 해결하기 위한 약속을 받아들일 수 있었다. 그러나 두 컨소시엄은 2024년 5월 13일 공공조달 절차에서 입찰을 철회하기로 결정했으며, 이에 따라 유럽연합 집행위원회는 심층 조사를 종료했다.[67]

(2) 사례 2: 불가리아 전동열차 사업

불가리아 교통통신부가 2023년 공고한 불가리아 전동열차 사업은 총 6억 1,000만 유로 규모로, 불가리아 소피아에서 철도 및 트램 차량과 관련된 부품을 제공하는 것을 목표로 하고 있었다. 사업 공고 후 2023년 12월 8일까지 입찰서류 제출이 이루어졌으며, 총 두 건의 입찰서류가 접수되었다.

그러나 제출된 입찰서류 모두 요건을 충족하지 못함에 따라 공개입찰 절차는 수의계약 절차로 전환되었다. 2024년 1월 17일, 수의계약과 관련된 제안서 제출 기한이 도래하였으며, 이와 함께 역외보조금 관련 사전 통지서(Pre-Notification)도 제출되었다. 발주기관은 공개경쟁입찰에 참여했던 두 기업에 제안서 제출을 요청했으며, 이들 기업은 기한 내에 제안서를 제출했다. 그러나 기제출된 공개경쟁입찰 참가서류가 요건을 충족하지 못했다고 발표된 지 불과 2주 만에 동일한 참가자들이 요건을 충족한 수준의 제안서를 제출할 가능성은 낮다고 판단되었다.

2024년 1월 22일, 발주기관은 사전 통지서를 EU 집행위원회에 전달했으며, 2024년 1월 24일 EU 집행위원회는 중국 기업(CRRC Qingdao Sifang Locomotive)에 대해 보조금의 특성, 수령 근거, 목적 등에 대한 정보 제출을 요구했다. 이후 2024년 2월 EU 집행위원회는 본조사(In-depth Investigation)를 개시하기로 결정했으며, 2024년 2월 29일에는 '요약 공지(Summary Notice)'가 공고되었다.[68] 이 공고문에 따라 10 영업일 이내에 의견 제출이 가능했으나, 2024년 3월 26일 중국 기업은 최종적으로 입찰 참가를 포기했다.[69]

2. EU 탄소배출권 거래제 및 탄소국경조정제도

EU 탄소배출권 거래제(EU Emissions Trading System, EU ETS)는 EU 내에서 온실가스 배출을 관리하기 위해 만든 제도다. EU 내 온실가스 배출 허용 총량을 설정하고, 그에 따라 각 부문에 속한 기업들에게 배출권을 할당한다. 기업은 할당받은 배출권의 잉여분을 판매하거나, 필요한 경우 추가로 구매할 수 있다. 이러한 배경에서 EU 역외 기업들도 EU ETS의 규제를 받게 하기 위해 EU로 수출되는 상품에 관세를 부과하는 탄소국경조정제도(CBAM)가 도입되었다. EU ETS와 CBAM은 EU의 탄소감축정책의 핵심 요소로, 상호 보완적인 관계에 있으므로 두 제도를 통합적으로 이해하는 것이 중요하다.

먼저 EU ETS는 1997년 교토의정서에서 설정된 선진국들의 온실가스 감축 목표를 달성하기 위해 처음 도입되었다. 이러한 목표를 달성하기 위한 정책 수단으로, 2003년에 EU ETS 지침이 채택되어 2005년부터 시행되었다. EU ETS는 네 단계로 나뉘어 운영되며, 현재는 2021년부터 2030년까지의 네 번째 단계가 진행 중이다. 초기 단계에서는 회원국이 자체적으로 배출 허용 총량을 설정했으나, 세 번째 단계부터는 EU 전체를 대상으로 한 단일 배출 허용 총량이 도입되었다.[70]

특히 2018년 파리협정 이행규칙의 채택으로 인해, EU는 2030년까지 1990년 대비 55%의 온실가스 감축 목표를 달성하기 위해 규제를 강화하고 있다.

EU는 2019년 12월 11일 발표한 '유럽 그린딜'을 통해 2050년까지 탄소중립을 달성하고, 2030년까지 온실가스 배출량을 1990년 대비 최소 55% 줄이겠다는 목표를 설정했다. 이를 위해 2021년 7월 14일 EU 집행위원회는 'Fit for 55'라는 입법안 패키지를 발표했으며, 이 패키지에는 CBAM 도입과 EU ETS 개정안이 포함되었다.[71]

EU ETS 개정안에는 기존의 무상할당 제도를 점진적으로 폐지하는 내용이 담겨 있다. EU는 탄소 누출(carbon leakage)을 방지하기 위해 무상할당을 유지해왔지만, 이는 유럽 그린딜 목표 달성에 방해가 될 수 있다고 판단했다. 따라서 EU는 CBAM을 도입하여 수입품과 EU 내 생산품에 동일한 탄소 가격을 부과함으로써, 무상할당 없이도 탄소 누출 위험을 줄일 수 있을 것으로 기대하고 있다. 이에 따라 EU ETS의 무상할당 비율을 점진적으로 폐지할 계획이다.

(1) EU 탄소배출권 거래제[72]

EU는 온실가스 배출을 관리하기 위해 온실가스 배출 허용 총량을 설정하고, 이를 기반으로 각 부문에 속한 할당 대상 업체에게 배출권을 배분하는 제도를 운영하고 있다. 할당된 배출권은 잉여분이나 초과분에 대해 거래가 가능하다. 배출권 공급 방식은 크게 무상할당, 경매, 거래 세 가지로 나뉜다. 특정 산업 부문(철강, 시멘트, 알루미늄, 비료, 전기, 수소 등)에 대한 무상할당은 2026년부터 2034년까지 CBAM 도입과 함께 점진적으로 폐지될 예정이다.

EU ETS의 적용 범위는 발전 및 에너지 집약 산업을 포함하며, 최근에는 민간 항공과 해상 운송 부문까지 확대되었다. 이산화탄소(CO_2)는 발전, 에너지 집약 산업, 민간 항공, 해상 운송에서 배출되며, 이산화질소(N_2O)는 질산, 아디프산, 글리옥실산 및 글리옥살 생산에서, 과불화탄소($PFCs$)는 알루미늄 생산에서 배출된다. 최근에는 건축, 도로 운송 및 기타 부문을 대상으로 ETS II가 도입되었다. 한편 '시장 안정화제도'를 두고, EU 회원국의 관할 당국이 탄소 거래 가격의 안정을 위해 시장에서 거래되는 배출권 총량을 조정할 수 있도록 하였다. 2022년 기준 경매 가격은 60유로/톤 이상으로 유지되고 있다.[73]

EU는 2030년까지 1990년 대비 온실가스 배출량을 55% 이상 감축하기 위한 목표를 담은 유럽기후법을 채택하고, Fit for 55 정책 패키지를 통해 EU ETS를 확대·강화하고 있다. 탄소배출량 감축 목표는 2030년까지 2005년 대비 기존 43%에서 62%로 상향되었으며, 2026년부터는 무상할당을 단계적으로 폐지하고 CBAM을 도입할 계획이다. 해상 운송 부문도 EU ETS에 포함되어 2024년부터 2026년까지 탄소배출량 총량 제한이 점진적으로 도입될 예정이다.

이에 더해서 최근에는 건축, 도로 운송, 기타 소규모 산업 부문의 연료 분배 규제를 위해 별도의 배출권 거래제 시스템인 ETS II가 신설되었다. ETS II는 2025년에 온실가스 배출 모니터링과 보고를 시작으로 2027년에 배출권 경매가 시작될 예정이며, 2030년까지 2005년 대비 42%의 탄소배출량 감축 목표를 달성할 계획이다. 그리고 EU ETS는 국제민간항공기구(ICAO)에서 수립한 '국제항공 탄소상쇄·감축제도(CORSIA)'도 통합하고 있다. 이는 EU 내 항공편과 스위스 및 영국행 출발 항공편에 적용된다.[74]

한편 EU는 제3국과 배출권 상호 인정을 위한 계약을 체결할 수 있으며, 현재까지 체결된 상호 인정 계약은 EU-스위스 간 한 건만이 있다.[75] 스위스 ETS와 EU ETS는 일부 차이가 있지만, 상호 인정에 따라 각국 기업들은 상대국의 배출권을 사용할 수 있다. EU는 EU ETS의 범위에 배출집약적 업종을 포함하도록 확대할 계획이지만, EU 역외 기업에까지 확대할 의향은 없다. 그러나 해상 운송 및 항공 등 국제 운송 부문이 포함될 경우, EU 내에서 사업을 영위하는 EU 역외 기업에도 영향이 미칠 수 있다.

(2) 탄소국경조정제도[76]

EU 역외에서 생산된 상품이 EU로 수입될 때, EU 내에서 동일한 상품이 EU 탄소배출권 거래제에 따라 부담하는 탄소 가격과 동일한 비용을 '관세' 형태로 부과하는 제도로서 탄소국경조정제도(CBAM)가 도입되었다. EU ETS에 따라 탄소 비용을 역외 기업에도 적용함으로써 무상할당 축소에 따른 탄소 누출을 방지하기 위한 제도이다.

CBAM은 EU로 수입되는 철강, 알루미늄, 시멘트, 비료, 전기, 수소 및 이와 관련된 특정 전구물질에 적용된다. 탄소 집약적 산업에 주로 적용되며, EU ETS의 적용 범위보다는 제한적이다. 철강, 알루미늄, 수소는 '직접 배출'에만 적용되지만 시멘트, 전력, 비료는 사용된 전력에 내재된 '간접 배출'도 적용 대상이다. 2026년 1월까지 대상 분야를 검토하여 CBAM의 범위를 확대할 가능성이 있으며, 유기화학물질, 중합체, 철강, 알루미늄, 수소의 간접 배출량, 그리고 CBAM 대상 품목의 운송 내재 배출량 및 기타 전구물질이 추가될 수 있다.[77]

CBAM은 150유로 이하의 수입 물품, EU ETS가 적용되는 국가 그리고 상호 인정 계약을 체결한 국가(예컨대 스위스)에서 수입된 물품에는 적용되지 않는다. CBAM 대상 품목을 EU로 수입하려면 공인신고인(authorized declarant)이 되어야 하며, 이들은 수입된 CBAM 대상 품목의 내재 배출량에 상응하는 CBAM 인증서를 매년 구입하고 제출해야 한다. 공인신고인은 EU 회원국에 위치한 세관 대리인 또는 수입업자가 맡으며, CBAM 등록부를 통해 회원국 당국에 신청해야 한다.[78]

내재 배출량 산정은 여러 단계로 이루어진다. 첫 단계에서는 CBAM 대상 제품을 식별하고 목록화하며, 각 품목별로 고유한 내재 배출량을 보고한다. 두 번째 단계에서는 제품 생산과 관련된 시설군의 경계를 식별하고, 제품별 생산 공정을 정의한다. 세 번째 단계에서는 시설군 및 제품 온실가스 배출량을 모니터링하기 위한 방법론을 결정하며, 이 과정에서 계산 기반 방법과 측정 기반 방법을 사용한다. 네 번째 단계에서는 시설군의 직접 배출량을 결정하고, 다섯 번째 단계에서는 전력 소비에 따른 간접 배출량을 산정한다. 여섯 번째 단계에서는 각 생산 공정의 기여 배출량을 결정하고, 일곱 번째 단계에서는 생산 공정에서 소비되는 전구물질의 고유 내재 배출량을 산정한다. 마지막 여덟 번째 단계에서 제품의 고유 내재 배출량을 결정한다. 이와 같은 내재 배출량에 대한 검증은 공인된 검증인이 연 1회 이상 사업장을 방문하여 수행하며, 검증보고서를 CBAM 신고서에 포함해 제출해야 한다.[79]

제품의 고유 내재 배출량이 EU ETS 기반으로 산정한 무상할당량을 초과하는 경우, 초과분만큼 'CBAM 인증서'를 구매해 제출해야 한다. CBAM 인증서의 가격은 EU ETS 탄소배출권 경매 종가에 연계된다. 다만 CBAM 대상품의 원산지에서 실질적으로 지불된 탄소 가격에 상응하는 금액만큼 감면이 인정된다. 제3국에서 기지불한 탄소 가격에 대해 인정을 받으면, 제출해야 할 CBAM 인증서 수량을 차감할 수도 있다.[80]

CBAM 규정은 2023년 5월 17일부터 시행되었으나, 2026년 1월 1일 본격적인 시행에 앞서 약 2년간의 전환 기간을 운영한다. 전환 기간 동안 EU 수입자는 CBAM 대상품의 내재 온실가스 배출량을 산정해 분기별로 보고할 의무만 부담한다. 확정 기간이 도래하는 2026년 1월

1일부터는 EU 수입자가 매년 수입한 CBAM 대상품에 내재된 온실가스 배출량을 신고하고, 이에 상응하는 CBAM 인증서를 구입해 제출해야 한다.

한편 EU 집행위원회는 CBAM에 대해 EU ETS와 동일한 접근 방식을 적용할 예정이며, 이에 따라 EU ETS에서 자발적 감축에 대한 배출권이나 인증은 인정되지 않는다. 전 세계적으로 자발적 감축제도 또는 인증 시장이 성장하고 있지만, 표준화된 회계 원칙과 품질관리 체계, 일률적 탄소 가격 측면에서 여전히 부족한 점이 많다.

CBAM의 직접 규제 대상이 되는 경우, 탄소배출량에 대한 측정 및 보고, 신고 의무를 지게 되며, 탄소 비용을 부담해야 하는 것은 자명해 보인다. 한국의 경우만 해도 2022년 기준 CBAM 대상 CN 코드(EU 수출입 통계 및 관세 분류 체계 코드)에 해당하는 상품을 EU로 수출한 기업이 약 2,000여 개로 확인되었다. 이 중 철강 생산 기업은 100여 개, 알루미늄 생산 기업은 30여 개로 파악된다. 이들 외에도 무역, 자동차, 화학, 전자, 기계 엔지니어링, 조선 등 다양한 업종의 기업이 포함되어 있다.[81]

CBAM의 간접 규제 대상이 되는 경우, 즉 CBAM 대상 품목을 직접 수출하지 않지만 CBAM 대상 품목을 수출하는 기업에 원자재나 중간재를 공급하는 경우에도 환경 의무에 대한 압력을 받을 가능성이 높다. 이러한 경우 최소한 전구물질의 탄소배출량에 대한 측정 및 보고 의무가 있으며, 해당 탄소 비용이 공급망에 전가될 수 있고, 친환경 제품이나 공정으로의 전환에 대한 압력이 증가할 수 있다.

이처럼 비유럽 기업들의 CBAM 대응 난이도는 공정, 업종, 또는 유사 제도에 대한 준법 관행 여부에 따라 다를 것이다. 그러나 전반적으로 볼 때, 영세사업장이나 중소기업의 부담이 훨씬 클 것으로 예상된다. 공정 측면에서는 생산 공정의 독립성, 전구물질의 현황 그리고 열·폐가스 경로 등이 CBAM 대응 난이도에 상당한 영향을 미친다. 제품별로 독립적인 생산 공정을 운영하는 경우에 비해 여러 제품에 대해 복합적인 생산 공정을 운영하는 경우, 수집해야 할 활동 자료의 항목이 증가하고 제품 단위별 내재 탄소배출량 배분도 복잡해진다. 또한 전구물질이 사업장 외부에서 생산되어 파악해야 할 전구물질의 개수가 많거나, 탄소배출량에 대한 정보 파악 및 검증이 어려운 경우에는 대응 난이도가 더욱 높아진다. 열·폐가스의 유입, 사용, 유출이 여러 제품 생산 공정과 연관되어 있고 경로가 복잡할수록 내재 탄소배출량 계산이 어려워진다.

    업종 측면에서는 전통적인 철강 및 알루미늄을 생산하는 업체에 직접적인 영향이 있을 뿐만 아니라, 소비재의 부분품이나 부속품을 생산하는 업체에도 영향이 미칠 수 있다. 이는 수출 효용 대비 대응 비용이 높아 상당한 비효율성이 발생할 수 있다. 전통적인 철강 및 알루미늄 생산 업체는 CBAM 대응이 필수적이기 때문에 업계 내 공통 쟁점 및 이슈에 대해 상호 협력을 증진하여 대응 비용을 절감하는 방안을 모색할 필요가 있다. 반면 소비재의 부분품이나 부속품을 소량 생산하거나 비정기적으로 수출하는 경우에는 공정 추적이 용이하지 않으며, 다수의 협력업체로부터 전구체를 조달하는 등 복합적 요인이 작용하여 수출 효용 대비 CBAM 대응 비용이 많이 발생할 것으로 예상된다. 이처럼 CBAM은 유럽으로 진출하는 전세계 모든 국가에 대하여 전에 없던 부담을 발생시키고 있다.

3. EU 탄소중립 산업법

2023년 3월 16일 제안된 EU 탄소중립 산업법(Net-Zero Industry Act, NZIA)은 EU 그린딜 산업계획의 핵심 요소로, EU 내 탄소중립 기술에 대한 투자를 촉진하는 것을 목표로 한다. 이 법안은 2024년 5월에 EU 집행위원회에서 채택되어, 같은 해 6월부터 발효되어 시행되고 있다.[82] NZIA는 앞으로 EU의 탄소중립 목표 달성 및 관련 산업 육성에 중요한 역할을 할 것으로 기대된다.

앞서 설명한 것처럼, EU는 2019년 유럽 그린딜과 2021년 유럽기후법을 통해 2050년까지 탄소중립을 달성하고, 2030년까지 온실가스 배출량을 1990년 대비 55% 감축하겠다는 목표를 발표한 바 있다. 이러한 목표를 달성하기 위해 2023년 2월 EU는 그린딜 산업계획(Green Deal Industrial Plan)을 채택했다.[83]

탄소중립 산업법은 미국 인플레이션 감축법(IRA)과 중국의 특정 품목 독점적 수출 행위에 대한 대응책의 일환으로도 이해된다. 미국의 IRA 통과 이후, 글로벌 기업들이 생산 시설을 미국으로 이전하거나 EU 투자를 보류하는 사례가 증가하고 있으며, 이에 EU가 이를 방지하고자 이 법안을 추진했다고 볼 여지도 존재한다. 또한 이 법안은, 녹색 전환에 필요한 핵심 탄소중립 기술에 대한 접근성을 개선함으로써 러시아와 중국에 대한 에너지 의존성을 줄이려는 의도도 포함하고 있는 것으로 보인다.

EU는 2030년까지 기후 및 에너지 목표를 달성하기 위해, EU 내

전략적 탄소중립 기술의 제조 역량을 연간 수요의 40%까지 확대하는 목표를 설정했다.[84] 이를 위해 탄소중립 기술에 대한 허가 절차를 간소화하는 등 투자 여건을 개선하고, 특히 전략적 탄소중립 기술에 우선순위를 두기로 했다. 이와 관련하여 EU는 탄소중립 기술 투자 촉진, 이산화탄소 배출 저감, 시장 접근성 강화, 인력 역량 강화 및 일자리 창출, 혁신 지원, 거버넌스 체계 구축, 모니터링 체계 구축 등 7가지 세부 목표를 제안했다.

EU는 기술 준비도, 탈탄소화 및 경쟁력 기여도, 공급 안정성 등을 고려해 8가지 전략적 탄소중립 기술을 선정했다. 이 기술에는 태양광 및 태양열 기술, 육상 풍력 및 해상 풍력 기술, 배터리 및 저장 기술, 히트펌프 및 지열에너지 기술, 전기분해 및 연료전지 기술, 바이오가스 및 바이오메탄 기술, 탄소 포집 및 저장 기술 그리고 그리드 기술이 포함된다. 특히 탄소 포집 및 저장 기술에 대해서는, 이산화탄소 저장 장소가 EU의 영토 또는 그 배타적 경제수역에 위치해야 하며, 관련 지침에 따라 이산화탄소를 안전하고 영구적으로 저장할 수 있도록 허가를 받아야 한다는 구체적인 기준이 제시되어 있다.

그 외에도 재생에너지 기술, 전기 및 열 저장 기술, 비#바이오 유래 재생연료, 지속 가능한 대체 연료 기술, 소형 모듈 원전 등 다양한 탄소중립 기술이 정의되어 있으며, 이러한 기술은 일정 수준 이상의 기술 성숙도를 갖춰야 한다. 여기서 주목할 점은 탄소중립 기술에 "연료 주기에서 폐기물 발생을 최소화하는 원자력 공정을 활용한, 에너지 생산용 첨단기술"과 "소형 모듈 원전"이 포함된다는 것이다.[85] 이는 탄소중립 목표 달성을 위해 원자력 기술을 활용하는 것에 대해 이

견이 있던 EU 회원국들 간의 타협의 결과로 평가된다.

탄소중립 기술 제조 프로젝트는 탄소중립 기술을 생산하는 산업 시설 계획, 기존 산업 시설의 확장 또는 용도 변경을 의미한다. 이러한 프로젝트 중 '전략적 탄소중립 프로젝트'는 전략적 탄소중립 기술로 분류되며, 2030년까지 EU 내 수요의 40% 이상을 충족하고 기술의 자유로운 이동에 기여해야 한다.[86] 또한 EU가 단일 제3국으로부터 수입에 의존하고 있는 탄소중립 가치사슬에서 생산 능력을 높이는 등 여러 기준을 충족해야 한다.[87]

탄소중립 기술 제조 프로젝트의 허가 절차를 촉진하고 완화하기 위해 각 회원국에서 한 개의 담당기관을 지정해 원스톱 서비스(Once-Only Technical System Services)를 제공한다. 허가 절차는 모두 온라인(Single Digital Gateway)으로 진행되며, 처리 기간은 12~18개월로 설정되고 회원국은 자의적으로 이를 연장할 수 없다.[88] 전략적 탄소중립 프로젝트로 인정받으면 우선순위가 부여되어 가장 빠른 허가 절차가 보장된다. 처리 기간은 9~12개월로 단축되며, 이 기간 내에 처리가 이루어지지 않으면 자동으로 승인이 된다.[89]

그리고 EU는 2030년까지 이산화탄소 저장과 관련해 연간 주입 목표 용량을 5,000만 톤으로 설정했다. 이산화탄소 저장 사업이 전략적 탄소중립 프로젝트로 선정되기 위해서는, 저장 장소가 EU의 영토 또는 그 배타적 경제수역에 위치해야 하며, 관련 지침에 따라 이산화탄소를 안전하고 영구적으로 저장할 수 있도록 허가받아야 한다. 각 회원국은 자국 내 이산화탄소 저장 허가 가능 지역을 공개하고, 석유 및 가스 생산업체는 이산화탄소 주입 목표량을 설정해 EU 집행위원회에

제출해야 한다.[90]

　탄소중립 기술 제품에 대한 안정적인 수요를 창출하여 관련 제조업의 시장 접근성을 강화하기 위한 규정도 마련되었다. 공공조달 및 재생에너지 경매에서 지속 가능성과 회복력 기여도를 평가 항목에 포함하고, 여기에 15~30%의 가중치를 부여할 수 있다.[91] 또한 탄소중립 산업 아카데미(Net-Zero Industry Academy)가 설립되어 탄소중립 기술 산업에서 요구하는 전문 인력을 양성한다. 이 아카데미는 교육 프로그램 개발을 지원하며, 회원국은 해당 프로그램이 특정 산업에서 요구하는 자격과 동등할 경우 이를 인정하게 된다.[92] 뿐만 아니라 회원국은 탄소중립 규제 샌드박스를 적극적으로 활용하여, 혁신적인 탄소중립 기술의 개발, 시험, 검증을 수행할 수 있도록 지원한다. 중소기업은 이 샌드박스에 우선적으로 참여할 수 있는 권한을 갖는다.[93]

　탄소중립 유럽 플랫폼(Net-Zero Europe Platform)은 거버넌스 의무를 맡고 있으며, EU 집행위원회와 회원국들이 목표를 달성할 수 있도록 지원한다.[94] 회원국들은 자국의 기후 및 에너지 관련 계획을 수립할 때 탄소중립 산업 기본법의 내용을 고려해야 한다. EU 집행위원회는 탄소중립 산업법과 관련해 목표 달성에 대한 진행 상황을 지속적으로 모니터링한다.

　탄소중립 산업법의 목적은 일정한 경제 분야에서 EU 내 생산을 증진하고 이를 위한 법적 틀을 마련하는 것이므로 그 시행에서 기업 간의 차별 가능성이 존재한다. 그래서 현재까지 EU 차원에서는 차별 가능성을 최소화하는 방향으로 제정·시행하려는 것으로 보인다. 다만 각 회원국의 시행 과정에서 차별 가능성이 존재하는 만큼, 향후 각 회원국의 탄소중립 산업법 이행 내용을 지속적으로 모니터링하고 평가할 필요가 있다. 일례로 특정 EU 외 국가로부터의 수입 의존도가 높은 탄소중립 기술 부품을 EU 내에서 제조할 수 있도록 역량을 강화하는 프로젝트가 탄소중립 전략 프로젝트로 선정될 수 있는데, 이에 대한 규정 및 시행이 차별적으로 이루어질 가능성을 배제할 수 없을 것이다.

4. EU 지속 가능성 보고지침

2014년, EU 내에서 설립된 기업의 재무제표 및 비재무제표와 관련한 회계지침(The 2013 Accounting Directive, 2013/34/EU)이 채택되었다. 이 회계지침은 당초 EU 기업에 재무 보고 의무를 부과했으나, 2014년에 '비재무 보고지침(Non-Financial Reporting Directive, NFRD)'을 통해 상장 대기업에 환경, 사회, 지배 구조 및 인권과 관련된 비재무 보고 의무까지 부과하도록 개정되었다. 이후 '기업 지속 가능성 보고지침(Corporate Sustainability Reporting Directive, CSRD)'이 NFRD를 대체하며 비재무 보고 의무의 범위를 확대하고, EU의 의무적 지속 가능성 보고 기준을 회계 지침에 반영했다.[95]

CSRD가 적용되는 기업은 인권 및 환경에 미치는 영향과, 인권 및 환경 문제가 이들의 사업에 미치는 영향을 상세히 기술하는 '연례 지속 가능성 보고서'를 발행해야 한다. 특히 기업집단의 모회사는 EU 내외 및 공급망 전반의 활동에 관한 연결보고서(consolidated report)를 작성해야 한다.[96] 또한 2022년 2월 23일, EU 집행위원회는 CSRD의 연장선상에서 '기업 지속 가능성 실사지침(Corporate Sustainability Due Diligence Directive, CSDDD)'안을 채택함으로써 기업들에게 EU 내외부의 사업활동이 환경 및 사회에 미치는 부정적 영향을 확인하고 해결할 것을 요구하고 있다.[97]

CSRD는 2023년 1월 5일 발효되었으며, 구체적인 보고 기준인 '유럽 지속 가능 보고기준(European Sustainability Reporting Standards, ESRS)'은 2023년 하반기와 2024년 중순에 순차적으로 마련될 예정이다.[98] CSDDD의 경우, 2023년 12월 14일에 EU 집행위원회, 이사회 그리고 의회 간의 3자 합의가 이루어졌고, 2024년 7월에 발효되었다.[99]

CSRD는 독립된 지침이 아니라 기존 공시 및 회계 관련 지침들을 개정한 것으로, 구체적인 내용은 해당 지침들을 참고해야 한다. ESRS는 CSRD의 하위 규정으로 보면 되는데, 공시 의무 주체, 방법, 원칙, 절차 등을 규정하고 있다.[100] '유럽 재무보고 자문단(European Financial Reporting Advisory Group, EFRAG)'은 2022년 11월 22일에 관련 기술 조언을 EU 집행위원회에 제출하였으며, 이를 바탕으로 EU 집행위원회는 2023년 7월 31일에 'First Set of ESRS'를 발표하였다.[101] 이 기준은 2023년 10월 23일에 EU 이사회와 의회의 승인으로 최종 확정되었으며, 2024년 1월 1일부터 효력이 발생하였다. 'Second set of ESRS'는 2026년 6월까지 업종별 및 기업 유형별로 발표될 전망이다.[102]

CSRD는 EU 회원국에 대해 직접적인 구속력을 갖지 않으며, 각 회원국은 2024년 7월 6일까지 CSRD의 내용을 자국 법률로 제정해야 한다. CSDDD도 마찬가지로 발효일로부터 2년 내에 각 회원국이 이를 자국 법률로 제정할 의무를 지게 된다.

한편 2022년 2월, EU 집행위원회가 채택한 '공급망 실사 지침안

(CSDDD)'의 경우, 같은 해 12월에 EU 이사회가 해당 지침안에 대한 일반 처리안(General Approach)을 채택했다. 2023년 2월 9일, EU 의회 소속 환경위원회(Environment Committee)는 기존 EU 법에 따른 탄소배출 감소 요구 사항을 포함해 기업들에게 환경 및 기후 영향에 대해 더 엄격한 의무를 부과하는 의견안을 채택했다. 이후 2023년 4월 EU 의회의 법무위원회(Committee on Legal Affairs, JURI)는 CSDDD 초안에 대한 개정 내용을 담은 초안 보고서를 발표했고, 2023년 5월 8일 공개되었다. 이후 2023년 6월 1일, EU 의회는 본회의에서 CSDDD 안에 대한 최종 입장을 승인했다. 그리고 EU 집행위원회, 이사회 그리고 의회는 2024년 12월 CSDDD의 주요 내용에 대해 합의에 도달했음을 발표했다. 그러나 EU 상주대표회의 승인 절차는 독일, 이탈리아 등의 반대로 원활하게 진행되지 않다가, EU 의장국인 벨기에가 공급망 실사지침의 적용 범위를 크게 축소하고 기업의 부담을 완화하는 방향으로 수정안을 제시함으로써 2024년 4월 24일에 유럽의회에서 최종 승인되었다. 이후 5월 24일에 유럽 이사회에서도 공식적으로 승인되어, 2024년 7월에 EU 관보에 게재된 후 20일 후에 최종적으로 발효되었다.[103]

CSRD와 마찬가지로 CSDDD는 지침(directives)으로서 EU 회원국에 대해 직접적인 구속력은 갖지 않는다.[104] 그러나 각 회원국은 CSRD의 내용을 18개월 이내, 즉 2024년 7월 6일까지 자국 법률로 제정할 의무가 있다. 그리고 CSDDD 역시 발효일로부터 2년 내에 각 회원국이 이를 자국 법률로 제정해야 한다. 따라서 각 회원국은 자국 법률에 동 지침을 반영하기 위해 2026년 7월까지 법률을 제정해야 하며,[105] 그 이후부터 단계적으로 적용될 예정이다.

(1) CSRD 주요 내용

- NFRD에 따른 지속 가능성 보고 기준

NFRD에 따르면, 공공 이익 법인(Public Interest Entity, PIE)에 해당하는 기업 중 직원 수가 500명을 초과하는 대기업[106] 또는 직원 수 500명을 초과하는 대그룹의 모기업은 기업[107] 활동이 인간과 환경에 미치는 영향을 공개해야 한다. 이를 통해 투자자, 시민사회단체, 소비자 및 기타 이해관계자들이 기업의 지속 가능성 성과를 평가할 수 있게 된다. 다만 NFRD는 비EU 기업에 대한 보고 의무를 규정하지 않았고, CSRD는 EU 내에서 일정 기준을 충족하는 비EU 기업도 지속 가능성 보고서를 제출하도록 의무화했다.

NFRD는 이중 중대성(double materiality) 관점에서 ① 기업에 영향을 미치는 지속 가능성 문제, ② 기업 활동이 인간과 환경에 미치는 영향을 공시할 것을 요구한다.[108] 대기업은 매년 환경, 사회적 문제, 직원 대우, 인권, 부패 방지 및 뇌물수수, 이사회의 다양성 등과 관련된 정보를 공개해야 한다.[109] CSRD가 완전히 적용되기 전까지는 기존 NFRD 적용 대상 기업들은 NFRD에 따라 보고 의무를 이행해야 한다.

- CSRD 적용 대상 및 시점

CSRD는 NFRD의 적용 범위를 확장해 대기업뿐만 아니라 중소기업도 지속 가능성 보고 대상에 포함시키며, 적용 시점은 단계적으로 이루어진다. 2024년 1월부터 시작해 EU에 상장된 대기업·대그룹의 모기업은 보고 의무를 이행해야 하며, 2025년 이후에는 비EU 기업 중 일정 조건을 충족하는 기업도 보고 의무가 부과된다. 2026년부터는

중소기업과 일부 보험회사, 비복합 금융기관도 보고 대상에 포함된다.[110]

- 용어 정의

PIE(Public Interest Entity)는 EU 규제 시장에 상장된 기업, EU 내 신용기관, 보험회사, 그리고 EU 회원국에서 PIE로 지정된 기업을 의미한다.[111] 대기업은 순매출이 4,000만 유로를 초과하거나, 자산이 2,000만 유로를 넘거나, 직원 수가 250명을 초과하는 경우 적용된다.[112] 중소기업은 대기업 및 초소형 기업에 해당하지 않는 기업이며, 초소형 기업은 직원 수 10명 이하, 순매출 70만 유로 이하, 자산 35만 유로 이하를 충족하는 기업을 말한다. 2024년 1월 1일부터 새로운 재무 기준이 적용되며, 대기업은 순매출 5,000만 유로 초과, 자산 2,500만 유로 초과, 또는 직원 수 250명을 초과하는 경우에 해당한다.

- 공시 방식

비EU 기업의 경우, 2024년에 해당하는 사항을 2025년 경영보고서에 포함해 공개해야 하며, 이 보고서는 XHTML 형식으로 공시해야 한다.[113] 글로벌 그룹의 최종 모기업은 EU 내 매출액 요건을 충족하는 경우 2028년 사항을 2029년에 공시해야 하며, 그룹 차원의 지속 가능성 보고서를 작성해야 한다.[114] EU 기업도 대기업이나 대그룹의 모기업인 경우 2025년 사항을 2026년에 경영보고서에 포함해 공시해야 하며, 개별 회원국은 추가적으로 회사 홈페이지에 해당 보고서를 공시하도록 요구할 수 있다.[115]

- 중소기업

EU 집행위원회는 중소기업의 역량에 맞는 보고 기준을 마련할 예정이다.[116] EU 상장 중소기업은 ESRS에 따라 지속 가능성 정보를 보고해야 하며, 비상장 중소기업도 고객이나 투자자의 요청에 따라 지속 가능성 정보를 제공할 수 있다. 이를 위해 중소기업 포털을 통해 자문을 제공하고 있다.[117]

- 공시 사항

공시되는 정보에는 기업이 지속 가능성 사안에 미치는 영향과, 그 사안이 기업의 발전과 성과에 미치는 영향이 포함되어야 한다. CSRD는 기업이 전략, 지배 구조, 리스크 관리 등과 관련된 지속 가능성 정보를 공시하도록 요구하며, 이러한 내용은 ESRS에서 구체적으로 규정될 예정이다.[118]

- 제3자 검증

CSRD는 제3자 검증을 통해 공시된 지속 가능성 정보의 신뢰성을 확보하도록 요구하며, 초기에는 제한적 검증을 시작하고 향후 합리적 검증으로 강화할 계획이다. 2026년까지 제한적 검증 기준이 도입되며, 2028년부터는 합리적 검증 기준이 시행될 예정으로 알려졌다.

(2) CSDDD 주요 내용

EU 공급망 실사지침은 직원 수가 1,000명을 초과하고 전 세계 순매출액이 4억 5,000만 유로를 넘는 EU 기업 및 그 모기업, 그리고 EU

역내 순매출액이 4억 5,000만 유로를 초과하는 역외 기업 및 그 모기업에 적용된다.[119] 또한 기업 규모에 따라 적용 시기를 단계적으로 정하였다. 직원 수가 5,000명 초과이거나 연간 순매출액이 15억 유로를 넘는 대기업은 지침 시행 3년 후부터 적용되며, 직원 수가 적은 기업은 4년 또는 5년 후에 적용된다.[120]

- 실사 범위

CSDDD의 실사 대상에는 회사 자체의 운영뿐만 아니라 자회사와 가치사슬 내 협력사까지 포함된다.[121] 즉 회사가 직접 계약한 업체 외에도 하청업체나 기타 관련 활동을 수행하는 기업들을 실사 대상으로 포함시킨다.[122] 이에 따라 사업관계의 강도나 지속 기간과 관계없이, 기업의 활동 사슬에서 협력사들이 수행하는 모든 사업활동에 대하여 실사 의무가 적용된다고 규정하고 있다. 또한 CSDDD 최종안은 기후전환 계획을 수립하고 시행하여야 하는 기업의 의무를 규정하지만, 별도의 경제적 인센티브는 부여하지 않는다.

- CSDDD 실사 절차

기업이 CSDDD에서 요구하는 실사 의무를 준수하는 단계는 OECD의 '기업 책임경영을 위한 실사지침(Due Diligence Guidance for Responsible Business Conduct)'을 기반으로 하고 있으며, 다음과 같은 절차를 따른다.

1) 기업은 정책 및 위험관리 시스템 전반에 실사를 적용해야 하며, 이를 위해 실사정책(Due Diligence Policy, DDP)을 유지해야 한다. DDP에는

기업의 실사 접근방식, 행동강령, 협력사까지 확대 적용하는 절차 등이 포함되어야 하며, 주요 변경 사항이 있을 때마다 수정하고 최소 24개월마다 검토해야 한다.[123]

2) 기업은 자사 및 자회사, 협력사의 사업 활동으로 인해 발생할 수 있는 부정적 인권 및 환경 영향을 식별하고 평가해야 한다.[124] 이를 위해 매핑(mapping)을 수행하여 부정적 영향이 가장 심각하거나 발생 가능성이 높은 분야를 파악하고, 심층 평가를 실시해야 한다. 모든 부정적 영향을 완전히 예방하거나 완화할 수 없는 경우, 가장 중요한 사항을 우선적으로 처리해야 한다.[125]

3) 기업은 잠재적인 부정적 영향을 예방하거나 완화해야 한다.[126] 이를 위해 예방조치 계획을 개발하고, 협력사와의 계약상 확약을 통해 준수를 보장해야 하며, 시설 및 사업 절차에 대한 투자, 운영 전략 조정, 중소기업 협력사 지원 등의 조치를 포함할 수 있다. 만약 이러한 조치들이 충분하지 않다면, 부정적 영향을 유발한 협력사와의 관계를 유지하지 않는 방안을 고려해야 한다.

4) 실제 발생한 부정적 영향을 중단해야 하며,[127] 부정적 영향을 즉시 중단할 수 없을 경우에는 산업별 협의체와 협력하여 시정조치를 마련해야 한다.

5) 회원국들은 기업에게 부정적 영향을 시정하도록 요구해야 하며,[128] 기업은 협력사를 대상으로 영향력을 행사해 시정을 유도할 수 있다.

6) 기업은 이해관계자들과 협력하며 투명한 정보를 제공해야 하고,[129] 이해관계자와 협력이 어려운 경우 전문가의 의견을 수렴해야

한다.

7) 기업은 부정적 영향을 제기할 수 있는 민원 절차를 마련하고 유지해야 한다.[130] 이 절차는 공정하고 접근 가능하고 예측 가능해야 하며, 기업은 협력사들의 사업 활동과 관련한 영향에 대해 통지할 수 있는 메커니즘도 구축해야 한다.

8) 기업은 실사정책과 조치의 효과성을 모니터링해야 하며,[131] 주요 사항이 변경되거나 새로운 위험이 발생할 가능성이 있을 경우 평가를 실시해야 한다.

9) 기업은 연간 보고서를 작성하여 홈페이지에 게재해야 하며,[132] 지속 가능성 보고서를 이미 제출한 경우 별도의 보고 의무가 면제될 수 있다.[133]

- 의무 이행 방식

EU 및 비EU 모회사들은 모든 자회사를 대리하여 자회사들의 실사 의무를 이행할 수 있다.[134] 기업들은 실사 의무 준수를 위해 산업별 및 다자간 이해관계자 협의체를 활용할 수 있다.[135] 산업별 및 다자간 이해관계자 협의체는 자발적인 실사 절차, 도구 및 메커니즘의 결합을 의미한다.[136] 해당 협의체는 정부, 산업협회, 관련 조직 및 시민사회 조직이 개발하고 감독하며, 기업들이 실사 의무 이행을 지원받기 위해 참여할 수 있는 그룹 또는 협의체를 형성한다.

- 협력사에 대한 실사 의무

실사 의무는 기업의 활동 사슬 전반에 걸쳐 직간접적인 협력사들의

사업 활동에 적용된다.[137]

　기업은 직접적인 협력사들로부터 기업의 행동강령, 예방계획 및 필요할 경우 시정조치 계획을 준수할 것이라는 계약상 확약을 요구해야 하며, 해당 협력사가 이를 준수하는지 검증하기 위한 적절한 조치를 취해야 한다.[138] 그러나 기업이 계약상 확약을 요구하거나 확보한다고 해서 다른 실사 의무 이행을 면제받을 수는 없다. 또한 CSDDD는 기업이 계약상 확약을 요구해야 하는 특정 사업 분야나 활동을 명시하지 않기 때문에, 위험 기반의 실사 책임이 요구된다.[139] 다만 CSDDD에 대한 FAQ에 따르면, 기업이 모든 영향을 즉시 식별할 수 없는 경우, 영향의 심각성과 발생 가능성에 따라 부정적 영향의 우선순위를 정할 수 있다.[140]

- 독립적인 제3자에 의한 검증

　기업은 실사 의무 이행을 지원하기 위해, 실사 의무 이행을 적절히 지원하는 활동 사슬의 범위 안에서 독립적인 제3자의 검증 절차를 활용할 수 있다.[141] 또한 협력사가 협력 계약에서 정한 인권 및 환경 실사 의무를 준수하는지 확인하기 위해 독립적인 제3자 검증 절차를 시행할 수 있다.[142]

　CSDDD는, 기업 또는 활동 사슬의 일부가 인권 및 환경 요건을 지침대로 준수하는지 여부를 독립적인 제3자 검증 절차를 통해 진행하는데, 이때 제3자는 기업으로부터 완전히 독립적이고 객관적이어야 하며, 이해충돌 및 외부 영향으로부터 자유로워야 한다. 또한 부정적 영향의 성격에 따라 환경 또는 인권 문제에 대한 경험과 역량을 갖춘

전문가가 검증의 품질과 신뢰성에 책임을 질 수 있어야 한다.[143]

독립적인 제3자 검증 기관은 환경 또는 인권 문제와 관련된 경험과 역량을 갖춰야 하며, 검증의 품질과 신뢰성에 대한 책임을 질 수 있어야 한다.[144] 이에 따라 EU 집행위원회는 회원국과 협력하여 제3자 검증 기관의 적합성을 평가하기 위한 기준과 방법론을 수립하고, 제3자 검증의 정확성, 효과성 및 완전성을 모니터링하기 위한 지침을 개발할 필요성이 있다.[145]

- 위반에 대한 제재

회원국은 CSDDD를 국내법으로 도입할 때, 효과적이고 비례적이며 억지력 있는 벌칙 규정을 마련해야 한다.[146] 금전적 제재의 최대 한도는 설정되지 않으며, 회원국에 따라 매출의 6~15% 수준에서 결정될 수 있다.[147] 금전적 제재 집행은 각 회원국의 국내 법령에 따르며, 기업이 이를 준수하지 않을 경우 신원이 공개된다.[148]

금전적 제재는 기업의 전 세계 매출액을 기준으로 하며, 모회사는 연결기준 매출액을 적용한다. 회원국이 국내법으로 금전적 제재 상한을 도입할 경우, 그 수준은 직전 회계연도 매출의 5% 미만이어야 한다. 기업이 제재를 이행하지 않으면 규제당국이 기업명과 위반 내용을 공개해야 한다.[149]

과태료 부과시 고려해야 할 요소로는 위반의 성격, 중대성, 기간, 부정적 영향의 심각성, 중소기업 지원 여부, 협력 수준, 과거 위반 전력, 경제적 이득 등이 포함된다.[150] 국내 감독당국의 결정은 공개되며, EU 감독당국 네트워크(ENSA)에 최소 5년간 보관된다.[151]

CSDDD는 기업이 인권 실사 의무를 위반해 제3자에게 손해를 발생시킨 경우 민사책임을 규정한다.[152] 기업이 CSDDD 부속서의 의무를 고의 또는 과실로 준수하지 않아 손해가 발생하면 배상책임이 있다. 다만 협력사가 단독으로 초래한 손해에는 책임을 지지 않으며, 공동으로 발생할 경우 연대 책임을 진다.[153]

회원국은 CSDDD에 따른 손해배상청구 요건이 일반 민사책임 규정보다 엄격하지 않도록 해야 하며, 소송 비용도 과도하지 않아야 한다.[154] 제척기간은 최소 5년 이상으로 설정해야 하며, 피해자는 노동조합 및 NGO 등의 지원을 받아 소송할 수 있어야 한다.[155]

시정조치를 취해도 감독당국이 제재를 부과하는 것을 막을 수 없으며, 적절하지 않거나 지연된 경우 제재 대상이 된다.[156] 시정조치는 감독당국의 판단에 영향을 미칠 수 있으나, 감경 요소로 명시되지는 않았다. 기업이 독립적인 제3자 검증 절차나 계약조항을 확보하면 실사 의무 위반에 대한 고의·과실이 없었음을 주장할 수 있다.[157]

CSDDD는 징벌적 손해배상은 허용하지 않으며, 피해자는 완전한 보상을 받을 수 있다.[158] EU 내외 자연인·법인은 EU 기관의 행위가 자신과 직접적으로 관련될 경우 소를 제기할 수 있으나, CSDDD는 회원국을 대상으로 하는 지침이므로 직접 소송을 제기하기는 어렵다.[159] 다만 CSDDD의 국내 이행 입법은 사법적 심사 대상이 될 수 있으며, 국내 소송이 진행될 경우 EU 사법재판소(CJEU)에 선결문제가 제출될 가능성이 있다.[160]

5. EU 친환경 표시 지침

소위 '그린워싱(Greenwashing)'이라 불리는 법은 기업이나 조직이 실제로는 환경적으로 유해한 활동을 하면서 마치 환경친화적인 활동을 하고 있는 것처럼 소비자나 대중을 오도하는 행위를 말한다. 각종 과대광고나 허위광고도 이에 해당한다. 각 회원국이 이런 해당 문제를 명시적으로 정의하고 해결할 만한 일관적이고 중요한 입법이 미비한 상황이므로, EU는 그린워싱에 해당하는 친환경 표시를 규제하기 위해 기존 국내 법률을 대신 활용해왔다. 이처럼 EU 각국은 환경 규제가 전반적으로 강화되는 최근까지도 그린워싱 문제를 명시적으로 정의하고 해결할 수 있는 일관된 입법이 부족한 상황이었다.

2020년 EU 집행위원회의 조사에 따르면, EU 내에서 약 200개의 친환경 표시가 사용되고 있으며, 이 중 약 40%의 기업이 근거 없는 친환경 표시를 사용하고 있고, 53.3%는 근거가 부족하거나 오해를 불러일으킬 수 있는 표시로 확인되었다.[161] 이에 따라 2023년 3월 22일, EU 집행위원회는 '친환경 표시 지침(Green Claims Directive)'을 발표했다.[162] 이 지침은 EU 그린딜의 일환으로 제안되었으며, 명시적인 친환경 표시의 입증 및 광고에 관한 유럽 의회와 이사회의 지침안을 포함하고 있었다. 이 지침은 자발적으로 표기된 제품 및 기업 자체에 대한 친환경 표시를 대상으로 하며, 제품의 전체 생애주기 동안의 내용을 포함하였다. 동 지침은 2024년 2월 14일 EU 의회에서 채택되어 같은 해 3월 12일 본회의를 통과하였다. 그러나 EU 이사회가 아직 최종 승인을 하지 않아 EU 이사회, 집행위원회, 의회 간 3자협상이 2025년 1월에 시작되었다. 2025년 안에 최종 채택이 될 경우, 2027년부터 법적 구속

력이 발생할 것으로 보인다.[163]

EU 친환경 표시 지침은 기업과 소비자 간에 거래되는 제품에 명시된 친환경 표시에 적용된다. 이는 EU 내에서 제품을 판매하거나 EU 시장을 대상으로 '자발적인 친환경 주장'을 하는 경우, EU 역외 기업이라도 해당 지침의 적용을 받게 된다. 다시 말해 EU 내에 기업이 있거나 EU에 제품을 수출하는 경우에 이 지침이 적용되므로 비유럽 외국 기업에게도 충분히 적용될 가능성이 있다.

이 지침의 1조에 따르면, 이미 EU에서 규제되고 있는 특정 표시제도는 이 지침의 적용 대상에서 제외된다.[164] 예외로는 소상공인, 이미 구체적으로 규정된 친환경 표시 제도를 따르는 기업, 그리고 금융 서비스 및 상품과 관련된 지속 가능성 정보제공 행위가 있다. 예를 들어 'EU 에코라벨'이나 'EU 유기농 생산 및 라벨링 규정'을 따르는 기업은 이미 관련된 법령에 따라 더 상세한 규정을 적용받기 때문에 이 지침의 적용을 받지 않는다.[165]

이 지침의 목적은 환경보호 정책을 강화하고, EU 내에서 순환적이고 깨끗하며 탄소중립적인 경제로의 전환을 가속화하는 것이다. 이를 통해 소비자와 기업을 그린워싱으로부터 보호하고, 신뢰할 수 있는 친환경 표시를 제공함으로써 소비자가 충분한 정보를 바탕으로 구매 결정을 내리도록 돕는다. 또한 내부 시장의 공정한 경쟁 환경을 조성하고, 환경 지속 가능성에 대한 기업의 경쟁력을 제고하며, 국경 간 거래에서 비용 절감을 유도하는 것을 목표로 한다.[166]

여기서 '친환경 표시'란 제품 또는 거래자가 환경에 긍정적인 영향을 미치거나 해를 덜 끼친다는 것을 설명하거나 암시하는 모든 상업적 커뮤니케이션의 표현을 의미한다. 이러한 표시는 텍스트, 그림, 그래픽 또는 상징적 표현을 포함할 수 있다. '명시적 친환경 표시'는 텍스트로 명확하게 표현된 친환경 표시를 의미한다.[167] EU 친환경 표시 지침은 친환경 표시의 신뢰성과 투명성을 높이기 위한 여러 규정을 포함하고 있다. 이를 위해 친환경 표시의 요건을 준수했음을 증명하는 인증 제도가 마련되어야 하며, 해당 제도의 소유권 및 의사결정 구조는 투명하고 이해하기 쉬워야 한다. 또한 친환경 표시의 목적 및 준수 여부를 모니터링하기 위한 절차는 투명하게 공개되어야 하며, 중소기업을 배제하지 않도록 기업 규모에 맞춘 조건이 정해져야 한다.[168]

EU 친환경 표시 지침에 따른 표시가 EU 시장에서 지속적으로 사용되기 위해서는 제3국 공공기관의 친환경 표시 제도가 이 지침의 요건을 충족해야 한다. 이러한 요건은 점진적으로 구체화될 예정이며, 기존의 제3국 표시 제도가 이 요건을 충족할 경우 EU 내에서 계속 사용될 수 있다.[169]

회원국은 친환경 표시 지침의 위반 여부를 감독하고 규제를 집행할 권한을 가진 기관을 지정해야 한다. 이러한 기관은 검사, 조사, 처벌 등 다양한 권한을 가지며, 특히 위반 시 과징금 부과, 수익 몰수, 공공조달 배제 등의 처벌을 시행할 수 있다.[170] 또한 소비자 단체는 대표소송 지침에 따라 소비자의 집단적 이익을 보호하기 위한 법적 조치를 취할 수 있다.[171]

EU 역외 기업이라도 EU 내 소비자를 대상으로 제품을 판매할 때 친환경 표시나 광고를 한다면, 해당 기업은 EU 친환경 표시 지침의 적용을 받을 수 있다. 따라서 이러한 경우, 관련 홍보물이나 광고물을 작성할 때 해당 내용이 사실에 근거하고 있으며, 보통의 주의력을 가진 소비자가 오인할 가능성이 없는지 주의깊게 고려해야 한다. 특히 환경과 관련된 주장은 과장 없이 가능한 한 사실 그대로 구체적으로 작성하는 것이 중요하다. 이와 함께, 표시나 광고 내용을 뒷받침할 수 있는 과학적이고 실증적인 증거를 최적의 방식으로 검증하고, 이를 입증할 수 있는 자료를 준비하고 보관하는 것이 중요하다.

6. EU 에코디자인 지침 및 규정

EU는 역내 시장에서 생산되고 유통되는 제품의 환경적 악영향을 최소화하고 에너지 효율을 높이기 위해 오랫동안 제품의 에너지 소비량 등을 규제해왔다. 에코디자인(Ecodesign)은 제품의 환경적 측면을 설계와 개발 과정에 반영하는 방식을 의미한다. EU는 에코디자인 지침(EU Eco-design Directive and Regulation)을 통해 제조업체가 준수해야 할 에너지 효율과 자원 효율 등의 요건을 규정하고 있으며, 이 요건을 준수해 적합성 평가를 받은 제품만이 EU 내에서 판매되고 유통될 수 있다.

2022년 3월, EU 집행위원회는 순환경제 실현을 위해 2009년에 발표한 기존 에코디자인 지침을 개정하여 새로운 에코디자인 규정 초안을 발표했고, 2023년 12월 5일에 잠정 합의에 도달했다. 새로운 에코디자인 규정은 적용 대상을 모든 물리적 상품으로 확대하고, 에너지 효율 외에도 제품의 내구성과 재활용 가능성 등 지속 가능성에 대한 요구 사항을 추가했다. 이후 에코디자인 규정은 2024년 7월 18일에 공식적으로 발효되었다.[172] 동 규정은 디지털 제품 여권(Digital Product Passport)을 도입하여[173] 제품의 수명 주기, 재료, 수리 가능성, 환경적 영향을 포함한 정보를 제공해야 한다. 이 요구 사항들은 2025년부터 개별 제품군에 대해 점진적으로 시행될 예정이다.

따라서 EU 시장에 제품을 출시하는 모든 기업, 특히 비EU 기업들은 규정을 준수해야 하며, 이를 어길 경우 벌금 등 제재를 받을 수 있다. EU 시장에 제품을 출시하는 비EU 기업의 부담이 커질 것이며, 규제 영향권에 드는 산업 범위도 넓어질 것으로 예상된다. 따라서 국내 기업과 정부는 기존 에코디자인 지침뿐만 아니라 새로운 규정에 따른 요건 제정 과정을 주시하고, 필요한 경우 자율 협약 체결을 검토할 필요가 있다. 또한 규제 범위와 요건 확대에 대응하는 것 외에도 '디지털 제품 여권' 도입으로 발생할 수 있는 영업비밀 및 지식재산권 관련 분쟁이나 제3자 책임 전가 문제 등에 대해 미리 분석하고 대응할 필요가 있다.

에코디자인 지침의 주요 목표는 여러 측면에서 제품의 환경적 영향을 줄이는 데 중점을 두고 있다. 첫 번째 목표는 의무 이행 주체의 확대이다. 기존의 에코디자인 규정은 주로 제조업체를 대상으로 했으나, 이번에 발효된 규정에서는 유통업체(도매업체)와 소매업체(판매업체)도 의무 이행 주체로 포함되었다.[174] 이러한 변화는 제품의 제조 단계뿐만 아니라 유통 및 판매 과정에서도 환경적 책임이 부과된다는 점을 보여주는 것이다.

두 번째로, 적용 품목의 범위가 대폭 확대되었다. 기존 에코디자인 지침은 주로 에너지 소비가 많은 제품에만 적용되었으나, 새로운 규정은 부품 및 중간재를 포함한 모든 물리적 재화로 그 범위를 넓혔다. 이는 제품의 전체 라이프사이클에서 발생하는 환경 영향을 줄이기 위

한 조치다. 다만 식품, 사료, 의약품, 인간 유래 제품 등 일부 품목은 적용 대상에서 제외된다.[175]

세 번째로, 에코디자인 요건의 범위가 확대되었다. 기존의 에코디자인 요건은 주로 제품의 에너지 효율성에 초점이 맞춰졌으나, 새로운 규정에서는 내구성, 재사용성, 재활용성, 수리 가능성, 환경 및 탄소발자국 등 더 다양한 환경적 요소를 고려하도록 요구하고 있다.[176] 이에 따라 제품을 장기간 사용할 수 있고, 재사용 및 재활용이 가능하며, 수리가 용이한 방식으로 설계되어야 한다.[177]

네 번째로, 제품 정보 제공 방법에 대한 구체적인 지침이 마련되었다. 에코디자인 규정에 따라 요구되는 정보는 제품 자체뿐만 아니라 제품 포장, 디지털 제품 여권, 라벨, 사용자 매뉴얼, 웹사이트 또는 애플리케이션을 통해 제공되어야 한다. 이를 통해 소비자와 다른 이해관계자들이 제품의 환경적 영향을 보다 쉽게 파악할 수 있도록 한다.[178]

특히 디지털 제품 여권이 이번 규정 초안의 중요한 부분으로 추가되었다. 디지털 제품 여권은 특정 제품군의 경우 각 제품별로 발급되어야 하며, 제품에 대한 정보에 디지털로 접근할 수 있어야 한다. 9조 및 10조에 따르면, 이 여권은 개방형 표준을 기반으로 상호 운용 가능한 형식으로 개발되어야 하며, 정보는 높은 수준의 보안과 개인정보 보호를 보장하는 방식으로 저장된다. 또한 제품의 고유 식별자, 제조업체 및 수입자 관련 정보, 적합성 선언서 및 관련 기술 문서 등이 포함되어야 한다.[179]

자율 규제 조치도 장려되고 있다. 기업 또는 산업이 자발적으로 집행책임을 부담하는 행동강령 또는 운영 제한을 설정하는 경우, 자율 규제 조치를 통해 더 많은 유연성을 제공한다. 에코디자인 규정 18조와 부속서 VII에서는 자율 규제에 대한 기준과 절차가 보다 구체적으로 명시되어 있으며, 이를 통해 업계가 에코디자인 요건 이행에 자발적으로 참여할 수 있도록 독려한다.[180]

재고 처리에 대한 규제도 강화되었다. 기업은 폐기하는 제품의 수량과 폐기 사유를 공개해야 하며, 위원회는 환경에 큰 영향을 미치는 특정 제품군의 폐기를 금지할 수 있다. 이러한 규제는 중소기업(SMEs)에는 원칙적으로 적용되지 않는다. 온라인 시장과 관련된 규정도 이번 초안에 포함되었다. 온라인 마켓플레이스는 시장 감시당국과 협력해야 하며, 에코디자인 요건을 준수하지 않는 제품을 즉시 제거해야 한다.[181]

에코디자인 규정 위반 시에는 기존의 처벌 기준을 적용할 것으로 예상된다. 각 회원국은 위반행위에 대한 처벌과 이행 조건을 별도로 규정할 수 있으며, 규정 위반으로 인한 시장에서의 손실을 줄이기 위한 조치가 강화될 것으로 보인다. 즉 에코디자인 지침 위반에 따른 제재는 각 회원국이 제정한 규정에 따라 다르게 적용된다. 기존 에코디자인 지침 20조에 따르면,[182] 회원국들은 위반행위에 대한 처벌 규정을 채택해 시행하고 있으며, 처벌은 위반 정도와 유럽 시장에 출시된 위반 제품의 수량을 고려해 각기 다르게 적용된다.

7. 배터리법(Battery Regulations)

EU 의회와 EU 이사회는 2022년 12월 배터리 규제에 대한 잠정적인 정치 합의에 도달하였고, 해당 규정은 2023년 7월 12일 채택되어 같은 해 8월 17일에 발효되었다.[183] 이 규정은 2006/66/EC 지침을 폐지하고, 시장 감시 및 제품 적합성에 관한 EU 규정 2019/1020을 개정하며, 2024년부터 2036년까지 단계적으로 시행될 예정이다.

폐배터리, 휴대용 배터리, 전기차용, 산업용, 차량용(SLI), 경량 이동수단용(LMT) 등 모든 유형의 배터리를 포괄하는 이 규정은 제조업체, 공식 대리인, 수입업자, 유통업자, 주문 이행 서비스 제공자 등 배터리의 제조, 재사용, 시장 공급에 관여하는 모든 경제 주체에게 적용된다.[184]

이들은 배터리의 전체 수명 주기 동안 규정상의 요구사항을 준수해야 하고, 제품이 그에 부합하도록 해야 하며, 각 경제 주체의 역할에 따라 38조부터 46조에 명시된 별도의 의무가 부과된다. 규정에 따라 경제 주체는 원재료를 지속 가능하고 책임 있게 조달하고, 청정에너지를 활용해 배터리 셀·모듈·팩을 생산하며, 유해물질 농도를 최소화하고, 에너지 효율성과 긴 수명을 확보해야 하며, 폐기 단계에서는 재활용 또는 재사용이 적절히 이루어지도록 해야 한다.

이러한 요건은 법적 구속력을 가지며 탄소발자국, 재활용 함량, 교체·분리 가능성, 유해물질 제한 등 지속 가능성과 안전성에 관한 요구사항, 배터리 여권을 통한 정보 제공, 원재료 공급망 실사, 생산자 책임 강화 및 재활용률 설정 등 폐기물 관리까지 포함한다.

규정의 이행 여부에 대한 감독 책임은 EU 회원국에 있으며, 본 규정은 유럽 핵심 원자재법 및 EU 넷제로 산업법 등 관련 입법안과 함께 도입되어 글로벌 배터리 시장에도 영향을 미칠 것으로 예상된다.

8. EU 데이터법(EU Data Act)

데이터와 관련된 EU의 전략은 민간 분야에서 데이터를 더 활발히 활용할 수 있도록 촉진함으로써 새로운 성장과 혁신 동력을 마련하는 데 중점을 두고 있다. 이를 통해 기업들이 데이터 기반의 비즈니스 모델을 도입하고, 다양한 산업에서 데이터 활용을 극대화하여 경쟁력을 높일 수 있는 환경을 조성하고자 한다. 이에 EU 집행위원회는 2020년 2월, 4차산업 시대의 데이터 경제를 선도하고 주도권을 확보하기 위한 3단계의 데이터 전략을 발표했다. 첫 번째 단계는 EU '데이터 거버넌스법'으로, 공공기관이 보유한 공공 데이터를 더 쉽게 활용할 수 있도록 촉진하는 것을 목표로 한다. 두 번째 단계는 민간기관이 보유한 민간 데이터를 활용할 수 있도록 하는 'EU 데이터법'이다. 세 번째 단계는 EU 각 산업별로 공동 데이터 공간을 개발하여 역내 데이터 공유를 촉진하는 것이다. 이 중에서 EU 데이터 전략의 두 번째 단계인 '데이터법'은 EU 내 데이터 단일 시장 형성과 데이터 공유 활성화를 목표로 한다. 이를 통해 데이터 접근 및 공유에 관한 각 주체의 권리와 의무를 명확히 규정하며, 데이터 처리 및 활용 방법을 구체화하고, 기존 데이터 시장에서 소외된 주체로 데이터 접근 권한을 확대한다. 또한 공공기관이 비상시 데이터에 접근할 수 있는 권한도 보장하고 있다.[185]

이 법은 광범위한 역외 적용 규정과 고액의 제재금 구조를 가지고 있어, EU 시장에 진출한 외국 기업에도 상당한 영향을 미칠 것으로 예상된다. 따라서 비EU 기업들은 이 법의 적용 시기인 2025년 하반기까지 사전 대응 준비가 필요하다. 입법 연혁을 살펴보자면, EU 집행위원회는 2020년 2월 19일에 유럽 데이터 전략을 발표하였고, 2022년 2월 23일에 EU 데이터법안이 발의되었다. 이후 2023년 6월 27일, EU 의회와 EU 이사회는 데이터법에 대한 최종 합의에 도달했으며, 2023년 11월 9일에 EU 의회가, 2023년 11월 27일에 EU 이사회가 해당 법을 승인했다. 이 법은 EU 관보에 게재된 지 20일 후에 발효되고, 20개월의 유예기간이 지나 2025년 하반기부터 적용될 예정이다.[186]

EU 데이터법은 데이터 경제 활성화를 목표로 하며, 데이터 공유를 방해하는 여러 장벽을 제거함으로써 혁신을 촉진하는 것을 중점으로 하고 있다. 이 법은 데이터의 개인정보와 비개인정보를 모두 포괄하며, 데이터를 보유한 주체들이 데이터를 자유롭게 공유할 수 있는 환경을 조성하고자 한다.[187]

우선 데이터 공유를 방해하는 여러 장벽이 지적되었다. 데이터 보유자가 자발적으로 데이터 공유 계약을 체결할 유인이 부족하다는 점, 데이터와 관련된 권리 및 의무의 불확실성, 기술적 인터페이스의 계약 및 이행에 드는 비용, 데이터가 사일로(silo) 형태로 고도로 파편화되어 있는 점 등이 그 예다. 또한 메타 데이터 관리가 미흡하거나 상호 호환성을 위한 기준이 부족한 점, 데이터 접근을 저해하는 병목 현상, 데이터 공유 관행 부재 그리고 계약상 불균형 남용 등이 데이터 공유의 장애물로 지적되었다.[188]

EU 데이터법의 적용 범위는 EU 역내에서 판매되는 '연결된 제품'과 '관련 서비스', 사용자, 데이터 보유자, 데이터 수신자, 공공기관 및 데이터 처리 서비스 제공업체를 포함한다. '연결된 제품'이란 데이터를 취득, 생성, 수집하여 전자통신 서비스를 통해 전송할 수 있는 제품을 의미하며, 주된 기능이 데이터의 저장 및 처리가 아닌 경우에 해당한다. 여기에는 차량, 가전제품, 의료기기, 농기계, 산업용 기기 등 사물인터넷(IoT) 제품이 포함된다. '관련 서비스'란 이러한 제품의 작동에 필수적인 디지털 서비스를 의미한다.[189]

데이터 보유자는 사용자가 직접 데이터에 접근할 수 있도록 설계해야 하며, 데이터 접근의 장벽을 제거하고 가능한 한 무상으로 제공해야 한다. 그러나 데이터 제공이 제품의 보안 요건을 약화시키거나 산업 안전 및 건강에 해를 끼칠 수 있는 경우에는 데이터 접근을 제한할 수 있다. 영업비밀의 경우에도 기밀 유지 조치를 거친 후에만 공개되며, 영업비밀 공개로 인해 심각한 경제적 피해가 예상되는 경우 데이터 접근을 거부할 수 있다.[190]

또한 제3자에 대한 데이터 제공 의무도 포함되었다. 사용자 요청 시, 데이터 보유자는 제3자에게 데이터를 신속하게 제공해야 하며, 이 과정에서 비용을 청구할 수 없다. 데이터 제공 시 영업비밀의 보호를 위해 필요한 경우 기밀성 유지에 대한 합의가 이루어져야 하며, 합의되지 않거나 심각한 경제적 피해가 예상되는 경우 데이터 공유를 보류할 수 있다.[191]

EU 데이터법은 10인 미만의 직원 내지 연간 매출 200만 유로 이하의 영세기업 또는 50인 미만 내지 매출 1,000만 유로 이하의 중소기업에는 적용되지 않는다.[192] 공공기관이 특정 공공 비상사태나 공익을 위해 데이터를 요구할 경우, 데이터 보유자는 데이터를 제공해야 하는 의무도 명시하고 있다. 이러한 상황에서는 다른 수단을 통해 적시에 데이터를 확보할 수 없을 때에만 예외적으로 데이터 제공이 허용된다. 데이터 처리 서비스 제공업체는 고객이 다른 서비스로 전환할 수 있도록 상업적·기술적·계약적 방해 요소를 제거해야 하며, 전환 과정에서 필요한 정보를 제공하고, 전환 절차가 신속하고 원활하게 이루어지도록 협력해야 한다.[193]

한국을 비롯한 여러 비EU 기업에게도 EU 데이터법이 적용될 수 있다. 예컨대 EU 역내에서 '연결된 제품'을 판매하거나 관련 서비스를 제공하는 한국 기업은 데이터 제공 의무를 이행해야 하며, 공공기관이나 데이터 수신자로부터 데이터 제공 요청을 받을 수 있다.[194]

9. EU 인공지능법(EU AI Act)

EU AI법의 제안 배경에는 신뢰할 수 있는 인공지능 분야의 글로벌 허브로 도약하겠다는 EU 집행위원회의 구상이 있다. 특히 AI 시스템은 차별 금지, 표현의 자유, 인간의 존엄성, 개인정보 보호 및 사생활 보호와 같은 기본권을 위협할 수 있다. 이러한 기술이 빠르게 발전함에 따라, 최근 몇 년간 유럽연합에서는 AI 규제가 주요 정책 문제로 대두되었다. 정책 입안자들은 유럽인들이 AI 기술을 활용하면서도 EU의 가치와 원칙을 준수할 수 있도록 '인간 중심적' 접근 방식을 개발할 것을 약속했다. 2020년, 유럽연합 집행위원회는 AI 활용을 촉진하고 새로운 기술 사용에 따른 위험을 해결하기 위해 AI 백서를 발표하며 이러한 입장을 공식화했다.[195] 이후 집행위는 2020년에 광범위한 공공 의견 수렴을 시작했으며, AI 시스템 특성상 발생하는 문제를 다루기 위해 규제의 영향평가 보고서와 초안을 발표했다. AI 시스템의 특성으로는 불투명성, 복잡성, 자율적 행동, 데이터에 대한 의존성 등

이 포함되었다.[196]

　이후 EU 인공지능 법안이 2021년 4월 최초로 제안되었으며, 2022년 6월 EU 집행위원회 디지털 전략의 일환으로 자리잡았다. 이 법안은 인공지능을 통합적으로 규율하는 최초의 단일화된 법이다. 그 목적은 AI 시스템의 안전한 사용, 기본권에 대한 기존 법과 EU 가치의 존중 그리고 AI 관련 투자 및 혁신 촉진이다.[197]

　EU AI 법안에 대한 협상은 2022년 12월에 이사회가 공통 입장을 채택하면서 본격적으로 시작되었다. 유럽의회에서는 '내부 시장 및 소비자보호위원회(IMCO)'와 '시민자유와 사법 및 내무위원회(LIBE)'가 이 안건을 공동으로 맡았으며, 이탈리아의 브란도 베니페이(S&D 소속)와 루마니아의 드라고스 투도라체(Renew 소속)가 보고자로 임명되었다. 유럽의회는 2023년 6월에 협상 입장을 채택하면서 집행위원회의 원안에 대한 주요 수정 사항을 포함시켰다. 2023년 6월, 7월, 9월, 10월, 12월에 걸쳐 삼자회의(Trilogue)가 진행되었으며, 2023년 12월에 유럽의회 협상단과 이사회 의장이 AI 법안에 대한 잠정 합의에 도달했다.[198] 이후 2024년 3월에 유럽의회가 이 법안을 채택했으며, 이사회는 2024년 5월에 이를 승인했다. 최종적으로 AI법은 2024년 6월 13일에 공식적으로 서명되었고, 같은해 7월 12일 EU의 공식 저널에 게재되었으며, 같은 해 8월 1일에 발효되었다.[199]

　AI법은 위험 수준에 따른 차등적 규제, 고위험 AI 시스템의 규제, 범용 목적 AI 시스템의 규제, 그리고 처벌 및 거버넌스 등을 주요 내용으로 포함하고 있다.[200] EU 시장에 진출하는 국내 기업의 규제 준수와, 국내 AI 산업의 바람직한 규제 환경 조성 측면 모두에서 참고

할 만하다.

이 법은 'AI 시스템'의 법적 정의를 도입하며 머신 러닝, 논리 및 지식 기반 시스템, 통계적 접근 방식과 같은 다양한 소프트웨어 기반 기술을 포함한다.[201] EU 인공지능법의 취지는 AI 시스템의 위험 수준에 따라 규제를 차등 적용하는 것이다. 여기서 '위험(risk)'은 '손해가 발생할 가능성과 그 손해의 심각성을 결합한 개념'으로 정의된다. 위험이 높을수록 엄격한 규제를 적용하는 방식이다. 위험 수준은 크게 네 가지로 분류한다. 용납할 수 없는 위험, 고위험, 제한된 위험 그리고 최소한의 위험이다.[202]

첫 번째로, '용납할 수 없는 위험'을 초래하는 AI 시스템은 명시적으로 금지되었다. 여기에는 잠재적으로 사람들의 안전, 생계, 권리에 위협이 되는 AI 시스템이 포함된다. 예를 들어 인간의 잠재의식을 이용하는 '서브리미널 기술(subliminal technology)'을 사용한 AI, 특정 취약 계층을 착취하는 AI, 공공당국이 사회적 점수를 매기는 데 사용하는 AI, 그리고 법 집행 목적으로 공공장소에서 실시간 원격 생체인식 시스템을 사용하는 경우가 금지된다.[203]

두 번째로, '고위험' AI 시스템은 사람들의 안전이나 기본권에 부정적인 영향을 미칠 수 있으므로 엄격한 규제를 받는다. 여기에는 제품의 안전 요소로 사용되거나 EU의 보건 및 안전 규제에 해당하는 시스템(예를 들어 장난감, 항공, 의료기기 등)과 특정 분야(법 집행 분야 등)에서 사용되는 시스템이 포함된다. 이러한 시스템은 시장에 출시되기 전 리스크 관리, 테스트, 기술적 견고성, 데이터 관리, 투명성, 인적 감독, 사이버 보안 등을 준수해야 한다.[204]

세 번째로, '제한된 위험'을 가진 AI 시스템은 투명성 의무를 준수해야 하며, 여기에는 사람과 상호작용하는 챗봇, 감정 인식 시스템, 생체인식 분류 시스템, 딥페이크와 같은 이미지, 오디오 또는 비디오 콘텐츠를 생성하거나 조작하는 AI 시스템이 포함된다.[205]

마지막으로, 최소한의 위험만을 가진 AI 시스템은 추가적인 법적 의무 없이 개발 및 사용할 수 있지만, 법안은 이러한 시스템의 제공자가 자발적으로 고위험 AI 시스템의 의무사항을 적용하도록 권장하는 행동강령을 제안했다.[206]

이 법안은 각 회원국이 규제의 적용 및 이행을 감독할 권한이 있는 기관을 지정하도록 요구하고 있으며, 유럽 인공지능위원회를 설립하여 규제를 감독하고 조정할 계획이다. 고위험 AI 시스템의 경우, 각국의 시장 감시당국이 운영자의 의무 준수를 평가하게 되며, 법을 준수하지 않을 경우 위반의 심각성에 따라 다양한 행정적 벌금이 부과된다.

법률 내용을 좀 더 구체적으로 살펴보면 다음과 같다.

(1) 정의

EU는 OECD에서 합의된 정의에 따라 AI 시스템의 정의를 EU AI 법에 명문화했다. AI 시스템은 자율적으로 작동할 수 있도록 설계된 기계 기반 시스템으로, 주어진 입력을 통해 예측, 콘텐츠 생성, 추천, 의사 결정을 수행하며 물리적 또는 가상 환경에 영향을 미칠 수 있는 출력을 생성한다. 이러한 정의는 전통적인 소프트웨어 시스템이나 프로그래밍 접근 방식을 포함하지 않으며, 집행위원회는 이 정의의 적

용에 대한 지침을 지속적으로 개발할 예정이다.[207]

AI법은 또한 '범용 목적 인공지능(General-purpose AI, GPAI)' 모델의 정의도 포함하고 있다.[208] 이는 대규모 자율 학습을 통해 훈련된 모델로, 다양한 작업을 능숙하게 수행하고 여러 다른 시스템이나 애플리케이션에 통합될 수 있는 능력을 지닌 모델을 의미한다. 범용 목적 AI 시스템은 GPAI 모델을 기반으로 하여 다양한 목적에 사용되거나 다른 AI 시스템에 통합될 수 있다.

(2) 적용 범위

AI법은 주로 AI 시스템 및 GPAI 모델을 EU 시장에 출시하거나 서비스하는 제공자와 배포자에 적용된다. 이들은 EU에 위치하거나 설립된 기업뿐만 아니라, AI 시스템의 출력을 EU 내에서 사용하는 제3국의 제공자에게도 적용된다. 다만 군사, 국방, 국가 안보와 관련된 AI 시스템은 이 법의 적용을 받지 않으며, 과학 연구 및 개발을 위해 특별히 개발된 AI 시스템도 제외된다. 또한 시스템이 시장에 출시되기 전에는 이 법이 적용되지 않으며, 규제 샌드박스가 적용될 수 있다.[209]

(3) 용납할 수 없는 위험[210]

EU AI법은 AI 시스템의 위험을 기준으로 분류하고, 각 위험 수준에 따라 규제를 다르게 적용하는 위험 기반 접근 방식을 채택하고 있다. 법안의 최종안에서는 집행위원회의 원래 제안보다 더 광범위한 AI 관행이 금지되었는데, 이는 해당 시스템들이 사람들에게 해로운 영향을 끼칠 수 있기 때문이다.

우선, 사람이나 특정 집단의 행동을 왜곡하는 잠재의식을 이용하거나, 조작적 또는 기만적인 기술을 사용하는 AI 시스템은 금지된다. 이러한 시스템은 사용자가 올바른 결정을 내리는 데 영향을 미쳐 큰 피해를 초래할 수 있기 때문이다.

또한 연령, 장애, 사회적 또는 경제적 취약성을 악용하는 AI 시스템도 금지된다. 이 시스템은 사회적 약자를 착취하여 심각한 피해를 유발할 수 있다.

인종, 정치적 견해, 노동조합 가입 여부, 종교나 철학적 신념, 성적 생활 및 성적 지향을 추론하는 생체인식 분류 시스템도 금지되는데, 이는 법 집행 목적의 합법적인 경우를 제외하고는 허용되지 않는다.

사회적 행동이나 개인적 특성에 따라 사람을 평가하거나 분류하는 AI 시스템도 금지된다. 이러한 시스템은 개인에게 부당한 차별을 초래하거나, 실제 행동과 무관한 요소에 의해 불공정하게 판단받을 위험을 높일 수 있다.

공공장소에서 실시간 원격 생체인식 기술을 사용하는 법 집행 목적의 AI 시스템도 특정한 상황을 제외하고는 금지된다. 이 기술은 실종자 수색이나 중대한 위협 방지와 같은 엄격히 제한된 경우에만 사용할 수 있다.

범죄 성향을 평가하는 AI 시스템은 범죄 활동과 관련된 객관적이고 검증 가능한 사실에 기반하지 않는 한 금지된다. 성향만을 기반으로 범죄 가능성을 예측한다면 불공정하거나 편향된 결정을 초래할 수 있기 때문이다.

인터넷 또는 CCTV에서 무차별적으로 데이터를 수집하여 얼굴인식 데이터베이스를 생성하거나 확장하는 AI 시스템도 금지된다.

마지막으로, 감정 추론을 목적으로 교육기관이나 직장에서 사용되는 AI 시스템은 의학적 또는 안전과 관련된 목적이 아닌 경우 금지된다.

이러한 규제는 AI 시스템이 개인의 권리와 자유를 침해하지 않도록 보호하고, 공공 안전을 위협하는 행위를 예방하기 위한 목적으로 설정되었다.

(4) 고위험 AI

고위험 AI 시스템은 AI에 의해 사람들의 건강, 안전 또는 기본권에 부정적인 영향을 미칠 수 있는 경우를 말한다. 이러한 위험 분류는 해당 AI 시스템이 수행하는 '기능'과 의도하는 '목적'에 따라 결정된다. 예를 들어 의료기기와 같은 제품에 통합된 AI 시스템은 해당 제품의 안전 구성 요소로 간주되어 고위험으로 분류될 수 있다. 한편 특정 '분야'에서 사용되는 AI 시스템이 AI법의 부속에 명시된 바에 따라 애초부터 '고위험'으로 분류될 수도 있다. EU 집행위원회는 이 부속서에 명시된 고위험 AI 시스템을 관리하기 위한 데이터베이스를 유지하고 있다.[211]

한편 유럽의회는 최근 고위험군을 분류하기 위한 새로운 기준을 제시하기도 하였다. 이에 따르면, AI 시스템이 사람의 건강, 안전, 기본권에 실질적인 위험을 초래하지 않는 경우 고위험 군에서의 배제가 가능하다. 그러나 그러한 AI 시스템이 그 사람에 대한 '프로파일링'을 수행하는 작업을 하는 경우에는 거의 예외 없이 고위험으로 분류되는 것으로 규정하고 있다.[212]

고위험 AI 시스템의 제공자는 이러한 시스템을 판매하거나 사용하기 전에 '적합성 평가' 절차를 거쳐야 한다. 이들은 각종 평가 및 교육, 사이버 보안 준수 등과 같은 여러 기준을 충족해야 하며, 경우에 따라서는 기본권 침해 여부에 대한 평가도 수행하도록 요구된다. 적합성 평가는 자체적으로 이루어지거나, 생체인식과 같은 특수한 기술이 필요한 경우에는 관계 당국이 사전 지정한 제3기관을 통해서도 이루어질 수 있다.[213] 유럽의 통합된 표준을 준수하는 고위험 AI 시스템 제공자는 적합성 추정을 받을 수 있다.[214] 또한 이러한 AI 시스템이 시장에 출시된 후에도 제공자는 사후 시장 모니터링을 수행하고, 필요 시 시정 조치를 취해야 한다.[215]

(5) 제한된 위험

제한된 위험이란, 자연인과 상호작용하거나 콘텐츠를 생성하는 AI 시스템이 사람을 속이거나 사칭할 위험을 말한다. 이는 해당 시스템이 고위험 AI 시스템인지 여부와 상관없이 발생할 수 있다. 따라서 이러한 시스템에는 정보 제공 및 투명성 요구사항이 적용된다. 사용자들은 자신이 챗봇과 상호작용하고 있다는 사실을 인지할 수 있어야 한다. 이미지, 오디오 또는 비디오 콘텐츠를 생성하거나 조작하는 AI 시스템(딥페이크 등)을 배포하는 경우, 콘텐츠가 인위적으로 생성되었거나 조작되었음을 공개해야 한다. 단 범죄 예방과 같은 매우 제한적인 경우에는 예외가 허용된다.[216]

또한 대량의 합성 콘텐츠를 생성하는 AI 시스템의 제공자는 워터마크와 같은 신뢰성 있고 상호 운용 가능한 방법을 도입해 해당 콘텐츠가 AI에 의해 생성되었음을 표시하고 이를 감지할 수 있도록 해야 한다.[217] 고용주가 작업장에서 AI 시스템을 사용하는 경우, 근로자와 그들의 대표자에게 이 사실을 알려야 한다.[218]

(6) 최소한의 위험

최소 위험을 초래하는 AI 시스템(예컨대 스팸 필터)에는 현재 적용되는 법률(GDPR 등) 외에 추가적인 의무가 부과되지 않는다.

다른 한편, AI법이 포함하고 있는 '범용 목적 인공지능(GPAI)'에 관해서는 시스템의 특성과 위험 수준에 따라 구체적인 규칙을 제시하고 있다. GPAI 시스템의 투명성 요구사항에 따르면, 모든 GPAI 모델은 최신 기술 문서를 작성하고 유지해야 하며, 이러한 정보와 문서를 하위 AI 시스템 제공자에게 전달해야 한다. GPAI 모델 제공자는 또한 유럽연합 저작권법을 준수하는 정책을 수립해야 하며, 최첨단기술(워터마킹 등)을 사용하여 저작권법에 따른 합법적인 텍스트 및 데이터 마이닝 예외를 이행해야 한다.

또한 GPAI 모델 훈련에 사용된 콘텐츠에 대한 요약을 AI 사무소가 제공하는 템플릿(template)에 따라 공개적으로 제공해야 한다. EU 외부에 위치한 제공자는 EU 내에 대표자를 임명해야 하지만, 자유 및 오픈소스 기반으로 제공되는 AI 모델은 기술 문서 공개 등의 일부 의무에서 면제될 수 있다. 일부 의무 면제는 연구, 혁신 및 경쟁에 긍정적인 효과를 가져올 수 있다.[219]

시스템적 위험이 있는 GPAI 의무사항에 따르면, '높은 영향력을 지닌 능력'을 가진 GPAI 모델은 시스템적 위험을 초래할 수 있으며,

내부 시장에 중요한 영향을 미칠 가능성이 있다. 이러한 모델은 공중 보건, 안전, 공공 보안, 기본권 또는 사회 전반에 부정적인 영향을 미칠 수 있다. 따라서 제공자는 시스템이 10^{25} FLOP(Floating Point Operations, 부동 소수점 연산)를 초과하는 연산 능력을 사용하도록 훈련되었다면 이를 유럽연합 집행위원회에 보고해야 한다. 이 임계값을 초과하는 경우, 해당 모델은 시스템적 위험을 가진 것으로 간주된다.[220]

이러한 GPAI 모델 제공자는 투명성 및 저작권 보호와 관련된 요구사항을 준수하는 것 외에도, 지속적으로 위험을 평가하고 완화해야 하며, 사이버 보안 보호를 보장해야 한다. 또한 심각한 사건(예컨대 기본권 침해)을 기록하고 보고하며, 필요한 경우 시정 조치를 취해야 한다.[221]

실천 강령과 적합성 추정도 GPAI 모델 제공자에게 중요한 역할을 한다. 실천 강령을 통해 법적 의무 준수를 입증할 수 있으며, 집행위원회는 구현 법안을 통해 실천 강령을 승인하고 EU 전역에 적용할 수 있다. 유럽 통합 표준을 준수하는 경우, GPAI 제공자는 적합성 추정을 받을 수 있다. 시스템적 위험을 가진 GPAI 모델 제공자가 승인된 실천 강령을 따르지 않는 경우, 적절한 대안적 준수 수단을 입증해야 한다.[222]

AI 시스템 투자 지원을 강화하기 위해 샌드박싱 및 실제 환경 테스트 관련 조치가 마련되었다. 국가는 혁신적인 AI 시스템 개발과 테스트를 촉진하기 위해 최소 하나 이상의 AI 규제 샌드박스를 국가 차원에서 설치해야 한다. 이러한 규제 샌드박스는 엄격한 규제 감독하에 AI 시스템을 개발, 교육, 테스트 및 검증할 수 있는 통제된 환경을 제

공하며, 이 과정은 시장에 출시되거나 서비스에 도입되기 전에 제한된 기간 동안 이루어진다.[223]

　AI 규제 샌드박스는 필요할 경우 실제 환경에서 AI 시스템을 테스트할 수 있도록 하며, 연구실 외부에서 제한된 기간 동안 진행될 수 있다. 단 이 모든 과정은 EU 데이터 보호법의 규정과 원칙을 준수해야 한다. 더 나아가 고위험 AI 시스템의 개발 및 시장 진입을 가속화하기 위해 해당 시스템의 제공자 또는 잠재적 제공자는 AI 규제 샌드박스에 참여하지 않더라도 실제 환경에서 시스템을 테스트할 수 있다. 이 경우, 특정한 보증 조건을 준수해야 하며, 명시적 동의를 받거나 시장 감시 기관에 실제 테스트 계획을 제출하는 등의 요건을 충족해야 한다. 이러한 규제 샌드박스와 실제 환경에서의 테스트는 AI 시스템의 안전하고 효율적인 개발을 촉진하고 혁신을 가속화하는 데 중요한 역할을 한다.[224]

　EU AI법 집행은 여러 국가 및 EU 차원의 기관들이 담당한다. 각 회원국은 최소 하나의 시장 감시당국과 통지 기관을 지정하거나 설립하여 법의 적용 및 이행을 보장해야 하며, 규정을 준수하지 않는 기관에는 무거운 벌금이 부과된다. EU 차원에서는 집행위원회, AI 위원회, AI 사무소, EU 표준화 기구(CEN과 CENELEC), 독립 전문가들로 구성된 자문 포럼과 과학 패널이 법의 집행을 지원한다. 특히 EU AI 사무소는 새로운 규정의 이행에 대한 조언을 제공하며, 주로 범용 목적 AI(GPAI) 모델에 관한 문제를 다루고, AI법의 적절한 적용을 지원하기 위한 실천 강령을 개발하는 역할을 한다.[225]

　EU AI법의 발효 일정에 따르면, 각 규정은 단계적으로 시행된다.

먼저, 금지된 AI 시스템에 대한 규정은 2024년 8월 1일 법 발효 후 6개월이 지난 2025년 2월 2일까지 모든 금지된 AI 시스템이 단계적으로 폐지되어야 한다. 그 다음, 범용 목적 인공지능(GPAI) 관련 규정 및 처벌 조항은 법이 발효된 지 12개월 후인 2025년 8월 2일부터 적용된다. 이는 범용 목적 AI 모델에 대한 투명성 요구사항과 저작권 보호 조항 등을 포함한다. 고위험 AI 시스템에 관한 규정은 법이 발효된 지 24개월 후인 2026년 8월 2일부터 적용되며, 고위험 AI 시스템에 대한 적합성 평가와 기본권 영향 평가 등이 요구된다. 또한 기존 EU 제품 관련 법규가 적용되는 AI 시스템에 대해서는 법이 발효되고 36개월 후인 2027년 8월 2일부터 관련 규정이 적용된다. 이 시스템들은 별도의 규제 기준을 따라야 한다. 마지막으로, 실천 강령은 법 발효 후 9개월 이내, 즉 2025년 5월 1일까지 마련되어야 한다. 이 강령은 AI법의 규정을 준수하기 위한 지침을 제공하게 된다.[226]

정리해보면, EU AI법은 'AI 시스템을 EU 내에서 출시하거나 서비스하는 모든 제공자'에게 적용된다. 즉 제공자가 EU 내에 설립되었든 혹은 제3국에 설립되었든 상관없이 적용된다. 예컨대 한국에 기반을 둔 AI 서비스 제공 기업이라도, 해당 AI 시스템이 'EU 시장에 출시'되거나, 'EU 내에서 서비스'되는 경우에는 이 법의 적용을 받게 된다. 따라서 한국에 위치한 AI 기업이 유럽연합에서 그 시스템의 산출물이 사용되는 경우, 해당 기업은 '유럽 고객이나 사용자가 자사 AI 시스템을 사용하는지'를 확인해야 한다. 이러한 경우, EU의 데이터 보호 및 AI 관련 규정을 준수해야 하며, 특히 고위험 AI 시스템이나 범용 목적 AI 시스템에 대한 추가적인 의무를 충족해야 한다.

중국, '데이터 장성'을 쌓다:
사이버 안보와 기술 자립을 위한 통상규제

다음으로 중국의 주요 디지털·데이터 관련 통상규제를 개괄적으로 살펴본다. 최근 통상 법규는 기존의 관세나 무역구제 조치에서 벗어나, 자국 산업을 보호·육성하는 동시에 타국 경제에 영향을 미치는 다양한 국내 규제로 변화하고 있다. 이러한 흐름 속에서 중국은 자유무역 질서를 활용해 해외 시장을 개척하는 한편, 내수 시장과 첨단산업, 특히 기술 자립을 위한 전략적 육성에 집중하고 있다. 이러한 산업·통상 정책적 기조를 가장 상징적으로 보여주는 것이 바로 디지털·데이터 관련 규제다. 이 규제들은 중국의 산업 경쟁력 강화와 기술 패권 확보라는 목표를 동시에 담고 있으며, 글로벌 경제와 산업에도 상당한 영향을 미칠 것으로 예상된다. 따라서 다음에서는 디지털·데이터·콘텐츠 관련 통상규제를 중심으로 중국의 통상전략을 분석하고자 한다.

1. 중국의 데이터 저장 및 전송 조치

'데이터 현지화 및 국경 간 데이터 이전(Cross-Border Data Transfer, CBDT)'을 다루는 중국의 국내 프레임워크는 단일 법안으로 집중되어 있지 않고 여러 입법 기관 또는 정부 각급 기관에서 공표한 여러 법률과 규정으로 구성되어 있다. 이러한 문제를 다루는 세 가지 주요 법안은 다음과 같다. 첫째, '사이버 보안법(Cyber Security Law, CSL)'은 사이버 보안 의무에 대한 전반적인 프레임워크를 제공하며, 특히 '중요 정보 인프라

(Critical Information Infrastructure, CII)' 운영자에게 데이터 현지화(localization)[227] 요건과 CBDT 제한을 부과하는 법이다.[228] 둘째, '데이터 보안법(Data Security Law, DSL)'이 있는데, 이는 CSL을 기반으로 하며 CBDT에 대한 몇 가지 추가 요건을 포함하고 있다.[229] 셋째, '개인정보 보호법(Personal Information Protection Law, PIPL)'이 있는데, 이 법은 특히 '개인정보'에 대한 CBDT의 틀을 정하고 있다.[230] 또한 이후 관련 기관에서 다양한 규정을 공표하여 이 세 가지 법률에 명시된 데이터 현지화 및 CBDT에 관한 규정을 더욱 발전시켰다.[231] 이 세 가지 데이터 관련 법을 일컬어 소위 중국의 '데이터 3법'이라고도 부른다. 아래에서는 이러한 조치를 중국의 '데이터 저장 및 전송 체제'로 통칭하겠다.

(1) 데이터 분류

중국의 '데이터 저장 및 이전 체제'하에서 데이터 현지화 및 CBDT에 대한 요건은 데이터와 데이터를 다루는 주체가 어떻게 분류되는지에 따라 달라진다. 이 제도에 따라 현재 데이터 현지화 요건과 CBDT에 대한 제한이 적용되는 데이터에는 세 가지 주요 범주가 있다. 첫째, "특정 분야, 집단, 지역에 한정되거나 일정 수준의 정밀도와 규모에 도달한 데이터로서 유출, 변조, 파기될 경우 국가 안보, 경제 운영, 사회 안정, 공중 보건 및 안전에 직접적인 위협을 줄 수 있는 데이터"로 광범위하게 정의되는 소위 '중요 데이터'가 있다.[232] 둘째, 소위 '핵심 데이터'가 있는데, 이는 "높은 수준의 정밀도에 도달하고 규모가 크며 도메인, 그룹 또는 지역에서 일정 깊이에 도달하는 데이터로, 불법적으로 사용되거나 공유되면 정치적 안보에 직접적인 영향을 미칠 수 있는 데이터"로 정의된다.²³³ 셋째, '개인정보'는 "식별되거나 식별 가능한 자연인과 관련된 전자적 또는 기타 수단에 의해 기록된 모든 종류의 정보로, 익명 처리된 정보는 포함하지 않는다"고 광범위하게 정의되어 있다.²³⁴ 이외에도 중국의 데이터 분류 표준에는 다양한 유형의 데이터가 식별되고 정의되어 있다. 또한 위와 같은 유형의 데이터를 소위 '중요 정보 인프라 운영자(Critical Information Infrastructure Operator, CIIO)'가 처리하는 경우 다른 요건이 적용되는 경우도 있다.²³⁵

민간 기업과 정부 기관 모두, 기준에 따라 ① 데이터 유형, ② 데이터 등급이라는 두 가지 기본 전제를 바탕으로 데이터를 분류해야 한다. 데이터 유형에 따른 분류의 경우, 이해관계자는 산업 및 비즈니스 속성에 따라 데이터를 분류한다. 이는 관련 산업의 특성(예컨대 군사, 중요 인프라, 정부 부문 등)으로 인해 특정 부문 또는 기업의 데이터가 더 높은 위험 수준을 가질 수 있다는 사실을 고려한 것이다.²³⁶ 관련 산업 분야에는 산업 데이터, 통신 데이터, 금융 데이터, 에너지 데이터, 운송 데이터, 천연자원 데이터, 헬스케어 데이터, 교육 데이터, 과학 데이터 등이 포함된다.²³⁷ 또한 이러한 다양한 산업 부문에 대한 중국 정부 규제 기관은 해당 산업 및 부문의 비즈니스 속성에 따라 해당 부문의 데이터를 추가로 분류한다.²³⁸ 일반적인 비즈니스 속성에는 다음과 같은 사항들이 포함된다.²³⁹

- 비즈니스 도메인: 비즈니스의 범위, 유형 또는 기능에 따라 분류한다.
- 담당 부서: 데이터 관리 부서 또는 책임에 따라 분류한다.
- 설명 대상: 데이터에서 설명하는 대상(사용자 데이터, 비즈니스 데이터, 관리 데이

터, 시스템 운영 및 유지 관리 데이터 등)에 따라 분류한다.
- 프로세스 단계: 비즈니스 프로세스 및 산업 체인 단계에 따라 분류한다 (예: 에너지 데이터는 탐사, 개발, 생산, 처리, 판매 및 활용과 같은 프로세스 단계에 따라 분류).
- 데이터 주체: 데이터 주체 또는 소유자에 따라 분류한다(데이터 주체는 공공 데이터, 조직 데이터, 개인정보로 분류).
- 콘텐츠 테마: 데이터에서 설명하는 콘텐츠 테마에 따라 분류한다.
- 데이터 목적: 데이터의 처리 목적 및 용도에 따라 분류한다.
- 데이터 처리: 데이터 처리 활동 또는 데이터 처리 정도에 따라 분류한다.
- 데이터 소스: 데이터 소스 및 수집 방법에 따라 분류한다.

데이터 등급에 따른 분류의 경우, 이해관계자는 데이터의 위험도 및 민감도 수준에 따라 데이터 등급을 매긴다. 데이터 등급 분류는 데이터가 유출, 변조, 파괴, 불법 취득, 불법 사용 또는 불법 공유될 경우 국가 안보, 경제 운영, 사회 질서, 공공의 이익, 조직의 권리 및 개인의 권리에 미칠 수 있는 피해 정도를 파악하기 위해 수행된다. 데이터는 경제 및 사회 발전에서의 중요도에 따라 고위험 데이터, 중요 데이터, 일반 데이터의 3단계로 분류된다.

(2) 평가 대상 식별

평가자는 데이터 항목, 데이터 세트, 파생 데이터, 산업 부문 간 데이터 등 채점할 데이터를 식별해야 한다(데이터 항목은 일반적으로 데이터베이스 테이블의 필드를 나타낸다). 여기서 데이터 세트란, 데이터베이스 테이블, 데이터베이스 행 또는 행 세트, 데이터 파일 등과 같은 여러 데이터 레

코드로 구성된 컬렉션이다. 산업 부문 간 데이터는 한 산업 부문에서 수집 또는 생성되어 다른 산업 부문으로 전송되는 데이터와 두 개 이상의 산업 부문에서 데이터를 통합 및 처리하여 생성된 데이터를 말한다.

(3) 데이터 평가 요소 인식

채점자는 자신의 데이터 특성에 따라 여러 데이터 채점 요소를 식별해야 한다. 데이터 채점에 영향을 미치는 요소에는 데이터의 도메인, 그룹, 지역, 정밀도, 규모, 깊이, 범위 및 중요도가 포함된다. 도메인, 그룹, 지역 및 중요도는 일반적으로 정성적定性的 등급 요소이며 정밀도, 규모 및 범위는 정량적定量的 등급 요소이다. 통계, 상관관계, 마이닝, 통합 등의 처리를 통해 데이터가 설명 대상에 대한 암시적 정보 또는 다차원적 세부 정보를 설명하는 정도인 깊이(depth)는 일반적으로 파생 데이터에 대한 등급 요소이다.

(4) 데이터 영향 분석

채점자는 식별된 채점 요소를 고려하여 데이터 유출, 변조, 파기, 불법 취득, 불법 사용, 불법 공유 시 잠재적 대상과 영향의 정도를 분석해야 한다. 데이터 채점을 위한 데이터 영향 분석을 수행할 때 채점자는 영향 대상과 정도를 고려해야 한다. 영향 대상은 데이터 유출, 변조, 파기, 불법 취득, 불법 사용, 불법 공유 등 데이터가 보안 위험에 직면했을 때 영향을 받을 수 있는 대상을 말한다. 영향 대상에는 일반적으로 국가 안보, 경제 운영, 사회 질서, 공공의 이익, 조직의 권리 및 개인의 권리가 포함된다. 영향 정도는 데이터가 유출, 변조, 파괴되거나 불법적으로 액세스, 사용 또는 공유되었을 때 발생할 수 있는 피해 수준을 의미한다. 영향 정도는 '특히 심각한 피해', '심각한 피해', '일반적인 피해'로 구분할 수 있다. 또한 영향 대상에 따라 영향 정도를 판단하는 기준은 달라질 수 있다. 영향 대상이 국가 안보, 경제 운영, 사회 질서 또는 공공의 이익인 경우에는 국가, 사회 또는 산업 분야의 전반적인 이익이 영향 정도를 판단하는 기준으로 사용된다. 영향 대상이 조직 또는 개인의 권리일 경우에는 해당 조직 또는 개인의 이익을 영향 정도를 판단하는 기준으로 삼는다.

(5) 종합적인 수준 결정

평가자는 기술 표준에 명시된 규칙에 따라 데이터 위험 수준을 결정해야 한다. 기업이 데이터를 분류할 때 고려해야 할 몇 가지 원칙은 다음과 같다. 첫째, 이해관계자는 과학적 효용성 원칙에 따라 데이터 관리 및 활용을 용이하게 한다는 관점에서 공통적이고 안정적인 속성 또는 특성을 데이터 분류의 기준으로 선정한 후 실제 필요에 따라 분류를 세분화해야 한다. 둘째, 데이터 분류 수준은 명확한 경계를 가져야 하며, 각기 다른 수준의 데이터에 대해 상응하는 보호 조치를 취해야 한다. 셋째, 데이터 수준은 가능한 한 가장 높은 기준을 채택하는 원칙에 따라 결정되어야 한다. 즉 여러 요인이 데이터 분류에 영향을 미칠 수 있는 경우, 각 잠재적 영향 요인의 가장 높은 영향 수준에 따라 데이터 수준을 결정해야 한다. 넷째, 데이터 분류는 개별 데이터 분류뿐만 아니라 여러 도메인, 그룹 또는 지역의 데이터 집계 및 통합이 보안에 미치는 영향도 고려하여 데이터 수준을 종합적으로 결정해야 한다. 마지막으로 데이터 분류, 중요 데이터 카탈로그, 기타 분류된 데이터는 데이터의 비즈니스 속성, 중요도, 잠재적 피해 정도 등의 변화에 따라 정기적으로 검토하고 업데이트해야 한다.[240]

(6) 데이터 현지화 및 CBDT 요구사항

일반적으로 위에서 설명한 세 가지 주요 데이터 유형, 즉 중요 데이터, 핵심 데이터, 개인정보는 모두 중국 본토 내에 저장되어야 한다. 첫째, 중국 본토 내 CIIO 운영 과정에서 생성된 중요 데이터와 개인정보는 반드시 중국 내에 저장해야 한다.[241] 또한 일정 규모 이상의 개인정보를 처리하는 비#CII 데이터 처리자도 데이터를 중국 내에 저장해야 한다.[242] 중요 데이터를 처리하는 비CII 데이터 처리자는 중요 데이터의 현지화에 적용되는 별도의 (업종별) 규칙을 준수해야 한다.[243] 기존의 일반 적용 법률이나 규정에는 비CII 데이터 처리자가 취급하는 중요 데이터 및 핵심 데이터를 현지에 저장하도록 명시적으로 요구하는 조항은 없지만, 이러한 데이터의 국외 전송에 대한 제한(아래 설명)은 중국 본토에 저장해야 함을 암시한다. 이는 비CII 중요 데이터 및 핵심 데이터가 일반적으로 현지에 저장되어야 한다는 것을 결정적으로 입증하는 것은 아니지만, 그러한 요건이 암묵적으로 존재함을 강력히 시사한다.

중국의 데이터 저장 및 전송 체제에서는 데이터의 국제 전송을 광범위하게 제한하고 있다. 첫째, 특정 데이터의 국외 전송을 실행하려는 기업은 전송하기 전에 중국 정부당국이 실시하는 '보안 평가'를 통과해야 한다.[244] 구체적으로 다음 중 하나에 해당하는 상황에서 데이터를 수출하려는 모든 기업은 보안 평가를 받아야 한다.

- 해당 법인이 CIIO인 경우
- 해당 법인이 '중요한 데이터'를 내보내는 경우
- 해당 법인이 당년도 1월 1일 이후 100만 명 이상의 개인정보(민감한 개인정보 제외)를 해외 당사자에게 제공하는 경우
- 해당 법인이 올해 1월 1일 이후 1만 명 이상의 민감한 개인정보를 해외 당사자에게 제공한 경우 또는 기타 중국 사이버공간관리국(Cyberspace Administration of China, CAC)에서 규정하는 데이터 수출 보안 평가를 신고해야 하는 상황[245]

보안 평가 조치는 특정 데이터 내보내기에 대한 보안 평가를 받아야 하는 경우에 기업이 따라야 하는 세부 절차를 규정하고 있다. 여기에는 ① 자체 평가 수행, ② 보안 평가 신청서 제출, ③ 관련 정부 기관에서 실시하는 독립 보안 평가가 포함된다.[246] 정부당국이 보안 평가를 실시할 때는 다음 기준을 고려한다.

- 데이터 내보내기의 방법, 범위 및 목적의 적법성, 정당성 및 필요성
- 데이터 수신자가 위치한 국가 또는 지역의 데이터 보안 보호 정책, 규정 및 일반적인 사이버 보안 환경이 데이터 보안에 미칠 수 있는 영향, 해외 수신자의 데이터 보호 표준이 중국의 법률, 행정 규칙 및 규정, 필수 국가 표준 요구사항을 준수하는지 여부

- 아웃바운드 데이터의 규모, 범위, 유형 및 민감도, 데이터의 유출, 변조, 분실, 손상, 불법적인 취득 또는 사용 등과 같이 전송 중 및 전송후 데이터에 발생할 수 있는 위험
- 데이터 보안 및 개인정보 권리를 완전하고 효과적으로 보호할 수 있는지 여부
- 데이터 처리자와 해외 수신자 간에 서명해야 하는 법적 문서에 데이터 보안 보호 책임과 의무가 충분히 규정되어 있는지 여부
- (데이터 처리자의) 중국 법률, 행정 규정 및 부서별 규칙 준수 여부
- 기타 CAC가 필요하다고 판단하는 사항[247]

보안 평가는 평가 결과가 발행된 날로부터 2년 동안 유효하다. 단 국가 간 데이터 이전 승인 조건에 실질적인 변경이 있는 경우, 평가는 더 일찍 취소될 수 있다.[248]

보안성 평가를 받지 않아도 되는 개인정보 수출의 경우, ① 해외 수취인과 소위 '표준 계약'을 체결하거나, ② CAC의 규정에 따라 전문기관으로부터 개인정보 보호 인증을 받으면 CBDT의 승인을 받을 수 있다.[249] 이러한 절차는 CAC 보안성 검토보다 간단하고 번거롭지 않다. 다양한 시행 규정에는 이 메커니즘을 활용해 적격한 데이터 수출 승인을 받고자 하는 기업을 위한 세부 절차, 요구사항 및 기타 고려사항이 명시되어 있다.[250] 또한 CIIO가 처리하는지 여부와 관계없이 개인정보를 해외 제3자에게 전송하려면 데이터를 취급하거나 처리하는 법인은 데이터를 전송받는 사용자로부터 별도의 동의를 얻어야 한다.[251]

2024년 3월 22일, CAC는 CBDT를 촉진하기 위한 새로운 규정을 공표했다.[252] 첫째, 이 규정은 개인정보 수출에 대한 보안 평가 요건을 유발하는 데이터 양 임계값을 높였다. 둘째, 관련 정부 부처 또는 지역이 특정 데이터를 '중요'하다고 공개적으로 밝히지 않은 경우, 기업은 해당 데이터를 수출하기 위해 보안 평가를 신청하거나 받을 필요가 없음을 명확히 했다. 셋째, 특정 데이터 수출에 대한 데이터 수출 규정 준수 절차의 면제를 규정하여 기업이 정부의 개입 없이 자유롭게 CBDT를 수행할 수 있도록 허용한다. 이러한 면제 대상은 구체적으로 다음과 같다.[253]

첫째, 기업이 국제무역, 국경 간 운송, 학술 협력, 다국적 제조, 마케팅 등의 활동을 통해 데이터를 수집 및 생성하고 이러한 데이터를 해외에 제공하고자 하는 경우, 해당 데이터에 개인정보나 중요 데이터가 포함되어 있지 않다면 세 가지 규정 준수 절차 중 어느 것도 거칠 필요가 없다.

둘째, 중국 외의 기업이 수집 및 생성한 개인정보를 처리하기 위해 중국으로 이전한 후 해외로 재이전하는 경우, 처리 과정에서 국내 개인정보나 중요 데이터가 유입되지 않는다면 규정 준수 절차가 면제된다.

셋째, 법인이 다음 지정 조건 중 하나를 충족하는 경우
• 국경 간 전자상거래, 우편 서비스, 송금 및 결제, 계좌 개설, 항공권 및 호텔 예약, 비자 처리, 시험 서비스 등 개인이 당사자인 계약의 체결 및 이행을 위해 개인정보를 내보내야 하는 경우
• 취업 규칙 및 규정, 직원과 체결한 단체 계약에 따른 인사관리를

이행하기 위해 직원의 개인정보를 내보낼 필요가 있는 경우
  • 긴급 상황에서 자연인의 생명, 건강 및 재산을 보호하기 위해 개인정보를 국외로 반출할 필요가 있는 경우
  • CIIO가 아닌 기업이 해당 연도 1월 1일 이후 10만 명 미만의 개인정보(민감 개인정보 제외)를 해외에 제공한 경우

 요약하자면, 중국의 데이터 저장 및 전송 체제는 일반적으로 다양한 종류의 민감한 데이터를 중국 본토 내에 저장하도록 요구하며, 해당 데이터를 다른 국가로 전송하는 데 다양한 제한을 두고 있다. 그러나 이 제도는 아직 발전 중이며 특정 주요 정의, 절차 등에 관한 중요한 의문이 여전히 남아 있다는 점에 유의해야 한다. 또한 데이터 거버넌스에 대한 중국 정부의 접근 방식은 변화하는 상황과 기업 등 이해관계자의 피드백에 따라 여전히 진화하고 있는 것으로 보인다. 따라서 데이터 현지화 및 CBDT의 정확한 범위와 구체적인 규칙은 향후 몇 년 동안 계속해서 크게 변화할 수 있다.

2. 온라인 동영상 및 엔터테인먼트 법규

 중국의 온라인 동영상 및 엔터테인먼트 서비스 시장은 규제가 심하며, 온라인 동영상 및 기타 엔터테인먼트 서비스(예컨대 온라인 비디오게임 등)의 콘텐츠와 배포에 대한 수많은 규제가 존재한다. 이 서비스 부문을 규제하는 조치는 중앙집권적이라기보다는 여러 정부 기관에서 발행하는 다양한 법률, 규정 및 기타 조치에 분산되어 있다. 게다가 이러한 규제들은 종종 범위가 겹치는 경우가 많기 때문에 이 분야의 서

비스 제공업체는 복잡한 규칙과 요건을 따라야 한다. 외국 온라인 동영상 및 엔터테인먼트 서비스 제공업체의 중국 시장 진출에 영향을 미치는 주요 규제 유형에는 콘텐츠 제한, 라이선스 요건, 외국인 투자 제한 등 세 가지가 있다.

첫째, 중국 시장에서 제공할 수 있는 온라인 동영상 및 엔터테인먼트 서비스 콘텐츠에 대한 제한이 있다. 예를 들어 '온라인 출판물'에는 헌법 원칙에 반하는 내용, 국가 통일, 주권 또는 영토 보전이나 안보를 위협하는 내용, 국가 기밀을 누설하는 내용, 국가의 명성이나 이익을 훼손하는 내용, 민족적 적대감이나 차별을 선동하는 내용, 이단이나 미신을 옹호하는 내용, 유언비어를 유포하고 사회 질서와 안정을 교란하는 내용, 외설, 음란물, 도박, 폭력, 범죄 선동, 타인 모욕 또는 법적 권익 침해, 사회 도덕이나 문화 전통을 위협하는 내용, 기타 법률이나 행정 규정 및 국가 규정에 의해 금지된 내용 등의 콘텐츠는 포함될 수 없다.[254] 인터넷을 통해 제공되는 시청각 프로그램도 이러한 범주의 콘텐츠를 포함하는 것이 금지된다. 소위 '인터넷 정보 서비스 제공자' 또한 이러한 콘텐츠를 제작, 복사, 게시 또는 배포할 수 없다.[255]

또한 중국은 온라인 동영상 서비스 제공업체의 외국 영화 및 TV 드라마 제공을 명시적으로 제한하는 규제를 시행하고 있다. 온라인 동영상 서비스 제공업체의 연간 외국 영화 및 드라마 수입 수량은 전년도에 해당업체가 구매한 국내 제작 영화 및 드라마 수량의 30%를 초과할 수 없다.[256] 나아가 모든 외국 영화와 드라마는 온라인에 배포하기 전에 중국 정부당국의 승인을 받아야 한다.[257] 관련 정부 기관이 외국 영화나 드라마의 콘텐츠를 검토하고 승인한 후에야 허가되는데,

콘텐츠 검토 기준은 명확하지 않다.²⁵⁸ 마찬가지로 외국산 모바일 게임도 중국 시장에 출시되기 전에 중국 당국의 콘텐츠 심의를 거쳐야 하며, 동일한 국내산 모바일 게임보다 더 까다로운 승인 제도를 적용받는다.²⁵⁹

둘째, 온라인 동영상 및 엔터테인먼트 서비스 제공업체는 중국 시장에서 서비스를 제공하기 전에 여러 가지(종종 중복되는) 라이선스를 취득해야 한다. 여기에는 인터넷 콘텐츠 제공자 라이선스,²⁶⁰ 출판 서비스 라이선스,²⁶¹ 정보 네트워크 시청각 프로그램 라이선스,²⁶² 인터넷 문화 운영 라이선스²⁶³ 등이 포함될 수 있다. 신청 서비스 제공업체는 이러한 라이선스를 취득하기 위해 명목상 외국 및 국내 서비스 제공업체에 모두 적용되는 다양한 운영 기준을 충족해야 한다. 그러나 경우에 따라서는 라이선스 자격 요건이 외국 서비스 제공업체의 승인을 사실상 막는 경우도 있다. 예를 들어 인터넷을 통해 시청각 제품을 제공하는 데 필요한 정보 네트워크 시청각 프로그램 라이선스를 받으려면 신청 사업자는 "전적으로 국영 기업 또는 국가가 통제하는 기업"이어야 한다.²⁶⁴ 마찬가지로 온라인 게임도 중국에서 퍼블리싱하려면 2016 온라인 퍼블리싱 규칙에 따라 라이선스를 취득해야 한다.²⁶⁵ 또한 외국 저작권이 있는 온라인 게임은 특정 중국 저작권이 있는 게임에 적용되는 간소화된 라이선스 신청 절차의 대상이 아니므로, 중국 당국은 외국 저작권이 있는 온라인 게임의 라이선스 신청 승인 기한을 별도로 정해두지 않았다.²⁶⁶ 이러한 라이선스 요건 중 상당수는, 적용 가능한 외국인 투자 제한과 함께 외국 서비스 제공업체의 중국 시장 진입을 효과적으로 방해하거나 막는 역할을 한다.

셋째, 온라인 동영상 및 엔터테인먼트 서비스에 대한 외국인 투자는 매우 제한적이며 대부분의 경우 금지된다. 인터넷 뉴스 서비스, 인터넷 출판 서비스, 인터넷 시청각 프로그램 서비스, 인터넷 문화 운영(음악 제외), 인터넷 정보 보급 서비스에 대한 외국인 투자는 전면 금지되어 있다.[267] 이러한 규제를 종합하면 사실상 모든 외국 동영상 및 엔터테인먼트 서비스 제공업체가 중국 시장에서 활동할 수 없다. 결론적으로, 온라인 동영상 및 엔터테인먼트 서비스를 제공하는 외국 공급업체가 중국 시장에 제품을 공급하려면 국내 서비스 제공업체를 통해 라이선스를 취득해야 한다는 것이다.

또한 외국 온라인 동영상 및 엔터테인먼트 서비스 제공업체가 이러한 투자 금지 대상에서 벗어난 경우에도 모든 부가가치 통신 서비스의 외국인 소유 비율은[268] 50%로 제한되어 있기 때문에[269] 국내 서비스 제공업체와 비지배적 합작투자를 체결할 수밖에 없다. 요약하자면, 이러한 투자 제한은 외국 온라인 동영상 및 엔터테인먼트 서비스 제공업체가 중국 시장에 독립적으로 접근하는 것을 효과적으로 막고 있다.

이는 결국, 중국 온라인 동영상 및 엔터테인먼트 서비스 시장에서 구조적으로 외국 기업에 불리한 상황을 조성하기 위한 조치라고 할 수 있다. 중국의 정보 및 문화 문제에 대한 통제가 점점 더 엄격해지고 있는 점을 고려할 때, 중국의 온라인 동영상 및 엔터테인먼트 서비스 시장을 규제하는 접근 방식이 조만간 의미 있게 변화할 가능성은 낮아 보인다.

인도, 전략적 개방과 선택적 통제: 수입허가 강화와 보호무역 정책의 그림자

인도의 경우 산업정책 이행을 위한 새로운 국내 규제가 최근 들어 대대적으로 도입되고 있다는 움직임은 특별히 보이지 않는다. 다만 전반적인 수출입 허가 관련 법규가 다시 강화됨에 따라 다른 국가의 시장에 영향을 미치는 형태의 통상 조치를 운영 중이다.

예컨대 최근 몇 년간 인도는 한국 산업에 영향을 미치는 여러 보호무역 조치를 시행해왔다. 2023년 8월 3일, 인도의 대외무역총국(DGFT)은 노트북, 태블릿 및 특정 컴퓨터 품목에 대해 수입 허가 요건을 수정했으며, 이에 따라 해당 제품들은 유효한 수입 허가 없이 수입이 제한되었다.[270] 이 정책은 미국 정부와 델(Dell), 삼성, 애플 등 주요 글로벌 기업들의 즉각적인 반발을 불러일으켰고,[271] DGFT는 다음날 이 정책의 시행일을 2023년 11월 1일로 연기했다.[272] 2023년 10월 19일에는 수입 정책이 추가로 수정되었고, 수입 허가 요건이 '수입 관리 시스템'으로 전환됨에 따라 기업들은 특정 수입품에 대한 허가를 받아야 했다. 결과적으로 정부의 감독 아래 수입 금액과 수량이 정해지게 되었다.[273] 2023년 11월 1일 기준으로 111건의 수입 신청 중 110건이 승인되었으며, 인도 내 셀룰러 및 전자 협회와 같은 민간 부문의 지원으로 이러한 정책이 시행되었다.[274]

인도 정부의 목표는 수입을 국내 생산으로 대체하고, 특히 중국에 대한 의존도를 줄여 인도의 제조업 부문을 강화하는 것이다. 2020년에도 인도는 텔레비전 세트에 비슷한 수입 제한 조치를 취했으며,[275]

이로 인해 인도의 텔레비전 수입 의존도는 36%에서 0%로 급감했다.[276] 그럼으로써 인도 기업들은 중간 수입품에 대한 의존도를 줄이고, 비반도체 투입재의 절반을 현지에서 조달하게 되었다.[277] 이러한 상황은 컴퓨터 시장에서도 반복될 가능성이 있으며, 외국 제조업체들이 조립 부문에서 인도 제조업체와 협력할 수 있다.

인도는 국내 제조업과 IT 산업의 경쟁력을 강화하기 위해 여러 제도를 도입하고 있다. 여기에는 전자제품 생산을 위한 생산연계 인센티브(Production-Linked Incentive, PLI)와 비즈니스 프로세스 아웃소싱(BPO) 산업의 시장 점유율을 높이기 위한 이니셔티브가 포함된다.[278] 또한 인도 정부는 다양한 제품 카테고리에 대한 관세 인상과 함께 비관세 장벽을 높여 국내 공급업체를 보호하고, 2021년부터 매년 수입품에 대한 관세를 인상하고 있다.[279]

전자제품 생산을 지원하기 위해 인도 전자정보기술부(MeitY)는 여러 PLI 제도를 도입했으며, 제약 부문에서도 국가 의료기기 정책(NMDP)을 통해 자급자족을 강화하려는 움직임을 보이고 있다. 인도는 의료기기의 80%를 수입하고 있으며,[280] 이러한 가격 통제 조치는 한국 기업을 비롯한 다른 기업들의 시장 진입에도 영향을 미칠 수 있다.

또한 인도는 무역 제한을 통해 국내 생산을 촉진하려는 정책을 시행 중이며, 2020년에는 공압 타이어 수입 라이선스를 도입하고 텔레비전 및 에어컨 수입을 금지했다. 이러한 정책은 '인도에서 만들기' 정책의 일환으로 이루어졌으며, 일부 외국 제조업체들은 인도의 타이어 제조 부문에 진출하거나 협력을 확대하려는 움직임을 보이고 있다.[281]

수출 통제와 경제 제재:
안보와 경제가 뒤얽힌 통상규제의 새로운 전선

앞서 살펴본 바와 같이, 각국의 통상 관련 국제 규제들은 국가 안보와 그에 기반한 산업정책을 통해 구체화되고 있다. 이처럼 안보적 성격이 반영된 통상규제들 가운데, 타국의 시장과 기업에 가장 큰 영향을 미치는 대표적 사례는 바로 '수출 통제' 제도와 '경제 제재' 법규다. 최근 몇 년 사이, 전 세계적으로 지정학적 리스크가 높아지면서 무역 및 투자 활동에 대한 국가 안보 기반의 제한이 더욱 중요한 정책 수단으로 부상하고 있다. 미국, 유럽, 중국을 포함한 주요 국가와 지역들은 수출 통제, 경제 제재, 외국인투자심사 등 다양한 형태의 안보 관련 규제를 도입하거나 강화하고 있으며, 이러한 조치들은 단순히 안보를 넘어 경제적 이해관계 전반에까지 깊은 영향을 미치고 있다.

이러한 안보와 경제 질서가 중첩되는 영역인 수출 통제와 경제 제재에 관한 법규 중에서 가장 파급력이 큰 것은 바로 '미국'의 수출 통제·경제 제재 규범이다. 미국의 국가 안보 규제는 미국에서 설립되었거나 사업을 수행하는 한국 기업뿐만 아니라 미국산 품목, 미국인, 미국 금융 시스템과 관련된 거래에 참여하는 비非미국 기업에도 적용된다. 이는 미국산 기술, 소프트웨어, 상품이 전 세계 어디에 있더라도, 그리고 비미국 기업이 소유하더라도 규제가 적용될 수 있으며, 미국산 기술이나 소프트웨어, 장비를 사용해 제조된 외국산 품목도 해당된다. 한국 기업은 미국 기업과 협력하거나 미국산 기술과 상품을 제공받거나 거래할 때 이 규정을 이해할 필요가 있다. 다시 말해 미국 정부는 기업이 위험 기반 규제준수 프로그램을 시행하기를 기대하며, 이를 위해 서면 정책과 절차를 마련하도록 지침을 제공한다. 이 프로그램은 기업의 운영과 위험에 맞게 맞춤화되어야 하며, 효과적으로 이행된다면 규제 위반 시 감경 요소로 작용할 수 있다. 따라서 미국 시장에 투자하거나 미국 기업과 거래하려는 기업은 무역 통제와 관련된 위험을 줄이기 위한 프로그램 시행을 고려해야 한다.

수출 통제·경제 제재 법규 문제는 미국 외에 유럽 또한 상당한 파급력을 가지고 있는 것으로 알려져 있다. 유럽연합에서의 수출 통제의 경우, EU 입법을 통하여 EU 전체에 적용되는 제한들과 각 EU 회원국의 국내 단계에서 적용되는 수출 통제가 있으므로 이중적인 성격을 가지고 있으며, 위 경우 모두 EU 회원국의 국내 단계에서 관리 및 집행되고 있다. 이러한 맥락에서 EU 법률에 따라 적용되는 통제의 유형, EU 수출 통제 대상에 해당하는 품목 종류 등을 정리하여 한국 사업자들이 EU 수출 통제·경제 제재 법규와 관련된 리스크를 최소화하는 것은 아주 중요하다.

여기서는 미국과 유럽의 수출 통제 및 경제 제재 법규를 다른 국가별 통상규제들과는 별도로 정리해본다. 그리고 최근에 중국의 수출 통제 법규 또한 강력한 주요 통상규제로 등장하고 있으므로 이에 대해서도 간략히 소개한다.

1. 미국의 '수출 통제' 및 '경제 제재' 법규

미국은 국가 안보 및 외교 정책상의 이유로 특정 상품, 소프트웨어,

기술의 수출·재수출·이전을 규제한다. 미국의 수출 통제는 물리적, 비물리적 품목의 이동 및 기술 또는 소스 코드의 외국 공개를 제한하거나 신고를 요구할 수 있다. 수출 통제법 위반 시 민사 및 형사 처벌을 받을 수 있으며, 의도적인 위반 시 최대 100만 달러의 벌금 또는 20년의 징역형을 받을 수 있다. 민사 처벌로는 최대 35만 6,579달러의 과태료와 수출 특권 상실, 상품 압류, 정부조달 금지 등이 포함된다. 이 법은 엄격책임 원칙에 따라 시행되며, 의도하지 않은 실수도 처벌 근거가 될 수 있다. 또한 승계 책임이 적용되어 인수자가 기존 책임을 승계할 수 있다.[282] 미국의 여러 기관, 예를 들어 상무부 산업안보국(Bureau of Industry and Security, BIS), 국방무역통제국(Directorate of Defense Trade Controls, DDTC), 원자력규제위원회(Nuclear Regulatory Commission, NRC), 에너지부(Department of Eneregy, DoE) 등이 수출 및 재수출을 규제할 권한을 갖는다. BIS는 상업용 및 이중용도 품목을 규제하며, DDTC는 방위 물품과 관련 기술의 수출을 관리한다. NRC와 DoE는 원자로, 핵연료 및 관련 기술의 수출입을 통제한다.[283]

(1) 상업용 이중용도 수출 통제

- 적용 범위

미국 상무부 BIS가 관리하는 '수출 관리 규정(Export Administration Regulations, EAR)'은 상업용 또는 '이중용도' 품목, 즉 민간과 군사 모두에 사용할 수 있는 특정 국방 관련 물품, 소프트웨어, 기술의 수출·재수출·이전을 통제한다. 이중용도 품목에는 개발·생산·사용에 필요한 정보가 포함되며, 상무부 수출 통제 목록(Commerce Control List, CCL)에 있는 기술 데이터 또는 기술 지원의 형태를 취할 수 있다. EAR은 '미국산 품목' 뿐만 아니라 '외국산 품목'에도 적용되며, 미국 이외 지역에서 제조된 경우에도 미국산 콘텐츠가 25% 이상 포함되면 규제를 받는다. 또한 미국산 기술이나 장비로 제조된 외국산 품목에도 적용된다.

EAR은 비미국인에 대한 기술 이전도 통제하는데, 예를 들어 미국 기업이 미국 내 중국인 직원에게 통제된 기술을 이전하면 이는 '중국으로의 수출'로 간주된다. 한편 특정 조건을 충족하는 경우 EAR 적용에서 '제외'되기도 한다. 예를 들어 기초 연구 과정에서 얻은 정보는 과학계에서 공개될 경우 수출 허가가 면제된다. 또한 기술과 소프트웨어가 제한 없이 대중에게 제공된 경우, 즉 공개된 정보로 간주될 때에는 EAR 적용을 받지 않는다. 여기에는 공개된 회의나 박람회, 인터넷을 통한 공개 등이 포함된다.

- 허가 요건

모든 EAR 적용 대상 품목의 수출[284] 또는 재수출[285] 시 반드시 허가가 필요한 것은 아니며, 허가 요건은 품목의 분류, 목적지 국가, 최종사용자, 최종 용도 등에 따라 달라진다.[286] 상무부 수출 통제 목록은 통제 대상인 상품, 소프트웨어 및 기술을 10개의 카테고리로 나누고, 각 품목에 수출 통제 분류번호(Export Control Classification Number, ECCN)가 할당된다. ECCN에 따라 품목의 수출 허가가 필요할 수 있으며, ECCN에 명시되지 않은 품목은 'EAR99'로 분류된다.

CCL은 10개의 카테고리(예: 핵 물질, 재료 가공, 컴퓨터 등)로 나뉘며, 각 품목은 하드웨어, 소프트웨어, 기술로 구분된다.[287] 특정 품목이 CCL에 등재될 경우, 5자리 ECCN 번호가 할당된다. 각 ECCN은 특정 품목을 어느 곳으로 수출할 수 있는지 여부를 결정한다. ECCN 번호는 품목이 속하는 카테고리와 품목 그룹에 따라 구성되며, 각 번호는 국가 안보, 미사일 기술, 핵 비확산 등 다양한 통제 근거에 따라 할당된다. 즉 각 ECCN은 일련의 숫자와 문자로 구성된다. 첫 번째 숫자는 항목이 속하는 일반 카테고리를 나타낸다(예: 1C351).

카테고리 No.	명칭
0	핵 물질, 시설 및 기타
1	재료, 화학물질, 미생물 및 독소
2	재료 가공
3	전자
4	컴퓨터
5	통신 및 정보 보안(암호화)
6	센서 및 레이저
7	항법 및 항공전자공학
8	해양
9	항공우주 및 추진

표 9

첫 번째 숫자 바로 뒤의 문자는 항목이 5개의 품목 그룹 중 어느 그룹에 속하는지를 나타낸다(예: 1C351, 표 10 참조).[288]

두 번째 숫자는 각 항목에 포함된 품목과 관련된 통제 유형을 식별하여 개별 항목을 구분한다(예: 1C351). 다음은 이 두 번째 숫자와 관련된 통제 근거이다.[289]

제품 그룹	명칭
A	장비, 조립품 및 구성품
B	시험, 검사 및 생산 장비
C	재료
D	소프트웨어
E	기술

표 10

0: 국가 안보상 근거(이중용도 및 바세나르협정 군수품 목록 포함) 및 NSG 이중용도 부속서 및 트리거(Trigger) 목록상 품목

1: 미사일 기술 근거

2: 핵 비확산 근거

3: 화학 및 생물학 무기 사용 근거

5: 상무부의 결정에 따라 국가 안보 또는 외교 정책상 통제가 필요한 품목

6: 바세나르협정 군수품 목록(WAML) 또는 전(前)미국 군수품 목록(USML)상 등재된 품목인 '600 시리즈' 통제 품목

9: 테러 방지, 범죄 통제, 지역 안정, 공급 부족, 유엔 제재 등 독자적 근거

그리고 마지막 두 자리 수는 CCL 품목 구별용 일련번호이다.

위와 같이 구성되는 각 ECCN 항목은 '제목(Heading)', '허가 요건(License Requirements)', '허가 예외(License Exceptions)', '통제 대상 품목 목록(List of Items Controlled)' 등 네 가지 부문으로 구성된다. 허가 요건과 관련하여 해당 부문에서는 가능한 모든 '통제 근거(Reasons for Control)'를 우선순위에 따라 나열하는 별도의 줄과 '통제(Control)' 및 '국가 차트(Country Chart)'라는 제목의 두 개의 열로 구성된 표가 있다. 통제 근거와 관련된 식

별코드는 다음과 같다.[290]

식별코드	통제 근거
AT	테러 방지
NS	국가 안보
CB	화학 및 생물학적 무기
NP	핵확산
CC	범죄 통제
RS	지역 안정
CW	화학무기금지 협약
SS	공급 부족
EI	암호화 품목
UN	UN 금수조치
FC	총기 협약
SI	중요 품목
MT	미사일 기술
SL	도청

표 11

또한 BIS는 수출 목적지 및 통제 근거(예컨대 AT=테러 방지, NS=국가 안보 등)에 따라 전 세계 각국에 대한 허가 요건이 포함된 '상무부 국가 차트'를 EAR 내에서 유지·관리하고 있다. 따라서 CCL과 국가 차트를 함께 활용하면, CCL에 등재된 품목을 전 세계 각국에 수출할 때 허가가 필요한지 여부를 확인할 수 있다.

다음은 ECCN 리스트 예시이다.

> 5A992 5A002에 의해 통제되지 않는 장비(통제 대상 품목 목록 참조)
>
> 허가 요건
>
> | 통제 | 국가 차트 (738부 부록 1 참조) |
> |---|---|
> | AT는 전체 항목에 적용된다. | AT 칼럼 1 |
>
> 허가 요건 참고: '정보 보안' 기능이 통합된 마이크로프로세서 및 해당 마이크로프로세서의 '생산' 또는 '개발'을 위한 관련 '소프트웨어' 및 '기술'을 포함하여 처리 속도가 5GFLOPS 이상이고 액세스 폭이 32비트 이상인 산술 로직 유닛에 대한 추가 허가 요건은 EAR §744.17 참조
>
> 목록 기반 허가 예외(모든 허가 예외에 대한 설명은 제740부 참조)
> LVS: 적용 불가
> GBS: 적용 불가
>
> 통제 대상 품목 목록
> 관련 통제: 적용 불가
> 관련 정의: 적용 불가
> 품목: a. 부터 b. [유보]
>
> c. EAR §740.17(b)에 따라 대중시장 암호화 상품으로 분류된 상품

BIS는 수출통제개혁법 1758조에 따라 미국의 국가 안보에 필수적인 '신흥 및 기반' 기술의 수출, 재수출 또는 이전(국내)에 대한 적절한 통제를 수립할 권한이 있으며, 이러한 기술을 탐색하기 위한 노력을 시행하고 있다.[291] BIS는 생명공학, 인공지능, 마이크로프로세서, 적층 제조, 로봇공학 등의 분야에서 '신흥 및 기반' 기술에 대한 새로운 수출 통제 제한을 계속 발표할 것으로 예상된다.

- EAR 일반적 금지 사항 (General Prohibitions, GP)

누구든지 관련 규정에서 허가 요건을 명시하지 않는 한, 허가 또는 기타 승인 없이 EAR 적용 대상 거래를 수행할 수 있다. 실무적으로 EAR 적용 대상인 수출, 재수출 또는 기타 활동을 하려는 자는 허가가 필요한지 여부를 판단하기 위해 EAR 제740부의 허가 예외와 함께 10가지 일반적 금지 사항을 검토해야 한다. 제재 규정 등 EAR 외 다른 규정에 따라 추가적인 허가 요건이 적용될 수 있다.

EAR의 10가지 일반적 금지 사항은 대부분 다음 5가지 요소에 따라 결정된다.

- 품목의 분류: EAR에 적용되는 품목은 CCL(수출 통제 목록)에서 분류되며, 제746부 부록에 명시된 품목 설명에 따라 적용 여부가 결정된다.
- 목적지: 수출, 재수출 또는 이전의 최종 목적지 국가에 따라 달라진다.
- 최종 사용자 또는 최종 용도: 특정 사용자 또는 용도에 따라 제한이 있을 수 있다.
- 최종 용도: 품목의 최종 사용 목적이 중요한 요소로 작용한다.
- 행위: 특정 최종 용도 통제가 관련되는 경우, 최종 목적지 또는 국가 그룹에 따라 달라진다.

구체적으로, BIS로부터 허가를 취득하거나 허가 예외 자격을 충족하지 않는 한, EAR 적용 대상인 10가지 일반적 금지 사항(General Prohibition, GP)에서 설명한 특정 활동에 관여할 수 없다.

GP 1 – 통제 품목의 특정 국가로의 수출 및 재수출: 품목이 ECCN에 의해 통제되고 목적지 국가가 특정 통제 근거에 해당하는 경우, 허가가 필요하다.[292]

GP 2 – 미국산 통제 콘텐츠를 포함한 외국산 품목의 재수출: 비미국산 품목에 미국산 콘텐츠가 포함되었고 해당 콘텐츠가 EAR 기준을 초과하는 경우, 재수출이 금지된다. 여기에는 미국산 상품이 포함된 외국산 상품이나 소프트웨어, 기술 등이 포함된다.[293]

GP 3 – 해외 직접 생산품 규칙(Foreign Direct Product Rule, FDPR): 미국산 기술이나 소프트웨어를 가지고 생산된 비미국산 품목도 EAR의 규제를 받는다는 기준이며, 특히 이는 국가 안보 관련 통제 품목에 대체로 적용된다. 각 FDP 규칙(또는 FDPR)은 제품 및 범위 기준이 모두 충족되는 경우에만 적용된다.[294]

GP 4 – 거부 명령에 의해 금지된 활동: 수출 특권이 거부된 자와의 거래는 금지되며, BIS가 거부된 자 목록을 공식적으로 관리한다.

GP 5 – 금지된 최종 용도 또는 최종 사용자에 대한 수출, 재수출 또는 이전: 특정 최종 사용자 또는 용도가 금지된 경우, 허가 없이 해당 활동을 수행할 수 없다.

GP 6 – 금수조치 대상 지역으로의 수출, 재수출 또는 이전: 금수조치 대상인 국가 또는 지역으로 EAR 적용 대상 품목을 수출하는 것은 원칙적으로 금지되며, 일부 허가 예외가 적용될 수 있다.

GP 7 – 확산 활동 및 군사 정보 최종 용도와 사용자 지원: EAR은 특정 확산 활동이나 군사 정보와 관련된 용도로의 지원을 금지하며, 이와 관련된 활동은 BIS의 사전 허가를 받아야 한다.

GP 8 - 운송 중 하역될 예정인 화물 및 품목: 특정 경유 국가를 통과하는 수출 및 재수출 활동이 금지된다.

GP 9 - 명령 약관 및 조건 위반: EAR에 따른 허가 또는 예외의 약관을 위반하는 행위는 금지된다.

GP 10 - 위반 인식 후 거래 진행: EAR 위반 사실을 알고도 거래를 진행하는 것은 금지되며, 위반 발생 후 해당 허가에 의존할 수 없다.

이 모든 금지 사항은 EAR 규정에 따라 허가 예외가 적용될 수 있으며, 관련 국가 차트와 허가 요건을 통해 허가가 필요한지를 결정해야 한다.

- 허가 요건

미국 정부는 품목 분류 및 목적지 통제 외에도 다양한 국가에 대한 금수조치를 유지하고 있다. 2024년 현재 EAR은 쿠바, 이란, 북한, 우크라이나 크림 지역, 시리아, 우크라이나의 도네츠크 인민공화국 및 루한스크 인민공화국 지역으로의 모든 EAR 적용 대상 품목(EAR99 포함)의 수출, 재수출 및 이전을 일반적으로 금지한다(단, 매우 제한된 예외 적용). 이 같은 요건은 재무부 해외자산통제실(OFAC)이 부과하는 경제 제재에 추가되어 동시에 적용된다. EAR은 금수조치 대상 국가 외에도 중국, 러시아, 벨라루스, 베네수엘라, 미얀마 등 여러 국가에 대해서도 상당한 수출 통제를 부과하고 있으며, 여기에는 해당 국가와 관련된 군사적 최종 용도 및 사용자, 군사 정보 관련 최종 용도 및 사용자와의 활동에 대한 통제도 포함된다.

- BIS 거래 제한 대상자

BIS는 EAR에 따라 다양한 거래 제한 대상자 목록을 관리하고 있다. 먼저 '우려 거래 대상자 목록(Entity List)'은 미국의 국가 안보나 외교 정책에 위협이 되는 활동에 관여한 개인이나 단체를 포함한다.[295] 이 목록에 포함된 대상자는 대부분 강화된 허가 요건이 적용되며, 특히 화웨이와 같은 특정 기업은 미국 기술이나 장비를 사용한 해외 생산품에 대해서도 엄격한 제한을 받는다. 다음으로 '거부 대상자 목록(Denied Persons List)'은 수출 특권이 거부된 개인 및 단체가 포함되며, 이들과의 거래는 금지된다.[296] 해당 목록에 있는 대상자와의 거래는 원칙적으로 허용되지 않는다. '미확인 목록(Unverified List)'은 이전 거래에서 최종 사용자가 명확히 확인되지 않은 경우를 다룬다.[297] 이 목록에 포함된 대상과의 거래에서는 허가 예외가 적용되지 않으며, 거래 전에 서면 보증을 받아야 한다. 마지막으로 '군사 및 군사 정보 최종 사용자 목록(MEU 및 MIEU List)'은 군사 또는 군사 정보와 관련된 최종 사용자나 용도에 대한 거래를 규제한다.[298] 여기에는 국가 군대 및 정보 기관이 포함되며, 이들과의 거래에는 허가가 필요하다. 특히 군사 최종 용도는 미국 군수품 목록에 포함된 품목의 개발·생산·운영 등을 지원하는 활동을 의미하며, 해당 사용자와의 거래는 엄격히 관리된다.

- EAR의 역외 적용

EAR은 소재지와 무관하게 적용 대상 품목(소프트웨어, 하드웨어, 기술)에 적용된다. 따라서 외국 기업도 EAR 대상 품목을 수출, 재수출, 이전할 때 이를 준수해야 한다. 특정 상황에서는 미국 외 지역에서 생산된 제품에도 EAR이 적용될 수 있다. '수출'은 미국 외부로의 물리적 이전뿐만 아니라 미국 내에서 외국인이 소프트웨어나 기술 데이터를 받는 경우도 포함된다. 외국 기업이 EAR 대상 데이터나 소프트웨어에 무단으로 접근하도록 허용하는 경우에도 '수출' 또는 '재수출'로 간주된다. EAR 준수를 위해 기업들은 공급망 전반에서 올바른 절차와 내부 통제를 수립해야 하며, 많은 미국 기업은 계약 조건으로 해외 파트너에게 EAR 준수를 요구한다. 따라서 EAR을 이해하지 못하면 계약 위반의 위험이 있다. EAR 미준수는 민형사상 불이익으로 이어질 수 있으며, 수출 특권 상실과 같은 결과를 초래할 수 있다. 또한 기업 임원이나 직원은 개인적 책임으로 인해, 관할이 미치는 범위에 한하여 벌금이나 징역형에 처해질 수도 있다.

(2) 군사 및 국방 수출 통제

국제 무기거래 규정(International Traffic in Arms Regulations, ITAR)은 방산물자와 미국 군수품 목록(United States Munitions List, USML)에 포함된 기술 데이터 및 국방 서비스의 수출, 재수출, 이전, 임시 수입, 중개 활동을 규제하는 법이다.[299] 방산물자 또는 국방 서비스의 제조, 수출, 중개에 관여하는 미국인은 반드시 방위무역통제국(Directorate of Defense Trade Controls, DDTC)에 등록해야 하며, 대체로 사전 서면 승인을 받아야 한다. 또한 외국 기업이 USML 품목을 다른 당사자에게 재이전할 경우에도 ITAR 규정을 준수해야 한다. ITAR은 USML에 명시된 방산물자, 소프트웨어, 기술 데이터의 수출 및 재수출뿐만 아니라, 방위 물품과 관련된 서비스 제공이나 외국인 대상 기술 데이터 전송, 군사 훈련 제공 등도 포함하여 규제한다. 방산물자와 국방 서비스에 관한 제3자 간 중개 활동, 그리고 외국 당사자 간 USML 품목의 재이전도 ITAR의 적용을 받는다.

방산물자는 USML에 등재된 상품, 부품, 소프트웨어, 기술 데이터 등을 포함하며, 하드웨어나 기술, 서비스가 USML의 기준을 충족하고 동등한 성능을 제공하는 경우 방산물자로 지정될 수 있다. 미국 내외에 있는 외국인에게 방산물자를 수출하려면 미국인과 비미국인 모두 DDTC의 승인을 받아야 한다. 기업은 ITAR 적용 여부를 확인하기 위해 DDTC에 '상품 관할권' 결정을 요청할 수 있으며, 이 요청은 전자 방식으로 제출된다. DDTC는 민간과 군사적 사용 빈도, 성격, 사용된 부품의 민간 개발 여부 등 여러 요소를 고려해 결정을 내린다. 수출 후 사용 목적은 이 판단에 영향을 미치지 않는다.

ITAR은 특정 조건을 만족하는 경우 적용되지 않는다. 먼저, '기초 연구'는 미국 내 공인된 고등교육 기관에서 수행되는 과학 및 공학 분야의 연구로, 그 결과가 과학 커뮤니티에 공개적으로 공유되는 경우 ITAR의 통제를 받지 않는다.[300] 다만 연구 결과가 재산권적 이유로 제한되거나 미국 정부의 통제 대상인 경우에는 기초 연구로 간주되지 않는다.

또한 학교나 대학에서 가르치는 '일반적인 교육 정보'나 '공개 도메인'에 포함된 정보도 ITAR의 적용을 받지 않는다. 공개 도메인은 특허청, 도서관, 컨퍼런스 등을 통해 일반에 공개된 정보를 의미한다.

'외국 기업'의 경우에도 ITAR이 적용된다. 외국 기업이 USML에 등재된 품목이나 기술을 다른 당사자에게 이전할 때 ITAR 규정을 준수해야 한다. 국방 관련 기술이 외국인에게 제공되거나, 외국인이 미국 내에서 기술 데이터를 제공받는 경우에도 ITAR이 적용된다. 이를 준수하지 않으면 외국 기업은 계약 위반으로 간주되거나 처벌 위험에 처해질 수 있으며, 전 세계적으로 사업을 운영하는 기업은 공급망 전반에 걸쳐 ITAR을 준수할 수 있는 내부 통제 절차를 마련해야 한다.

'ITAR 등록'은 재수출 또는 재이전의 경우 반드시 필요한 것은 아니지만, ITAR의 규정과 제한 사항을 이해하는 것이 필수적이다. ITAR에 따라 등록된 기업은 DDTC의 승인을 받아야 하며, 등록은 1년 동안 유효하고 매년 갱신해야 한다.

또한 미국 정부는 특정 '금지 국가'에 대해 무기 금수조치를 시행하고 있는데, 여기에는 중국, 이란, 북한, 시리아, 러시아 등이 포함된다. 이러한 국가에 방산물자나 국방 서비스를 판매하거나 제안하는 행위는 ITAR에 의해 금지된다. 금지 국가와의 거래는 DDTC의 사전 승인이 필요하며, 이와 관련된 모든 활동은 엄격히 통제된다.

마지막으로 '거래 금지 대상자'는 ITAR 적용 활동에 관여할 수 없는 개인이나 단체를 의미하며, 이들은 행정적·법적 제재를 받을 수 있다. DDTC는 거래 금지 대상자의 목록을 유지하며, 이러한 대상과의 거래는 금지된다.

(3) 핵 수출 통제

핵 기술 수출을 통제하는 규제 체제는 주로 미국 에너지부에서 관리한다. 원자로, 특정 부품 및 장비, 특정 핵물질의 수출은 원자력규제위원회(Nuclear Regulatory Commission, NRC)에서 규제한다. 에너지부의 행정

규칙인 제810부(10 CFR 810) 규정은 미국에서 외국으로 민간 핵 기술을 수출하거나 외국인에게 기술을 이전하는 모든 행위를 규제한다. 이 규정은 플루토늄, 우라늄-233, 또는 중량 기준으로 0.711% 이상 농축된 우라늄-235와 같은 특수 핵 물질과 관련된 기술의 수출을 주로 다룬다.[301] 제810부 규정은 원자로, 핵연료 주기 시설, 핵연료, 재료, 관련 장비에 관한 기술 지원을 포함하여 광범위하게 적용된다. 미국 에너지부는 외국 원자력 기술이 미국 내에서 사용되는 경우에도 일정한 관할권을 행사할 수 있다. 다만 해당 기술이 미국 표준에 맞게 실질적으로 수정되거나 미국 기술로 전환되지 않는 한, 미국은 외국 기술 그 자체에 대해서는 직접적인 규제나 통제를 행사하지 않는다.

제810부 규정의 허가 제도는 '일반 허가'와 '특별 허가'로 나뉜다. 일반 허가는 민감한 핵 기술을 포함하지 않은 특정 기술 수출에 적용된다.[302] 예를 들어 공개된 정보 제공이나, 원자력규제위원회(NRC)의 허가를 받은 시설에 대한 비호 없는 접근과 같은 조건을 충족하는 경우, 자동으로 일반 허가가 부여된다. 또한 특수 핵 물질 생산과 관련해 일반적으로 승인된 특정 국가[303]에서 진행되는 활동은 일반 허가에 포함된다. 다만 일반 허가를 활용하는 수출업체는 해당 활동 개시 후 30일 이내에 에너지부에 보고해야 하며, 수신인이 규정에 명시된 재이전 제한 사항을 준수하고 있음을 확인하는 서면 동의서를 제출해야 한다.[304]

반면 에너지부 관할 아래 있는 기술 수출 중에서 일반 허가를 받을 수 없는 모든 경우에는 반드시 특별 허가를 받아야 한다. 특별 허가는 민감한 기술이 포함되었거나, 특정 국가와 관련된 기술을 수출하는 경우에 주로 요구된다. 특별 허가가 필요한 대표적인 경우는 다음과 같다. 첫째, 중국, 러시아, 인도와 같이 미국의 국가 안보 및 외교정책상 민감하게 여겨지는 '제한' 국가에서 특수 핵 물질 생산에 직간접적으로 관여할 경우, 특별 허가가 필요하다. 둘째, 외국에서 민감한 핵 기술을 제공하거나 해당 기술을 지원하는 활동도 특별 허가 대상에 포함된다. 특히 다음과 같은 기술적 활동은 모두 특별 허가가 요구된다.

먼저, 생산용 원자로 또는 가속기 구동 미임계 조립 시스템과 같은 대규모 핵 시설의 설계, 건설, 운영 또는 유지보수가 해당된다. 또한 특수 핵 물질의 동위원소 분리(농축)나 조사된 특수 핵 물질의 화학적 처리(재처리), 플루토늄이 포함된 핵연료의 제조, 중수 생산과 관련된 시설의 설계 및 운영도 이에 해당된다. 그외에도 이러한 시설에서 사용될 주요 구성 요소의 설계, 제작, 유지보수와 같은 기술적 지원도 특별 허가 대상이 된다. 특히 연속 작동이 가능한 열 5메가와트 이상의 연구용 원자로나 시험용 원자로 또는 미임계 조립 시스템의 설계와 운영도 특별 허가를 필요로 한다.[305] 따라서 에너지부는 이러한 민감한 핵 기술의 수출과 관련된 모든 행위에 대해 특별 허가를 통해 철저한 검토와 관리를 시행하며, 이를 통해 민감한 기술이 외국으로 유출되는 것을 방지하고 있다.

한편 미국에서 원자력 장비와 재료의 수출입은 주로 원자력규제위원회(NRC)의 행정규칙인 110부 규정(10 CFR 110)에 따라 규제된다.[306] 이 규정은 원자로와 같은 장비뿐만 아니라 우라늄이나 리튬 동위원소의 분리, 원자로 연료의 제조 및 재처리, 그리고 중수 생산과 같은 핵 관련 설비의 수출을 포함한 다양한 핵 물질과 장비에 적용된다. NRC는 또한 특수 핵 물질과 같은 원자력 관련 재료의 수출과 수입을 관리하며, 비농축 우라늄과 같은 원재료, 부산물 물질, 중수소 그리고 원자력용 흑연도 이 규정의 적용을 받는다.

'NRC의 수출 허가 관할권'은 주로 원자로와 관련된 장비 및 핵 물질의 수출을 포함한다. 예를 들어 원자로 냉각수 펌프와 같은 주요 구성 요소뿐만 아니라 전체 원자로의 수출에 대해서도 규제를 적용한다. 특히 우라늄 및 플루토늄의 동위원소 분리, 중수 생산, 원자로 연료 제조 등과 같은 민감한 핵 활동에 필요한 설비의 수출은 엄격히 관리되며, 이러한 설비와 장비의 수출에는 특별한 규정이 적용된다.

'NRC의 허가 체계'는 크게 '일반 허가'와 '특별 허가'로 나뉜다. 일반 허가는 특정 국가를 대상으로, 한정된 수량의 핵 물질을 수출하거나 특수 장비가 포함된 경우에 자동으로 허용된다. 예를 들어 U-235를 20% 미만으로 농축한 우라늄을 특정 국가에 반환하는 수출이 여기에 포함된다. 일반 허가를 사용할 때는 특정 보고 의무를 준수해야 하며, 이 허가는 상대적으로 간단한 절차를 요구한다. 반면 일반 허가가 적용되지 않는 원자력 장비나 물질의 수출에는 특별 허가가 필요하다. 예를 들어 원자로 냉각수 펌프나 전체 원자로와 같은 주요 원자로 구성 요소를 수출할 때[307] 또는 일반 허가가 적용되지 않는 국가로의 수출에는 특별 허가가 필수적이다. 또한 우라늄 농축이나 재처리, 중수 생산 등 민감한 활동을 위한 시설과 장비의 수출에도 특별 허가가 필요하다.

수출 허가를 심사할 때 NRC는 해당 거래가 미국의 공동 방위와 안보에 적대적이지 않은지 여부를 평가하는 '비적대성(non-inimicality)' 요건을 적용한다. 이는 외국의 이해관계가 미국의 안보와 충돌할 수 있는 상황을 방지하기 위한 중요한 기준으로, NRC는 이를 근거로 허가를 부여하거나 거부할 권한을 갖는다. NRC는 외국과 사소하거나 간접적인 이해관계가 있더라도 이를 신중하게 검토하여 수출이 미국 안보에 위협이 되지 않도록 철저히 관리한다.[308]

따라서 NRC는 원자로와 같은 중요한 핵 장비와 물질의 수출을 감독하며, 미국의 국가 안보를 위해 수출 및 수입 절차를 엄격하게 관리하고 있다.

(4) 자금세탁 방지법

미국의 자금세탁 방지법(Anti-Money Laundering, AML)은 자금세탁과 테러 자금 조달을 막기 위해 제정된 일련의 연방 및 주 정부 법규를 말한다. 금융 투명성을 촉진하고, 범죄 수익이나 테러 자금이 미국의 금융 시스템을 통해 이동하는 것을 방지하는 데 목적이 있다. AML 법규는 특정 금융기관과 자금 서비스 사업자가 인허가를 받고, 거래 기록을 보관하며, 수상한 활동과 현금 거래를 보고하고, 효과적인 AML 프로그램을 개발해 규정을 준수하도록 요구한다. 미국에서 사업을 하는 투자자와 회사는 '애국법(Patriot Act)'의 적용을 받게 된다. 1970년 '은행비밀법(Bank Secrecy Act, BSA)'을 개정해, 특정 금융기관들이 '의심활동 보고서(Suspicious Activity Report, SAR)'와 '통화거래 보고서(Currency Transaction Report, CTR)'를 제출하고, AML 프로그램을 운영하며, 금융 기록을 보관하도록 재무부 장관에게 권한을 부여한 법이다. 이에 따라 재무부

산하의 '금융범죄단속 네트워크(Financial Crimes Enforcement Network, FinCEN)'가 해당 규정을 시행하고 있으며, 금융기관이 AML 요건을 준수하도록 규제한다. AML 규정은 '고객 확인 절차(Know Your Customer, KYC)'를 통해 금융기관이 고객의 신원을 확인하고 지속적으로 모니터링하여 의심되는 거래를 보고하도록 요구한다. 또한 '기업 투명성법(Corporate Transparency Act, CTA)'에 따라 2024년 1월 1일부터 특정 비상장 기업과 외국 기업은 수익적 소유자(Beneficial Owner Information, BOI) 정보를 FinCEN에 보고해야 하며, 해당 정보는 30일 이내에 업데이트되어야 한다. 미국의 AML 법률을 위반하면 민사 및 형사 처벌을 받을 수 있다. 또한 FinCEN은 일정 금액 이상의 현금 거래와 국제 통화 이동에 대한 보고 의무를 규정하고 있으며, 이를 통해 자금세탁을 방지하고 있다.

(5) 강제노동 방지법

미국은 수출 통제와 수입 법률을 통해 '강제노동' 사용을 제한하는 법규를 강화하고 있다. 1930년 관세법 307조에 따라 강제노동이나 아동 노동으로 생산된 제품의 미국 내 수입은 금지되며, 미국 관세국경보호청(Customs and Border Protection, CBP)이 이를 집행한다. 2015년 법 개정 후, 강제노동에 대한 우려가 커지면서 CBP의 집행이 크게 강화되었고, 강제노동이 사용된 제품에 대한 수입 제한 조치가 증가했다.

'관세법 307조'에 따르면, 강제노동으로 생산된 제품이 수입될 가능성이 있다고 판단되는 경우, 개인은 이를 CBP에 보고해야 하며, CBP는 보고된 정보를 바탕으로 조사를 개시할 수 있다. 강제노동이 의심되는 제품에 대해서는 '억류 명령(Withholding Release Order, WRO)'이 내려지며, 수입자는 3개월 내에 해당 제품이 강제노동과 관련이 없음을 입증해야 한다. 입증하지 못하면 CBP는 제품을 압수하고 폐기할 수 있다.

'위구르 강제노동 방지법(UFLPA)'은 2022년에 발효되었으며, 중국 신장 지역에서 생산된 제품이 강제노동을 통해 만들어졌다고 간주하여 이를 수입 금지 대상으로 규정한다. 수입자는 이러한 법적 추정을 반박하기 위해 제품이 강제노동과 관련이 없다는 확실한 증거를 제출해야 한다. UFLPA는 신장 지역에서 생산된 제품뿐만 아니라 강제노동과 관련된 기업이 생산한 모든 제품에도 적용된다.

UFLPA는 '강제노동 집행 태스크포스(Forced Labor Enforcement Task Force, FLETF)'에 의해 관리되며, 미국 국토안보부(Department of Homeland Security, DHS)가 주요 역할을 맡고 있다. 이 법은 기업이 강제노동을 사용하지 않았음을 입증받을 수 있도록 철저한 공급망 관리와 실사 절차를 요구한다. 또한 미국은 '북한 노동력'을 이용해 생산된 제품에 대해서도 수입을 금지하고 있으며, 북한 관련 제품이 강제노동과 무관하다는 확실한 증거를 제출해야 한다.

수입자들은 전체 공급망을 추적하여 강제노동과의 관련성을 방지하고, UFLPA 준수를 위한 다양한 절차를 시행해야 한다. 기업들은 공급망 실사를 통해 강제노동의 사용 여부를 확인하고, 위험이 발견되면 적절한 시정 조치를 취해야 하며, 이러한 시스템의 실행을 독립적으로 검증할 필요가 있다.

(6) 경제 제재 법규

'미국의 경제 제재'는 외교정책과 국가 안보를 목적으로 특정 국가나 개인, 단체 또는 산업 부문에 대해 부과하는 제한 조치로, 미국 국제 긴급경제 권한법(International Emergency Economic Powers Act, IEEPA)에 근거하여 대통령의 행정명령으로 발효된다. 제재는 영토적 제재, 특정 개인 또는 단체를 대상으로 한 표적 제재 등으로 구분되며, 미국 재무부 산하 '해외자산통제국(Office of Foreign Assets Control, OFAC)'이 주로 집행한다. 미국의 제재는 수출 통제, 자금세탁 방지 규정 등과 함께 작용하여 교차적으로 특정 활동에 대해 강력한 제한을 가할 수 있다.

'미국 제재 프로그램'은 크게 두 가지 유형으로 나뉜다. '포괄적 제재'는 특정 국가나 지역 전체를 대상으로 모든 거래를 금지하는 제재로, 현재 쿠바, 이란, 북한, 시리아, 크림반도, 도네츠크 인민공화국, 루한스크 인민공화국 등이 해당한다.[309] 이 국가나 지역과의 모든 상업 및 금융 거래는 미국인뿐 아니라 비미국인의 경우에도 미국과의 관련성(U.S. nexus)이 있으면 금지된다. '선택적 제재'는 특정 국가의 일부 개인이나 단체, 산업 부문에 대해 선택적으로 적용되며, 대표적으로 '러시아와 베네수엘라'가 있다. 이들 국가는 포괄적인 영토 제재 대상은 아니지만, 특정 인물이나 부문에 대한 제한이 적용되어 관리가 복잡하다.

'미국의 제재'는 '1차 제재(primary sanctions)'와 '2차 제재(secondary sanctions)'로 구분된다. '1차 제재'는 미국과 관련된 거래, 즉 미국인과의 거래 또는 미국 법률이 적용되는 상품이나 기술, 미국 금융 시스템을 이용한 거래 등에 대해 적용된다.[310] 미국인은 시민권자, 영주권자, 미국

내 거주 외국인, 미국에서 설립된 법인 등을 포함하며, 그 해외 지사나 외국에 설립된 자회사도 포함된다.[311] '2차 제재'는 미국과 직접적인 관련이 없는 외국 기업이나 개인에게 적용되며,[312] 미국이 지정한 제재 대상자 또는 산업 부문과의 거래에 관여한 경우 제재를 받게 된다. 예를 들어 이란, 러시아, 북한과 관련된 특정 활동을 지원하거나 참여한 외국 기업은 제재를 받을 수 있으며, 이에 따라 미국 금융 시스템에 대한 접근 제한, SDN 목록 등재 등의 제재가 가해진다.

'OFAC의 제재 대상자 관리'는 '특별지정국민 및 차단대상자 목록(Specially Designated Nationals, SDN)', '해외 제재 회피자 목록(Foreign Sanctions Evaders, FSE)',[313] '부문별 제재 식별 목록(Sectoral Sanctions Identifications, SSI)' 등을 통해 이루어진다.[314] SDN 목록에 등재된 자는 자산이 동결되며, 미국인은 이들과의 거래가 금지된다. 또한 '50% 규칙'에 따라 제재 대상자가 50% 이상의 지분을 소유한 기업도 제재 대상자로 간주되며,[315] 이러한 기업과의 거래는 금지된다.

'OFAC 허가(license)'는 금지된 활동을 예외적으로 허용할 수 있는 수단으로, '일반 허가(general license)'와 '특별 허가(special license)'로 구분된다. '일반 허가'는 별도의 신청 없이 특정 조건을 충족하면 자동으로 허용된다. 예를 들어 식품이나 의료기기 수출 등이 이에 해당된다. 반면 '특별 허가'는 사안별로 신청해야 하며, OFAC의 검토와 승인을 받아야 한다.

'제재 위반'에 대한 형사 처벌로는 최대 100만 달러의 벌금과 20년의 징역형이 부과될 수 있으며, 민사 처벌로는 위반 거래 금액의 두 배 또는 최대 35만 6,579달러의 벌금이 부과된다. 제재 위반 기업은

'SDN 목록'에 등재되거나, 정부 계약에서 배제되거나, 미국 금융 시스템에서 차단될 수 있다.

미국의 제재 프로그램 중에서 '이란'에 대한 제재는 가장 포괄적이다. 이란과 관련된 모든 거래는 금지되며, 미국은 이란의 핵 프로그램과 관련해 2차 제재를 부과하고 있다. '쿠바 제재'는 쿠바 정부와 국민을 대상으로 한 광범위한 제재로, 미국인의 쿠바 여행도 제한된다. '북한과 시리아'는 포괄적 제재 대상이며, 미국은 이들 국가와의 거래를 대부분 금지하고 있다. '러시아'는 2022년 우크라이나 침공 이후 더욱 강화된 제재를 받고 있으며, 여러 부문에 걸쳐 제재 대상자가 확대되고 있다. '중국'의 경우, '홍콩 자치법(Hong Kong Autonomy Act, HKAA)',[316] '신장 위구르 자치구의 인권 문제'와 관련된 제재가 적용되고 있으며, 군사-민간 융합 기업에도 투자 제한이 부과되고 있다. 따라서 이들 프로그램에 대한 이행은 미국 제재를 준수하기 위해 필수적인 요소이다. 기업은 거래 상대방이 제재 대상자인지 확인하고, 해당 기업의 지분 구조를 철저히 검토해야 한다.

2. EU의 수출 통제 및 경제 제재 법규

1950년대 유럽공동체가 구성되면서 국내 법률 권한이 유럽 단계로 이전했고, 이로써 초국가적 성격을 갖게 되었다. 1994년에는 이중용도 품목에 대한 광범위한 EU 규칙들이 도입되었으며, 군사 장비에 대한 국내 무역규칙 통일은 1997년 재래식 무기의 불법 거래를 방지하는 EU 프로그램을 통해 시작되었다. 1998년 유럽연합은 무기 수출에 대한 행동강령을 도입했으며, 회원국들에게 군사품목 수출 라이선스 신청서 심사절차에 적용할 8가지 공통 요건을 부과했다. 이후 2000년에는 군사품목 목록이 바세나르협정[317]에 근거하여 작성되었고, 정기적으로 갱신되고 있다. 2008년 유럽연합은 무기 수출에 관한 '공동 입장'을 채택하여 행동강령을 대체하고 회원국들을 법적으로 구속했다. 수출, 경유, 환적 신청을 포함하여 적용 범위도 확대했다. 2009년에는 '안보 관련 품목 이전 지침'이 채택되었으며, EU 내에서 안보 관련 제품의 이전 절차를 단순화하고, 회원국 간의 수입 및 경유에 대한 허가를 면제했다.

(1) 법률 체계

EU의 수출 통제 체계는 '이중용도 통제', '군사 물품 통제', '제재 정책'을 포함한 세 가지 요소로 구성되어 있다. 이 체계는 EU 회원국들의 관세 규칙 및 절차와도 밀접하게 관련되어 있으며, 각국의 관세 당국이 수출 통제 규정을 준수하는지 감독하는 역할을 한다.

- 이중용도 통제

'이중용도 통제'는 EU 규정 2021/821호에 의해 정의되며[318] 호주그룹(Australia Group), '미사일 기술 통제체제(Missile Technology Control Regime, MCTR)',[319] '바세나르협정' 등과 같은 국제 통제 체제를 기반으로 한다. 이 규정은 이중용도 품목의 수출에 대한 전반적인 통제를 제공하는데, 이중용도 품목이란 민간과 군사 용도로 모두 사용될 수 있는 품목을 의미한다. 이중용도 품목의 통제는 EU 차원에서 이루어지며, 회원국은 EU 규정에 따라 이 품목들의 수출을 감독하게 된다. 주요 통제 대상 품목으로는 '재화, 소프트웨어, 기술'이 포함되며, 특히 기술의 경우 '개발', '제작', '사용'에 필요한 정보가 통제된다. 이러한 기술 정보는 '기술 데이터'와 '기술 지원'의 형태로 제공되며, 해당 품목의 수출에 대한 라이선스가 요구된다.

'이중용도 품목 및 기술'의 수출 통제는 EU 규정에 따라 이루어지며, 부속서 I과 IV에 나열된 민감한 품목은 특히 엄격한 통제를 받는다. 부속서 I에 나열된 품목에 대한 통제는 전략적 품목에 대한 주요 규정을 포함하고 있다. 이중용도 품목은 해양, 항공우주, 화학, 제약 등 다양한 산업 분야에서 사용되는 기술과 제품을 포괄하며, 각 품목은 '핵 물질, 전자제품, 통신 장비' 등 10가지로 분류되어 관리된다. 또한 부속서 IV는 '민감한 품목'을 다루며, 암호해독 품목, 핵 관련 품목, 스텔스 기술 등을 포함하고 있어, 회원국 간 이동에도 엄격한 통제가 요구된다. 회원국은 EU 규정 외에도 자국 내 추가적인 통제를 시행할 수 있으며, 특정 품목의 최종 용도가 대량살상무기(WMD)나 군사 용도로 사용될 가능성이 있을 경우 '캐치올(catch-all) 규제'가 적용되어 모든 품목이 통제될 수 있다. 예를 들어 화학무기, 생물무기, 핵무기와 관련된 최종 용도가 의심될 경우, 해당 품목의 수출에는 라이선스가 필요하다.

- 군사 물품 통제

'군사 물품 통제'는 EU의 '공동 입장(common position)'을 통해 규제되며, 각 회원국은 군사 기술 및 장비 수출에 대해 독립적인 권한을 보유하고 있다. EU는 군사 품목 목록을 통해 22가지 분류의 군사 품목을 규제하며 재화, 소프트웨어, 기술을 포함한 다양한 품목을 포괄한다. 특히 군사 용도로 설계된 품목은 민간 용도로 사용되더라도 통제 대상이 될 수 있다. 공동 입장은 군사 품목 수출을 위한 '라이선스 신청 절차'를 규정하며, EU '일반 군사 품목 목록'을 포함한다.[320] 이 목록은 '바세나르협정'의 군수품 목록을 바탕으로 작성되며, 군사 품목의 수출에 적용될 최소한의 기준과 정보 교환 규칙 등을 명시하고 있다. 군사 품목 목록은 매년 갱신되며, 각 품목은 재화, 소프트웨어, 기술로 분류되어 관리된다.

- 제재정책

'제재(sanctions)정책'은 EU의 수출 통제 체계에서 중요한 역할을 한다. EU는 특정 국가를 대상으로 한 제한 조치를 도입하며, 이는 '수출 통제'와 밀접하게 연결된다. 이러한 'EU 제재'는 공동외교안보정책(CFSP)의 일환으로 도입되며, 특정 국가나 단체에 대해 수출 통제와 금지 조치가 포함된 제한적 조치로 이해된다. 제재는 대상 국가가 국제 질서를 위반하거나 인권을 침해할 경우 부과되며, EU는 이를 통해 국제 안보와 인권을 보호하고 있다. 예를 들어 러시아 제재는 이중용도 품목의 수출을 금지하는 것 외에도, 석유 및 가스 산업에서 사용되는 특정 기술의 수출을 금지한다. 현재 EU의 주요 제재 대상국으로는 아프가니스탄, 이란, 북한, 러시아, 중국 등이 있으며, ISIL이나 알카에다와 같은 테러 단체도 제재 대상이다. 이러한 제재는 수출 통제뿐만 아니라 금융 제재, 자산 동결, 무기 엠바고 등을 포함한다.

- **기타 성격 및 절차**

한편 수출 통제는 '관세 통제'와도 관련이 깊다. 수출품은 EU 항구에 도착하는 순간부터 세관의 통제를 받는데, 이는 '화물 사전 신고'와 '사전 통지' 절차를 통해 이루어진다. 수출품은 세관 승인을 받을 때까지 항구에 임시 보관될 수 있으며 품목의 무게, 수량, 상품 코드 등을 사전에 신고해야 한다.

그밖에도 '추가적인 통제'는 고문 금지 규정이나 코로나19 대응 통제 등으로 확대될 수 있다. 예를 들어 2020년 코로나19 사태에 대응하여 '개인보호장비(PPE)'와 관련된 수출 통제가 도입되었으며, 2021년에는 코로나19 백신과 관련된 수출 제한이 시행되었다.

'EU 수출 통제 당국'에는 '유럽연합 집행위원회'와 '이중용도 조정그룹' 등 다양한 기관이 관여하며, 각 회원국은 수출 허가를 관리하는 '국내 수출 통제 당국'을 통해 관련 규정을 집행한다. EU 집행위원회는 회원국 간 정보 교환을 조율하고, 수출 통제 체계의 효율성을 보장하는 역할을 한다. 이중용도 조정그룹은 회원국 간의 기술 전문가들로 구성되어 수출 통제와 관련된 문제를 검토하며, 집행위원회는 연간 보고서를 통해 수출 통제 상황을 평가한다.

'라이선싱 절차'는 각 회원국의 국내 규제당국이 관리하며, EU에서 민감한 품목을 수출할 때에는 반드시 해당 품목의 라이선스를 발급받아야 한다. '개별 수출 허가'는 특정 수출자를 위해 발급되며, '포괄 수출 허가'는 특정 품목을 여러 국가에 수출할 수 있도록 허가한다. '일반 수출 허가(GEA)'는 덜 민감한 품목에 발급되며, 특정 국가로 수출하는 경우 사전 승인 없이 허가가 적용될 수 있다. 여기서 '라이선스 조건'은 품목의 성격, 최종 사용 목적, 수량 등에 따라 달라지며, 수출자는 라이선스에 명시된 조건을 엄격히 준수해야 한다. 조건을 위반할 경우, 법적 책임 및 벌금이 부과될 수 있다.

(2) 통제 대상 품목의 식별과 분류 체계

EU 수출 통제 체계에서는 수출자가 통제 대상 품목을 식별해야 할 책임이 있다. 이는 수출, 중개, EU를 통과하는 환적 등의 과정에서 해당 품목이 통제 대상인지 확인하고, 적절한 시스템을 구축해야 한다는 의미다. 통제 대상은 이중용도 규정 부속서 I에 나열된 품목들을 포함하지만, 포함되지 않은 품목도 캐치올 규제에 따라 통제될 수 있다. 수출자는 수출하고자 하는 품목이 제재 대상이 아니더라도 포괄 통제 범위에 해당할 가능성이 있으면 관할 규제당국에 이를 통지해야 한다.

군사 기술 및 장비의 경우, EU는 일반 군사 품목 목록을 유지하고 있다. 무기와 군사 기술 목록은 22개로 분류되어 있다. 수출자는 이 목록과 각 회원국의 군사 기술 목록을 검토하여, 해당 품목이 수출 통제 대상인지 확인해야 한다.

제재 대상 국가 및 엠바고 대상 국가로 제품을 수출할 경우, 별도의 통제 품목 목록이 적용되므로 이를 검토해야 한다. 주요 제재 대상국에는 이란, 북한, 러시아 등이 포함된다.

HS 코드는 전 세계적으로 사용되는 6자리 코드로, 제품에 적용되는 관세와 세율을 확인하는 데 사용된다. CN 코드(EU 수출입 통계 및 관세 분류 체계 코드)는 HS 코드를 기반으로 한 EU의 8자리 코드 체계이다.[321]

또한 이중용도 코드 체계는 이중용도 규정 부속서 I에 포함된 목록에 기반하며, 5글자 코드로 이루어진다. 첫 번째 글자는 분류(총 10개)를 나타내는 번호(0~9)이며, 두 번째 글자(A~E)는 소분류를 가리키고, 세 번째 글자(0~4)는 다자간 수출 통제 체제(Multilateral Export Control Regime)를 식별한다.

(3) 역외 적용과 공급망

EU 수출 통제에서 중요한 문제 중 하나는 통제 대상 품목이 EU 관할권 밖에서 제3자에게 이전되는 상황이다. 예를 들어 외국인이 해외에서 대학 강의나 산업 교육을 통해 해당 기술에 접근하는 경우 이러한 상황이 발생할 수 있으며, 미국에서는 이를 '간주 수출(deemed exports)'이라고 한다.[322] EU의 '이중용도 규정' 또한 이러한 문제를 다루며, 8조에서 기술 지원 제공과 관련된 규칙을 규정하고 있다. EU의 이중용도 품목 수출 규정에 따르면, EU 관세 지역에서 나가는 모든 이중용도 품목에 대해 수출자는 라이선스를 신청해야 한다. 이는 EU 내에 설립된 제3국 사업자의 자회사, 지점 등이 제3국으로 이중용도 품목을 운송하는 경우에도 동일하게 적용된다. 소프트웨어나 기술을 전자매체를 통해 EU 밖으로 제공할 때에도 수출 통제 규정이 적용된다. 또한 재수출(re-export)되는 이중용도 품목에도 동일한 규정이 적용된다. 재수출은 EU 밖에서 수입된 품목이 다시 EU 관세 지역 밖으로 나가는 경우를 의미하며, 제3국에서 EU로 들어온 제품이 재수출되는 경우도 규제 대상이 된다. 따라서 제3국 사업자들은 재수출 시 이중용도 품목 규정을 준수해야 한다. 이와 유사하게, '역외 가공 절차'도 이중용도 품목 규정의 적용을 받을 수 있다. 역외 가공 절차란 EU 품목이 처리 작업을 위해 일시적으로 EU 밖으로 나가는 경우를 말하며, 이 경우 해당 품목은 수출로 간주된다. 제3국 사업자는 이러한 절차와 관련된 이중용도 규정을 준수해야 한다. 한편 제3국의 공급자 외에도, EU에서 제3국으로 중개 서비스를 제공하는 '중개인'에게도 특별한 의무가 부과된다. 비EU 국가에 있는 중개인은 EU에서 이중용도 품목 거래와 관련된 중개 서비스를 제공할 경우 규제를 받을 수 있다.[323]

물품의 수출입·재수출입 이외에, '기술 지원'도 수출 통제 대상이 된다.[324] EU 관세 지역에서 제3국에 제공되는 기술 지원 등이 이에 포함되며, 이 경우 기술 지원을 제공하는 자는 이중용도 규정을 준수해야 한다. 또한 제3국 사업자가 EU로부터 기술 지원을 제공받는 경우에도 관련 규제가 적용될 수 있다. 직접적인 제공 이외에 '경유'도 EU를 통과하는 이중용도 품목에 적용되며, 이는 외부 경유 절차를 통해 규제된다. 제3국에서 발송된 이중용도 품목이 EU를 경유하는 경우에도 EU 규정이 적용될 수 있으므로 주의가 필요하다. 그리고 EU 회원국 간 이중용도 품목의 '이전'에도 허가가 필요하며, 제3국 사업자들이 EU 자회사 또는 지점을 통해 이중용도 규정을 위반할 경우 책임을 질 수 있다.

기술 지원에 대한 규칙은 일률적으로 적용되지 않으며, 특정 조건에서만 적용된다. 예를 들어 기술 지원 제공자가 제공하는 품목이 군사 용도로 사용될 가능성이 있다고 인지한 경우에 적용된다. 이 경우 제공자는 규제당국에 이를 통지하고 허가가 필요한지 여부를 확인해야 한다. 기술 지원 규칙은 EU 관세 지역에서 제3국으로 기술 지원을 제공하는 경우, 또는 EU 거주자가 제3국에서 기술 지원을 제공할 때에도 적용된다. 또한 EU로 이동하여 기술 지원을 제공받는 경우에도 규칙이 적용된다. 이 과정에서 외국의 사업자는 지원하려는 기술이 이중용도 규정에 해당하는지, 기술 지원이 특정 군사 목적으로 사용될 가능성이 있는지 확인해야 한다. 그 결과 추가적인 조치를 통해 수출 통제 의무가 적용되는지 판단해야 한다. 이러한 기술을 통제하기 위한 구체적인 계획(기술 통제 계획)도 제출해야 하는데, 특히 미국에서 승인되지 않은 수출이나 이전을 방지하는 데 필수적이며, EU에서도 연구기관에 이를 도입할 것을 권장한다. 이 계획은 기술의 물리적 보안과 정보 보안을 모두 포함하는 포괄적인 위험 완화 방안을 제시한다.

한편 '군사 기술 및 장비'와 관련하여, EU의 무기 수출 공동 입장은 EU 회원국들의 군사 및 안보 품목 수출을 조율하지만, 제3국 사업자에게 직접적인 의무를 부과하지는 않는다. 다만 EU 회원국이 채택한 무기 수출 통제는 제3국 사업자에게도 영향을 미칠 수 있다.

그리고 '제재 및 엠바고' 정책과 관련하여, 이들 정책은 EU와의 관련성에 따라 적용 여부가 결정되는데, EU 국민은 전 세계적으로 EU 제재를 준수해야 하며, 제3국에서 일하거나 사업하는 경우에도 EU 제재 규정을 위반하면 처벌을 받을 수 있다. 반면 EU 이외의 국가에서 활동하는 제3국 사업자는 EU 제재 규정을 따르지 않아도 되지만, EU 관련 거래에는 제재 규정이 적용된다.

'EU 수출 통제의 집행과 처벌'은 각 회원국의 규제당국이 담당하며, 국가마다 제재와 처벌이 다를 수 있다. 회원국들은 효과적이고 비례적이며 억제 효과가 있는 처벌을 마련해야 하며, 처벌은 행정적·형사적 성격을 띤다. 예를 들어 이중용도 품목 통제 위반에 대해 독일은 최대 1,000만 유로의 과태료를, 프랑스는 최고 무기징역형을 부과할 수 있다. 법인의 경우, 경영진과 이사들도 책임을 질 수 있다.

EU 회원국 간 처벌은 차이가 있지만, 제재 위반에 대해서는 대체로 엄격한 처벌이 적용된다. 벨기에의 경우, 제재 위반 시 최대 25만 유로의 벌금과 5년 이하의 징역형이 부과될 수 있다. 또한 수출 통제 위반 시에는 민사 또는 형사 처벌 외에도 금전적 처벌, 징역, 기업 이사의 자격 박탈, 관련 품목의 압수, 수출 라이선스 취소 등이 포함된다. EU 수출 통제 체재에는 자진 신고 규정이 없으나, 일부 회원국은 자체적인 자진 보고 절차를 도입할 수 있다.

이처럼 공급망 관리와 관련해 한국 사업자를 비롯한 외국 기업은 이중용도 품목 및 군사 기술 수출 통제와 관련된 규정을 철저히 준수해야 하며, EU 자회사나 지점과의 거래에서도 이러한 규정을 준수해야 한다. 또한 각 EU 회원국은 자체적으로 이중용도 품목 목록을 확대할 수 있으며, 군사 품목에 대한 규정도 다를 수 있음을 염두에 두어야 한다.

(4) 경제 제재 법규

유럽연합은 '유럽연합 기능조약(Treaty on the Functioning of the European Union, TFEU)' 29조에 따라 금수조치, 여행 금지, 경제 및 무역 제재를 부과할 수 있다.[325] 특정 개인이나 법인, 단체에 자산을 동결하거나 특정 품목의 거래를 제한하려는 경우에는 TFEU 215조에 따라 'EU 이사회'에서 별도의 제재 규정을 채택해야 한다. 이 규정은 모든 EU 회원국에 직접 적용되며, 별도의 국내 입법 없이도 즉시 구속력을 갖는다. 다만 제재 관련 라이선스 발급이나 처벌 및 집행에 관한 권한은 개별 EU 회원국에 있다. 또한 EU 회원국들은 EU 차원의 제재와는 별도로 독자적인 제재 조치를 시행할 수 있다.

EU 제재는 역외 적용 근거가 없기 때문에 EU 제재 규정은 'EU의 관할권'이 미치는 범위에서만 적용된다. 일반적으로 'EU 회원국 국민'이나 'EU 회원국에서 설립된 법인'은 그 사업의 장소와 상관없이 EU 제재를 준수해야 한다. 또한 EU 비회원국에 위치한 EU 자회사나 EU 기업의 해외지점 역시 EU 제재를 준수해야 하며, EU 국민도 비회원국에서 체류하거나 근무 중일지라도 EU 제재 규정을 따라야 한다. 비EU 법인이나 국민의 경우, 해당 사업이나 활동이 'EU 관련성(EU nexus)'을 가질 때 EU 제재가 적용된다. 예를 들어 EU를 통한 물품 운송이나 EU에서의 제품 생산 등은 EU 관련성을 발생시킬 수 있다. 하지만 단순히 유로화를 사용한 금융 거래는 EU 관련성을 만들지 않는다. 또한 비EU 국가에서 설립된 자회사는 EU 제재의 적용을 받지 않지만, EU 모회사가 제재를 회피하기 위해 자회사에 제재 위반 행위를 위임하거나 승인하는 행위는 허용되지 않는다.

EU는 특정 개인이나 단체에 대해 '자산동결'을 부과할 수 있으며,[326] 자산동결 대상자의 EU 내 자금과 경제적 자원은 모두 동결된다. 또한 제재 대상자에게 자금을 직접 혹은 간접적으로 제공하는 행위는 금지된다. 자산동결 대상자는 EU 회원국에 입국할 수 없다.

EU는 '무역 및 경제 제재'로 특정 국가에 대한 물품, 기술, 용역의 판매, 공급, 수출을 제한할 수 있으며, 수입과 관련된 제한도 포함된다. 또한 이와 관련된 '기술적 지원'이나 '자금 조달', '금융 서비스'도 금지될 수 있다. 이외에도 '금융 제재'로 제재 대상자의 금융 활동을 제한하거나 금지할 수 있다.

EU 집행위원회는 자산동결 대상자 명단을 제공하며,[327] 자산동결 대상자는 사업을 진행하기 어렵다. 자산동결 대상자와 관련된 지분 소유나 지배 여부는 합산해서 판단하며, 제재 대상자의 지배를 받는 경우에도 자산동결이 적용된다.

'산업 분야별 제재'는 특정 산업에 속한 개인 및 단체에 적용되며, 예를 들어 러시아 은행에 대한 SWIFT(국제 은행 간 금융통신망) 서비스 제한이나 언론사에 대한 방송 금지, 특정 채무 관련 거래 금지가 포함될 수 있다.

EU 제재는 '예외 및 라이선스' 제도를 통해 특정 거래를 허가할 수 있으나, 허가 사유는 매우 제한적이다. 또한 EU 제재는 '면책 조항'을 두어 제재 위반 행위에 대한 합리적인 의심이 없었음을 입증하면 면책이 가능하다.[328] '청구 금지 조항'은 제재로 인해 발생하는 계약 또는 거래 관련 청구를 허용하지 않는다.

EU 회원국은 자국 내에서 발생하는 제재 위반 사항에 대해 처벌, 조사, 집행할 책임이 있으며, 제재 위반이 형사 범죄로 간주되는 경우에는 6개월에서 20년까지의 징역형이 부과될 수 있다. 또한 '우회 금지 규정(anti-circumvention rule)'에 따라 제재 회피 목적의 활동에 의도적으로 참여하는 행위는 금지된다.

3. 중국의 수출 통제 및 경제 제재 법규

중국의 수출 통제 체제는 주로 두 가지 주요 법령인 '대외무역법'(2022년 개정)과 '수출 통제법'(2020년 제정)으로 구성되어 있다. 대외무역법은 '기술 수출'을, 수출 통제법은 '이중용도 품목'을 주로 다루며, 각각의 법령에는 다양한 이행 조치와 통제 품목 목록이 포함되어 있다. 중국은 또한 '신뢰할 수 없는 기업 목록'과 관련된 규정을 공표해, 지정된 외국 기업과의 경제적 교류를 제한한다.

(1) 대외무역법 체제

'대외무역법(Foreign Trade Law, FTL)' 3조는 특정 상황에서 상품과 기술의 수출입을 제한할 수 있는 근거를 제공하며, 15조는 국가 안보, 공공 이익 보호, 환경 보전 등 11가지 근거를 제시해 수출입 제한을 규정한다. 16조는 핵 물질이나 군수품의 수출입을 통제하고, 전시나 국제 평화 유지 등을 위해 필요한 조치를 취할 수 있도록 규정하고 있다. 이러한 조항들은 다양한 시나리오에서 수출입 제한을 시행할 법적 근거를 제공한다.

'중화인민공화국 기술 수출입 관리규정'은 대외무역법에서 규정한 기본 틀을 바탕으로 '금지된', '제한된', '자유롭게 수출 가능한' 세 가지 범주의 수출을 명시한다. '제한된' 상품이나 기술의 경우, 수출 허가 절차는 '의향서 발급'과 '실제 수출 승인'의 두 단계로 이루어진다. 수출 허가를 받기 위해 신청자는 기술 수출 계약서와 관련 서류를 제출하고, 관할 대외무역 부서가 이를 심사해 '기술 수출 라이선스'를 발급한다.

'수출 금지 및 제한 기술 목록'은 중국 정부가 수출을 금지하거나 제한할 기술을 명시한 목록으로 2001년, 2008년, 2020년, 2023년에 각각 개정되었다. 예를 들어 2020년 개정에서는 미생물 비료 기술, 비타민 발효 기술 등의 수출 금지 기술과 정보보안 방화벽 소프트웨어 기술 등이 삭제된 반면, 유전공학, 3D 프린팅 기술, 무인항공기 기술 등 23개 기술이 수출 제한 목록에 추가되었다.

2020년 개정에서 가장 주목할 만한 변화는 '정보처리 기술' 항목의 수정으로, '개인 맞춤형 정보 푸시 서비스 기술'과 '인공지능 인터페이스 기술'이 수출 제한 품목으로 추가되었다. 이에 따라 바이트댄스가 틱톡을 외국 기업에 매각할 경우, 중국 당국의 수출 통제 승인이 필요할 것이라는 추측이 제기되었다.

'2023년 목록 업데이트'에서는 수출 금지 기술 6개 품목과 수출 제한 기술 28개 품목이 삭제되고, 인체용 세포 복제 및 유전자 편집 기술이 수출 금지 목록에 추가되었으며, '라이다(LiDAR) 시스템' 등 자율주행차 개발에 필요한 기술이 수출 제한 목록에 포함되었다. 희토류 광물 가공 및 정제 기술 등 6개 기술의 통제 지점과 기술 매개변수도 조정되었다.

'대외무역법'에 따른 수출 제한을 위반할 경우에는 벌금, 블랙리스트 등재, 형사 처벌 등의 처벌이 부과될 수 있다.

(2) 수출 통제법 체제

'중국의 수출 통제 체제'의 두 번째 주요 구성 요소는 2020년 12월에 발효된 '수출 통제법(Export Control Law, ECL)'이다. ECL은 이중용도 품목, 군사 및 핵 관련 제품, 기술 및 서비스와 관련된 수출을 통제하며, 국가 안보와 국익 보호, 비확산 및 국제 의무 이행을 목표로 한다. 특히 기술 정보와 데이터를 통제 품목 범위에 포함시키고 있다.

ECL은 또한 이러한 범주에 포함되지 않는 품목에 대해 포괄적 금수조치, 특정 목적지나 개인에 대한 수출 금지 그리고 최대 2년간의 임시 통제를 적용할 수 있다. 수출업체는 국가 안보 또는 국익을 위협하거나, 대량살상무기 개발에 사용될 가능성이 있거나, 테러에 이용될 가능성이 있는 경우, 미상장 품목에 대한 수출 허가를 신청해야 한다.

ECL은 역외 적용을 명시하며, 44조에 따라 국제 의무 이행을 방해하거나 중국의 국가 안보를 훼손하는 외국 조직이나 개인에게 법적 책임을 부과한다. 또한 중국 정부는 수출 통제를 남용하여 중국 국익을 위협하는 국가에 대해 '상호 조치'를 취할 수 있는 권한을 보유하고 있다. 이는 미국 등 제3국의 수출 통제에 대한 보복을 가능하게 하는 공식적인 법적 근거로 작용한다.

ECL에 따르면, 통제 목록에 등재된 품목이나 임시 통제 대상 품목을 수출할 때 수출업체가 관련 정부 기관에 허가를 신청해야 하며, 라이선스 신청을 검토할 때 국가 안보, 국제 의무, 품목의 민감도, 최종 사용자와 최종 용도 등 8가지 요소를 고려해야 한다. 다만 라이선스 부여 절차에 대한 구체적인 내용은 ECL 자체에 명시되어 있지 않다.

또한 수출업체는 최종 사용자나 최종 용도와 관련된 변경 사항을 규제당국에 보고해야 하며, 수출자는 이러한 문서를 라이선스 신청 절차의 일부로 제출해야 한다. 최종 사용자 또는 수입업체가 ECL의 요건을 위반하거나 국가 안보를 위협할 경우 '제한 목록'에 포함되며, 이들과의 거래는 금지 또는 제한된다. 제한 목록에 포함된 수입업체는 원래 등재 사유를 해소한 경우, 목록에서 삭제될 수 있다. 또한 ECL은 통제되는 품목을 나열한 통제 목록을 규정하고 있으며, 주요 통제 목록은 이중용도 카탈로그이다. 이 카탈로그는 정기적으로 업데이트되며, 최근에는 2023년 12월 29일에 2024년 버전이 발행되었다.[329]

2023년 중국은 ECL에 따라 갈륨과 게르마늄 같은 반도체 및 첨단 기술 제품에 필요한 희토류 광물에 대한 수출 통제를 강화했다. 2023년 8월 1일부터 발효되었으며, 흑연 소재에 대한 추가적인 수출 통제 조치도 2023년 10월 20일에 발표되었다. 흑연은 전기차 배터리 생산에 필수적인 재료로, 이 통제는 배터리 생산에 영향을 미칠 수 있다. 또한 드론 및 관련 품목에 대한 수출 제한 조치가 2023년 7월 31일에 발표되었다. 새로 도입된 조치는 소비자용 드론에도 적용되며 대량 살상무기 확산, 테러, 군사 등의 목적으로 사용될 위험이 있는 드론의 수출을 제한한다. 주요 드론 엔진과 무선 통신장비 등 특정 기술 사양을 가진 품목도 새로운 통제 대상이다.

ECL은 규정 위반 시 경고, 불법 이득 몰수, 벌금, 영업정지, 라이선스 취소 등의 처벌을 규정하고 있다. 수출 통제 조치 우회나 조사 방해 등의 행위를 한 기업과 개인은 처벌받을 수 있다.

(3) 신뢰할 수 없는 단체 목록

중국 당국은 2019년 9월 '신뢰할 수 없는 기업 목록(Unreliable Entity List, UEL 규정)'을 공표하고 이듬해부터 시행에 들어갔다.[330] UEL 규정은 대외무역법(FTL) 및 수출 통제법(ECL)과는 별개로 외국 기업과의 거래를 제한할 수 있는 잠재력을 가지고 있다. 이 규정은 중국의 국가 주권, 안보, 발전 이익을 위협하거나 중국 기업, 조직 또는 개인과의 정상적인 거래를 중단하여 중국 기업에 심각한 피해를 주는 외국 기업이나 단체에 대해 제한 조치를 부과할 수 있는 법적 근거를 제공한다.

UEL 규정은 중국 상무부(MOFCOM)가 주도하는 정부기관 실무그룹에 특정 외국 법인을 UEL에 추가할 수 있는 권한을 부여한다. 조사를 시작하면 이를 공개적으로 발표해야 하며, 조사 과정에서 관련 개인을 인터뷰하거나 문서를 조사할 수 있다. 외국 법인은 조사 과정에서 자신을 변호할 기회를 갖는다.

외국 법인이 UEL에 등록될지 여부를 결정할 때는 중국의 국가 주권 및 안보에 미치는 피해, 중국 기업의 권리 침해 정도 그리고 국제 경제규칙 준수 여부 등을 고려하게 된다. 조사 결과는 공개적으로 발표되며, 외국 법인이 UEL에 등록되면 그와의 거래 위험이 경고되고 시정할 수 있는 기간이 제공될 수 있다.

UEL 규정에 따르면, 외국 법인에 대해 다양한 벌칙과 제한 사항이 부과될 수 있다. 여기에는 중국과의 수출입 활동 금지, 중국 내 투자 제한, 인력 및 교통수단의 중국 내 출입 금지, 취업 허가 및 거주 자격 제한 또는 취소, 벌금 등의 조치가 포함된다. 기관 실무그룹의 발표에 따라 시정 기간이 포함된 경우 해당 조치는 시정 기간이 만료된 후 발효된다.

중국 기업이나 단체는 수입 또는 수출 제한을 받은 외국 기업과 거래하려면 기관 실무그룹에 승인을 요청할 수 있으며, 시정이 이루어진 경우에는 외국 법인이 목록에서 삭제될 수 있다. 실무그룹은 외국 법인이 목록에 등재된 사유를 해결하면 UEL에서 삭제할 수 있으며, 삭제 사실은 공개적으로 발표된다.

지금까지 중국의 UEL 사용은 드물다. 현재까지 UEL에 추가된 주요 기업으로는 미국 방산업체 록히드 마틴(Lockheed Martin)과 레이시온 미사일 & 디펜스(Raytheon Missiles & Defense)가 있다. 이들은 대만에 무기를 판매하여 2023년 2월 16일에 목록에 등재되었다.[331] 이 두 기업은 중국과의 수출입 활동 금지, 신규 투자 금지, 고위 경영진의 중국 출입 금지 등의 제재를 받았고, 대만에 판매한 무기 판매액의 두 배에 해당하는 재정적 벌금을 부과받았다.

결론적으로, 중국은 최근 몇 년 동안 수출 통제 체제를 강화하고 있으며, 첨단기술 보호와 국가 안보 강화를 위한 법적 도구를 지속적으로 확대하고 있다. 이러한 도구들은 미국과 같은 주요 경제국과의 관계가 악화됨에 따라 중국이 보복 조치를 취할 수 있는 수단으로도 활용될 수 있다.

6장

자유주의 통상질서의 기로: 변화의 가능성을 찾아서

WTO, 위기의 시대에 생존을 모색하다:
다자무역 체제의 새로운 역할 찾기

지역, 양자, 다자 협력의 새로운 모색:
복잡한 국제관계 속에서 길을 찾다

적응하는 질서는 '진화'하고, 그렇지 못한 질서는 절멸한다.
자유무역은 이제 진화의 시험대 위에 올랐다.

WTO, 위기의 시대에 생존을 모색하다:
다자무역 체제의 새로운 역할 찾기

1. 자유무역 체제 붕괴의 단면: WTO의 위기

현재 표면적으로만 보면 WTO가 전체적으로 작동은 하고 있는 것처럼 보인다. 설립 이후 회원국은 다양하게 증가했고(2024년 2개국의 가입을 포함하여 총 회원국은 166개국으로 늘어났다), 회원국들은 격년으로 열리는 WTO 각료회의 외에도 다양한 이사회, 위원회 및 실무그룹이 정기적으로 만나 무역 조치에 관한 우려를 해결하고 가능한 한 조기에 무역장벽을 제거하기 위해 논의하고 있다. 회원국이 WTO 위원회에 통보하는 양은 그 자체로 무역정책에 대한 투명성이 비교적 높은 수준으로 잘 유지되고 있음을 방증한다. 다만 분쟁해결제도 중 상소절차만 마비되어 있는 상황이다.

지난 30년을 돌이켜보면, WTO의 '보석'이라 불리는 분쟁해결제도는 의심할 여지없이 가장 활발한 국제 분쟁해결 시스템이었다. 회원국들은 1995년 출범 이후 600건이 넘는 분쟁 사건을 다루어왔다. 이 중 290건의 분쟁에서 패널 보고서가, 191건의 분쟁에서 상소기구 보고서가 채택되었다. 이러한 수준의 활동은 WTO 분쟁해결제도가 각종 국제재판 분야 중에서도 타의 추종을 불허하는 진보적인 분쟁해결 시스템의 증거라고 할 수 있다.[1] WTO 분쟁해결제도는 회원국 간의 무역 마찰을 우호적인 방식으로 해결하는 데 핵심적인 역할을 해왔으며,[2] 개발도상국과 최빈개도국(Least Developed Country, LDC)의 우려를 해소할 수 있는 대체 불가한 수단이라는 설명도 있다.[3] 제네바에 위치한 WTO는 회원국들이 만나 비공식적으로 분쟁 사안들을 해결하는 논의의 장으로서도 중요한 역할을 수행해왔다.

그러나 WTO와 WTO가 구축한 다자간 무역 질서를 면밀히 살펴보면 시스템의 균열이 점점 더 깊어지고 있는 것도 확인할 수 있다. 앞서 설명한 바와 같이, WTO 분쟁해결기구의 위기를 촉발한 미국의 상소기구 판사 임명거부 결정은 이러한 균열 중 일부를 조명하여 전 세계의 주목을 받았지만, WTO의 위기는 더 깊고 구조적인 원인에서 기인한다고 볼 수 있다. 이는 ① 규칙 제정, ② 위원회와 이사회를 통한 규칙의 이행 및 관리, ③ 분쟁해결을 통한 규칙 집행이라는 WTO의 세 가지 기능에 모두 해당한다.

지난 30년간 다자간 통상질서는 WTO의 이 세 가지 기능에 크게 의존해왔다. 이러한 기능은 다음과 같은 구체적 성과로 나타났다. 첫째, 1947년 평균 40% 수준이던 관세가 대부분의 국가에서 6~8%까지 인하되었다.[4] 둘째, 무역 규칙의 관리 및 이행을 보장하기 위한 여러 위원회는 각 회원국 대표단이 활발하게 협상을 벌이는 장으로 탈바꿈했다.[5] 셋째, WTO의 분쟁해결 시스템은 독립적인 제3자 판정을 통해 WTO 규범에 위배되는 일방적인 결정을 무력화시켜, 다자간 무역 시스템을 유지하는 데 기여하였다.[6]

지금까지 유지되어온 자유무역 질서는 WTO의 위 세 가지 기능이 균등하게 상호 의존하여온 결과라고 할 수 있다. 따라서 오늘날 WTO의 위기는 어느 한 영역, 특히 분쟁해결의 영역으로 한정하여 판단할 수는 없고, 모두 동등하게 살펴볼 필요가 있다. 일단, 여기서는 위기의 직접적인 촉발 요인으로 알려진 '규칙 제정'과 '분쟁해결' 기능의 위기를 우선적으로 살펴본다.

(1) '규칙 제정'의 위기

지금 WTO의 입법 및 규칙 제정 기능은 사실상 모든 면에서 혼란 상태에 빠져 있다. 1990년대 후반에 체결된 몇 가지 부문별 협정을 제외하면, 1995년 설립 이후 WTO가 체결한 포괄적 다자협정은 무역 원활화협정(the Trade Facilitation Agreement)이 유일하다.[7] 2001년 도하 개발 라운드가 시작될 때 처음 협상 의제에 올랐던 쟁점들은 수년간의 협상에도 불구하고 합의를 이루지 못하였다. 사실 이들 쟁점에 대한 균열이 너무 커서 오늘날 회원국들은 도하 라운드가 여전히 협상 중인지 또는 공식적으로 종료되었는지 여부에 대해서도 합의하지 못하는 것으로 보인다.[8] 분쟁해결 규칙 및 절차(Understanding on Rules and Procedures Governing the Settlement of Disputes, DSU)를 개선하기 위한 협상도 2001년부터 동시에 진행되어왔지만, 거의 25년이 지난 지금까지도 규칙의 개정이나 수정이 채택되지 않았다. 즉 1995년에 확립된 다자간 거래 시스템은 상당 부분 시간이 지나면서 고착화되었고, 21세기의 새로운 도전과 기회를 따라잡는 데 실패했다는 평가가 지배적이다.

이러한 실패의 원인으로서, WTO 규칙 체계는 오늘날 무역 질서와 현실 사이에 존재하는 간극 때문이라는 지적도 있다. GATT가 산업 시대에 구상된 반면, WTO 출범은 세계 경제에서 서비스와 지식재산이 점점 더 중요해지기 시작한 시기와 맞물려 있다. GATT와 WTO 협정은 20세기의 현존하는 국제무역 질서를 반영해 설계되었지만, 이후의 생산 방식과 상업 거래의 역학 관계는 제대로 반영하지 못하고 있는 것으로 보인다.

세계 경제의 디지털화가 산업 생산, 서비스 공급, 상업 거래의 전통적인 패러다임에 일으킨 혁명적 변화가 좋은 예이다. WTO의 규칙 체계는 '상품'과 '서비스'로 구분된다. 이들 각 분야는 상품 국제무역과 서비스 국제무역에 적용되는, '관세 및 무역에 관한 일반 협정(GATT)'과 '서비스 무역에 관한 일반 협정(GATS)'이라는 두 협정을 통해 이루어진다. 그러나 디지털 혁명으로 인해 상품과 서비스 구분이 불명확한 하이브리드 제품이 등장하면서 GATT-GATS 기반 구분도 모호해졌다. 이러한 문제를 인식한 WTO는 1998년 5월 제2차 각료회의(Ministerial Conference)에서 전자상거래가 무역에 미치는 영향을 검토하기 위한 작업 프로그램(Work Programme on Electronic Commerce)을 설립하기로 결정하고, 전자상거래에 대한 선언을 채택하였다.[9] 그러나 WTO는 전자 전송에 대한 관세 부과 유예에 합의한 것 외에는 이 분야에서 실질적인 다자간 성과를 거두지 못했다.

한편 WTO 체계가 반영하지 못하고 있는 근래의 현상은 바로 글로벌 가치사슬(Global Value Chain, GVC)이다. GVC의 확장은 오늘날 대부분의 제품이나 서비스가 여러 국가를 관통하는 복잡한 공급망을 통해 조립된다는 것을 의미한다. 각국이 제조 공정에 필수적인 원자재와 투입재에 대한 안전하고 안정적인 접근성을 확보하고자 하면서 GVC의 지리적 재편은 현대 무역정책의 원동력이 되었다. 많은 정부가 정치적 동맹국이 아닌 국가에 대한 투입재 의존도를 줄이기 위해 가치사슬을 자국 내 또는 우방국에 두려는 정책을 채택하고 있다. 반대로 원자재와 투입재를 공급하는 국가는 수출을 규제하고 국내 부가가치 창출을 장려함으로써 산업을 다각화하고 미래의 경쟁 우위를 확보하려 하고 있다. 첨단기술(예컨대 반도체, 배터리, 우주항공 제조 등)과 에너지 전환을 위한 빌딩 블록(전기자동차, 풍력 터빈의 핵심 투입물 등) 개발에 필수적인 핵심 광물에 대한 경쟁은 이러한 패러다임을 가장 잘 보여준다. 국가가 중요한 안보 이익을 지키기 위해 어느 정도 자율권을 갖는 동시에, 특정 산업에 대한 특혜(지대 추구)를 막을 수 있는 균형 잡힌 국제 규칙이 없다면, 글로벌 가치사슬은 비효율적인 방향으로 재편될 위험이 있다. 이러한 현상은 앞서 살펴본 글로벌 산업정책의 흐름과, 그로부터 파생된 새로운 통상정책의 전개 양상을 통해 확인할 수 있었다(3장, 4장 참조).

또한 WTO는, 기후변화 문제를 해결하고 세계 경제를 보다 친환경적이고 지속 가능한 방향으로 전환하기 위해 국내외에서 개발되고 있는 새로운 이니셔티브와 정책에 대응하지 못하고 있다. WTO가 수년 동안 고심해온 수산 보조금 문제,[10] 화석연료 보조금 개혁,[11] 플라스틱 오염 및 환경적으로 지속 가능한 플라스틱 무역에 대처하기 위한 별도의 이니셔티브[12]가 WTO에 도입되어 논의 중이나, 가시적인 진전은 요원해 보인다. 하지만 WTO가 직면한 더 시급한 과제는 녹색 전환을 목표로 하는 각국의 무역 관련 정책을 WTO 규칙에 어떻게 수용할 수 있는지 그 방법을 찾지 못하고 있다는 점이다. EU는 앞서 살펴본 산림벌채 방지 및 기업 지속 가능성 규제와 같은 새로운 세금 및 규제를 도입하는 등 이 분야에서 선두에 서 있는 것은 틀림없다. 이는 앞서 살펴본 바와 같이(3장, 4장) 환경 목표뿐 아니라, 국내 산업 경쟁력을 보호하고자 하는 EU의 산업정책 요구를 모두 충족하는 것을 목표로 한다. 그러나 WTO 회원국들 사이에서 이와 관련한 진지한 논의와 토론의 조짐은 거의 없고 협상이 시작될 기미도 보이지 않고 있다.

끝으로, WTO 규칙 제정 기능의 위기는 최근 강력해지고 있는 반세계화(anti-globalization) 흐름에서 더욱 뚜렷해지고 있다. 2008~2009년 글로벌 금융 위기 이후, 심화된 경제 통합이 글로벌 충격을 증폭시킬 수 있다는 우려가 커지면서 반세계화 압력은 더욱 거세졌다. 특히 2장에서 설명한 바와 같이, 2011년 중국이 주요 경제 강국으로 본격 부상하면서 시장 개혁의 후퇴, 국가 주도 산업 육성, 보조금 지급, 지식재산권 보호 미흡 등의 문제가 불거졌고, 선진국과의 갈등도 심화되었다. 미국은 WTO가 비시장경제 국가를 효과적으로 규율하지 못하고, 상호주의 원칙이 훼손되었으며, 미국의 무역 법규와 경제적 이익이 침해되고 있다고 주장해왔다. 결국 미국은 WTO 체제가 중국으로 대표되는 지정학적 경쟁국을 강화하고 자국의 전통 제조업을 약화시키고 있다고 인식하게 되었으며, 이로 인해 세계화 및 규칙 기반 무역 시스템에 대한 지지가 약화되는 결과로 이어진 것이다(2장 참조).

(2) 분쟁해결의 위기

규칙 제정의 위기는 WTO의 고질적인 문제였지만, 최근에는 분쟁해결 시스템의 위기로 인해 더 큰 타격을 받고 있다. 앞서 언급한 바와 같이 2019년 12월부터 WTO 상소기구는 상소를 심리할 상소위원(재판관)이 부족하여 상소를 검토할 수 없는 상태에 있다.[13] 상소기구는 마지막 남은 위원의 임기가 만료된 2020년 11월 이후 완전히 공석으로 남아 있다. 이는 미국이 2017년부터 항소기구의 신규 위원 임명과 재임명을 반대하는 방식으로 항소기구 재가동을 차단해온 결과이다. 항소기구와 관련하여 미국이 제기한 주요 우려 사항은 다음과 같다.[14]

1) 상소기구 보고서의 기판력 문제: 일관성을 추구한다는 이유로 원래는 기판력이 없는 항소기구의 보고서가 향후 분쟁에서 상위 규범처럼 되어가는 문제
2) 사법적 적극주의: DSU 3.2조[15]를 위반하여 의무를 추가하거나 권리를 축소하는 방식으로 WTO 규정을 넘어서는 결정을 내리는 행위
3) 상소 대상이 아닌 부차적인 사안에 대한 의견을 제시하여 불필요한 법 제정 효과 창출
4) 패널의 사실 판단, 특히 국내법 의미의 검토하는 행위
5) DSU 17.5조[16]에서 상소절차 기한으로 정한 90일을 초과하는 경우
6) 상소기구 위원이 임기가 끝난 후에도 상소심에서 계속 활동하는 점 등

미국이 상소기구 운영의 마비를 초래한 회원국인 것은 분명하지만, 분쟁해결 위기는 위에서 설명한 규칙 제정의 위기라는 더 넓은 맥

락에서 보아야 한다. 원칙적으로 상소기구의 임무는 패널 보고서에서 다루는 법률 이슈와, 패널이 개발한 법적 해석을 검토하는 것으로 제한되며, 90일 이내에 이 임무를 수행해야 한다.[17] 그러나 회원국들은 상소기구의 제한된 검토 범위(법률심)를 상당 부분 무시하며, '사실 쟁점(factual questions)'을 비롯한 다양한 쟁점을 상소심에서 공공연하게 다루어온 것이 사실이다.

또한 협상이 교착되면서 WTO 회원국들은 새로운 분쟁해결 규칙을 갱신하거나 합의할 수 없었고, 그 결과 구체적인 규칙이 마련되지 않은 분쟁해결제도에 의존하게 되었다. 이러한 규칙의 부재 속에서, 상소기구는 제한된 해석 권한을 넘어, 회원국의 권리나 의무를 실질적으로 확장하거나 축소하는 방향으로 조문을 해석함으로써, 불완전한 조약을 보완하려는 '공백 메우기(gap filling)' 시도를 했다는 비판을 받아왔다.[18]

WTO에 제기된 분쟁 사건 중 일부는 독립적인 제3자 판정에 적합하지 않다는 지적도 제기되었다.[19] 대표적인 사례가 WTO 회원국의 국가 안보 이익과 관련된 분쟁이다. WTO 패널(또는 상소기구)이 GATT 21조의 의미 내에서 '필수적인 안보 이익' 또는 '국제관계의 비상사태'의 구성 요소를 검토할 수 있는지 여부는 강한 의문을 불러일으켰다. 회원국들이 왜 최근까지도 전통적으로 WTO 분쟁에서 이 예외 조항에 대한 발동을 자제해왔는지 알 수 있는 대목이다.

다자무역 체제에 안정성과 예측 가능성을 제공할 것으로 기대되는 상소심 제도(DSU 17조)가 상소기구의 마비로 무력화되었을 뿐만 아니라, 불응하는 피소국이 패널 보고서에 불복하여 마비된 상소기구에 무기한 항소(appeal into the void, 상소심의 무효화)함으로써 패널 보고서 채택을 사실상 영구 좌절시킬 가능성도 높아졌다. 이처럼 공허한 형태의 상소를 제기하는 등 상소기구의 위기가 계속되는 한, 분쟁은 사실상 해결되기 어려울 것이다. 그리고 현재 대기 중인 약 30건의 항소뿐 아니라 이후의 분쟁도 한동안 최종 해결 없이 남아 있게 될 것으로 보인다.[20]

이처럼 상소기구의 부재로 인해 DSU에 큰 구멍이 뚫렸기 때문에, 분쟁해결 위기를 해결하는 것은 규칙 기반 무역 시스템에서 가장 중요한 숙제로 남아 있다. 완전한 기능을 갖춘 분쟁해결 시스템의 복원은 WTO 회원국들이 반복적으로 강조해온 사안으로, 항상 높은 정책적 우선순위를 차지해왔다. 예컨대 12차 각료회의(MC12)에서 회원국들은 2024년까지 완전하고 잘 작동하는 분쟁해결제도를 구축하는 것을 목표로 논의를 진행한다는 결정을 채택한 바 있다. 이 흐름은 MC13에서 "포괄적이고 투명한 방식으로 논의를 가속화하고, 이미 이루어진 진전을 기반으로 하며, 상소·재심 (…)에 관한 문제를 포함한 미해결 문제에 대해 노력하라"는 결정으로 이어졌고,[21] 회원국들은 이 결정을 지지했다. 그러나 이 목표는 중요한 사안들(예컨대 상소기구 개혁, 안보 관련 21조 해석에 관한 문제 등)에 대한 합의를 도출해내지 못하고 결국 2024년이라는 시한을 넘기게 되었다. 이처럼 지속적인 활동에도 불구하고 WTO와 그에 기반한 다자간 무역 체제는 오늘날 중대한 위기에 직면해 있다. 전통적 산업정책의 부활과 보호무역주의의 확산으로 국제통상 질서 전반이 불확실성에 빠져 있는 가운데, WTO 체제 역시 그와 같은 불확실성 속으로 점차 내몰리고 있는 실정이다.

정리하자면, WTO의 규범 제정 기능은 21세기의 산업 및 경제 현실을 따라가지 못했지만, 그동안 분쟁해결 시스템이 일정 부분 그 역할을 대신하며 WTO 규범의 일부 공백을 메우는 데 기여해왔다. 그러나 미국이 상소기구의 폐쇄를 촉발하면서 위기가 악화되었고 분쟁해결 기능도 후퇴하고 말았다. WTO는 회원국들이 의무를 잘 이행하는지 확인하기 위해 각국의 통보를 바탕으로 점검하지만, 그동안 이 기능은 제대로 작동하지 못했다. 특히 중국처럼 시장 원리가 충분히 작동하지 않는 '비시장경제'에서는 정보 공개가 부족해, WTO의 감시 역할이 제대로 효과를 내지 못하고 있다는 우려가 커지고 있다.

2. WTO가 직면한 글로벌 산업정책 동향

1990년대까지 산업정책은 주로 선진국의 쇠퇴 산업(예컨대 철강, 섬유, 의류 등)을 살리거나, 개발도상국의 초기 산업화 과정에서 성장과 일자리를 만들기 위한 수단으로 사용되었다. 이때는 외국 제품 수입을 줄여 자국 기업을 보호하는 것이 핵심 전략이었고, 불공정한 수입으로부터 국내 산업을 지키기 위해 무역 보복 조치도 함께 활용했다. 하지만 수입을 제한하면 국내 가격이 올라가고 자원이 비효율적으로 배분될 수 있어서, 경제적으로는 비용이 많이 드는 정책으로 여겨졌다. 예를 들어 철강 수입을 막으면 철강을 사용하는 자동차 산업의 생산 비용이 올라가는 문제가 생긴다.

WTO는 관세, 수입 쿼터, 무역 보복 조치 같은 전통적인 보호 수단에 규칙을 정해 이를 관리해왔고, 이런 규칙은 우루과이 라운드 이후에도 잘 작동해왔다. 실제로 2002년 미국이 자국 철강 산업을 보호하기 위해 도입한 '무역법 201조'는 WTO에서 규정 위반으로 판단돼, 다른 나라들의 압력에 따라 2003년 철회된 바 있다.[22] 이처럼 WTO 규칙이 강화되면서 미국과 EU는 직접적인 관세 인상이나 쿼터 사용 대신, 반덤핑 관세나 보조금 상계관세 같은 무역구제 조치에 점점 더 의존하게 되었다.

그러나 각국이 자국의 무역구제법을 적용하고, 특히 중국산 수입품으로부터 자국 제조업을 보호하기 위한 산업정책을 추진하는 과정에서, WTO 분쟁 판례의 강화된 해석이 점차 장애물로 작용하기 시작하면서 국제사회의 긴장은 고조되었다. 높은 무역장벽과 국유 기업에 대한 막대한 보조금을 바탕으로 한 중국의 경제 모델은 WTO의 '법의 지배(rule of law)' 원칙에 큰 도전을 안겼다. 이에 미국은 WTO 상소기구가 애초에 부여된 권한 범위를 넘어서는 판결을 내렸다고 보고, 무역구제 조치에 관한 WTO 협정을 중국의 국유 및 국영 기업 보조금에 제대로 대응하지 못하도록 잘못 해석했다며 비판 수위를 높이기 시작했다. 결국 미국은 자국의 무역구제 규칙을 수정하느냐, 아니면 WTO 판결을 따르지 않느냐는 선택지 앞에서 후자를 택했고, 2017년부터 상소기구 판사 임명을 막는 방식으로 상소기구를 사실상 마비시켜 WTO 분쟁해결절차를 무력화화한 것이다.

이와 동시에 미국은 자국 산업을 보호하기 위한 산업정책 수단과 연계하여, 강력한 무역구제 조치를 통상정책의 핵심 요소로 계속 사용하고 있다. 그리고 수입 제한 조치를 취할 때 '국가 안보'를 명분으로 내세우는 전략도 병행했다. 대표적인 사례가 2018년 철강과 알루미늄 수입에 '무역확장법 232조'를 적용해 관세를 부과한 조치다.[23]

한편 EU는 미국과는 다소 다른 접근 방식을 취해왔다. WTO 도하 라운드가 시장 개방 논의에서 별다른 성과를 내지 못한 이후, EU는 수출 확대를 위해 자유무역협정(FTA) 체결에 좀 더 신중한 정책을 펼쳤다. 하지만 중국과 같은 국가로부터의 급격한 수입 증가로 인해 전통 제조업 보호에 어려움을 겪으면서, 2000년대 후반부터 특히 중국을 대상으로 보다 적극적인 무역구제 조치를 도입하기 시작했다. 이를 위해 EU는 관련 제도를 개정해 무역구제 당국이 좀 더 독립적으로 대응할 수 있도록 했다. 예를 들어 반덤핑 규정의 경우, 시장 왜곡이 심한 상황에서는 실제 비용과 가격 기준을 무시하고 대체 수치를 사용할 수 있도록 허용함으로써 규제 적용을 쉽게 만들었다. 또한 EU는 환경, 노동, 기후변화와 관련된 제품 기준과 생산 조건을 강화하면서, 국제적으로 국내 산업에 유리한 공정 경쟁 환경을 마련하려는 산업정책으로 전환하고 있다(4장 참조). 앞서 살펴본 '탄소국경조정제도(CBAM)', '산림벌채 방지 규제', '기업 지속 가능성 실사지침(CSDD)', '역외보조금 규정(FSR)' 및 '외국인투자심사', '강제노동 제품 금지', '디지털 시장법(DMA)'과 '디지털 서비스법(DSA)', '국제 조달 수단(IPI)' 등은 그런 변화의 대표적인 사례이다.[24] 이러한 새로운 규제로 인해 해외 수출 기업들은 EU 시장에 진입하기 위해 더 많은 규정 준수 비용을 부담하게 되었고, EU 내부 기업들 사이에서는 공급망의 '추적 가능성'을 확보하기 어려운 경우, 해당 생산 단계를 EU로 다시 이전(re-shoring)하려는 움직임도 나타나고 있다.

그러나 다음 사례에서 알 수 있듯 현재 WTO의 규칙은 이러한 새로운 세대의 산업정책에 대해 효과적인 규율을 행사하기에 적합하지도 않고, 행사할 수도 없어 보인다.

(1) 글로벌 산업정책 경쟁과 WTO 보조금 규범의 한계

앞서 살펴본 중국의 산업정책 구조에서, 제조업과 관련해 가장 핵심적인 역할을 한 정책은 '중국 제조 2025'와 그 상위 이니셔티브인 '혁신주도 발전전략(Innovation-Driven Development Strategy, IDDS)'이라고 할 수 있다.[25] 3장에서 살펴본 바와 같이, 이는 중국을 정보 기술, 컴퓨터 기계, 로봇, 에너지 절약형 자동차, 의료기기, 항공우주 기술, 해상 및 철도 운송용 첨단 장비 분야의 첨단 제조 '대국'에서 제조 '강국'으로 변모시키는 것을 목표로 한다. 특히 '기본 핵심 부품 및 중요 기초 소재'에 대한 중국 공급업체의 국내 시장 점유율을 크게 높이고, 이를 위해 광범위한 수출 제한 시스템을 마련하고 대규모 산업 보조금 프로그램을 제공하였다. 산업용 로봇, 자율주행차, 반도체, 인공지능 등 첨단기술 산업이 전체 보조금의 약 절반을 차지하고 있는 것으로 알려져 있다.[26]

미국과 EU의 관점에서 볼 때, 중국의 산업 보조금 프로그램은 그 규모가 막대하고, 다양한 방식으로 제공되며, 투명성도 부족할 뿐 아니라, 보조금 상당 부분이 시장경제 원칙에 부합하기 어려운 국유 및 국영 기업에 집중되어 있다는 점에서 WTO 보조금 및 상계조치협정(SCM 협정)이 중국에 효과적인 규율을 행사하기에는 한계가 있다는 지적이 제기되고 있다. 예컨대 미국, EU, 일본은 2018년에 '비시장 지향적 정책 및 관행'에 대한 조치를 취하고 주요 무역 파트너와 협력하여 산업 보조금과 국영 기업(State-Owned Enterprise)의 무역 관련 활동에 대해

더 엄격한 규칙을 개발하고 강제 기술 이전을 방지하기로 합의했다고 발표하기도 하였다.[27]

EU는 산업 보조금과 국영 기업에 대한 새로운 WTO 규정을 통해 WTO 프레임워크 내에서 해결책을 찾는 것을 선호했다.[28] EU는 미신고 보조금이 심각한 편견을 유발한다는 추정을 만들고, SCM 협정에서 '공공기관'을 구성하는 범위를 확대하고, 국영 기업의 활동 투명성을 높이고, 국영 기업이 제공하는 모든 시장 왜곡적 지원을 규제하며, 금지 보조금 목록을 확대하고, 무제한 보증·부실기업에 대한 보조금·이중 가격 책정 등을 포함하는 반박 가능한 추정(rebuttable presumption) 기준을 만들자고 제안했다. 당연히 중국을 포함한 G20 개발도상국들은 이러한 제안에 대한 WTO 협상에서 합의점을 찾지 못했다.

미국은 EU의 노력에 원칙적으로 동의하면서도 독자적으로 무역구제 조치를 취하고, 무역법 232조와 301조에 따라 수입 제한을 시행해 왔다. 특히 첨단 제품 및 기술 분야에서 보조금을 받는 것으로 의심되는 다양한 중국산 수입품에 대해 직접적인 제한 조치를 가했다. 또한 중국에 자회사를 둔 미국 기업을 본국으로 복귀시키는 리쇼어링(reshoring) 정책을 추진하고, 의료 장비 및 특정 첨단 제품의 국내 생산을 촉진하기 위해 보조금 제도도 도입했다.[29]

2021년 바이든 행정부가 지시한 검토에서는 반도체, 전기 배터리, 핵심 소재(희토류 등), 의약품의 미국 공급망을 강화하기 위한 야심찬 조치를 요구했다. 또한 주요 제품의 국내 생산 및 혁신 역량을 재건하고 보조금, 세제 혜택, 대출 프로그램을 통해 구매 및 투자에 대한 정부의 참여를 강화할 것을 권고했다.[30] 앞서 설명한 바와 같이, 이는 미국의 그 유명한 산업정책인 CHIPS법과 IRA로 이어졌다.[31] 중국에 이어 두 번째로 대규모 산업 보조금 프로그램을 도입한 것이다.

먼저 CHIPS법은 미국의 제조 역량을 확대하고 한국을 포함한 외국인 투자를 유치하는 등 비교적 성공적인 성과를 거두었다고 평가된다. 미국에서는 2024년 한 해 동안 컴퓨터 및 전자제품 제조를 위한 건설 투자 규모가 지난 20년 전체보다 많았다는 평가가 있을 정도이다.[32] 더 나아가 미국은 2032년까지 첨단 로직 칩 제조의 상당 부분을 미국 내로 유치한다는 주요 목표를 달성할 것으로 전망된다.[33]

이처럼 미국이 반도체 산업에 외국 제조업체의 투자를 유치하고 중국에 대한 의존도를 줄이기 위해 보조금을 지급하자, 한국과 EU 등도 글로벌 가치사슬에서의 입지를 유지하기 위해 자국 반도체 산업에 대한 지원을 확대하게 되었다. 그러나 과거 철강 및 태양광 패널 산업에서 발생했던 것처럼, 전 세계적인 보조금 경쟁이 다시 확산될 수 있다는 우려 속에, 주요 반도체 생산국과 기업들이 협력하여 생산 동향을 모니터링하고 '과잉 생산'을 방지해야 한다는 요구가 커지고 있다. 현재 진행 중인 보조금 프로그램이 만료된 후에는 보조금에 대한 의존을 줄여야 한다는 목소리도 높아지고 있다. 특히 기술 자립과 공급망 안보를 목표로 반도체 생산 역량을 빠르게 확장하고 있는 중국의 행보가, 글로벌 수요를 초과하는 구조적 과잉 생산을 초래할 수 있다는 점에서 가장 큰 우려로 지목되고 있다. 이러한 과잉 생산 위험을 완화하기 위해서는 중국의 협조가 필수적이나, 자립적 산업전략을 지속하는 중국의 기조를 고려할 때, 국제적 공조는 쉽지 않을 것으로 보인다.

중국은 2022년 12월 미국이 자국의 CHIPS법을 이행하기 위해 사용한 조치에 대해서 GATT 1조, X조 및 XI조 그리고 GATS, TRIMS 협정 및 TRIPS 협정 등을 위반했다고 주장하며 제소하였다(DS615). 그러나 미국의 상소기구 위원 임명 차단으로 인해 WTO 분쟁해결이 제대로 작동하지 않아 중국은 상대적으로 WTO를 통해 이의를 제기할 수 있는 힘이 약한 상황이다. 또한 미국은 자국 정책을 WTO에서 방어할 때 '국가 안보'를 중심적인 고려사항으로 주장할 가능성이 높으며, 분쟁해결에 대한 판결이 불리한 방향으로 내려지더라도 미국이 이를 인정하지 않을 가능성도 높다. 러시아-우크라이나 전쟁에 대한 중국의 입장을 포함해 미·중 간의 무역 및 정치적 긴장이 길어지고 심각해질수록, 미국이 GATT 21조의 안보 예외를 발동할 수 있는 정당한 근거로 간주하는 상황이 도래할지도 모른다. 특히 이중용도로 사용될 수 있는 첨단기술 및 물질과 관련된 조치의 경우는 더욱 그럴 것이다.

다른 한편 IRA는 전기차 구매에 대한 소비자 보조금(세액공제)을 지원하면서, 보조금 수혜 자격을 북미에서 조립된 전기차로만 제한하여 '미국산 구매'(현지 콘텐츠) 요건을 만들었다.[34] 뿐만 아니라 이후 시행 규정에서 보조금 수혜 자격을 한국과 같이 미국과 FTA를 체결한 국가를 포함하여 미국과 가장 가까운 일부 무역 파트너로 한정하였다. 이러한 차별성은 GATT 및 WTO TRIMS 협정 위반이라는 비판으로 이어졌으며, 결과적으로 미국이 청정에너지 전환 정책을 추진하면서 WTO 규범 이행에는 큰 관심이 없다는 인상을 더욱 부추겼다. 그리고 이러한 태도는, 중국의 대규모 차별적 보조금 문제를 해결하기 위한 다른 WTO 회원국들과의 규범 기반 협력 노력조차 포기할 준비가 되어 있다는 메시지로 해석되기도 했다. 반도체의 경우와 마찬가지로 IRA는 전기차 및 배터리 분야에서 WTO 회원국들의 보조금 경쟁을 촉발했고, 이로 인해 글로벌 과잉 생산으로 이어질 것이라는 우려도 나오고 있다.

중국은 IRA의 요소들이 GATT 1조 및 3조, TRIMS 및 SCM 협정 위반을 주장하며 2024년 3월 미국을 상대로 WTO에 소를 제기하였다(DS623). 그러나 미국 CHIPS법에 대한 WTO 제소의 경우와 마찬가지로, WTO 분쟁해결 체제가 정상적으로 작동하지 않는 현 상황에서 중국의 WTO 제소 행위 자체만으로는 종국적이고 유의미한 결과를 얻기 어렵다는 점은 자명해 보인다. 물론 패널심(1심)에서라도 유리한 판단이 내려진다면, 이는 미국 정책의 정당성을 비판하는 국제법 수준의 근거로 작용할 수 있다. 그러나 이 경우에도 미국은 IRA를 '국가안보' 고려사항이라고 항변하며, 패널 판단의 정당성과 WTO 체제를 동시에 비판할 가능성이 높아 보인다. 한편 중국이 승소하고 미국이 연패하는 WTO 체제에서 과연 WTO가 오늘날 여러 주요 국가의 통상정책을 조율하는 대표기관이라는 정당성을 계속 유지할 수 있을까? WTO 입장에서는 중국이 승소해도 고민이고, 패해도 고민일 것이다.

(2) EU 산업·통상 정책과 WTO 규범의 한계

앞서 살펴본 유럽의 그린딜과 청정에너지 전환 계획인 'Fit for 55' 이니셔티브에는 보조금이 아니라 탄소세 중심의 정책 수단이 포함되어 있다. 이 계획에는 무상 배출권의 단계적 폐지, 탄소국경조정제도

(CBAM) 그리고 제품 및 생산 기준 강화와 같은 조치들이 포함된다.[35]

EU는 이러한 그린딜 이행 과정에서 무역 관련 정책들을 WTO 규범과 일치시키겠다는 입장을 여러 차례 밝혀왔다. 하지만 CBAM 같은 일부 조치에 대해서는 일부 주요 무역 파트너들이 비공식적으로 WTO 정합성에 의문을 제기해왔다. 다만 아직 해당 정책이 완전히 시행되지 않았기 때문에 WTO 분쟁해결절차를 통해 공식적으로 검토된 사례는 없다. EU 그린딜의 주된 목적은 기후변화 대응이지만, 앞서 살펴본 바와 같이 산업정책적 성격도 분명히 가지고 있다.[36] EU가 당면한 핵심 과제는, 자국 산업에 청정에너지 사용을 요구하면서도 화석연료 기반 제품을 생산하는 해외 경쟁업체로부터 자국 산업을 보호하는 방식이 WTO 규범과 EU의 무역 의무에도 부합해야 한다는 점이다.

기후변화 대응에 대한 EU 및 일부 WTO 회원국의 접근은 미국이나 중국의 방식과는 차이를 보인다. 미국과 중국은 청정에너지에 대한 보조금을 통해 저탄소 산업으로의 전환을 유도하고 있는데, 이 방식은 단기적으로 에너지·탄소 가격을 낮춰 에너지 소비가 늘어나고, 에너지 다소비 산업에 경쟁력을 부여하는 효과가 있다. 반면, EU의 탄소세는 에너지 가격을 상승시켜, 세금이 면제된 외국산 제품에 비해 자국 내 완제품 제조업체(다운스트림 산업)의 경쟁력을 떨어뜨릴 수 있으며, 경우에 따라 보호무역 조치로 오해받을 수 있다.

이처럼 탄소세를 중심으로 한 접근(EU)과 보조금에 기반한 접근(미국) 간의 정책 차이는, 'WTO 규범 내에서 국경조정 조치와 보조금 규제 간의 균형을 어떻게 설정할 것인가'라는 복잡한 과제를 던지고 있다.

3. 자유주의 여명과 변경된 WTO 사용설명서

선진국과 개발도상국 모두 산업정책을 펼치기 위한 중요한 요소는 바로 국제적 규범으로부터 자유로운 국가별 '정책 공간'을 보호하는 것이다. 한편 WTO의 가장 중요한 역할은 비교우위와 시장경쟁의 원리에 따라 회원국의 무역과 통상정책을 조정해 나가되, 이를 최소의 집단 비용으로 최대의 집단 이익을 창출할 수 있도록 지원하는 것이다. 이를 위해 WTO가 제공하는 수단은 앞서 언급한 대로, ① 다자협상을 위한 플랫폼, ② 법적 구속력이 있는 규칙, ③ 규칙 이행을 위한 효과적인 분쟁해결 시스템이다. WTO 시스템의 잠재력을 최대한 실현하려면 이 중 어느 것도 그 자체만으로는 충분하지 않고, 이 모든 것이 함께 작동해야만 한다.

이 세 가지 영역 모두에서 현재 WTO 시스템은 분열되어 잠재력을 발휘하지 못하고 있지만, 그렇다고 반드시 치명적인 결함이 있는 것은 아니라고 본다. 현재 협상 의제는 상대적으로 덜 주목받는 이슈를 다루고 있지만, 수산 보조금과 같이 느려도 지속적인 진전을 보이는 분야도 있다. 마찬가지로 보조금 및 비시장경제의 국가 통제 활동과 같은 일부 규정의 개선이 필요하다는 데에는 상당한 공감대가 형성되어 있으나, 대체로 다른 대부분의 WTO 규정은 그 필요성이나 규범성을 여전히 인정받고 있다. 물론 현재 WTO 분쟁해결 시스템은 상소기구의 마비로 불완전하게 운영되고 있으나, 상소기구가 없는 상황에서도 패널 단계의 분쟁해결은 비교적 잘 작동하고 있으며 그 결과 역시 회원국 간의 분쟁 상황을 해결하는 데 어느 정도 기여하고 있는 것으로 보인다.

그럼에도 불구하고 WTO 체계는 주요 회원국들이 더욱 공격적인 산업정책을 채택하면서 나타난 지난 몇 년간의 통상정책 추세에 효과적으로 대처하기가 여의찮게 되었다. WTO의 최근 무역 모니터링 보고서(Trade Monitoring Report)에 따르면, 수입 촉진 조치로 영향을 받은 무역량이 수입 제한 조치로 영향을 받은 무역량보다 여전히 많지만, 양자간 격차는 상당히 좁혀진 것으로 나타났다. 해당 보고서 검토 기간(2023년 5~10월) 동안 새로운 무역 촉진 조치의 무역량은 3,190억 달러(이전 6개월 기간의 6,920억 달러에서 감소)로, 무역 제한 조치는 2,460억 달러(880억 달러에서 증가)로 집계되었다.37 그리고 2015년 이후 처음으로 G20 국가들이 도입한 월평균 9.8건의 새로운 무역 제한 조치가 무역 촉진 조치(8.8건)를 앞지른 것으로 확인되었다. 오랫동안 시행되고 있는 G20의 수입 제한 조치 또한 철회될 조짐은 보이지 않고 있다. 이로 인해 2023년 10월 중순까지 G20 수입의 12%에 해당하는 2조 3,000억 달러의 교역품이 2009년 이후 G20 국가들이 시행한 각종 수입 제한 조치의 영향을 받았다.38

2023년 WTO 무역 모니터링 보고서 검토 기간에는 환경 영향 감소 프로그램, 재생에너지 생산 계획, 에너지 효율 및 탈탄소화 지원, 청정 및 재생 에너지 프로젝트 등 G20 국가의 새로운 보조금 도입이 크게 증가했다.39 세계은행은 2024년 6월의 최신 글로벌 전망에서 이러한 우려를 확인했다.40 세이프가드 조사, 우회 방지, 반덤핑, 상계조치, 보조금 등 무역을 왜곡하는 정책 조치가 크게 증가하고 있다는 사실을 발견한 것이다. 동시에 세계은행은 주요 선거가 있는 2024년에 글로벌 무역정책의 불확실성이 전년도에 비해 크게 증가할 것으로 예상했으며, 무역 규제가 더욱 확산되면 글로벌 성장 전망에 상당한 하방 위험이 있을 것이라고 경고했다. 세계은행은 이처럼 '비정상적으로 높은' 수준의 무역 불확실성을 고려할 때, 각국 정부의 보호주의적 행동이 증가하면 기존 추세가 강화되고 세계화를 통해 기대하는 혜택은 금방 잠식될 것이라고 보았다. 세계은행에 따르면 무역 왜곡 정책의 수는 팬데믹 이전과 비교하여 3배로 증가했다.[41] 새로 채택된 무역 왜곡 관행 중 보조금 사용은 팬데믹 이후 급격히 증가했다.[42] 따라서 세계은행은 무역 파편화가 심화되면 경제 신뢰도 하락, 무역 왜곡 증가, 관련 금융시장 반응 등을 통해 전 세계에 악영향을 미칠 수 있다고 결론지었다.

별도의 실증 데이터에 따르면 적어도 2018년 이후 차별적인 무역 조치의 채택이 비차별적인 무역 자유화 조치의 채택을 훨씬 초과한 것으로 나타났다. 보조금은 이러한 차별적 조치의 약 65%를 차지했다.[43] 미국과 중국이 대부분의 무역 제한 조치를 채택했지만 브라질, 독일, 캐나다와 같은 다른 국가도 이러한 변화에 크게 기여했다.

사실상 WTO는 이러한 문제를 다자적 차원에서 해결하고, 전지구적 변화에 대응할 수 있는 유일한 플랫폼이다. WTO가 아니라면 사실상 대안은 없다. 물론 WTO가 현재보다 더 성공적으로 이러한 역할을 수행하려면 회원국들이 제기하는 우려를 적절히 해결할 수 있도록 개혁되어야 할 것이다. 이렇게 개선된 WTO는, 회원국이 무역 관련 문제에 협력하고 정책을 조율할 수 있는 다자간 포럼의 역할을 할 수 있을 것이다. WTO야말로 지역별, 동맹별로 갈라지는 통상 파트너들의 분절화에 대응하고 왜곡된 무역 발전에 대처할 수 있는 잠재력을 지닌 국제기구이다.

따라서 한국을 비롯한 주요 WTO 회원국(특히 WTO 내 산업국가)은 WTO 개혁 의제에 지속적으로 기여할 필요가 있다. 현재 회원국들은 일단 WTO의 재활성화를 위해 분쟁해결 시스템을 개혁하고 신뢰를 회복하는 것이 최우선 과제라는 데 공감하고 있는 것으로 보인다. 통상 규칙의 이행이 담보되지 않는다면 규칙의 존재는 사실상 아무런 의미가 없다. 지금까지 WTO 회원국들은 WTO 분쟁해결 시스템(DSU)을 통한 규칙 이행에 익숙해졌기 때문에 이 시스템의 개혁과 정상화는 더욱 절실하다. 이러한 이행 담보의 메커니즘이 없는 세계로 회귀하는 것은 WTO의 불안정성을 더욱 키울 뿐이다. 따라서 이러한 분쟁해결 시스템의 개혁과 정상화를 위한 다양한 노력이 요구된다.

(1) 다양한 분쟁해결 메커니즘의 모색

1995년 출범한 WTO 분쟁해결기구의 2단계 분쟁해결 시스템은 WTO 회원국 간의 무역 분쟁을 해결하는 데 매우 빈번하게 사용되었다. 600건이 넘는 사건 중에서 290건이 넘는 패널 보고서와 약 190건의 상소기구 보고서가 만들어졌다.[44] 이는 소규모 개발도상국부터 세계 최대 경제 대국에 이르기까지 모든 회원국의 이익을 평등하게 보호하는 데 중요한 기여를 해왔다. WTO 분쟁해결 시스템은 회원국들이 양자 협의를 진행하고, 상호 합의된 해결책을 체결하고, 이의가 제기된 무역 조치를 자발적으로 철회하며, 패널 및 상소기구 보고서가 채택된 후 해당 조치를 준수할 수 있도록 효율적인 기반을 제공해왔다.

그러나 최근 WTO 상소위원 부재로 인한 위기 때문에 WTO 분쟁해결 제도의 역할에 대한 광범위한 논의가 촉발되었고, 패널과 상소기구의 합의된 권한에 대한 심층적인 성찰이 요구되고 있다. WTO 분쟁해결 시스템을 개혁하기 위해 모색할 수 있는 여러 경로 중 세 가지가 특히 중요하다.

첫째, WTO 분쟁해결 시스템, 특히 상소기구의 운영으로 발생하는 우려의 상당 부분이 무역구제 분쟁을 처리하는 데 초점이 맞춰져 있다. 이러한 우려를 해소하기 위해 회원국은 무역구제 분쟁만을 전담하는 특별 상소기구를 설치하는 방안을 고려할 수 있을 것이다. 설치 논의가 어려울 경우에는, 상소심이 없는 상태에서 패널 판정 수준에서라도 무역구제에 대한 판정이 지속적으로 나와야 하고, 회원국들은 무역구제 관련 패널 보고서를 통해 양국 간의 자발적인 협상과 협력을 이끌어내야 할 것이다.

둘째, 과도한 권한과 사법적 법률 제정에 대한 우려는 사실상 상소기구를 겨냥한 것이다. 즉 상소기구는 분쟁해결 시스템의 일부이지만, 실제로는 WTO 협정에 대한 유권해석을 제공하는 과정에서 일반이사회나 각료회의 등과 같은 협상 기구의 기능을 대체해왔다. 1994년 WTO 출범 당시 상소기구는 다소 실험적인 장치였다.[45] WTO 분쟁해결 시스템 자체는 애초부터 실험적인 성격으로 출발한 것이 아니라는 점에서, 지금 이 시점에 상소기구를 부활시키기 위해 막대한 정치적 자본과 시간을 투자할 필요가 있는지 재고해볼 필요가 있다. 어쩌면 상소기구는 문제의 일부일 뿐 해결책의 전부는 아닐 수도 있기 때문이다. 일부 학자들은 WTO 분쟁해결 메커니즘이 다른 대부분의 국제분쟁 해결 절차와 마찬가지로 1심 판결 시스템 중심으로 운영되어야 한다는 여러 논거를 제시한다.[46] 물론 이러한 시스템을 도입하려면 상소기구를 통해 애초 기대하던 '하급심 오류 수정' 기능의 필요성이 획기적으로 감소되도록 패널의 수준을 높여야 할 것이다. 이러한 측면에서 패널의 질과 패널 선정 과정, 패널 후보자 리스트 등을 개선하거나 상설 패널 기구로 전환하자는 제안도 제기되고 있다.[47]

마지막으로, 현재 항소기구에 대한 우려는 더 연성적인(즉 구속력이 낮은) 대체 분쟁해결(ADR) 메커니즘의 활용을 활성화시킴으로써 해결할 수도 있다. 이러한 ADR 메커니즘은 이미 WTO 규칙 내에 존재하지만 지금까지 활용도가 극히 저조하였다. 그러나 특유의 조정적이고 문제해결 지향적 성격으로 인해 통상 분쟁을 해결하는 데 필요한 상당한 잠재력을 가지고 있음은 분명해 보인다. 이러한 대체적 메커니즘을 통해 지금까지 공식적인 WTO 패널 절차로 해결하기 어려운 분쟁(예컨대 근본적인 지정학적 또는 국가 안보 고려사항)을 WTO 차원에서 모색해볼 수 있을 것이다.

(2) WTO 전반의 개혁을 위한 광범위한 접근

분쟁해결을 넘어 WTO 자체에 대한 개혁 의제가 성공하려면 모든 WTO 회원국의 우려를 고려한 광범위한 접근이 필요하다. 중국의 정책을 겨냥한 새로운 보조금 및 국영 기업 규정에만 초점을 맞춰서는 현대 산업정책의 문제를 WTO 내에서 효과적으로 해결하기 어렵다. 오늘날 주요 경제국들이 중국에 대한 비협조적 대응의 일환으로 시행 중인 일부 산업정책으로 인해, WTO 규칙의 한계가 시험대에 오르고 있다. 이러한 정책은 WTO의 권위를 더욱 약화시키고 국제무역에 새로운 왜곡과 차별을 추가할 수도 있다. WTO 협상을 통해 중국과 같은 비시장경제 국가를 WTO의 시장 기반 프레임워크에 완벽하게 통합하려는 협력적 해법을 찾는 일은 결코 쉽지 않다. 그러나 그러한 해법을 찾지 못하는 결과가 다자무역 시스템의 붕괴라면 일단 노력해볼 가치는 충분히 있다.

이러한 상황에서 우선적으로 요구되는 것은 '합의에 기반한 의사결정 과정'과 그에 대한 '신뢰'를 회복하는 것이다. 보다 구체적으로, WTO가 지난 15년여 간 주요 회원국의 '산업정책'으로 발생한 문제점을 해결하려면 국가별 산업·통상 정책에 대한 지속 가능한 협력 시스템을 복원해야 한다. 특히 미국과 중국 간의 긴밀한 협력이라는 핵심 목표를 포함하여 이러한 종류의 양자 및 지역 협력 사례를 더 많이 축적하면 WTO 프레임워크 내에서도 유사한 목표를 '다자화'할 수 있는 기회가 생길 수도 있다. 이러한 기회를 모색하기 위한 전단계로, 강제력 있는 규칙보다는 유사 입장국들 간 소규모 협정이나 글로벌 무역 거버넌스를 위한 연성법적 접근처럼 소다자(mini-lateral) 또는 양자(bilateral) 해결책에 더 많이 의지해야 할 수도 있다. 그러나 모든 WTO 회원국의 이익을 위해 회원국들이 보다 협력적이고 조율된 틀 안에서 산업정책을 펼칠 수 있도록, 소규모적이고 연성법적인 모색 역시 WTO 규범 체계가 유지된 상태에서 이루어져야 할 것이다.

(3) '여전히' 중요한 WTO의 변화된 활용법

현재로서는 다자간 합의와 글로벌 국제법 체계로의 통합에 기반한 WTO의 미래가 여러 회원국의 이해 차이로 전망이 불투명한 상황이다. 이러한 교착 상태를 넘어서기 위해서는 기존의 다자 경제 협력에 초점을 맞춘 접근법을 고수하기보다는, 다자무역 체제의 목적과 방식, 강행법규가 아닌 연성법규의 역할, 비차별과 합의 의사결정의 역할, 그리고 그 안에서 저소득 개발도상국(그리고 어쩌면 비시장경제국)의 위치에 대한 근본적인 재고를 통해 변화를 추구할 필요가 있어 보인다. WTO는 이미 관심 있는 여러 회원국으로 구성된 일종의 '클럽'의 형태로 변모하고 있는 것 같다.

친환경 경제를 달성하기 위한 노력으로 현재 82개 회원국이 참여하는 '플라스틱 오염에 관한 대화(WTO Dialogue on Plastics Pollution and Environmentally Sustainable Plastics Trade, DPP)',[48] 47개 회원국이 참여하는 '화석연료 보조금 개혁(Fossil Fuel Subsidy Reform, FFSR) 이니셔티브',[49] 77개 회원국이 참여하는 '무역 및 환경 지속가능성 구조적 논의(Trade and Environmental Sustainability Structured Discussions, TESSD)' 등 여러 그룹이 만들어졌다.[50] 이러한 이니셔티브는 작업 프로그램을 채택하고 정기적으로 회의를 열어 각 사안을 진전시키고 있으며, 종종 같은 문제를 약간 다른 시각으로 바라보는 국제기구 및 이니셔티브와 긴밀히 협력하고 있다.

예를 들어 FFSR 이니셔티브는 투명성 강화, 위기 지원 조치, 가장 해로운 화석연료 보조금에 대한 대응에 중점을 두고 이러한 보조금을 없애는 것을 목표로 한다.[51] 이 이니셔티브는 15년 이상 지속되어 온 낭비성 화석연료 보조금에 관한 유사한 G20 논의를 기반으로 한다. 2009년 피츠버그에서 열린 G20 정상회의에서 G20 정상들은 "낭비적인 소비를 조장하는 비효율적인 화석연료 보조금을 중기적으로 합리화하고 단계적으로 폐지"하기로 합의했다.[52] 이 약속은 이후 여러 차례 반복되었으며, 화석연료 보조금 감축은 2015년 파리 기후변화협약의 목표 달성을 위한 핵심 요소로 여겨지고 있다. 따라서 FFSR 논의는 유엔(유엔 지속가능개발목표 12-c에 따른 2030 의제), G20, G7, 아시아태평양 경제협력체, 기후변화, 무역 및 지속가능성에 관한 협정, 기후 취약국 재무장관 V20 그룹, 파리 기후변화협정, 아디스아바바 개발재원 의제 등 다양한 국제 플랫폼에서 공통적으로 다루는 주제의 일부로 논의되고 있다.[53]

DPP 논의는 플라스틱 오염을 줄이는 데 초점을 맞추고 있다. 플라스틱 무역 흐름, 공급망 및 무역정책의 투명성을 개선하는 방법, 다른 국제기구와의 규제 협력 강화, 환경적으로 지속 가능한 무역정책 및 메커니즘 파악, 최빈개발국(LDC) 및 소도서개발국(Small Island Developing State, SIDS) 등 취약 경제국에 대한 무역 관련 기술지원 강화 등이 DPP에서 논의될 주요 분야로 확인되었다.[54] DPP 논의에서는 국제 이해관계자들과의 협력 필요성과 함께, 현재 '정부 간 협상위원회(Intergovernmental Negotiating Committee, INC)'의 후원하에 유엔에서 논의 중인 플라스틱 오염에 대한 법적 구속력 있는 국제기구 개발의 중요성이 강조된다. '유엔 플라스틱 조약' 협상을 2024년 한국 부산에서 열리는 INC-5에서 완료하는 것이 목표였으나 실패하였고, 2025년 8월 제네바에서 열리는 INC 5.2 회의에서 추가 논의를 진행하기로 하였다.[55] WTO DPP는 INC의 옵서버 역할을 하고 있으며, 반대로 INC 사무국은 협상 진행 상황에 대한 업데이트를 제공함으로써 WTO DPP 회의에 참여하고 있다.

이와 관련하여 회원국들이 2026년 예정된 MC14에서 구체적인 결과를 발표하기 위해 노력하는 동안 세계관세기구(World Customs Organization, WCO)는 현재 진행 중인 2027년 HS 검토를 위해 교역품에 포함된 플라스틱, 일회용 플라스틱 및 기타 플라스틱 제품에 대한 검토에 착수했다.[56] WCO는 DPP 논의에 참여하는 회원국들과 소통하고 있다.

이러한 '포럼'은 특정 회원국이 자국의 경제적 이익을 증진하기 위해 다자간 협상에 더 참여할 수 있는 옵션을 제시한다. 따라서 회원국은 이 모든 포럼에서 일관된 전략을 수립하고, 직접적 중요성이 더 낮은 이슈에 대한 타협이 다른 포럼에서 더 중요한 것을 얻는 데 도움이 될 수 있는지를 고려하는 것이 중요해 보인다.

이러한 논의를 통해 알 수 있는 것은, 국제법적 관점에서 해당 논의가 통합적 성격을 띤다는 점이다. 실제로 무역, 환경, 보건정책, 국가 안보 등 각 분야별로 해결이 어렵거나 다양한 분야의 참여와 전문성이 필요한 문제들이 제기되고 있다. 우루과이 라운드에서 '패키지'와 '단일 사업'은 순수하게 상품과 관련된 문제에서 서비스와 지식재산권까지 포함하는 것으로 바뀌었지만, 이제 국제무역 시스템의 개혁은 환경, 기술 및 국가 안보 문제를 총체적으로 포함하도록 패키지를 더욱 확대해야 할 것으로 보인다. '국제통상법'은 그 어느 때보다 국제 공법의 일부이며 국제법의 발전과 함께 고려되어야 할 필요성이 커졌다.

무역 조치는 국제법과 개발에 대한 글로벌 접근이 필요한 특정 경제적 및 비경제적 목표를 달성하기 위한 수단이다. 녹색 전환과 신기술 제품에 필요한 중요 광물은 환경 문제뿐만 아니라 무역 문제를 야기하며, 이미 천연자원이 풍부한 지역에서 지정학적 영향력을 확보하기 위한 경쟁의 일부로도 작용하고 있다. 사이버 보안과 첨단기술 전쟁이 현실이 된 다극적 세계에서, 통상규범 역시 남용을 방지하면서도 국가 안보에 적절히 대응할 수 있도록 적응해 나가야 한다. 경제 안보, 수출 통제, 지속 가능한 개발을 무시하거나, 각 국가가 GATT의 20조 일반 예외 또는 21조의 안보 예외 중 어느 하나에 적용될 수 있다는 가정하에 해석하고 해결하려는 시도는 규범적 정당성의 한계를 명확히 드러낸다. 이러한 현실에 적응하려면 보다 광범위한 국제 정책 목표의 맥락에서 통상에 관한 현실적인 목표를 개발해야 한다. 타협점을 찾고 국제무역 시스템을 개혁하는 데 필요한 절충안은 상품, 서비스 및 지식재산권 관련 무역뿐만 아니라 무역 및 비무역 문제를 포함할 수 있다.

이처럼 WTO를 중심으로 세계 각국이 WTO의 미래와 국제법의 광범위한 규제 동향을 고려하여 채택할 수 있는 정책적 대응 방안은 여러 가지가 있을 것이다. 현재로서는 WTO를 완전히 외면하기는 어려워 보인다. 위에서 언급한 바와 같이 WTO는 여전히 다자간 무역 포럼으로서 회원국에게 제공할 수 있는 부가가치가 분명히 존재한다. 특히 상품 무역에 주력하는 수출 중심 산업국가는 비차별적(내국민) 대우와 최혜국 대우 등 국제무역과 개방 시장의 기본 축을 공고히 하기 위해 WTO를 적극 활용할 필요가 있다. 이를 위해 WTO에 대해서는 다음과 같은 태도를 견지하는 것을 고려해볼 수 있다.

첫째, WTO의 위원회 활동은 특히 '무역에 대한 기술 장벽(TBT)'과

'위생 및 식물 위생(SPS)' 조치와 관련해 비교적 잘 작동해왔다. 회원국들이 새로운 잠재적 무역 제한 조치에 대해 사전에 통보하고, 특정무역우려(Specific Trade Concern, STC)를 제기하여 이를 협의할 수 있는 절차는, 지속적으로 진화하는 무역정책을 모니터링하고 이에 대응하는 데 유용한 도구로 기능하고 있다. WTO라는 공론장과 법적 근거를 잃게 되면 투명성이 크게 떨어지고 향후 회원국들이 선택할 수 있는 무역정책 옵션에 대한 평가가 복잡해질 위험이 있다.

둘째, 제대로 작동하는 분쟁해결 시스템에 대한 창의적인 방법을 찾는 데 지속적으로 투자해야 한다.

셋째, 디지털 기술, 서비스, 녹색 무역은 공급망 절차나 세관 운영 원활화 등 다양한 분야에 걸쳐 잠재적인 영향을 미칠 수 있다. 따라서 회원국들, 특히 주요 산업국가들은 WTO에서 디지털 기술, 서비스, 녹색 무역과 관련된 논의를 지속적으로 관찰하고 참여해야 한다.

넷째, WTO의 활용과 함께, FTA 및 지역 통합 협정 프로그램의 대안적 활용 가능성을 비판적으로 검토·모색할 필요가 있다. 위의 분석에서 알 수 있듯, 국제무역 시스템이 더욱 다양해지고 있는 현실에서 국가들이 WTO의 다자간 규칙 제정에서 벗어나 양자 및 소다자·지역 협정을 선호하는 경향이 뚜렷해졌기 때문이다. 실제로 양자 및 지역 무역협정(또는 소다자 협정)을 통한 진전이 점점 더 많이 이루어지고 있다. RCEP, IPEF, CEPA 등이 대표적인 예이다. WTO의 교착 상태를 고려할 때, 정책 입안자들이 최신 무역정책 동향과 조치들에 대한 정확한 이해를 바탕으로, 자국이 혜택을 누리는 동시에 새로운 추세로부터 스스로를 보호할 수 있도록 양자 및 소다자 협상에 적극적으로 참여하는 것이 그 어느 때보다 중요해질 것이다. 세계 각국이 새로운 수출 기회를 모색하고 현재의 무역정책 갈등을 해소하는 데 도움이 되는 이슈에 대해 다자 협상을 시작하는 상황에서, '같은 생각'을 가진 다른 WTO 회원국들과 협력하는 것은 오히려 효과적인 전략이 될 수 있다. 이러한 시도는 보다 역동적이고 다자적인 무역 환경을 조성하는 데 잠재적인 신호를 보낼 수 있으므로 WTO 개혁 의제에도 기여할 것으로 보인다. 다만, 일부 강대국의 사례에서 보듯, 조건부 자유무역 시대에서는 이러한 자유무역 프로그램의 참여 여부가 철저히 전략적으로 결정될 수 있으므로, 개별 국가들도 이에 신중하게 접근할 가능성이 엿보인다.

끝으로, 경제적·제도적 관점 모두에서 오늘날 주요 산업국가들의 최우선 과제는 미국과 중국 간의 무역 긴장 고조와 변화하는 시장 환경을 고려하여 신중하게 정책을 결정하는 것이다. 이러한 측면에서, 미국은 현재의 다자간 무역 질서와 WTO 위기의 근본 원인으로 중국과 그 경제정책을 지목하고 있다는 점을 분명히 하고 있다. 특히 중국의 국영 기업이 시장에서 여전히 중요한 역할을 수행하고 있는 현실이, WTO 분쟁해결제도의 교착 상태를 초래한 주요 배경 중 하나로 지적된다. 만약 국영 기업이 현재와 같은 방식으로 작동하지 않았다면, SCM 협정상 '공공기관' 개념에 대한 해석 문제나 관련 분쟁이 이처럼 첨예하게 불거지지 않았을 것이라는 분석도 존재한다.

마찬가지로, 무역구제 관련 규정의 WTO 상소기구 해석에 대한 비판은, 중국산 수입품을 더 이상 비시장경제 수입품으로 취급할 수 없다는 우려와 함께, 그로 인해 '특정 시장 상황'[57] 또는 '생산 비용과의 합리적 관련성'⁵⁸ 등과 같은 개념이 미국 무역구제 당국을 중심으로 활용되기 시작한 데서 비롯되었다고도 볼 수 있다. 중국 시장이 세계 무역시장을 근본적으로 왜곡하고 있다는 인식과, 이를 해결하기 위해 무역 보호주의 조치를 취하고 싶어도 현 WTO 규범과 판례가 그것을 인정하지 않는 현실은, 미국이 WTO 전반과 특히 분쟁해결 시스템에 불만을 갖게 된 배경이 되었다. 이는 중국과 관련된 모든 유형의 기술 제품과 서비스에 대해, 경제 및 국가 안보 차원의 우려가 점차 수렴되고 있다는 흐름과 연결된다. 더 나아가 중국과 관련되어 있을 경우 비교우위(comparative advantage)와 경제적 상호 의존(inter-dependence)이라는 개념에 한계가 있다는 인식의 확산과도 관련이 있다. 미국뿐만 아니라 EU에서도 중국에 대한 경계는 최근 더욱 확대되고 있다. 녹색 산업혁명 과정에서, 천연자원이 풍부하고 기술적 전문성과 투자 우위를 선점하고 있는 중국이 어떻게든 EU보다 유리한 위치에 올라설 것이라는 인식이 확산되고 있다.

새로운 정치, 경제 및 통상 현실과 관련된 위와 같은 근본적인 우려들은 앞으로도 상당 기간 지속될 것이며 특히 한국과 같은 수출 주도형 산업국가의 통상정책을 더욱 복잡하게 만들 것으로 예상된다.

사실상 보조금, 국영 기업 또는 디지털 무역, 녹색 전환, 국가 안보와 같은 새로운 국제통상 주제들을 규율하기 위해 WTO를 근본적으로 개혁하는 것은 쉽지 않아 보인다. WTO가 1994년 마라케시협정을 통해 구축한 다소 오래된 기존 규범들의 성격을 살펴보면 더욱 그렇다. 당시 규범들은 오늘날의 문제점들을 염두에 두고 만들어진 것이 아니기 때문이다. 이는 오늘날 WTO 회원국들이 함께 살아가고 적응해야 할 현실로서 한동안 마주할 과제로 남을 것이다.

지역, 양자, 다자 협력의 새로운 모색: 복잡한 국제관계 속에서 길을 찾다

산업화와 세계화를 지속적으로 촉진하는 국제통상 관련 정책은 한국을 비롯한 여러 산업국가에게 대단히 중요한 어젠다이다. 이들 산업국가들에게 제조업은 경제 발전의 주도적인 역할을 해왔고 앞으로도 그럴 가능성이 높아 보인다. 그러나 특정 산업을 계획하고 지원하는 데 국가가 크게 관여했던 과거의 정책이 반드시 미래의 성공 비결은 아니다. 민간 부문의 이니셔티브를 지원하는 정부의 역할이 있지만, 국가가 대규모로 개입할 경우 보조금 및 상계관세 규정 적용 등 해외 시장에서 무역장벽에 부딪힐 위험이 있기 때문에 상당히 정교하고 조심스럽게 접근할 필요가 있다. 세계 자유무역 질서가 저물고 있다고는 하지만, 여전히 그 여명 속에서 제한된 형태로나마(또는 조건부로) 남아 있는 현재, 함부로 산업정책 일변도의 전략을 취하기는 어렵다.

이러한 상황에서 자유주의 무역 질서 기반의 수출 주도 성장을 추구하는 국가는 최근 지역·양자 무역 그룹이 다자무역 그룹에 비해 크게 성장·확대되고 있는 현상에 주목하기 쉽다. 예컨대 CPTPP나 최근의 RCEP 등과 같이 지역 차원의 유사 입장국들로 구성된 글로벌 특혜 협정 네트워크는 유례없는 주목을 받고 있다. 그러나 이 또한 현재 중국과 미국 간의 유례없는 긴장 관계로 인해 신중하게 접근할 필요가 있다. WTO의 쇠퇴로 인해, CPTPP 및 RCEP가 주목받고 있는 것은 사실이지만, 여러 산업정책과 경제 안보적 이유로 자유무역 질서 자체가 도전받고 있는 현 상황에서 이들 글로벌 네트워크가 제대로 작동할 것인지 확신할 수만은 없다.

한편 WTO 회원국 일부가 참여하는 '복수국 간 협정' 또한 수출 주도형 경제 발전에 중요한 역할을 하는 옵션으로 고려해볼 수 있다. 이상적으로는 이러한 협정이 WTO 프레임워크에 통합되어야 하지만, 인도와 남아공이 반대 입장을 고수하는 한 현재의 환경은 불확실해 보인다. 전자상거래에 관한 다자간 협상의 결과는, 마라케시협정 X.9조에 따라 WTO 회원국들이 WTO 부속서 4에 포함된 협정 수를 확대하는 데 동의할 의향이 있는지를 보여주는 중요한 지표가 될 것이다. 철강, 반도체, 전기차 등 다른 분야별 협정에 대한 협상이 시작되면 보조금 사용을 규제하고 글로벌 과잉 생산 문제를 피할 수 있는 수단을 제공할 수도 있을 것이다. 복수국 간 협정은 잠재적으로 유사 입장 국들 간 통상 및 경제적 이해관계를 조정하고 협력할 수 있는 강력한 수단을 제공할 뿐만 아니라, FTA에서 수용할 수 있는 것보다 훨씬 더 큰 규모의 국가 그룹이 참여할 수 있다는 특징이 있다. 당분간 중국은 미국 및 다른 WTO 회원국과 함께 전자상거래 협정 협상에 계속 참여할 것으로 보인다. 그러나 중국이 최종 협정의 서명국이 되기로 결정한다면, 이는 녹색 전환과 관련된 추가적인 이니셔티브에도 추후 참여할 수 있는 가능성을 보여주는 것이라 하겠다.

마지막으로, 앞으로 세계 각국, 특히 기존 또는 신흥 산업강대국들이 무역보다는 외국인직접투자(FDI)에 더 큰 역할을 부여하는 것도 한국을 비롯한 여러 산업국가들의 미래 수출 주도 성장을 촉진하는 데 도움이 될 수 있다. 특히 한국은 경제 발전 과정에서 대내외적으로 FDI를 성공적으로 활용해왔다. FDI는 오늘날과 같이 긴장된 무역 환경 속에서, 한국이 수입 규제를 극복하고 주요 수출 시장에서 시장 점유율을 유지하는 데 유용한 수단임이 입증되고 있다.

  WTO 회원국들은 우루과이 라운드 이후 다자간 투자협정 협상에서 합의를 위해 노력했지만 결국 실패했다. 현재로서는 회원국들이 이 문제를 다시 다룰 가능성은 희박해 보인다. 그러나 FTA와 지역 통합 협정에 포함된 투자 조항이 엄연히 존재하기 때문에 이를 적극적으로 활용할 필요가 있다.

7장

대한민국, 격랑 속 통상전선에 서다: 생존과 도약의 기로

기업, 스스로 생존을 모색하다:
변화하는 통상 환경 속 규제 대응 역량 강화

정부, 파도에 맞서지 않고 올라타다:
전략적이고 유연한 통상정책과 위기 대응

학계, 현실을 직시하고 미래를 설계하다:
통상학 외연 확대와 실무 교육 강화

시대의 변화와 자신의 길을 일치시키는 자는 성공하고,
그렇지 않으면 실패한다.

— 니콜로 마키아벨리(Niccolò Machiavelli)

기업, 스스로 생존을 모색하다:
변화하는 통상 환경 속 규제 대응 역량 강화

과거 WTO 중심의 국제통상 질서는 최근 WTO 체제의 약화와 각국의 산업정책 및 국가 안보 전략 강화로 인해 개별화된 통상정책의 확산이라는 큰 변화를 맞고 있다. WTO는 분쟁해결 기능의 마비, 규칙 제정의 부족, 변화하는 국제통상 환경에 대한 대응 실패 등으로 위기에 직면해 있다. 특히 미국의 상소기구 위원 임명 거부는 WTO 분쟁 해결 기능을 마비시키고, WTO 체제에 대한 신뢰 상실을 심화시켰다. 또한 미국, EU, 중국, 인도 등 주요 경제권이 자국 산업 보호와 육성을 위해 공격적으로 추진하는 산업정책들은 현 WTO 규범과 충돌하는 경우가 많아 이에 대한 한계도 드러내고 있다.

이로써 WTO와 FTA를 통해 균형을 잡던 다자 자유무역 체제는 현재 크게 침체되어 있으며, 각국의 개별 통상규제 시스템은 더욱 복잡하게 구축되고 있다. 이러한 변화 속에서 WTO 중심의 다자 협력보다 지역·양자 협정 및 복수국 간 협정이 상대적으로 주목받고 있다.

그러나 더 중요한 변화는 각국의 통상규제 준수가 국제통상 질서에서 점점 더 중요해지고 있다는 점이다. 각국은 자국 산업 보호와 육성을 위해 산업정책을 적극적으로 활용하고 있으며, 그 결과로 다양한 형태의 통상규제가 등장하고 있다. 과거 국제통상 질서가 WTO라는 단일 플랫폼을 중심으로 이루어졌다면, 현재는 개별 국가들의 통상규제가 더욱 중요해지는 다변화된 양상이 나타나고 있다.

앞서 살펴본 바와 같이, 미국은 자국 제품과 서비스 소비를 우대하는 정책을 통해 자국 산업의 보호와 육성을 적극 추진해왔다. 바이든 행정부는 '미국산 구매(Buy American)' 규범을 강화하고, 보조금 중심의 산업정책을 통해 특정 전략 산업에 대한 공공지원을 확대해왔다. 이러한 현대적 산업정책은 단순히 민간 부문에만 의존해서는 국가안보와 핵심 경제 이익을 달성할 수 없다는 판단에 따라, CHIPS법이나 IRA와 같은 대규모 공공투자를 통해 민간의 투자와 기술 혁신을 촉진하려는 전략적 접근이 강화되고 있다.

EU는 미국과는 다소 다른 방식으로 환경, 노동, 인권 등과 관련된 규제를 강화하며 자국 시장을 보호하고 있다. 전 세계에서 거의 최초로 탄소국경조정제도, 산림벌채 방지, 기업 지속가능성 실사, 해외 보조금, 외국인투자심사, 강제노동, 디지털 시장 및 서비스 관련 규정을 빠르게 도입했다. EU의 디지털 산업정책은 강력한 규제와 보조금 정책이라는 두 갈래로 나뉘며, 미국보다 방어적인 성격을 띤다. 또한 반덤핑 및 상계관세 조치를 적극적으로 활용하고 있으며, 최근에는 중국산 전기차 수입에 대한 상계관세 조사를 개시한 바 있다.

중국은 데이터 저장 및 전송, 온라인 동영상 및 엔터테인먼트 서비스 등에 대한 엄격한 규제를 통해 자국 산업을 보호하고 외국 기업의 진출을 제한하고 있다. '중요 데이터', '핵심 데이터', '개인정보' 등을 구분하고, 이에 대한 해외 반출을 규제하며, 중국 내 온라인 동영상 및 엔터테인먼트 서비스 시장을 아주 강하게 규제하여 해외 사업자의 중국 진출이 쉽지 않다.

이러한 주요국들의 통상규제가 강화됨에 따라 기업, 특히 다국적 기업들의 법적 준수 부담이 커지고 있다. 기업들은 각국의 통상규제를 면밀히 분석하고, 이를 준수하기 위한 시스템을 구축해야 하며, 위반 시 제재를 받을 수 있다는 우려 속에서 해외 사업을 추진해야 한다. 특히 한국과 같은 수출 중심의 경제 구조를 가진 국가의 기업들은 주요 교역 상대국의 통상규제 변화를 주의깊게 살펴야 하며, 이에 대한 적극적인 대응 전략을 수립할 필요가 있다. 한국 경제의 핵심인 '수출 주도 성장'의 모멘텀을 잃지 않기 위해서는 각 국가별, 경제권역별 통상규제가 어떻게 형성되고 상호작용하는지를 면밀히 파악해야 한다. 또한 이러한 규제들이 언젠가 WTO와 같은 보편적인 시스템으로 통합되기 전까지 각국은 '정글'처럼 혼란스러운 세계 시장에서 생존을 위한 전략을 마련해야 한다. 이 과정에서 생존한 기업은 미래 시장을 선도하게 될 것이며, 현재의 혼란은 오히려 기회로 작용할 것이다.

정부, 파도에 맞서지 않고 올라타다:
전략적이고 유연한 통상정책과 위기 대응

최근 글로벌 통상 환경은 자유무역 질서에서 벗어나 각국의 산업정책 경쟁과 새로운 통상질서가 부상하는 시기로 접어들고 있다. 특히 미국을 중심으로 첨단기술 산업 육성 경쟁, 친환경 산업으로의 전환, 공급망 재편 등이 급격하게 진행되고 있다. 이러한 변화 속에서 한국은 수출 주도형 경제성장 모델을 유지하면서 새로운 글로벌 통상질서에 적응해야 하는 과제에 직면해 있다. 여기서 말하는 새로운 질서란, 기존 자유무역 질서의 규범이 여러 새로운 현실 조건들(산업정책, 국가 안보, 개별적 통상정책 등)과 공존하고 있는 변형된 통상질서, 즉 '조건부 자유무역' 질서를 말한다. 이렇게 새롭게 규정된 질서 속에서 한국 정부는 첨단기술 산업 육성과 글로벌 산업 경쟁력 강화를 동시에 추진하기 위해, 개별 조건들을 면밀히 파악하여 대응하는 '다변화된' 정책과 전략을 마련해야 한다. 특히 한국은 올림픽에 비유하자면, 선수단은 작지만 '전 종목 출전'이 가능하고 다수 종목에서 '메달권 진입'이 가능한 국가처럼, 산업 전반에 걸쳐 균형 잡힌 인프라와 경쟁력을 갖추고 있다. 이에 따라 다변화된 통상전략은 각 산업군의 개별 전략과 유기적으로 연계되어야 한다.

첫째, 미국, EU, 중국 등 주요 경제 강대국의 산업정책 변화를 꼼꼼하게 분석하고 그에 따른 영향과 기회를 파악해야 한다. 지금까지 살펴본 주요 산업국가들의 산업정책은 다음과 같이 요약할 수 있다. 먼저 미국의 산업정책은 자국 산업의 보호와 육성에 초점을 두고 있으며, 최근에는 보조금 지급을 통한 적극적인 개입의 성격이 강화되고 있다. 바이든 행정부는 '미국산 구매법' 강화, '인프라 투자 및 일자리 법안', 'CHIPS 및 과학법', '인플레이션 감축법' 등을 통해 제조업 부흥, 일자리 창출, 공급망 안정화, 청정에너지 기술 개발을 적극 지원하였다. 특히 CHIPS법과 인플레이션 감축법은 반도체, 전기차, 청정에너지 기술 분야에 대한 대규모 보조금 지원을 통해 미국 내 생산을 유도하고 있다. 트럼프 2기 행정부에서도 바이든 행정부의 정책 기조가 어느 정도 유지될 가능성이 높다. 국내 제조업 침체와 노동자들의 불만을 감안할 때, 보조금을 중심으로 한 산업정책은 지속될 공산이 크기 때문이다. 또한 트럼프 행정부 2기가 강조하는 관세 부과 정책은 보조금과 수단적으로는 다르지만, 결국 자국 산업 보호와 육성이라는 동일한 목표를 지향한다는 점은 같다. 결국 '바이든표' 보조금이든, '트럼프표' 관세든 그 칼끝은 모두 자국 산업 육성을 향해 있다. 따라서 어떤 산업 분야에 초점을 맞추고 있는지, 이에 따라 한국 산업에서는 어떤 사업 기회가 발생할 수 있는지를 주의깊게 살펴볼 필요가 있다.

EU는 탄소중립과 디지털 전환을 목표로 하며, 엄격한 환경 규제와 보조금 정책을 통해 유럽 산업의 경쟁력 강화를 추진하고 있다. EU는 '유럽을 위한 새로운 산업 전략', 'EU 그린딜' 등을 통해 친환경 산업 육성을 위한 정책적 지원을 강화하고 있다. 또한 '탄소국경조정제도(CBAM)', '기업 지속가능성 실사지침(CSDDD)' 등 새로운 규제를 도입해 환경 및 사회적 책임을 강조하고 있다. 디지털 정책에서는 디지털 시장법, 디지털 서비스법, 인공지능법 등을 통해 디지털 경제 활성화와 플랫폼 규제 강화를 추진하고 있다. 이는 디지털 경제 시대에 EU의 경쟁력을 강화하고 시장의 공정성과 투명성을 확보하기 위한 노력이다. 이러한 산업정책 방향은 앞으로도 한동안 폰데어라이엔 집행위원장의 연임과 함께 지속될 것으로 보인다.

중국은 '쌍순환 정책'을 기반으로 국내 소비 시장 확대와 첨단기술 자립을 목표로 하며, 외국인 투자 유치와 해외 자원 확보에 적극적으로 나서고 있다. 중국은 '혁신주도 산업전략(IDDS)' 및 여기에 따른 '중국 제조 2025' 전략을 통해 첨단 제조업 육성을 위한 대규모 투자를 진행하고 있으며, 반도체 산업 육성을 위해 외국 인재 유치, 외국산 반도체 배제, 세금 면제 등 다양한 정책을 시행하고 있다. 또한 '일대일로' 정책을 통해 해외 인프라 투자를 확대하고 있으며 아시아, 아프리카, 라틴 아메리카 등 자원 부국과의 경제 협력을 강화하여 에너지, 식량, 원자재 확보에 노력하고 있다.

이처럼 미국, EU, 중국 (나아가 인도) 등 주요 강대국들의 산업정책은 기본 방향은 유사하지만 추진 방식에는 각기 차이가 있다. 이에 따라 통상정책 이면에 숨겨진 산업정책의 의도를 정확히 파악하고, 각국이 자국 산업 발전을 위해 무엇을 원하는지를 분석할 필요가 있다. 이를 바탕으로 우리 정부가 할 수 있는 일과 할 수 없는 일을 명확히 구분하고, 그에 따른 전략을 체계적으로 마련해야 한다.

둘째, 위와 같은 산업정책의 변화 흐름에 비추어볼 때, 한국은 크게 변화된 통상 환경에 적응하기 위한 '다변화된' 통상전략을 수립해야 한다. 과거처럼 전통적인 자유무역협정 체결이나 WTO 중심의 접근만으로는 더 이상 충분하지 않은 시대가 도래했다. 기존의 WTO 체제는 보호무역주의 강화와 국가별 산업정책의 확산 속에서 기능적 한계를 드러내고 있으며, 다자간 협정의 실효성도 점차 약화되고 있다. 이에 따라 한국은 WTO와 같은 다자적 협정 중심의 접근보다는 좀 더 유연하고 실용적인 방식으로 국제통상 환경에 대응할 필요가 있다.

실제로 현재의 통상질서는 단일한 자유무역 원칙에 기반한 것이 아니라, 각국이 자국의 산업정책과 공급망 전략을 중심으로 다자·소다자·양자 또는 비공식 협상 및 일방적 조치를 병행하는 복합적인 구조로 재편되고 있다. 이는 각국이 형식상 자유무역을 표방하면서도 이면에서는 다양한 산업정책적 조건과 전략적 이해관계가 작동하고 있기 때문이다. 따라서 한국 역시 이에 걸맞은 전략적 대응이 불가피하다.

특히 미국은 CHIPS법, IRA 등 자국 산업 육성을 위한 강력한 산업정책을 추진하면서, 동맹국들과의 소다자 협정을 통해 공급망 재편을 모색하고 있다. 최근에는 IPEF(인도-태평양 경제 프레임워크)처럼 법적 구속력은 약하지만 실질적 협력을 지향하는 형태의 경제 협정을 통해 통상 협력의 대안을 모색하기도 하였다. 이는 자유무역협정 체결이 점차 어려워지는 통상 환경 속에서 공급망, 기술, 인프라 등 분야별로 미국과 유사한 입장을 가진 국가들과 실질적인 협력을 강화하기 위한 접근으로 해석할 수 있다.

그러나 이러한 동맹국 중심의 협력 방식조차도, 트럼프 2기 행정부 출범 이후에는 '온쇼어링'을 최우선으로 하는 일방적 접근과 고율 관세를 포함한 통상 압박 기조로 급속히 전환되고 있다. 이에 따라 동맹국과의 소다자 협력보다는, 개별 국가와의 양자 협상이나 일방 조치에 대한 방어적 대응이 대미 무역 전략의 주요 축으로 재편되고 있는 추세이다. 실제로 트럼프 행정부는 미국 내 생산과 고용을 최우선 가치로 내세우며, 기존 투자의 유지를 압박하거나 관세를 통해 신규 투자를 유도하는 방식으로 자국 중심의 산업정책을 구체화하고 있다.

따라서 한국 정부는 이러한 글로벌 통상질서 변화와 미국의 정책 기조 전환을 명확히 인식하고, 산업별로 미국 시장에 대한 접근 전략을 수출 중심에서 투자 중심으로, 또는 투자 중심에서 수출 중심으로 유연하게 재조정해야 한다. 특히 한·미 간 경쟁이 있는 산업의 경우 협상 전략만으로는 한계가 있으므로, 공급망 재편이나 확장을 통한 '협력 모델'을 적극 발굴하는 것이 중요하다.

예컨대 완성품 수출이 미국의 온쇼어링 기조로 인해 현지 투자를 요구받는 경우, 한국 산업의 공동화를 막기 위해서는 한·미 양국 간 가치사슬을 분산하면서도 연계성을 유지하는 방향으로 구조를 재편하는 것이 바람직하다. 이 과정에서 기업이 선제적으로 대응할 수 있도록 정부는 규제 철폐, 세제 지원, 투자 인센티브 등 정책적 뒷받침을 해야 한다.

또한 미국과의 경쟁이 심화되는 산업 외에도, 한국이 주도적으로 미래 먹거리 산업을 발굴하고 육성하여 새로운 시장을 창출해 나가는 전략도 병행해야 한다. 이는 공동화로 발생할 수 있는 산업 공백을 자연스럽게 메우는 효과를 기대할 수 있다. 방위산업, 아직 상용화되지 않은 최첨단기술 분야, 기타 리테일 제조업(화장품 등)이 대표적인 예가 될 수 있다. 이러한 분야에서 미국과의 비경쟁적 협력 모델을 구축하거나 독자적 경쟁력을 확보하는 전략은 향후 통상 환경 변화 속에서 한국의 산업 안정성과 성장 기반을 동시에 강화하는 데 기여할 수 있다.

중국의 경우, 확장적이고 첨단산업 자립 중심의 산업정책을 추진하면서, 한때 투자자·수출자로서 중국 시장을 활용하던 한국과, 소비자·수입자로서의 중국 간 관계는 상당 부분 역전되었다. 지금의 중국은 과거 한국이 중국을 바라보던 '공급자'의 입장에 서 있다고도 볼 수 있다. 따라서 과거 한중 FTA 체결 시기와는 완전히 달라진 환경 속에서 양국 관계를 재정립할 필요성이 커지고 있다. 특히 중국을 겨냥한 글로벌 규제와 제재가 강화되면서, 한국은 중국발 저가 첨단 공세 제품의 시장 침투, 한국을 경유한 우회 수출, 이에 대한 추가 제재 가능성 등 복합적인 압력에 노출될 가능성이 높아지고 있다. 따라서 정부는 한국에 진출하는 중국 기업과 수출품의 시장 잠식에 대응하기 위한 조치를 신속히 마련해야 하며, 첨단산업 부문에서의 중국발 경쟁에 대비한 전략 수립 또한 필수적이다.

다른 한편, EU와 같은 규제 강화 국가들과의 통상 관계에서는 이들의 규제 동향을 면밀히 분석하고, 국내 기업이 해당 규정을 효과적으로 준수할 수 있도록 지원하는 정부의 역할이 중요하다. 이를 통해 탄소중립, 디지털 전환 등 글로벌 트렌드에 부합하는 방향으로 국내 산업을 재편하고, 관련 분야에서의 경쟁력을 제고하는 전략이 필요하다. 특히 미국이 보호무역과 온쇼어링 정책을 강화하면서 한국 수출산업의 전통적 타깃이 변화하는 상황에서, EU는 대안적 수출시장으로서 전략적 가치가 더욱 커지고 있다.

EU는 중국의 과잉 생산과 비시장경제 체제로 인한 공급 과잉의 피해를 지속적으로 받아온 지역으로, 중국 의존도를 줄이고 대체 공급망을 찾기 위해 적극적인 파트너십을 모색하고 있다. 물론 EU 역시 내수 산업의 경쟁력 제고와 시장성 확보를 지향하고 있으나, 현재 산업 전반이 침체된 상황에서 수입 의존도를 단기간에 낮추기는 어려운 실정이다. 이러한 맥락에서 한국 기업은 유럽의 높은 규제 장벽을 넘어 과감히 진출을 모색할 수 있으며, 이는 오히려 새로운 기회를 창출하는 계기가 될 수 있다.

이를 위해 가장 필요한 것은 복잡하고 다층적인 EU 규제 체계를 명확히 이해하고, 그에 맞춰 기업의 컴플라이언스를 체계적으로 구축·운영하는 것이다. 이 과정에서 정부는 민간 기업이 규제를 준수할 수 있도록 실질적 지원을 제공해야 하며, 가장 이상적인 방안은 한-EU 간 '상호인증' 체제를 마련하여 규제 이행의 효율성을 높이는 것이다. 다만 단기간 내 이 같은 제도를 구축하기는 어렵기 때문에, 정부 간 지속적인 협의를 통해 컴플라이언스 검토 및 인증 과정에서 한국 기업이 최소한 '우호적인 대우'라도 받을 수 있도록 외교적 노력을 병행할 필요가 있다.

아울러 정부는 복잡한 규제 체계를 일목요연하게 정리한 연성법(soft law) 형태의 가이드를 지속적으로 제작·배포하고, 규제 트래커와 같은 시스템을 활용하여 기업의 실무 대응 역량을 높여야 한다. 이러한 정보 제공 및 역량 강화는 기업이 EU 시장 진출을 준비하고, 그 안에서 성장 기회를 확보하는 데 핵심적인 기반이 될 것이다.

셋째, 국내 산업의 경쟁력 강화를 위한 정책적 지원 확대가 필수적이다. 이제는 통상정책 중심의 접근만으로는 한계가 있으며, 첨단산업 육성과 기술 경쟁력 확보가 국가 미래를 좌우하는 핵심 과제로 부상하고 있다. 중국이 가장 먼저 대규모 산업 지원에 나선 이후 미국, EU, 인도 등 주요국들도 기술 패권 선점을 위한 국가 차원의 투자를 확대하고 있다. 이들과 경쟁하거나 전략 분야에서 우위를 점하고자 한다면, 첨단산업 육성은 선택이 아닌 필수이며, 국가 정책의 최우선 순위가 되어야 한다.

정부는 연구개발(R&D) 투자 확대, 세제 지원, 규제 정비 등으로 국내 기술 기업의 성장을 뒷받침하는 한편, 국부펀드나 정책금융 등을 활용한 해외 기술기업의 인수합병(M&A) 및 핵심기술 확보 전략도 병행해야 한다. 이는 국내 기술의 자연적 성숙을 기다리기보다, 글로벌 기술을 전략적으로 흡수하여 기술 주도권을 유지하는 선제적 조치다.

특히 디지털, 인공지능, 로보틱스 등 상대적으로 발전 속도가 느린 분야에서는 과감한 투자와 제도 정비가 필요하며 우주항공, 양자컴퓨팅과 같은 차세대 전략 산업 역시 조기부터 집중 육성하여 새로운 성장 동력으로 만들어야 한다. 친환경 에너지 산업도 예외가 아니다. 재생에너지, 수소에너지, 탄소 포집 및 저장(CCS), 에너지 저장 시스템(ESS) 등 유망 기술에 대한 투자는 물론, 국제 표준과 인증을 지원하는 제도적 기반 마련을 통해 기업의 해외 시장 진출 역량을 키워야 한다.

특히 이러한 친환경 기술 역량은 조선, 철강 등 기존 전통 산업과의 접목을 통해 더욱 강화될 수 있다. 유럽 시장 등에서는 탄소 규제와 친환경 컴플라이언스 요건이 갈수록 중요해지고 있으며, 이는 곧 한국 전통 산업의 글로벌 경쟁력 확보 여부를 좌우하는 핵심 요소가 되고 있다. 따라서 정부는 친환경 산업 발전을, 단순한 신산업 육성에 그칠 것이 아니라 전통 산업과의 시너지를 통해 글로벌 컴플라이언스 역량을 체화하는 방향으로 설계하고, 이를 통해 산업 전반의 구조적 경쟁력 향상을 이끌어야 한다.

넷째, 공급망 재편에 적극적으로 대응하고 경제 안보를 강화해야 한다. 글로벌 공급망이 지정학적 긴장과 전략산업 보호 중심의 산업 정책으로 급변하는 상황에서, 한국은 특정 국가에 대한 과도한 의존도를 낮추기 위한 공급망 다변화 전략을 추진해야 하며, 동시에 동맹국과의 협력을 통해 공급망 리스크를 완화하는 데 주력해야 한다. 단순한 탈중국 또는 특정국 디커플링 전략만으로는 부족하며, 미국 등 주요 안보 파트너 국가들과의 산업·안보 연계를 바탕으로 한 전략적 공급망 협력 강화가 필수적이다. 이러한 기반 위에서 한국과 개별 파트너국은 상호 보완적 산업 분야를 중심으로 공급망을 재구성함으로써 안정과 신뢰 기반의 경제 안보 환경을 구축할 수 있다.

예컨대 한국은 미국이 상대적으로 취약한 일부 재래식 방위산업 및 조선 분야에서 협력을 확대함으로써, 군사외교적 신뢰 관계를 공고히 하는 동시에 미국의 한국에 대한 공급망 의존도를 높일 수 있다. 이처럼 안보와 산업의 전략적 연계를 통해 형성된 신뢰를 바탕으로, 한국 기업의 해외 수출과 투자 환경도 보다 자유롭고 안정적으로 조성될 수 있다. 아울러 한국은 이러한 대외 협력과 병행하여 핵심 산업의 국내 생산 비중 확대를 목표로 하는 국내형 리쇼어링 및 니어쇼어링 전략도 적극 추진해야 한다. 일부 산업은 국내 복귀 유인을 강화하여 자립 기반을 다지고, 일부는 우호적 인근 국가로 생산 거점을 분산함으로써 외부 충격에 대한 회복탄력성을 갖춘 공급망 체계를 구축하는 것이 중요하다.

　아울러 해외 통상규제 컴플라이언스의 견지에서 미국, EU 등의 수출통제 및 경제제재 조치 강화 추세를 면밀히 분석하고, 국내 기업의 규정 준수 지원체계를 구축해야 한다. 이를 위해 정부 차원에서 관련 정보 제공, 교육 프로그램 운영, 컨설팅 지원 등을 강화하고, 기업의 자체적인 규정 준수 시스템 구축을 지원해야 한다. 수출 통제·경제제재와 같은 각국의 통상규제는 점차 강화되고 있으며, 특히 주요 교역국들의 규제 변화에 대응하는 것은 한국 기업들의 글로벌 경쟁력을 유지하는 데 중요한 요소가 된다. 한국 정부는 이러한 규제 환경을 정확히 파악하고, 기업들이 규제를 준수할 수 있도록 실질적인 지원을 아끼지 않아야 한다.

　결론적으로, 한국 정부는 새로운 통상질서에 대한 정확한 이해를 바탕으로, 급변하는 국제통상 환경에 유연하게 대응하고 국익을 최우선에 둔 '실용적' 통상정책을 수립해야 한다. 이를 통해 글로벌 무역 시장에서 경쟁력을 유지하고, 지속 가능한 경제성장을 실현하며, 차세대 산업·경제 강국, 나아가 '강대국'으로 도약해야 할 것이다.

학계, 현실을 직시하고 미래를 설계하다: 통상학 외연 확대와 실무 교육 강화

　국제경제법 및 여러 통상학 관련 학계는 변화하는 국제통상 환경에 대응하기 위해 WTO와 FTA 법리 중심의 기존 연구와 교육을 넘어 새로운 방향을 모색해야 한다. 현재 WTO 체제의 약화와 각국의 산업정책 경쟁의 심화로 국제통상학 분야에서도 새로운 어젠다를 설정하고 연구 영역을 확장해야 할 필요성이 대두되고 있다. 이를 위해 학계는 다음과 같은 방향으로 나아가야 한다.

우선, 국제통상법 내지 통상학의 연구 어젠다를 확장할 필요가 있다. WTO 중심주의에서 벗어나, 최근 동향을 반영한 새로운 형태의 무역협정에 대한 연구를 강화하고, 이러한 협정들이 WTO 규범과 어떻게 조화를 이루거나 충돌하는지를 심층적으로 분석해야 한다. 또한 각국의 산업정책과 안보정책이 국제통상규범에 미치는 영향을 다각도로 검토하고 보조금, 수입 제한, 국내 산업 보호 등의 규제 조치가 WTO 및 FTA 규정과 충돌할 가능성도 평가해야 한다. 아울러 환경 보호, 디지털 기술, 공급망 확보 등 새롭게 부상하는 통상규제 트렌드에 대한 법적 대응 방안도 함께 모색할 필요가 있다. 특히 수출 통제나 투자 제한과 같이 안보 목적이 통상에 강하게 작용하는 사례에 대해, 이 조치들이 기존 국제통상 규범과 어떻게 상호작용하는지, 그리고 통상규범상 국가 안보 예외조항의 한계는 어디에 있는지를 면밀히 검토해야 한다. 나아가 환경, 노동, 인권 등 비무역적 요소가 통상법에 미치는 영향을 분석하고, EU의 탄소국경조정제도(CBAM)와 같은 규제가 WTO 규범에 부합하는지 여부에 대한 논의도 보다 심화할 필요가 있다.

다음으로, 교육과 연구 방법의 다변화를 통해 학문적 발전을 도모해야 한다. 주요국의 통상법과 정책을 비교 분석하여 각국의 정책적 배경을 이해하고 정치학, 경제학, 국제관계학 등 다른 학문과의 융합 연구를 통해 국제통상학 내지 국제경제법의 연구 범위를 확장해야 한다. 예를 들어 산업정책의 정치·경제적 배경이나 통상 분쟁의 국제정치적 함의를 연구함으로써 더 깊이 있는 통찰을 제공할 수 있다. 또한 실제 사례 연구와 시뮬레이션 기반의 실무 중심 교육을 강화해 학생들의 실질적 역량을 키워야 한다.

마지막으로, 국제적 네트워크를 강화해야 한다. 해외 대학, 연구기관, 국제기구 등과의 공동 연구 및 학술 교류를 활성화하여 새로운 통상질서 및 산업질서에 대한 국제적 지식 역량을 강화해야 한다. 아울러, 해외 학회 및 포럼에 적극적으로 참여하는 한편, 이러한 국제적 논의의 장을 국내에 유치하는 노력도 병행할 필요가 있다. 이를 통해 국제통상 분야의 최신 동향을 신속히 파악하고, 주요 의제에 대해 한국의 실무계와 학계가 협력하여 논의를 선도해 나가야 한다.

결론적으로, 학계는 WTO와 FTA 법리를 넘어선 다양한 어젠다를 설정하고, 다학제적 접근과 실무 중심 교육을 통해 학문적 역량을 강화하며, 국제적 네트워크를 확대함으로써 향후 한국이 새로운 국제통상 질서 형성을 주도하는 데 기여해야 한다. 이를 통해 변화하는 국제통상 환경 속에서 더욱 영향력 있는 학문적 역할을 수행할 수 있을 것이다.

약어 목록

AEO	Average Export Obligation	(인도) 평균 수출 의무
AI	artificial intelligence	인공지능
AML	Anti-Money Laundering	(미국) 자금세탁 방지법
APEP	Americas Partnership for Economic Prosperity	미주 경제번영 파트너십
ATMP	Assembly, Testing, Marking and Packaging	조립, 테스트, 마킹 및 패키징
BABA	Build America, Buy America Act	미국 건설 · 미국 구매법
BBBP	Build Back Better Plan	(미국) 더 나은 사회 건설계획
BIS	Bureau of Industry and Security	(미국) 상무부 산업안보국
BJP	Bharatiya Janata Party	인도 국민당
BOI	Beneficial Owner Information	실질적 소유자 정보
BRI	The Belt and Road Initiative	(중국) 일대일로 이니셔티브
BSA	Bank Secrecy Act	(미국) 1970년 은행비밀법

CAC	Cyberspace Administration of China	중국 사이버공간관리국
CAI	Comprehensive Agreement on Investment	EU-중국 포괄적 투자협정
CBAM	Carbon Border Adjustment Mechanism	(EU) 탄소국경조정제도
CBDT	Cross-Border Data Transfer	데이터 현지화 및 국경 간 데이터 이전
CBP	Customs and Border Protection	미국 관세국경 보호청
CCL	Commerce Control List	미국 상무부 수출통제목록
CCS	Carbon Capture and Storage	이산화탄소 포집 및 저장
CEPA	Comprehensive Economic Partnership Agreement	포괄적 경제동반자협정
CETA	Comprehensive Economic and Trade Agreement	포괄적 경제무역협정
CFIUS	Committee on Foreign Investment in the United States	(미국) 외국인투자 심의위원회
CFR	Code of Federal Regulations	미국 연방규정집
CHIPS	CHIPS and Science Act	(미국) 칩스 및 과학 법
CII	Critical Information Infrastructure	(중국) 중요 정보 인프라
CISA	China Iron and Steel Association	중국 철강협회
CMA	Critical Minerals Agreement	중요 광물협정
CN	Combined Nomenclature	통합품목분류표
CNPTC	China National Nuclear Power Technology Corporation	중국 핵공업집단공사
COMAC	Commercial Aircraft Corporation of China	중국 상용항공기공사
CPTPP	Comprehensive and Progressive Agreement for Trans-Pacific Partnership	포괄적·점진적 환태평양경제동반자협정
CSDDD	Corporate Sustainability Due Diligence Directive	(EU) 기업 지속가능성 실사지침

CSL	Cyber Security Law	(중국) 사이버 보안법
CSRD	Corporate Sustainability Reporting Directive	(EU) 지속가능성 보고지침
CTA	Corporate Transparency Act	(미국) 기업 투명성법
CTEO	Chief Trade Enforcement Officer	(EU) 최고무역집행사무소
CTR	Currency Transaction Report	통화거래 보고서
DCS	Dual Circulation Strategy	(중국) 쌍순환 전략
DDA	Doha Development Agenda	도하 개발 어젠다
DDP	Due Diligence Policy	실사정책
DDTC	Directorate of Defense Trade Controls	(미국) 국방무역통제국
DGFT	Directorate General of Foreign Trade	인도 대외무역총국
DHS	Department of Homeland Security	미국 국토안보부
DMA	Digital Markets Act	(EU) 디지털 시장법
DOE	Department of Eneregy	미국 에너지부
DPP	WTO Dialogue on Plastics Pollution and Environmentally Sustainable Plastics Trade	WTO 플라스틱 오염에 관한 대화
DSA	Digital Services Act	(EU) 디지털 서비스법
DSIR	Dholera Special Investment Region	(인도) 돌레라 특별 투자지역
DSL	Data Security Law	(중국) 데이터 보안법
DSM	Digital Single Market	디지털 단일시장
DST	Digital Service Taxes	디지털 서비스세
DSU	Understanding on Rules and Procedures Governing the Settlement of Disputes	WTO 분쟁해결규범 및 절차에 관한 양해
EAR	Export Administration Regulations	(미국) 수출 관리 규정
ECCN	Export Control Classification Number	(미국) 수출 통제 분류번호
ECL	Export Control Law	(중국) 수출 통제법

EFRAG	European Financial Reporting Advisory Group	유럽 재무보고 자문단
EMC 2.0	Electronics Manufacturing Clusters Scheme	(인도) 인도 전자제조 클러스터 정책
EPA	Economic Partnership Agreement	경제동반자협정
EPP	European People's Party	유럽국민당
ESG	Environment, Social, Governance	환경, 사회, 지배구조
ESPR	Ecodesign for Sustainable Products Regulation	(EU) 에코디자인 규정
ESRS	European Sustainability Reporting Standards	유럽 지속가능 보고기준
ESS	Economic Security Strategy	(EU) 경제안보전략
ESS	Energy Storage System	에너지 저장 시스템
ETS	Emission Trading System	(EU) 탄소배출권 거래 시스템
EU	European Union	유럽연합
EUDR	EU Deforestation Regulation	EU 산림벌채규정
FAST	federal surface transportation programs	(미국) 연방 육상교통 프로그램
FDI	Foreign Direct Investment	외국인 직접투자
FEOC	foreign entity of concern	(미국) 해외우려기관
FFSR	Fossil Fuel Subsidy Reform	화석연료 보조금 개혁
FIL	Foreign Investment Law	(중국) 외국인 투자법
FinCEN	Financial Crimes Enforcement Network	(미국) 금융범죄단속 네트워크
FLETF	Forced Labor Enforcement Task Force	(미국) 강제노동집행 태스크포스
FSE	Foreign Sanctions Evaders	(미국) 해외 제재 회피자 목록
FSR	Foreign Subsidies Regulation	(EU) 역외보조금 규정
FTA	Free Trade Agreement	자유무역협정
FTL	Foreign Trade Law	(중국) 대외무역법

FTP	Foreign Trade Policy	(인도) 5개년 대외무역정책
GATS	General Agreement on Trade in Services	WTO 서비스무역에 관한 일반협정
GATT	General Agreement on Tariffs and Trade	관세 및 무역에 관한 일반협정
GDIP	Green Deal Industrial Plan	(EU) 그린딜 산업계획
GDP	Gross Domestic Product	국내총생산
GEA	Global Export Authorization	국제수출 일반허가
GP	General Prohibition	미국 EAR 일반적 금지사항
GPAI	General-purpose AI	범용 목적 인공지능
GSP	Generalized System of Preferences	일반특혜제도
GSSA	Global Sustainable Steel and Aluminum Agreement	지속가능한 철강 및 알루미늄 협정
GVC	Global Value Chain	글로벌 가치사슬
HKAA	Hong Kong Autonomy Act	(중국) 홍콩 자치법
HS	Harmonized System	국제통일상품 분류체계
IDDS	Innovation-Driven Development Strategy	(중국) 혁신주도 발전전략
IEEPA	International Emergency Economic Powers Act	미국 국제 긴급경제 권한법
IIJA	Infrastructure Investment and Jobs Act	(미국) 인프라투자 및 일자리법
IIP	indigenous innovation polic	(중국) 토착 혁신 정책
IMCO	Internal Market and Consumer Protection Committee	(EU) 내부 시장 및 소비자보호 위원회
IMF	International Monetary Fund	국제통화기금
INC	Intergovernmental Negotiating Committee	정부 간 협상위원회
INTA	Committee on International Trade	(EU 의회 산하) 국제무역위원회
IPCC	Intergovernmental Panel on Climate Change	기후변화에 관한 정부 간 패널

IPCEI	Important Projects of Common European Interest	(EU) 유럽 공동관심 중요 프로젝트
IPEF	Indo-Pacific Economic Framework for Prosperity	인도-태평양 경제 프레임워크
IPI	International Procurement Instrument	(EU) 국제 조달 수단
IRA	Inflation Reduction Act	(미국) 인플레이션 감축법
ISIL	Islamic State of Iraq and the Levant	이라크 레반트 이슬람국가
ITAR	International Traffic in Arms Regulations	(미국) 국제 무기거래 규정
ITC	Investment Tax Credit	(미국) 투자세액공제
JCET	Jiangsu Changjiang Electronics Technology Group Co., Ltd	장쑤 장강 전자기술 그룹
KORUS	Korea-United States Free Trade Agreement	한미 자유무역협정
KYC	Know Your Customer	AML 고객 확인 절차
LDC	Least Developed Country	최빈개도국
LIBE	Committee on Civil Liberties, Justice and Home Affairs	(EU) 시민자유와 사법 및 내무 위원회
M&A	Mergers and Acquisitions	인수합병
MC	WTO Ministerial Conference	WTO 각료회의
MTCR	Missile Technology Control Regime	(EU) 미사일 기술 통제체제
MeitY	Ministry of Electronics and Information Technology	(인도) 전자정보기술부
Mercosur	Mercado Común del Sur	남미공동체시장
MFN	Most-Favored-Nation Treatment	최혜국 대우
MLP	Medium-and Long-Term Plan for the Development of Science and Technology	(중국) 중장기 과학기술 발전 계획
MOFCOM	Ministry of Commerce of the People's Republic of China	중국 상무부

MOU	Memorandum of Understanding	양해각서
MPIA	Multi-Party Interim Appeal Arbitration Arrangement	(WTO) 다자간 임시상소중재협정
MRTP	Monopolies and Restrictive Trade Practices Act	(인도) 독점 및 제한적 거래 관행법
NAFTA	North American Free Trade Agreement	북미자유무역협정
NAMP	National Advanced Packaging Manufacturing Program	(미국) 국가 첨단 패키징 제조 프로그램
NASA	National Aeronautics and Space Administration	미국 항공우주국
NATO	North Atlantic Treaty Organization	북대서양조약기구
NDAA	National Defense Authorization Act	(미국) 국방수권법
NEC	National Economic Council	(미국) 국가경제위원회
NFRD	Non-Financial Reporting Directive	(EU)비재무 보고지침
NOFO	Notice of Funding Opportunity concerning the NAMP Materials and Substrates	(미국) 재료 및 기판에 관한 자금지원기회 공고
NRC	Nuclear Regulatory Commission	(미국) 원자력규제위원회
NZIA	Net-Zero Industry Act	(EU) 탄소중립산업법
OECD	Organisation for Economic Co-operation and Development	경제협력개발기구
OFAC	Office of Foreign Assets Control	미국 재무부 해외자산통제국
OFDI	Outward Foreign Direct Investment	해외직접투자
OGL	Open General License	(인도) 개방형 일반 라이선스
PFAS	Per- and Polyfluoroalkyl Substances	과불화화합물
PIE	Public Interest Entity	(EU) 공공이익 법인
PIPL	Personal Information Protection Law	(중국) 개인정보 보호법
PLI	Production-Linked Incentive	(인도) 생산 연계 인센티브
PPE	Personal Protective Equipment	개인보호장비
PTC	Production tax credit	(미국) 생산량 기준 세액공제

QCI	Quality Council of India	(인도) 품질위원회
R&D	Research and Development	연구개발
RCEP	Regional Comprehensive Economic Partnership	역내 포괄적 경제동반자협정
RISC-V	Reduced Instruction Set Computer-Fifth generation	리스크 파이브(오픈소스 명령어 집합 구조)
RSS	Rashtriya Swayamsevak Sangh	인도 국민봉사단
S&D	Progressive Alliance of Socialists and Democrats	EU의회 내 유럽사회당(PES) 중심의 교섭단체
SAR	Suspicious Activity Report	금융기관 의심활동 보고서
SCM	Subsidies and Countervailing Measures	보조금 및 상계조치
SDN	Specially Designated Nationals	(미국) 특별지정국민 및 차단 대상자 목록
SEI	Strategic Emerging Industries	(중국) 전략적 신흥산업
SIDS	Small Island Developing State	소도서개발국
SJM	Swadeshi Jagran Manch	인도 국산품(스와데시) 각성 전선
SMIC	Semiconductor Manufacturing International Corporation	중국 국제 반도체 제조회사
SPECS	Scheme for Promotion of Manufacturing of Electronic Components and Semiconductors	(인도) 전자부품 및 반도체 제조계획
SPS	Sanitary and Phytosanitary Measures	위생 및 식물 위생
SSI	Sectoral Sanctions Identifications	(미국) 부문별 제재 식별 목록
STC	Specific Trade Concern	특정 무역 우려
STEP	Strategic Technologies for Europe Platform	(EU) 유럽을 위한 전략기술 플랫폼
SWIFT	Society for Worldwide Interbank Financial Telecommunication	국제은행간통신협회
TBT	Technical Barriers to Trade	무역에 대한 기술 장벽

TESSD	Trade and Environmental Sustainability Structured Discussions	무역 및 환경 지속가능성 구조적 논의
TFEU	Treaty on the Functioning of the European Union	유럽연합 기능조약
TPC	Trade Policy Committee	EU무역정책위원회
TPP	Trans-Pacific Partnership	환태평양 경제동반자협정
TRIMS	Trade-Related Investment Measures	무역 관련 투자조치
TSD	Trade and Sustainable Development	무역과 지속가능 발전
TSMC	Taiwan Semiconductor Manufacturing Company Limited	대만 반도체 제조 유한회사
TTC	Trade and Technology Council	미국-EU 무역 및 기술위원회
TTIP	Trans-Atlantic Trade and Investment Partnership	범대서양 무역투자동반자협정
UEL	Unreliable Entity List	(중국) 신뢰할 수 없는 기업 목록
UFLPA	Uyghur Forced Labor Prevention Act	(미국) 위구르 강제노동방지법
UNIDO	UN Industrial Development Organization	유엔산업개발기구
USMCA	The United States-Mexico-Canada Agreement	미국-멕시코-캐나다 협정
USML	United States Munitions List	미국 군수품 목록
USTR	United States Trade Representative	미국 무역대표부
WRO	Withholding Release Order	억류 명령
WTO	World Trade Organization	세계무역기구
YMTC	Yangtze Memory Technologies Corporation	장강 저장과학기술유한회사

주

들어가며

1. 맨큐 교수는 2005년 부시 대통령의 경제자문위원회 의장으로도 활동한 바 있다.
2. 대한민국 해군의 주력 구축함(DDH-II) 중 하나.
3. 수산보조금 협상은 수산 자원 등의 보호를 목적으로 과잉 어획, 원양업 보조금 규제를 골자로 하며, 농업 협상은 식량 안보 목적의 공공비축 허용 여부를 중심으로 선진국과 개도국 간의 논의가 이루어져왔다.
4. 전자적 전송물의 무관세 정책(모라토리움)을 일컫는 것으로, 2022년에 열린 12차 각료회의에서 2024년까지 무관세 정책을 유치하기로 하였고, 이에 대한 재연장이 논의되어 왔다.
5. 2019년 상소기구 정지 이래, WTO 분쟁해결제도 자체의 근본적인 개혁이 논의되어왔다. 이에 2022년 12차 각료회의에서는 2024년 말까지 개혁 논의를 지속하여 분쟁해결 제도의 복구를 합의했다.
6. 《군주론》 25장.

1장 조건부 자유무역 시대의 도래: '보이는 손'의 정치경제학

1. Francis Fukuyama, The End of History and the Last Man (Free Press, 2006).

2장 격변하는 국제무역 판도: 미국의 변화와 새로운 질서의 탄생

1. 우루과이 라운드 말 123개국이었던 회원국이 2000년대 중반에는 중국, 대만, 사우디아라비아, 베트남 등 약 150개국으로 증가하였다.

2. World Trade Organization & Organisation for Economic Co-operation and Development. (2013). Aid for Trade and Value Chains. WTO Publications. https://www.wto.org/english/res_e/booksp_e/aid4tradeglobalvalue13_chap1_e.pdf.

3. D. A. Irwin, "Trade Policy in American Economic History", Annual Review of Economics, 2020, p. 12.3-12.9.

4. Ibid, p. 12.11.

5. Ibid, p. 12.9.

6. S. Cho, "The Bush administration and Democrats Reach a Bipartisan Deal on Trade Policy", ASIL Insights, Vol, 11, Issue 15, available at: https://www.asil.org/insights/volume/11/issue/15/bush-administration-and-democrats-reach-bipartisan-deal-trade-policy. See also, USTR Fact Sheet, "Bipartisan Trade Deal", May 2007, available at: https://ustr.gov/sites/default/files/uploads/factsheets/2007/asset_upload_file127_11319.pdf.

7. Ambassador R. Kirk, "President Obama Signs Historic Legislation Signaling Progress on Trade and Jobs", White House Blog, 21 October 2011.

8. J. McBride, A. Chatzky and A. Siripurapu, "What's Next for the Trans-Pacific Partnership (TPP)", Council on Foreign Relations Backgrounder, 20 September 2021, available at: https://www.cfr.org/backgrounder/what-trans-pacific-partnership-tpp.

9. A. Kelly and B. Sprunt, "Here is what Donald Trump Wants to Do in his First 100 Days", NPR, 9 November 2016, available at: https://www.npr.org/2016/11/09/501451368/here-is-what-donald-trump-wants-to-do-in-his-first-100-days.

10. C. Bown, "Trump's Assault on the Global Trading System: And Why Decoupling from China will Change Everything", Foreign Affairs, September/October 2019.

11. Ibid.

12. P. Krugman, Bidenomics is Making China Angry. That's OK, The New York Times, 28 March 2024.

13. S. Rothenberg, "The states that matter in 2024", Roll Call, 5 February 2024(미시간, 펜실베이니아, 위스콘신은 탈산업화로 어려움을 겪고 있는 제조업 중심지로, 블루칼라 노동자의 표심이 선거 결과를 좌우할 수 있는 곳이다. 오하이오는 한때 중요한 경합주였지만 더 이상 경합주로 간주되지 않는다. 하지만 상원 장악을 위한 경쟁에서는 오하이오가 중요할 수 있다. 오하이오주는 공화당 우세 지역이지만 민주당 상원의원 셰로드 브라운이 과거에 노동자 계층 유권자에게 어필하는 포퓰리즘 공약으로 선거운동을 펼쳐 승리한 적이 있다.)

14. L. Mishel, "Yes, manufacturing still provides a pay advantage, but staffing firm outsourcing is eroding it", Economic Policy Institute, 12 March 2018, available at: https://www.epi.org/publication/manufacturing-still-provides-a-pay-advantage-but-outsourcing-is-eroding-it/; D. A. Irwin, "The Truth About Trade - What Critics Get Wrong About the Global Economy", Foreign Affairs, July/August 2016, p. 88.

15. R. Lighthizer, "Donald Trump's former trade chief makes the case for more tariffs", The Economist, 8 March 2024.

16 R. Lighthizer, "How to Make Trade Work for Workers: Charting a Path Between Protectionism and Globalism", Foreign Affairs, June 2020.

17 R. Lighthizer, "Donald Trump's former trade chief makes the case for more tariffs", The Economist, 8 March 2024.

18 이는 미국의 경제 및 외교 정책에서 새로운 방향성을 제시하는 것으로 평가되며, 특히 산업정책, 공급망 안정성, 기후정책, 국가 안보 등을 강조하며 과거의 신자유주의적 워싱턴 컨센서스와 차별화된 접근 방식을 나타냈다.

19 Remarks by National Security Advisor Jake Sullivan on Renewing American Economic Leadership at the Brookings Institution (April 27, 2023), https://bidenwhitehouse.archives.gov/briefing-room/speeches-remarks/2023/04/27/remarks-by-national-security-advisor-jake-sullivan-on-renewing-american-economic-leadership-at-the-brookings-institution/.

20 Ibid.

21 Ibid.

22 R. Lighthizer, "Donald Trump's former trade chief makes the case for more tariffs", The Economist, 8 March 2024.

23 Ibid.

24 P. Krugman, Bidenomics is Making China Angry. That's OK, The New York Times, 28 March 2024.

25 Remarks by National Security Advisor Jake Sullivan on Renewing American Economic Leadership at the Brookings Institution, 27 April 2023.

26 P. Krugman, Bidenomics is Making China Angry. That's OK, The New York Times, 28 March 2024.

27 Remarks by National Security Advisor Jake Sullivan on Renewing American Economic Leadership at the Brookings Institution, 27 April 2023.

28 D. A. Irwin, "The Truth About Trade - What Critics Get Wrong About the Global Economy", Foreign Affairs, July/August 2016, p. 85. See also C. Bown, "Trump's Assault on the Global Trading System: And Why Decoupling from China will Change Everything", Foreign Affairs, September/October 2019 ("Trump just doesn't like certain outcomes, including trade deficits and the loss of certain industries.").

29 R. Lighthizer, "Donald Trump's former trade chief makes the case for more tariffs", The Economist, 8 March 2024.

30 "The False Promise of Protectionism", Foreign Affairs, May/June 2017 ("The trade deficit is impervious to import restrictions, particularly in an era of floating exchange rates, because it is determined not by trade policies but by net capital flows into the United States. As economists have long emphasized, unless domestic savings rise (a good thing) or national investment falls (a bad thing), the United States will be a recipient of capital from abroad.").

31 D. Palmer, "America's trade gap soared under Trump, final figures show", Politico, 5 February 2021, available at: https://www.politico.com/news/2021/02/05/2020-trade-figures-trump-failure-deficit-466116.

32 Ibid.

33 S. Donnan, "World Trade Latest: How Biden is Winning Trump's Trade War", Bloomberg, 6 February 2024.

34 W. Leutert and S. Eaton, "Deepening Not Departure: Xi Jingping's Governance of China's State-owned Economy", Cambridge University Press, 23 September 2021.

35 USTR's 2012 Report to Congress on China's WTO Compliance ("Major issues included China's export restraints, government subsidization, inappropriate use of trade remedy laws, indigenous innovation policies, technology transfer initiatives, serious problems with intellectual property rights enforcement, including in the area of trade secrets, and China's slow movement toward accession to the WTO Government Procurement Agreement").

36 R. Wrobel, "The China Effect: Changes in international trade patterns as reasons for rising Anti-Globalism", Ordnungspolitische Diskurse, No. 2020-1 (2020).

37 중국의 비시장경제(non-market economy)는 자유시장경제(market economy)와 반대되는 개념으로, 정부의 강력한 개입, 국유 기업(state-owned enterprises) 중심의 경제 구조, 보조금 지원, 환율 및 금융 통제, 노동 시장의 비시장적 요소 등으로 인해 시장의 자율적 가격 결정 메커니즘이 제대로 작동하지 않는 경제 체제를 의미한다. 전 USTR 대표 라이트하이저는 2010년 미·중 경제안보검토위원회(U.S.-China Economic and Security Review Commission)에서 다음과 같이 언급하였다. "민주주의도, 진정한 시장자본주의도 시행하지 않는 거대한 비시장경제 국가인 중국의 WTO 가입을 허용한 것은, 그 조직에 중대한 영향을 미쳤다는 것이 명백하다. 실제로 미국과 같은 자본주의 국가와, 중국과 같은 중상주의 국가 사이의 긴장이 고조되면서 WTO의 효과성이 크게 훼손될 수 있다."

38 DS248 et al.

39 제로잉(Zeroing)은 주로 반덤핑 관세 계산 과정에서, 덤핑 마진(dumping margin)을 산출할 때 특정 수출 거래에서 덤핑이 발생하지 않은 경우(즉 수출 가격이 정상 가격보다 높은 경우)의 마진을 0으로 설정하고, 덤핑이 발생한 거래만을 고려해 평균을 계산하는 방법을 말한다. 이 방식은 덤핑 마진을 과대평가하여 수출국에 불리한 결과를 초래할 수 있어, WTO는 제로잉이 공정하지 않다고 판단해 이를 제한하려는 추세에 있다. 그러나 미국은 WTO 반덤핑 협정 체결 당시 이러한 제로잉 적용이 가능하도록 합의되었다고 주장하며, 제로잉을 제한하는 WTO 분쟁해결기구(특히 상소기구)의 판단을 비판해왔다.

40 상소위원의 선정은 만장일치로 이루어져야 하기 때문에, 특정 회원국이 강하게 반대하는 경우 상소위원 선정을 좌절시킬 수 있다.

41 European Commission, EU Commission imposes countervailing duties on imports of battery electric vehicles (BEVs) from China, 12 December 2024, https://trade.ec.europa.eu/access-to-markets/en/news/eu-commission-imposes-countervailing-duties-imports-battery-electric-vehicles-bevs-china.

42 European Union Trade Policy Review Report 2019, WT/TPR/S/395, pp. 78-80.

43 최혜국 대우(Most-Favored-Nation, MFN)란, 한 나라가 다른 나라와 체결한 조약이나 협정에서 제3국에 부여한 것과 동일한 수준의 혜택을 제공하는 원칙을 의미한다. 즉 어떤 국가가 특정 국가에 대해 최혜국 대우를 약속하면, 해당 국가에게 자국이 다른 나라에게 제공하는 가장 유리한 조건과 동일한 혜택을 적용해야 한다. 이는 WTO와 양자간·다자간 무역협정에서 핵심적인 원칙으로 작용하며, 차별 없는 공정한 무역 환경 조성을 목표로 한다.

44 소다자 체제(minilateralism)는 기존의 다자주의(multilateralism)가 비효율적이거나 합의 도출이 어려운 상황에서, 소수의 국가 또는 행위자들이 신속하고 실용적인 협력을 위해 구성하는 협력 방식이다. 이는 국제기구(UN, WTO 등)보다 유연성이 높아 특정 문제 해결에 효과적이며, 대표적인 사례로 미국·일본·호주·인도의 안보 협력체인 쿼드(Quad), 미국·영국·호주의 군사 협력체인 아우쿠스(AUKUS), 미국 주도의 경제 협력체 IPEF 등이 있다. 특히 미·중 패권 경쟁 심화, 글로벌 공급망 안정, 기후변화 대응 등

에서 기존 다자 협력의 한계를 보완하는 대안적 방식으로 주목받고 있다.

45 예를 들어 13차 WTO 각료회의(MC13)에서는 서비스 국내 규제(SDR) 협정이 공식 발효되었고, 개발을 위한 투자 촉진(IFD) 협정은 합의되었으나 WTO 부속서(Annex) 편입에는 실패했다. 전자 상거래(E-Commerce) 협정은 근본적인 논의 없이 기존의 관세 모라토리엄만 2026년 3월까지 연장되었다.

3장 산업정책의 귀환: 생존을 위한 거인들의 싸움

1   IMF, Industrial Policy: Trade Policy and World Trade Organization Considerations in IMF Surveillance, How to Note (March 11, 2024) https://www.imf.org/en/Publications/imf-how-to-notes/Issues/2024/03/11/Industrial-Policy-Trade-Policy-and-World-Trade-Organization-Considerations-in-IMF-546102.

2   Ibid.

3   Joseph Stiglitz, Where Global Governance Went Wrong - and How to Fix It, Foreign Policy (April 28, 2024) https://foreignpolicy.com/2024/04/28/global-governance-wto-how-to-fix-it/.

4   IMF, Industrial Policy is Not a Magic Cure for Slow Growth, Blog, (April 10, 2024) https://www.imf.org/en/Blogs/Articles/2024/04/10/industrial-policy-is-not-a-magic-cure-for-slow-growth.

5   Ibid.

6   Ibid.

7   R. Juhasz, et. Al, Trends in Global Industrial Policy, UNIDO Industrial Analytics Platform (March 2023) https://iap.unido.org/articles/trends-global-industrial-policy.

8   Simon Evenett, et Al, The Return of Industrial Policy in Data, IMF Working Paper (WP/24/1, Jan. 2024) ("Twelve months into the first year of data collection, we have recorded a total of over 2,500 NIPs worldwide, out of which 71 percent are trade distorting").

9   R. Juhasz, et. Al, Trends in Global Industrial Policy, UNIDO Industrial Analytics Platform (March 2023).

10 IMF, Industrial Policy is Back But the Bar to Get it Right Is High, Blog (April 12, 2024) https://www.imf.org/en/Blogs/Articles/2024/04/12/industrial-policy-is-back-but-the-bar-to-get-it-right-is-high.

11 R. Juhasz, et. Al, Trends in Global Industrial Policy, UNIDO Industrial Analytics Platform (March 2023).

12 현지 소싱 요건(Local Sourcing Requirement, LSR)이란, 특정 국가나 지역에서 사업을 운영하는 기업이 일정 비율 이상의 원자재, 부품, 노동력 등을 현지에서 조달해야 하는 의무를 의미한다.

13 Ibid.

14 Ibid.

15 예컨대 호주는 핵심 광물 전략 및 청정에너지 기술 투자 강화 정책, EU는 녹색산업 전략(Green Deal Industrial Plan) 정책을 추진하며(5장 3절 참조), 자국 산업 경쟁력과 공급망 안정성을 확보하려 하고 있다.

16 일반적으로 '경제 안보(Economic Security)'란 국가가 경제적 자원을 안정적으로 확보하고, 외부의 경제적 위협으로부터 자국의 경제를 보호하는 것을 의미한다. 이는 단순한 경제성장이나 번영을 넘어 공급망 안정, 전략 자원의 확보, 기술 보호, 무역·투자 정책을 통한 국가 안보 강화 등의 요소를 포함한다.

17 IMF, Industrial Policy is Back But the Bar to Get it Right Is High, Blog (April 12, 2024) https://www.imf.org/en/Blogs/Articles/2024/04/12/industrial-policy-is-back-but-the-bar-to-get-it-right-is-high.

18 Ibid.

19 The Green Goods Trade War is in Full Swing, Global Trade Alert (10 April 2024) https://www.linkedin.com/pulse/green-goods-trade-war-full-swing-global-trade-alert-58vfe.

20 Ibid.

21 Hamilton's Report on the Subject of Manufactures, 1791, The Gilder Lehrman Institute of American History, https://www.gilderlehrman.org/history-resources/spotlight-primary-source/hamiltons-report-subject-manufactures-1791.

22 Anshu Siripurapu & Noah Berman, Is Industrial Policy Making a Comeback?, Council on Foreign Relations (Sep. 18, 2023), https://www.cfr.org/backgrounder/industrial-policy-making-comeback.

23 Siripurapu & Berman, ibid.

24 Jake Sullivan, Nat'l Security Advisor, Remarks at the Brookings Inst. Renewing American Economic Leadership (April 27, 2023) https://www.whitehouse.gov/briefing-room/speeches-remarks/2023/04/27/remarks-by-national-security-advisor-jake-sullivan-on-renewing-american-economic-leadership-at-the-brookings-institution/.

25 Anshu Siripurapu & Noah Berman, Is Industrial Policy Making a Comeback?, Council on Foreign Relations (Sep. 18, 2023), https://www.cfr.org/backgrounder/industrial-policy-making-comeback; Scott Horsely, Trump Formally Orders Tariffs On Steel, Aluminum Imports, NPR Politics (March 8, 2018) https://www.npr.org/2018/03/08/591744195/trump-expected-to-formally-order-tariffs-on-steel-aluminum-imports.

26 Siripurapu & Berman, ibid.

27 Brian Deese, Dir. Nat'l Economic Council, Remarks at the City Club of Cleveland Executing a Modern American Industrial Strategy (October 13, 2022).

28 Ibid.

29 Jake Sullivan, Nat'l Security Advisor, Remarks at the Brookings Inst. Renewing American Economic Leadership (April 27, 2023) https://www.whitehouse.gov/briefing-room/speeches-remarks/2023/04/27/remarks-by-national-security-advisor-jake-sullivan-on-renewing-american-economic-leadership-at-the-brookings-institution/.

30 Brian Deese, Dir. Nat'l Economic Council, Remarks at the City Club of Cleveland Executing a Modern American Industrial Strategy (October 13, 2022).

31 Joe Biden, President, Remarks at the United Steelworkers Headquarters New Actions to Protect U.S. Steel and Shipbuilding Industry from China's Unfair Practices (April 17, 2024) https://www.whitehouse.gov/briefing-room/speeches-remarks/2024/04/17/remarks-by-president-biden-on-new-actions-to-protect-u-s-steel-and-shipbuilding-industry-from-chinas-unfair-practices-pittsburgh-pa/.

32 Inside U.S. Trade, U.S.-Colombia ISDS Decision Draws Praise, Criticism about Transparency, Jan. 17, 2025, https://insidetrade.com/daily-news/us-colombia-isds-decision-draws-praise-criticism-about-transparency.

33 U.S. Bureau of Labor Statistics, U.S. Manufacturing Output, Hours Worked, and Productivity Recover from COVID-19, Bureau of Labor Statistics, Economics Daily (October 7, 2022), https://www.bls.gov/opub/ted/2022/u-s-manufacturing-output-hours-worked-and-productivity-recover-from-covid-19.htm#:~:text=After%20the%20COVID%2D19%20pandemic,declines%20since%20World%20War%20II.

34 Ibid.

35 Ana Maria Santacreu and Jesse LaBelle, Global Supply Chain Disruptions and Inflation During the COVID-19 Pandemic, St. Louis Fed 1 (Feb. 7, 2022), https://research.stlouisfed.org/publications/review/2022/02/07/global-supply-chain-disruptions-and-inflation-during-the-covid-19-pandemic/.

36 Ana Maria Santacreu and Jesse LaBelle, Rethinking Global Value Chains During COVID-19: Part 1, St. Louis Fed (July 1, 2021), https://research.stlouisfed.org/publications/economic-synopses/2021/07/01/rethinking-global-value-chains-during-covid-19-part-1.

37 Kate O'Keeffe, Liza Lin and Eva Xiao, China's Export Restrictions Strand Medical Goods U.S. Needs to Fight Coronavirus, State Department Says, Wall St. J. (April 16, 2020), China'sExportRestrictionsStrandMedicalGoodsU.S.NeedstoFightCoronavirus,StateDepartmentSays-WSJ.

38 Michael H. Cecire and Heidi M. Peters, The Defense Production Act of 1950: History, Authorities, and Considerations for Congress, Congressional Research Service, R43767 (March 2, 2020), https://sgp.fas.org/crs/natsec/R43767.pdf.

39 Susan Helper and Evan Soltas, Why the Pandemic Has Disrupted Supply Chains, The White House June 17, 2021), https://www.whitehouse.gov/cea/written-materials/2021/06/17/why-the-pandemic-has-disrupted-supply-chains/.

40 Julius Krein, What Alexandria Ocasio-Cortez and Marco Rubio Agree On, N.Y. Times (Aug. 20, 2019), https://www.nytimes.com/2019/08/20/opinion/america-industrial-policy.html.

41 Edward Alden, Failure to Adjust: How Americans Got Left Behind in the Global Economy, Council on Foreign Relations (Nov. 2, 2016), https://www.cfr.org/blog/failure-adjust-how-americans-got-left-behind-global-economy.

42 U.S. Bureau of Labor Statistics, International Comparisons of Hourly Compensation Costs in Manufacturing, 2006, Economic News Release USDL: 09-0304 (March 26, 2009), https://www.bls.gov/news.release/archives/ichcc_03262009.htm(예컨대 2007년 미국 생산직 근로자의 시간당 보상 비용은 24.59달러였던 반면, 중국에서는 0.81달러에 불과했다).

43 그밖에 참고할 만한 자료로는, Isabel Sawhill and John Morton, Economic Mobility: Is the American Dream Alive and Well?, The Pew Charitable Trust 3 (May 2007), https://www.pewtrusts.org/-/media/legacy/uploadedfiles/pcs_assets/2007/pewempamericandreampdf.pdf.

44 Jaison R. Abel and Richard Deitz, The (Modest) Rebound in Manufacturing Jobs, Liberty Street Economics (Feb. 4, 2019), https://libertystreeteconomics.newyorkfed.org/2019/02/the-modest-rebound-in-manufacturing-jobs/.

45 All Employees, Manufacturing, St. Louis Fed (Dec. 2, 2022), https://fred.stlouisfed.org/series/MANEMP.

46 White House, Remarks on a Modern American Industrial Strategy by NEC Director Brian Deese, The White House (April 20, 2022), https://www.whitehouse.gov/briefing-room/speeches-remarks/2022/04/20/remarks-on-a-modern-american-industrial-strategy-by-nec-director-brian-deese/.

47 Ibid.

48 Ibid.

49 Ibid.

50 Ibid.

51 White House, Remarks by National Security Advisor Jake Sullivan on Renewing American Economic Leadership at the Brookings Institution, The White House (Apr. 27, 2023), https://www.whitehouse.gov/briefing-room/speeches-remarks/2023/04/27/remarks-by-national-security-advisor-jake-sullivan-on-renewing-american-economic-leadership-at-the-brookings-institution/.

52 Ibid.

53 Infrastructure Investment and Jobs Act, 135 Stat. 429, 117thCongress(2021),https://www.congress.gov/117/plaws/publ58/PLAW-117publ58.pdf.

54 CHIPS and Science Act, 135 Stat. 1366, 117thCongress(2022),https://www.congress.gov/117/plaws/publ167/PLAW-117publ167.pdf.

55 Inflation Reduction Act, 135 Stat. 1818, 117thCongress(2022),https://www.congress.gov/117/plaws/publ169/PLAW-117publ169.pdf.

56 IIJA(1.2조 달러), CHIPS(2800억 달러), IRA(5790억 달러).

57 이들 법의 주요 내용은 본서 5장에서 자세히 논의한다.

58 원래 FAST 법은 2020년 9월 30일까지 연방 육상 운송 프로그램을 승인했지만, 2021년 9월 30일까지 1년 연장된 상태에 있었다. U.S. Department of Transportation, MAP-21 Moving Ahead for Progress in the 21stCentury,https://www.fhwa.dot.gov/map21/legislation.cfm(visitedAugust26,2023),notingthatMAP-21wasextendedtentimesbeforeCongresspassedtheFASTAct; Fixing America's Surface Transportation (FAST) Act, https://www.congress.gov/114/plaws/publ94/PLAW-114publ94.pdf.

59 White House, Build Back Better Framework, The White House, https://www.whitehouse.gov/build-back-better/(visitedAugust27,2023).

60 American Rescue Plan Act of 2021, 135 Stat. 4, 117th Cong. (2021), https://www.congress.gov/bill/117th-congress/house-bill/1319/.

61 White House, Fact Sheet: The American Jobs Plan, The White House (March 31, 2021), https://www.whitehouse.gov/briefing-room/statements-releases/2021/03/31/fact-sheet-the-american-jobs-plan/.

62 White House, Fact Sheet: The American Families Plan, The White House (April 28, 2021), https://www.whitehouse.gov/briefing-room/statements-releases/2021/04/28/fact-sheet-the-american-families-plan/.

63 Megan S. Lynch and James V. Satumo, The Budget Reconciliation Process: Stages of Con-

sideration, Congressional Research Service R44058, (January 25, 2021), https://sgp.fas.org/crs/misc/R44058.pdf.

64 Actions - H.R.1319 - 117th Congress (2021-2022): American Rescue Plan Act of 2021, H.R.1319, 117th Cong. (2021), https://www.congress.gov/bill/117th-congress/house-bill/1319/all-actions.

65 White House, Fact Sheet: The American Jobs Plan, The White House (March 31, 2021), https://www.whitehouse.gov/briefing-room/statements-releases/2021/03/31/fact-sheet-the-american-jobs-plan/; White House, Fact Sheet: The American Families Plan, The White House (April 28, 2021), https://www.whitehouse.gov/briefing-room/statements-releases/2021/04/28/fact-sheet-the-american-families-plan/.

66 White House, Fact Sheet: President Biden Announces Support for the Bipartisan Infrastructure Framework, The White House (June 24, 2021), https://www.whitehouse.gov/briefing-room/statements-releases/2021/06/24/fact-sheet-president-biden-announces-support-for-the-bipartisan-infrastructure-framework/.

67 Barbara Sprunt, Here's what's included in the bipartisan infrastructure law, NPR.org (Nov. 15, 2021), https://www.npr.org/2021/06/24/1009923468/heres-whats-included-in-the-infrastructure-deal-that-biden-struck-with-senators.

68 Ben Cardin, Bipartisan Infrastructure Investment and Jobs Act Summary: A Road to Stronger Economic Growth (September 2022), https://www.cardin.senate.gov/wp-content/uploads/2022/09/Infrastructure-Investment-and-Jobs-Act-Section-by-Section-Summary.pdf.

69 Mark Muro, Breaking Down an $80 Billion Surge in Place-Based Industrial Policy, Brookings (Dec. 15, 2022), https://www.brookings.edu/articles/breaking-down-an-80-billion-surge-in-place-based-industrial-policy/.

70 Colin Grabow, Biden Administration Tacitly Admits Buy America Requirements Are Hindering Efforts to Improve Infrastructure, CATO Institute (May 25, 2022) https://www.cato.org/blog/buy-america-requirements-already-proving-hindrance-improving-infrastructure.

71 미(美)의회조사국(Congressional Research Service)의 분석에 따르면, IIJA에 따른 순 신규 연방 지출은 2021년 이후 5년간 연간 약 1,600억 달러 수준으로 예상되고, 이러한 투자 규모는 연방 인프라 지출이 GDP 대비 1.5% 이상으로 상승하게 하는데, 이는 1980년대 초반의 건설 붐 시기와 비슷한 수준인 것으로 알려져 있다. Ben Cardin, Bipartisan Infrastructure Investment and Jobs Act Summary: A Road to Stronger Economic Growth (September 2022) 참고.

72 H.R.6395 - 116th Congress (2019-2020): William M. (Mac) Thornberry National Defense Authorization Act for Fiscal Year 2021, H.R.6395, 116th Cong. (2021), https://www.congress.gov/bill/116th-congress/house-bill/6395.

73 Congressional Research Service, Frequently Asked Questions: CHIPS Act of 2022 Provisions and Implementation (Apr. 25, 2023), p. 6.

74 S.3832 - 116th Congress (2019-2020): Endless Frontier Act, S.3832, 116th Cong. (2020), https://www.congress.gov/bill/116th-congress/senate-bill/3832.

75 S.3933 - 116th Congress (2019-2020): CHIPS for America Act, S.3933, 116th Cong. (2020), https://www.congress.gov/bill/116th-congress/senate-bill/3933.

76 The Times Union, "CHIPS Act: The tech moon shot already happening in our backyard",

https://www.timesunion.com/business/article/chips-tech-moonshot-already-happening-backyard-19986640.php.

77　Bob Swan, Letter to Lisa Porter (April 28, 2020), https://s.wsj.net/public/resources/documents/intel%20letter.pdf.

78　H.R.4521 - 117th Congress (2021-2022): United States Innovation and Competition Act of 2021, H.R.4521, 117th Cong. (2022), https://www.congress.gov/bill/117th-congress/house-bill/4521.

79　"Frequently Asked Questions: CHIPS Act of2022 Provisions and Implementation", Congressional Research Service, 25 April 2023, available at: https://crsreports.congress.gov/product/pdf/R/R47523.

80　390억 달러 중 20억 달러는 성숙한 반도체 노드에 할당되며, 최대 60억 달러는 직접 대출 및 대출 보증 비용을 충당하는 데 사용할 수 있다.

81　Gina M. Raimondo, Remarks by U.S. Secretary of Commerce Gina Raimondo: The CHIPS Act and a Long-term Vision for America's Technological Leadership (February 23, 2023), https://www.commerce.gov/news/speeches/2023/02/remarks-us-secretary-commerce-gina-raimondo-chips-act-and-long-term-vision.

82　CHIPS Act, Section 48D.

83　Justin Badlam, Stephen Clark, Suhrid Gajendragadkar, Adi Kumar, Sara O'Rourke, and Dale Swartz, The CHIPS and Science Act: Here's what's in it, McKinsey & Company (October 4, 2022) https://www.mckinsey.com/industries/public-sector/our-insights/the-chips-and-science-act-heres-whats-in-it.

84　CNN, "TSMC ups its Arizona chipmaking investment to $40 billion ahead of Biden's visit" (Dec. 6, 2022), https://edition.cnn.com/2022/12/06/business/tsmc-arizona-investment/index.html.

85　같은 맥락에서, 한국의 삼성전자는 미국 텍사스주에 건설 중인 반도체 생산시설에 대한 보조금 지급이 확정되었다. 미 상무부는 2024년 12월 20일, 삼성전자에 최대 47억 4,500만 달러(약 6조 9,000억 원)의 보조금을 지급하기로 최종 결정하였다. 연합뉴스, "美, 삼성 반도체 보조금 6조 9,000억 원으로 확정… 원안보다 26%↓"(2024. 12 .21) https://www.yna.co.kr/view/AKR20241221002853071.

86　William Rinehart, et al, The Political Economy of the CHIPS and Science Act (The Center for Growth and Opportunity at Utah State University) (Nov. 14, 2023), https://www.thecgo.org/research/the-political-economy-of-the-chips-and-science-act/.

87　Roll Call Vote 117th Congress - 2nd Session (2022), On Passage of the Bill (H.R. 376, As Amended), U.S. Senate (August 7, 2022), https://www.senate.gov/legislative/LIS/roll_call_votes/vote1172/vote_117_2_00325.htm.

88　Roll Call Vote 117th Congress-2ndSession(2022),OnMotiontoConcurintheSenateAmendment(H.R.376,AsAmended),U.S.HouseofRepresentatives(August12,2022),https://clerk.house.gov/Votes/2022420.

89　White House, Inflation Reduction Act Guidebook, The White House, https://clerk.house.gov/Votes/2022420;https://www.whitehouse.gov/cleanenergy/inflation-reduction-act-guidebook/(accessedAugust26,2023).

90　Chuck Schumer, Summary: The Inflation Reduction Act of 2022, Sen. Chuck Schumer, https://www.democrats.senate.gov/imo/media/doc/inflation_reduction_act_one_page_

summary.pdf.

91　UtilityDive, Inflation Reduction Act would spur 42% US carbon emissions cut by 2030: Princeton-led study (Aug. 4, 2022), https://www.utilitydive.com/news/inflation-reduction-act-carbon-greenhouse-emissions-princeton/628849.

92　Rhodium Group, A Turning Point for US Climate Progress: Assessing the Climate and Clean Energy Provisions in the Inflation Reduction Act (Aug. 12, 2022), https://rhg.com/research/climate-clean-energy-inflation-reduction-act.

93　Bipartisan Policy Center, Inflation Reduction Act Summary, p. 9, https://bipartisanpolicy.org/download/?file=%2Fwp-content%2Fuploads%2F2022%2F08%2FEnergy-IRA-Brief_R04-9.26.22.pdf.

94　IRA, Sections 30D (Clean Vehicle Credit); High-Efficiency Electric Home Rebate Program (42 USC 18795a).

95　IRA, Section 48 (Extension of Energy Investment Tax Credit).

96　예컨대 청정에너지 경제를 구축하고 모든 미국인을 위한 양질의 일자리와 새로운 경제적 기회를 창출하려면 현대적인 국세청(IRS)이 필요하다는 논리다. 근본적인 변화의 필요성을 인식한 의회는 수십 년 동안 만성적인 예산 부족으로 어려움을 겪던 국세청을 현대화하기 위해 IRA를 통한 투자를 지속하여, 세금 신고를 위한 더 많은 옵션을 제공하고, 납세자의 환급 지연을 줄이고, 신뢰할 수 있는 전문가의 도움을 더 쉽게 찾을 수 있도록 할 뿐만 아니라 장기적으로 IRS를 개선하는 것을 목표로 한다. 그리고 주요 우선순위에 투자할 수 있는 세수를 증가시킬 수도 있을 것이다.

97　Rhodium Group & MIT Center for Energy and Environmental Policy, Clean Investment Monitor: Tallying the Two-Year Impact of the Inflation Reduction Act (Aug. 7, 2024), p. 2, https://cdn.prod.website-files.com/64e31ae6c5fd44b10ff405a7/66b2bf45bd0dd034beefb5bd_Clean%20Investment%20Monitor_Tallying%20the%20Two-Year%20Impact%20of%20the%20Inflation%20Reduction%20Act.pdf.

98　Ibid.

99　Ibid., p. 6.

100　Ibid.

101　WoodMackenzie, REPORT: US solar panel manufacturing capacity grows nearly 4x under new federal incentives (Sept. 8, 2024), https://www.woodmac.com/press-releases/u.s.-solar-panel-manufacturing-capacity-grows-nearly-4x-under-new-federal-incentives.

102　LatitudeMedia, Cleantech investments are buoying the US market (Aug. 6, 2024), https://www.latitudemedia.com/news/cleantech-investments-are-buoying-the-u-s-market.

103　KGW 8, Auto industry's shift toward EVs is expected to go on despite Trump threat to kill tax credits (Nov. 25, 2024), https://www.kgw.com/article/news/business/auto-industry-evs-expected-despite-trump-threat/507-a85bef07-ccad-4544-ace2-c204cfc7e908.

104　Trump Vance, "Agenda47: Rescuing America's Auto Industry from Joe Biden's Disastrous Job-Killing Policies" (July 20, 2023)," https://www.donaldjtrump.com/agenda47/agenda47-rescuing-americas-auto-industry-from-joe-bidens-disastrous-job-killing-policies.

105　Ibid.

106　The Guardian, "Solar has taken off in red states. Trump's funding freeze is causing panic" (Feb. 17, 2025).

107 연합뉴스, 미(美) 인플레이션 감축법, 청정에너지 제조업 투자 4배로 늘려(2024년 8월 20일). "IRA 시행 후 50개 주별 청정 투자 규모를 살펴보면 캘리포니아(940억 달러), 텍사스(690억 달러), 플로리다(290억 달러), 조지아(220억 달러), 애리조나(180억 달러) 순으로 많았다. 각 주의 국내총생산(GDP) 대비 청정 투자 비중을 살펴보면 네바다(2.4%), 와이오밍(2.2%), 애리조나(1.8%), 테네시(1.6%), 몬태나(1.5%), 뉴멕시코(1.4%), 켄터키(1.4%) 순으로 높았다. 신규 청정 투자가 주로 미국 남부 지역을 중심으로 이뤄지고 있으며, 도시화·산업화가 상대적으로 덜 이뤄진 지역들이 경제 규모에 견줘 IRA로 긍정적인 투자 유발 효과를 입었다고 볼 수 있는 대목이다. 도시화가 덜 된 미국 중부, 남부 지역은 상대적으로 공화당 지지 비중이 큰 지역으로 꼽힌다".

108 Financial Times, "Senior Republicans seeking to tear up IRA enjoy $130bn investment spree" (Feb. 19, 2025).

109 Nicholas W. Zeppos, et. al, "Tracking deregulation in the Trump era" (Brookings, Dec. 5, 2017), https://www.brookings.edu/articles/tracking-deregulation-in-the-trump-era.

110 The Verge, "Trump declares a 'national energy emergency'" (Jan. 21, 2025), https://www.theverge.com/2025/1/20/24347870/trump-executive-order-fossil-fuels-environment.

111 Executive Order No. 14154 (Unleashing American Energy) (Jan. 20, 2025).

112 Margaret Spiegelman, Trump picks Greer to serve as U.S. Trade Representative, (November 26, 2024) https://insidetrade.com/daily-news/trump-picks-greer-serve-us-trade-representative.

113 Justin H Vassallo, Donald Trump's industrial revolution: Can this cabinet of oligarchs bring an end to the neoliberal era? (December 2, 2024) https://www.newstatesman.com/ideas/2024/12/donald-trumps-industrial-revolution.

114 Alan Rappeport, Trump's Trade Adviser Pick, a China Hawk, Was Jailed Over Jan. 6., N.Y. Times (December 4, 2024) https://www.nytimes.com/2024/12/04/us/politics/peter-navarro-trump-trade.html.

115 나바로는 또한 트럼프 대통령이 첫 임기 동안 USMCA와 KORUS 협상을 언급하며 '불공정한' 무역 거래를 재협상하는 데 도움을 준 것으로 인정받았다. 나바로는 2021년 1월 6일 국회의사당 폭동을 조사하는 미국 하원 선관위의 의회 소환장을 거부한 혐의로 약 4개월간 연방 교도소에서 복역한 것으로도 유명하다.

116 Alex Gangitano, Trump taps ex-aide Peter Navarro for senior counselor on trade and manufacturing, The Hill (December 4, 2024) https://thehill.com/homenews/administration/5021849-peter-navarro-senior-counselor-trade/.

117 Shawn Donnan, US trade chief seeks to reshore supply chain, The Financial Times (February 1, 2017) https://www.ft.com/content/8dc63502-e7c7-11e6-893c-082c54a7f539.

118 Donald J. Trump, Truth Social (December 4, 2024 at 4:47 pm) https://truthsocial.com/@realDonaldTrump/posts/113595333429088742.

119 Statement by President-elect Donald J. Trump Announcing the Appointment of Peter Navarro as Senior Counselor for Trade and Manufacturing, The American Presidency Project (December 4, 2024) https://www.presidency.ucsb.edu/documents/statement-president-elect-donald-j-trump-announcing-the-appointment-peter-navarro-senior.

120 Trump Defends His Economic Platform in Bloomberg Interview (October 16, 2024) https://www.bloomberg.com/news/articles/2024-10-16/from-tariffs-to-immigration-highlights-from-trump-s-bloomberg-interview?sref=e6XtIgfq.

121 Former President Trump Holds Rally Near Detroit (September 27, 2023) https://www.c-span.org/video/?530700-1/president-trump-holds-rally-detroit.

122 Read the Transcript of Donald J. Trump's Convention Speech, The N.Y. Times (July 19, 2024), https://www.nytimes.com/2024/07/19/us/politics/trump-rnc-speech-transcript.html.

123 Graham Rapier, Why Musk supports Trump getting rid of EV tax credits, Business Insider, (November 14, 2024), https://www.businessinsider.com/why-tesla-elon-musk-supports-trump-ending-ev-tax-credits-2024-11.

124 O. Cass, "Trump can bend Biden's industrial policy to suit him", Financial Times, 18 December 2024.

125 Ibid.

126 KBS뉴스, 트럼프 "반도체법 폐지해야… 관세 높이면 보조금 안 줘도 투자", 2025년 3월 5일.

127 The Times, Donald Trump announces up to $500bn for Stargate AI project (Jan. 21, 2025) https://www.thetimes.com/world/us-world/article/trump-ai-stargate-softbank-executive-order-shb8r97b0.

128 Ibid.

129 트럼프 대통령은 멕시코에서 생산되는 중국산 전기차에 최대 200%의 수입 관세를 부과할 것이라고 말했다. 그리고 멕시코와 캐나다에서 들어오는 모든 상품에 25%의 관세를 부과하는 행정명령에 서명할 것이라고 밝혔다. 실제로 2025년 1월 20일 취임식과 동시에 트럼프 대통령은 일부 바이든 행정부의 산업·통상 관련 행정명령을 취소하고 새로운 행정명령을 내렸다. 그리고 이튿날 백악관 연설에서는 2월 1일부터 중국 수입품에 대해 10% 관세를 일괄 적용하고, 캐나다와 멕시코 수입품에는 25% 관세를 부과할 계획이라고 밝혔다. 또한 '미국 우선 통상정책'이라는 이름의 1월 20일자 행정명령을 통해 재무부, 상무부, USTR 등 각 부처에게 무역 관련 각종 문제에 대한 검토 및 해결 방안을 4월 1일까지 보고하도록 지시하여, 이에 따른 후속 조치가 예정되었다.

130 Alan Rappeport and River Akira Davis, Trump Says He Will Block Acquisition of U.S. Steel by Japanese Firm, The N.Y. Times (December 2, 2024), https://www.nytimes.com/2024/12/02/us/politics/trump-nippon-steel-us-merger.html.

131 Ibid. 한편, 트럼프 대통령은 기존 입장에서 선회하여, 2025년 5월 신일본제철의 US 스틸 인수를 전격 승인했다. 이러한 결정의 배경에는 신일본제철이 제시한 140억 달러(약 19조 1,500억 원) 규모의 대규모 추가 투자 계획이 결정적인 역할을 한 것으로 알려졌다. 이는 인수 금액(149억 달러)과는 별도로 집행되는 것으로, 2년 전 14억 달러에 불과했던 투자 계획이 10배로 확대된 셈이다. See US News, "Trump Supports Nippon Steel's Bid for US Steel, Shares Jump 21%" (May 23, 2025).

132 Ryan King, Here's how Trump plans to boost the middle class with lower taxes, cheaper energy (Aug. 15, 2024), https://nypost.com/2024/08/15/us-news/heres-how-trump-plans-to-boost-the-middle-class.

133 Matthew Daly, Trump signs executive order directing US withdrawal from the Paris climate agreement - again (AP, Jan 1, 2025), https://apnews.com/article/trump-paris-agreement-climate-change-788907bb89fe307a964be757313cdfb0.

134 KITA 무역뉴스, "트럼프 IRA 손질 시동…전기차 충전기 예산 등 제한적 중단" (2025. 1. 23) https://www.kita.net/board/totalTradeNews/totalTradeNewsDetail.do?no=

89155&siteId=2.

135 에너지경제, "美 트럼프가 원하는 알래스카 LNG… 韓, 참여 놓고 고심 또 고심", 2025. 2. 27.

136 New York Post, Trump vows to cut energy costs in half - and he has a real plan to do it (Aug. 29, 2024) https://nypost.com/2024/08/29/opinion/trump-would-make-america-juiced-again-with-his-all-of-the-above-energy-plans/.

137 Ryan King, US special envoy Steve Witkoff says war in Ukraine not 'necessarily' provoked by Russia (Feb. 25, 2025) https://nypost.com/2025/02/23/us-news/us-special-envoy-says-war-in-ukraine-not-necessarily-provoked-by-russia.

138 Office of the U.S. Trade Representative, Section 301-China-Targeting the Maritime, Logistics, and Shipbuilding Sectors for Dominance, https://ustr.gov/issue-areas/enforcement/section-301-investigations/section-301-chinas-targeting-maritime-logistics-and-shipbuilding-sectors-dominance.

139 R. Foroohar, "What Trumps industrial policy will look like", Financial Times, 16 December 2024.

140 N. Irwin, "How Trump might rewire Bidenomics" Axios, 4 January 2025, available at: https://www.axios.com/2025/01/03/trump-biden-economics-ev.

141 EU는 1951년에 설립된 유럽 석탄철강공동체(ECSC)에서 기원을 찾을 수 있다. ECSC는 회원국 간 석탄, 철강, 철광석, 고철의 공동 시장을 형성하였다. 초기 회원국은 벨기에, 프랑스, 서독, 이탈리아, 룩셈부르크, 네덜란드였다.

142 Étienne Bassot et. al, The Juncker Commission's ten priorities, An end-of-term assessment, In-depth analysis, European Parliamentary Research Service, PE 637.943 (May 2019), p. 1.

143 Ibid, p.6.

144 Ibid, p.9.

145 COM (2020) 102, 10 March 2020; Communication from the Commission to the European Parliament, the Council, the European Economic and Social Committee and the Committee of the Regions on "Updating the 2020 New Industrial Strategy: Building a stronger Single Market for Europe's recovery," at 1, COM(2021) 350 final (May 5, 2021). https://commission.europa.eu/document/download/9ab0244c-6ca3-4b11-bef9-422c7eb34f39_en?-filename=communication-industrial-strategy-update-2020_en.pdf. 이 커뮤니케이션이 발표된 시기가 코로나19 팬데믹의 시작과 맞물렸기 때문에 1년 후 커뮤니케이션이 업데이트 되었다.

146 Ibid.

147 Ibid.

148 Martin Arnold, Subsidy Race with US and China would harm Europe's ailing economy. IMF warns, Financial Times (April 19, 2024) https://www.ft.com/content/0ee289a9-8414-40bb-ac3b-ab6f04bd1f4f.

149 Ibid.

150 Von der Leyen, U. (2019). A Union that strives for more: My agenda for Europe. Political guidelines for the next European Commission 2019-2024. Candidate for President of the European Commission. Retrieved from https://op.europa.eu/en/publication-detail/-/publication/43a17056-ebf1-11e9-9c4e-01aa75ed71a1.

151 European Council Memoranda, European Green Deal (March 21, 2024) https://www.consilium.europa.eu/en/policies/green-deal/#what.

152 H. Von Der Burchard, Jacopo Barigazzi, and K. Oroschakoff, Here comes European protectionism, Politico (December 17 2019) https://www.politico.eu/article/european-protectionism-trade-technology-defense-environment/.

153 2021년 6월, 유럽기후법(European Climate Law)이 채택되며 유럽 그린딜 실현을 위한 중요한 진전을 이루었다. 이 법은 독립적인 과학자문위원회를 신설하는 한편, 2050년까지 탄소중립을 달성해야 하는 EU의 법적 구속력 있는 목표를 설정했다. 이후 2021년 7월, 유럽연합 집행위원회는 이러한 목표를 실현하기 위한 다양한 입법안을 포함한 'Fit for 55' 패키지를 발표했다. 주요 내용으로는 배출권 거래제(ETS) 강화를 비롯해 도로 운송 및 건물을 대상으로 한 새로운 ETS 도입이 포함되었다. 또한 수입품에 따른 온실가스 배출 문제를 해결하기 위해 공정한 가격 책정을 보장하는 탄소국경조정제도(CBAM) 도입을 제안했다.

154 Urrutia, C., Graichen, J., & Herold, A. 2030 Climate Target Plan: Extension of European Emission Trading System (ETS) to transport emissions. In-depth analysis, Policy Department for Economic, Scientific and Quality of Life Policies, Directorate-General for Internal Policies, European Parliament (2021) (PE 662.927). Retrieved from https://www.europarl.europa.eu/thinktank/en/document.html?reference=IPOL_STU(2021)662927.

155 European Commission, Carbon Border Adjustment Mechanism: Factsheet (2023, May 10). Retrieved from https://taxation-customs.ec.europa.eu/carbon-border-adjustment-mechanism_en.

156 European Commission, Proposal for a Council Directive restructuring the Union framework for the taxation of energy products and electricity (recast), COM(2021) 563 final, 2021/0213 (CNS), Brussels (14 July 2021), https://eur-lex.europa.eu/legal-content/EN/TXT/?uri=COM:2021:563:FIN.

157 European Commission, Chemicals Strategy for Sustainability: Towards a Toxic-Free Environment (2020, October 14). Retrieved from https://ec.europa.eu/environment/strategy/chemicals-strategy_en.

158 European Commission, Proposal for a Regulation of the European Parliament and of the Council concerning batteries and waste batteries, repealing Directive 2006/66/EC and amending Regulation (EU) No 2019/1020 (COM(2020) 798 final, 2020/0353(COD)) (2020, December 10). Brussels. Retrieved from https://eur-lex.europa.eu/legal-content/EN/TXT/?uri=COM:2020:798:FIN.

159 Members' Research Service, European Parliament, Revision of the Construction Products Regulation [EU Legislation in Progress] (2022, December 13) Retrieved from https://www.europarl.europa.eu/thinktank/en/document/EPRS_BRI(2022)739243.

160 Bassot, É., The six policy priorities of the von der Leyen Commission: State of play in spring 2023. In-depth analysis. European Parliamentary Research Service (EPRS), Members' Research Service (PE 745.698) (2023, March), https://www.europarl.europa.eu/RegData/etudes/IDAN/2023/745698/EPRS_IDA(2023)745698_EN.pdf.

161 Communication from the Commission to the European Parliament, the European Council, the Council, The European Economic and Social Committee and the Committee of the Regions a Green Deal Industrial Plan for the Net-Zero Age, COM (2023) 62 final (February 1, 2023) https://commission.europa.eu/document/41514677-9598-4d89-a572-abe21cb037f4_en.

162 H. Ziady, Europe unveils $270 billion response to US green subsidies, CNN (February 1, 2023) https://www.cnn.com/2023/02/01/business/europe-green-deal-industrial-plan/index.html.

163 Statement/23/521, Statement by President von der Leyen on the Green Deal Industrial Plan (February 1, 2023) https://ec.europa.eu/commission/presscorner/detail/en/statement_23_52.

164 Ibid.

165 Communication from the Commission to the European Parliament, the European Council, the Council, The European Economic and Social Committee and the Committee of the Regions a Green Deal Industrial Plan for the Net-Zero Age, COM (2023) 62 final (February 1, 2023) https://commission.europa.eu/document/41514677-9598-4d89-a572-abe21cb037f4_en.

166 H. Ziady, Europe unveils $270 billion response to US green subsidies, CNN (February 1, 2023) https://www.cnn.com/2023/02/01/business/europe-green-deal-industrial-plan/index.html.

167 European Commission, Communication from the Commission to the European Parliament, the European Council, the Council, the European Economic and Social Committee and the Committee of the Regions - A Green Deal Industrial Plan for the Net-Zero Age, COM(2023) 62 final, Brussels (1 February 2023), https://eur-lex.europa.eu/legal-content/EN/TXT/?uri=COM:2023:62:FIN.

168 European Commission, Communication from the Commission to the European Parliament, the European Council, the Council, the European Economic and Social Committee and the Committee of the Regions - Artificial Intelligence for Europe, COM(2018) 237 final, Brussels (25 April 2018), https://eur-lex.europa.eu/legal-content/EN/TXT/?uri=COM:2018:237:FIN.

169 European Parliament and Council, Regulation (EU) 2022/2065 on a Single Market for Digital Services and amending Directive 2000/31/EC (Digital Services Act), Official Journal of the European Union, L 277/1 (27 October 2022), https://eur-lex.europa.eu/legal-content/EN/TXT/?uri=CELEX%3A32022R2065.

170 Von der Leyen, U. (2019). A Union that strives for more: My agenda for Europe. Political guidelines for the next European Commission 2019-2024. Candidate for President of the European Commission, p. 14,https://op.europa.eu/en/publication-detail/-/publication/43a17056-ebf1-11e9-9c4e-01aa75ed71a1.

171 European Parliament and Council, Regulation (EU) 2022/1925 on contestable and fair markets in the digital sector and amending Directives (EU) 2019/1937 and (EU) 2020/1828 (Digital Markets Act), Official Journal of the European Union, L 265/1 (12 October 2022), https://eur-lex.europa.eu/legal-content/EN/TXT/?uri=CELEX%3A32022R1925.

172 European Commission, Proposal for a Regulation of the European Parliament and of the Council on harmonised rules on fair access to and use of data (Data Act), COM(2022) 68 final, 2022/0047(COD), Brussels (23 February 2022), https://eur-lex.europa.eu/legal-content/EN/TXT/?uri=COM:2022:68:FIN.

173 European Commission, Proposal for a Regulation of the European Parliament and of the Council laying down harmonised rules on artificial intelligence (Artificial In-

telligence Act) and amending certain Union legislative acts, COM(2021) 206 final, 2021/0106(COD), Brussels (21 April 2021), https://eur-lex.europa.eu/legal-content/EN/TXT/?uri=COM:2021:206:FIN.

174 European Commission, Proposal for a Directive of the European Parliament and of the Council on adapting non-contractual civil liability rules to artificial intelligence (AI Liability Directive), COM(2022) 496 final, 2022/0303(COD), Brussels (28 September 2022), Retrieved from https://eur-lex.europa.eu/legal-content/EN/TXT/?uri=COM:2022:496:FIN.

175 European Parliament and Council, Regulation (EU) 2023/1781 establishing a framework of measures for strengthening Europe's semiconductor ecosystem and amending Regulation (EU) 2021/694 (Chips Act), Official Journal of the European Union, L 229/1 (18 September 2023), https://eur-lex.europa.eu/legal-content/EN/TXT/?uri=CELEX-%3A32023R1781.

176 Reuters, Dutch economy minister pushes for European chip industry coalition (Oct. 11, 2024) https://www.reuters.com/technology/dutch-economy-minister-pushes-european-chip-industry-coalition-2024-10-10.

177 European Commission, European Chips Act, Digital Strategy, European Commission, (24 Feb. 2025) https://digital-strategy.ec.europa.eu/en/policies/european-chips-act.

178 Communication from the Commission to the European Parliament, the Council, the European Economic and Social Committee and the Committee of the Regions on "Updating the 2020 New Industrial Strategy: Building a stronger Single Market for Europe's recovery," COM(2021) 350 final (May 5, 2021), pp. 10, 19, https://commission.europa.eu/document/download/9ab0244c-6ca3-4b11-bef9-422c7eb34f39_en?filename=communication-industrial-strategy-update-2020_en.pdf.

179 Notice of initiation of an anti-subsidy proceeding concerning imports of new battery electric vehicles designed for the transport of persons originating in the People's Republic of China, 2023 O.J. (C 160) https://eur-lex.europa.eu/legal-content/EN/TXT/PDF/?uri=OJ:C_202300160.

180 이러한 사례에서 유럽연합 집행위원회(European Commission)는 중국의 보조금을 각각 이집트와 인도네시아에 귀속시켰다. 이에 대한 자세한 내용은 2020년 6월 24일 제정된 집행위원회 이행규정(EU) 2020/870(이집트산 연속 필라멘트 유리섬유 제품의 수입에 대한 최종 상계관세 부과 및 잠정 상계관세의 최종 징수, 그리고 등록된 이집트산 연속 필라멘트 유리섬유 제품의 최종 상계관세 부과)과, 2022년 8월 15일 제정된 집행위원회 이행규정(EU) 2022/433(인도 및 인도네시아산 스테인리스강 냉연 평판 제품의 수입에 대한 최종 상계관세 부과 및 인도 및 인도네시아산 스테인리스강 냉연 평판 제품의 수입에 대한 최종 반덤핑 관세 부과 및 잠정 관세의 최종 징수를 규정한 이행규정(EU) 2021/2012의 개정)을 참조할 수 있다.

181 European Commission Memoranda Statement 22/5543, A European Sovereignty Fund for an industry "Made in Europe" I Blog of Commissioner Thierry Breton (September 15, 2022) https://ec.europa.eu/commission/presscorner/detail/cs/STATEMENT_22_5543.

182 Frederic Simon, EU closes deal on scaled-back clean tech 'sovereignty fund', Euractiv, (February 9, 2023) https://www.euractiv.com/section/energy-environment/news/eu-closes-deal-on-scaled-back-clean-tech-sovereignty-fund/.

183 European Commission. (2023). Strategic Technologies for Europe Platform (STEP): Strengthening European sovereignty and competitiveness in key technologies. Retrieved from https://strategic-technologies.europa.eu/index_en.

184 European Commission Memoranda, InvestEU Programme in a nutshell (2021) https://commission.europa.eu/strategy-and-policy/eu-budget/performance-and-reporting/programme-performance-statements/investeu-performance_en.

185 Ibid.

186 Ibid.

187 Ibid.("EU 회원국들은 폰데어라이엔의 제안을 무산시켰고, 재정적 여유가 있는 국가만이 제공할 수 있는 국가 보조금만 남았기 때문에 EU는 단일 시장 분열의 심각한 위험에 노출되었다. 이 문제는 선거 이후 다시 부활하여 의제의 핵심으로 다뤄져야 할 것이다.")

188 Financial Times, IMF warns EU against state aid glut and 'unilateral industrial policies' (Dec. 16, 2024).

189 Patricia Nilsson, Made in Europe face mixed fortunes, Financial Times (March 25, 2024): https://www.ft.com/content/aa3c6425-6c79-4676-9b9c-e2919eefc9c6.

190 "The future of European competitiveness", 9 September 2024, available at: https://commission.europa.eu/topics/strengthening-european-competitiveness/eu-competitiveness-looking-ahead_en#paragraph_47059.

191 G. Faggionato, "Draghi demands €800B cash boost to stem Europe's rapid decline", Politico, 9 September 2024, available here: https://www.politico.eu/article/mario-draghi-report-says-eu-must-spend-twice-as-much-after-wwii/.

192 2025년 1월 현재 유럽 국민당(EPP)은 가장 큰 정당 그룹으로 남아 있으며, 최근 선거에서 9석을 늘려 총 188석을 확보했다. 이로 인해 브뤼셀에서의 정치적 결정에 큰 영향을 미칠 것으로 보인다. 진보동맹사회당(S&D)는 두 번째로 큰 그룹이지만, 2석을 잃어 총 136석으로 약화되었다. 선거에서 가장 큰 손실을 본 것은 녹색당으로, 의석 수가 70석에서 53석으로 감소했다. 반면 우파 정당들은 주요 수혜자가 되었다. 헝가리의 오르반 빅토르 대통령과 연계된 유럽 애국자 그룹(PfE)은 84석을 확보하며 세 번째로 큰 그룹이 되었고, 이탈리아 총리 조르자 멜로니의 유럽 보수개혁당(ECR)은 69석에서 78석으로 증가하며 네 번째로 큰 그룹이 되었다. 반면 에마뉘엘 마크롱 프랑스 대통령이 이끄는 중도 성향의 리뉴 유럽(Renew Europe)은 98석에서 77석으로 줄어 다섯 번째로 큰 그룹이 되었다. 현재 EPP는 공식적으로 우파 정당들과 연합하지 않고, 대신 S&D와 협력하고 있다. 이는 새로운 집행위원회에서 S&D 소속 인사가 주요 부서인 '청정하고 공정하며 경쟁력 있는 전환' 포트폴리오의 집행부 부회장으로 임명된 것에서도 확인된다. EPP와 S&D가 계속 협력한다면, 일정 수준의 정책 연속성이 유지될 것으로 보인다. 그리고 현재 유럽 국민당의 지도자는 2022년부터 만프레트 베버(Manfred Weber)로, 그는 향후 몇 년 동안 EU 입법 의제를 형성하는 데 결정적인 역할을 할 것이다. 한편 이탈리아 총리 멜로니는 그녀의 ECR 정당을 통해 중요한 영향을 미칠 것이며, 집행위원회와 협력하거나 때로는 반대하는 역할을 할 가능성이 있다. 헝가리 대통령 오르반의 정당 또한 새 의회에서 정책을 방해하거나 차단할 수 있는 능력을 강화했다.

193 CSIS, The Center Holds: The European Election and its Impact on the European Union's Trade and Climate Policy Future (June 25, 2024), https://www.csis.org/analysis/center-holds-european-election-and-its-impact-european-unions-trade-and-climate-policy.

194 Reuters, Explainer: From trade to climate, five takeaways from the EU election (June 11, 2024), https://www.reuters.com/world/europe/trade-climate-five-takeaways-eu-election-2024-06-09.

195 Reuters, EU to pare back sustainability rules for companies, draft shows (Feb. 23, 2025), https://www.reuters.com/sustainability/eu-pare-back-sustainability-rules-companies-draft-

shows-2025-02-22.

196 https://commission.europa.eu/document/download/e6cd4328-673c-4e7a-8683-f63ffb-2cf648_en?filename=Political%20Guidelines%202024-2029_EN.pdf.

197 이들 위원들의 구체적인 업무 영역은 다음 웹사이트 참고: https://commission.europa.eu/about/organisation/college-commissioners_en.

198 K&L Gates, New EU Commission Takes Office - Focus and Priorities (6 Dec. 2024), https://www.klgates.com/New-EU-Commission-Takes-OfficeFocus-and-Priorities-12-6-2024.

199 G. Faggionato, "Von der Leyen is creating a task force to turn Draghi report into reality", Politico, 29 November 2024, available at: https://www.politico.eu/article/ursula-von-der-leyen-mario-draghi-is-creating-a-task-force/. 한편 최근 발표된 '경쟁력 나침반'에 따르면, EU는 산업 경쟁력 강화를 위해 규제 환경을 간소화하고, 단일 시장의 통합을 심화하며, R&D 투자와 스타트업 지원을 통해 혁신 격차를 해소하려 하고 있다. 디지털 및 청정 기술에 대한 투자를 확대하고, 지정학적 리스크를 관리하여 공급망 안정성을 확보하며, 금융 시장을 통합해 필요한 자본을 조달할 계획이다. 또한 순환경제와 친환경 자원을 활용한 지속 가능성을 추구하며, 회원국 간 협력을 통해 공동 산업 프로젝트(IPCEI)를 확대하고 있다. 이를 뒷받침하기 위해 기술 및 노동력 개발을 강화하고, 교육과 직업 훈련을 통해 인재를 양성하며, 사회적 공정성과 일자리 품질 개선에도 중점을 두고 있다.

200 A. Kammer, A. Hodget and R. Piazza, "Europe Needs a Coordinated Approach to Industrial Policy", IMF Blog, 16 December 2024, available at: https://www.imf.org/en/Blogs/Articles/2024/12/16/europe-needs-a-coordinated-approach-to-industrial-policy.

201 Ibid.

202 Ibid.

203 https://ec.europa.eu/commission/presscorner/detail/en/ip_23_6823.

204 Ibid.

205 S. Tagliapietra and C. Trasi, Northvol's struggles: a cautionary tale for the EU Clean Industrial Deal, Bruegel, 11 December 2024, available at: https://www.bruegel.org/analysis/northvolts-struggles-cautionary-tale-eu-clean-industrial-deal.

206 Ibid.

207 Ibid.

208 A. Hancock, A. Bounds, and A. Russell, "EU demands technology transfers from Chinese companies", Financial Times, 19 November 2024.

209 L. Lee, "Europe's demand for Chinese tech transfers beats tariffs", Financial Times, 17 December 2024.

210 A. Hancock, A. Bounds, and A. Russell, "EU demands technology transfers from Chinese companies", Financial Times, 19 November 2024.

211 Reuters, Tax breaks and state aid: What's in the EU's draft Clean Industrial Deal (Feb. 20, 2025).

212 H. Foy and A. Hancock, "EU commissioner pitches 'Europe first' in response to Donald Trump", Financial Times, 2 December 2024.

213 G. Faggionato and A. Van den Hove, "France's man in Brussels touts a strategy to save

Europe's embattled industry", Politico, 7 January 2025.

214 Ibid.

215 Ibid.

216 Barry Naughton, The Rise of China's Industrial Policy, 1978 to 2020, National Autonomous University of Mexico (2021), p. 29.

217 Ibid, pp. 33-34.

218 Ibid.

219 Ibid, pp. 34-35.

220 Ibid, pp. 38-39.

221 Ibid, pp. 39-41.

222 Ibid. pp. 37, 43.

223 Ibid. p. 51.

224 Ibid.

225 Ibid.

226 Daniel C.K. Chow, "China's Indigenous Innovation Policies and the World Trade Organization", Northwestern Journal of International Law & Business (Fall 2013). Available at: https://scholarlycommons.law.northwestern.edu/cgi/viewcontent.cgi?article=1755&context=njilb.

227 See Guojia Zizhu Chuangxin Changpin Rending Guanli Banfa (Shixing) (国家自主创新产品认定管理办法(试行) [Trial Measures for the Administration of the Accreditation of National Indigenous Innovation Products] (promulgated by the Ministry of Sci. & Tech., the Nat'l Dev. & Reform Comm'n & the Ministry of Fin., Dec. 28, 2006, effective Dec. 28, 2006), at paras 2-4. https://baike.baidu.com/item/国家自主创新产品认定管理办法(试行)/9241611.

228 Ibid.

229 16개의 대규모 프로젝트 중 3개는 군사 기술과 관련되어 있으며, 해당 프로젝트에 대한 정보는 공개되지 않아 이 책에서는 다루지 않는다.

230 Barry Naughton, The Rise of China's Industrial Policy, 1978 to 2020, National Autonomous University of Mexico (2021) at 52.

231 Ibid, p. 54-57.

232 Ibid, p. 58.

233 Ibid, pp. 57-58.

234 Ibid, p. 62.

235 Ibid, p. 64.

236 Ibid, p. 61.

237 Ibid.

238 Ibid, p. 65.

239 Ibid, p. 69; IDDS의 영문 번역은 다음 웹사이트 참고: https://cset.georgetown.edu/publi-

cation/outline-of-the-national-innovation-driven-development-strategy/.

240 Ibid, p. 76.

241 예컨대 IDDS Section IV(전략적 과업, Strategic Tasks)에서는 "산업 기술 시스템 혁신을 촉진하고 새로운 발전 우위를 창출한다"와 같은 전략적 목표를 제시하고 있는데, 동 섹션의 개요 부분에서는 다음과 같이 명시하고 있다. "산업화와 정보화의 심층적 융합을 가속화하고 디지털화, 네트워크화, 지능화, 친환경화를 산업 경쟁력 강화의 기반으로 삼는다. 또한 모든 분야에서 신흥 기술의 융합 혁신을 촉진하고, 합리적인 구조를 갖춘 현대적 산업 기술 시스템을 구축하며, 이를 선진적이고 효과적이며 개방적이고 호환 가능하며, 자주적 통제가 가능하면서도 국제 경쟁력을 갖춘 형태로 발전시킨다. 아울러 기술의 대규모 돌파를 기반으로 신흥산업 클러스터의 성장을 선도하고, 산업의 질적 고도화를 촉진한다."

242 Barry Naughton, The Rise of China's Industrial Policy, 1978 to 2020, National Autonomous University of Mexico (2021), p. 74; 한편 IDDS는 매우 포괄적인 내용을 담은 문서이지만, 아주 구체적으로 정보 기술(Information Technology), 친환경 기술(Green Technology), 첨단 제조(Advanced Manufacturing), 첨단 농업 기술(Advanced Agricultural Technology), 첨단 해양 및 우주 기술(Advanced Maritime and Space Technologies), 보건 및 바이오 기술(Health and Biotechnology), 통신 기술(Telecommunications Technology), 로봇공학(Robotics), 양자 정보(Quantum Information), 나노 기술(Nanotechnology), 첨단 소재(Advanced Materials) 등 특정 세부 기술 분야를 언급하고 있다(IDDS Section 4 참조).

243 Barry Naughton, The Rise of China's Industrial Policy, 1978 to 2020, National Autonomous University of Mexico (2021), p. 77.

244 IDDS, Section II 참조.

245 Barry Naughton, The Rise of China's Industrial Policy, 1978 to 2020, National Autonomous University of Mexico (2021), p. 80.

246 14차 5개년 계획의 비공식 영문 번역본은 다음 웹사이트 참고: https://cset.georgetown.edu/publication/china-14th-five-year-plan/.

247 Ibid, Article IX.

248 Stephen Ezell, "Moore's Law Under Attack: The Impact of China's Policies on Global Semiconductor Innovation", Information Technology & Innovation Foundation (February 2021),https://itif.org/publications/2021/02/18/moores-law-under-attack-impact-chinas-policies-global-semiconductor/.

249 Semiconductor Industry Association, "SIA Whitepaper: Taking Stock of China's Semiconductor Industry" (July 2021), p. 2,https://www.semiconductors.org/wp-content/uploads/2021/07/Taking-Stock-of-China%E2%80%99s-Semiconductor-Industry_final.pdf.

250 Stephen Ezell, "Moore's Law Under Attack: The Impact of China's Policies on Global Semiconductor Innovation", Information Technology & Innovation Foundation (February 2021),https://itif.org/publications/2021/02/18/moores-law-under-attack-impact-chinas-policies-global-semiconductor/.

251 Stephen Ezell, "Moore's Law Under Attack: The Impact of China's Policies on Global Semiconductor Innovation", Information Technology & Innovation Foundation (February 2021),https://itif.org/publications/2021/02/18/moores-law-under-attack-impact-chinas-policies-global-semiconductor/.

252 Reuters, Julie Zhu, Kevin Huang, Yelin Mo and Roxanne Liu, "Exclusive: China to launch $40 billion state fund to boost chip industry" (5 September 2023).

253 Ibid.

254 OECD, "Measuring distortions in international markets: The semiconductor value chain" (November 2019), p. 8,https://www.oecd.org/officialdocuments/publicdisplaydocumentpdf/?cote=TAD/TC(2019)9/FINAL&docLanguage=En.

255 Ibid, p. 77.

256 Ibid, p. 9.

257 Semiconductor Industry Association, "SIA Whitepaper: Taking Stock of China's Semiconductor Industry" (July 2021), p. 2,https://www.semiconductors.org/wp-content/uploads/2021/07/Taking-Stock-of-China%E2%80%99s-Semiconductor-Industry_final.pdf.

258 OECD, "Measuring distortions in international markets: The semiconductor value chain" (November 2019), p. 75,https://www.oecd.org/officialdocuments/publicdisplaydocumentpdf/?cote=TAD/TC(2019)9/FINAL&docLanguage=En.

259 Ibid, p.74.

260 Ibid.

261 Stephen Ezell, "Moore's Law Under Attack: The Impact of China's Policies on Global Semiconductor Innovation", Information Technology & Innovation Foundation (February 2021),https://itif.org/publications/2021/02/18/moores-law-under-attack-impact-chinas-policies-global-semiconductor/.

262 Ibid.

263 CNBC, Arjun Kharpal, "China unveils policies to boost chipmakers as tensions with US Rise" (10 August 2020),https://www.cnbc.com/2020/08/11/china-policies-to-boost-chipmakers-as-tensions-with-us-rise.html.

264 Christopher A. Thomas, "Lagging but motivated: The state of China's semiconductor industry" (January 2021), Brookings, https://www.brookings.edu/techstream/lagging-but-motivated-the-state-of-chinas-semiconductor-industry/.

265 예를 들어 화웨이(Huawei)는 주로 스마트폰과 네트워크 장비를 생산하지만, 선전(Shenzhen)에 기반을 둔 팹리스 반도체 기업인 하이실리콘(HiSilicon)을 소유하고 있다. 화웨이는 중국 국유 은행들이 화웨이 고객에게 제공한 1,000억 달러 규모의 금융 지원 한도를 통해 혜택을 받고 있다. See Ellen Nakashima, "U.S. pushes hard for a ban on Huawei in Europe, but the firm's 5G prices are nearly irresistible" (29 May 2019), The Washington Post, https://www.washingtonpost.com/world/national-security/for-huawei-the-5g-play-is-in-europe--and-the-us-is-pushing-hard-for-a-ban-there/2019/05/28/582a8ff6-78d4-11e9-b7ae-390de4259661_story.html.

266 Michael McCarthy, "Background Material for U.S.-China Economic and Security Review Commission" (June 2012),https://www.uscc.gov/sites/default/files/6.14.12McCarthy.pdf.

267 Sujai Shivakumar, Charles Wessner, and Thomas Howell, "Balancing the Ledger: Export Controls on U.S. Chip Technology to China", Center for Strategic and International Studies (February 2024).

268 Ibid.

269 Ibid.

270 Ibid.

271 '신시기 집적회로 및 소프트웨어 산업의 고품질 발전 촉진 정책'의 비공식 영문 번역은 다음 웹사이트 참고: https://cset.georgetown.edu/wp-content/uploads/t0195_IC_software_policy_EN.pdf.

272 Sujai Shivakumar, Charles Wessner, and Thomas Howell, "Balancing the Ledger: Export Controls on U.S. Chip Technology to China", Center for Strategic and International Studies (February 2024).

273 Ibid.

274 Rakesh Kumar, "U.S. chip efforts have focused on advanced semiconductors-but low-tech legacy chips could give China an unexpected edge", Fortune (18 August 2023).

275 The Economist, "India's electronics industry is surging", (20 June 2024).

276 David Lubin "To achieve 'Developed India', Modi's new government will prioritize the manufacturing sector - for better or worse", Chatham house (6 June 2024), https://www.chathamhouse.org/2024/06/achieve-developed-india-modis-new-government-will-prioritize-manufacturing-sector-better-or.

277 Ibid.

278 Ira Dugal and Aftab Ahmed, "India's Modi plans post-election reforms to rival Chinese manufacturing", Reuters (3 June 2024), https://www.reuters.com/world/india/indias-modi-plans-post-election-reforms-rival-chinese-manufacturinG2024-06-03/.

279 Peter Goodman, "For American Brands Worried About China, Is India the Future" N.Y. Times (@6 June 2024), https://www.nytimes.com/2024/06/26/business/india-us-manufacturing.html?pvid=GaQ0WYqud5tQrSm2xEJ__zOe&smid=url-share.

280 Ira Dugal and Aftab Ahmed, "India's Modi plans post-election reforms to rival Chinese manufacturing", Reuters (3 June 2024), https://www.reuters.com/world/india/indias-modi-plans-post-election-reforms-rival-chinese-manufacturinG2024-06-03/.

281 The Economist, "Narendra Modi's flagship growth scheme is off to a sluggish start" (15 May 2024), https://www.economist.com/finance-and-economics/2024/05/16/narendra-modis-flagship-growth-scheme-is-off-to-a-sluggish-start.

282 Gaurav Choudhury, "Live coverage: Launch of Modi's Make in India campaign", Hindustan Times (25 September 2014) https://web.archive.org/web/20140925055526/http://www.hindustantimes.com/business-news/live-coverage-launch-of-modi-s-make-in-india-campaign/article1-1268119.aspx.

283 Vijay Vaddadi, "Make in India - 3 Important Schemes and Benefits," SAS Partners, January 19, 2023.

284 "Make in India' Completes 8 Years, Annual FDI Doubles to USD 83 Billion," PIB, September 2022, Ministry of Commerce & Industry.

285 Ibid.

286 Ibid.

287 The Economic Times, "New Trade Policy to Facilitate India's Transition to Developed Economy: FICCI", (April 2023).

288 Gaurav Choudhury, "Live coverage: Launch of Modi's Make in India campaign", Hindustan

Times (25 September 2014) https://web.archive.org/web/20140925055526/http://www.hindustantimes.com/business-news/live-coverage-launch-of-modi-s-make-in-india-campaign/article1-1268119.aspx.

289　The Economist, "Narendra Modi's flagship growth scheme is off to a sluggish start" (15 May 2024), https://www.economist.com/finance-and-economics/2024/05/16/narendra-modis-flagship-growth-scheme-is-off-to-a-sluggish-start.

290　Alex Travelli, "Modi Wants to Make India a Chip-Making Superpower. Can He?", (13 Sept. 2023) https://www.nytimes.com/2023/09/13/business/india-semiconductors.html?-searchResultPosition=1.

291　Electronic and Computer Software Industry and Export," Indian Trade Portal , 2022, Ministry of Commerce & Industry.

292　"SPECS & PLI", https://www.ifciltd.com/?q=en/content/specs-pli.

293　MeitY, "Scheme for Promotion of Manufacturing of Electronic Components and Semiconductors (SPECS)", https://www.meity.gov.in/esdm/SPECS.

294　The Economic Times, Semiconductor PLI worth $10 bn to help India do in a decade what China did in 25-30 years: Rajeev Chandrasekhar (27 July 2023).

295　Ibid.

296　The Economist,"India's electronics industry is surging" (20 June 2024).

297　Ibid.

298　The Economist, "Narendra Modi's flagship growth scheme is off to a sluggish start" (15 May 2024).

299　The Economist, "India's electronics industry is surging" (20 June 2024).

300　Ibid.

301　Ibid.

302　The Economist, "Narendra Modi's flagship growth scheme is off to a sluggish start"(15 May 2024).

303　Ibid.

304　David Lubin "To achieve 'Developed India', Modi's new government will prioritize the manufacturing sector - for better or worse", Chatham house (6 June 2024), https://www.chathamhouse.org/2024/06/achieve-developed-india-modis-new-government-will-prioritize-manufacturing-sector-better-or.

305　Reuters, Ira Dugal and Aftab Ahmed, "India's Modi plans post-election reforms to rival Chinese manufacturing" (3 June 2024), https://www.reuters.com/world/india/indias-modi-plans-post-election-reforms-rival-chinese-manufacturinG2024-06-03.

4장 통상정책의 전환: 무역질서 재편의 중심에서

1　Reuters, Congress OKs Korea, Panama, Colombia trade deals (Oct. 12, 2011).

2　Congress.gov, H.R.6156 - Russia and Moldova Jackson-Vanik Repeal and Sergei Magnitsky Rule of Law Accountability Act of 2012, https://www.congress.gov/bill/112th-congress/house-bill/6156.

3   미국이 개발도상국으로부터의 수입품에 대해 무관세 혜택을 제공하는 제도. Congress.gov, H.R.2832 - To extend the Generalized System of Preferences, and for other purposes, https://www.congress.gov/bill/112th-congress/house-bill/2832.

4   TPP는 아시아-태평양 지역 12개 국가(미국, 일본, 캐나다, 호주, 뉴질랜드, 싱가포르, 베트남, 말레이시아, 브루나이, 멕시코, 칠레, 페루)가 참여해 경제적 협력과 무역 자유화를 목표로 체결한 다자간 자유무역협정(FTA)이다. 2017년 미국이 탈퇴하면서 나머지 11개 회원국은 기존 TPP를 '포괄적·점진적 환태평양경제동반자협정(CPTPP, Comprehensive and Progressive Agreement for Trans-Pacific Partnership)'이라는 새로운 협정으로 만들어 체결하였다.

5   Office of the U.S. Trade Representative ("USTR"), Obama Administration Notifies Congress of Intent to Include Japan in Trans-Pacific Partnership Negotiations, Apr. 13, 2013, https://ustr.gov/about-us/policy-offices/press-office/press-releases/2013/april/congressional-notification-japan-tpp.

6   티파티 공화당원들의 주요 불만은 연방 세금과 지출이었으며, 반면 월스트리트 점령운동은 일반적으로 기업 권력과 부의 불평등에 초점을 맞추었다. Politico Magazine, Five Years Later, Occupy Gets Its Moment (Sept. 17, 2016).

7   CNN, A 28-year-old Democratic Socialist Just Ousted a Powerful, 10-Term [Democratic] Congressman in New York, June 27, 2018, https://www.cnn.com/2018/06/26/politics/alexandria-ocasio-cortez-joe-crowley-new-york-14-primary/index.html;TheHill,[Hillary] Clinton Blames [Bernie] Sanders for Trump's 'Crooked Hillary' Attack, Sept. 5, 2017, https://thehill.com/homenews/campaign/349197-clinton-blames-sanders-for-trumps-crooked-hillary-attack/;TheHill,[House Republican Majority Leader Eric] Cantor Out in Tea Party Shocker, June 10, 2014, https://thehill.com/blogs/ballot-box/house-races/208922-cantor-goes-down-to-tea-party-upset/;NPR,[Republican] Sen. [Richard] Lugar Loses Primary To Tea Party Challenger, Ending 36-Year Career, May 8, 2012.

8   Sergei Guriev, Elias Papaioannou. The Political Economy of Populism. Journal of Economic Literature, 2022, 60 (3), p. 9 (Nov. 18, 2020), https://sciencespo.hal.science/hal-03874305/file/2020_guriev_papaioannou_the_political_economy_of_populism.pdf.

9   Wall Street Journal, The Old U.S. Trade War With Japan Looms Over Today's Dispute With China, Dec. 13, 2018, https://www.wsj.com/articles/the-old-u-s-trade-war-with-japan-looms-over-todays-dispute-with-china-11544717163.

10 The Guardian, Real Battle for Seattle, Dec. 4, 1999, https://www.theguardian.com/world/1999/dec/05/wto.globalisation;LosAngelesTimes,Clinton Faces Hurdles on NAFTA, Feb. 16, 1993, https://www.latimes.com/archives/la-xpm-1993-02-16-fi-174-story.html.

11 Stanley Lubman, The Dragon as Demon: Images of China on Capitol Hill, Journal of Contemporary China, August 2004, http://www.carnegieendowment.org/pdf/2005-04-18/lubman_pub2.pdf.

12 AFL-CIO Executive Council Statement, Democratizing the Global Economy, June 27, 2005, https://aflcio.org/about/leadership/statements/democratizing-global-economy-empowering-workers-building-democracy;SierraClub,NAFTA: 20 Years of Costs to Communities and the Environment, March 2014, https://content.sierraclub.org/creative-archive/report/2014/03/nafta-20-years-costs-communities.

13 White House, Here's the Deal: The Trans-Pacific Partnership, Nov. 6, 2015, https://obamawhitehouse.archives.gov/blog/2015/11/06/heres-deal-trans-pacific-partnership("[T]heTPPmeansthatAmericawillwritetherulesoftheroadinthe21stcentury.WhenitcomestoAsia,o-

neoftheworld'sfastest-growingregions,therulebookisupforgrabs.").

14. White House, Celebrating Two Years of the President's National Export Initiative, Mar. 13, 2012, https://obamawhitehouse.archives.gov/blog/2012/03/13/celebrating-two-years-president-s-national-export-initiative.

15. USTR, Cross Post: President Obama: The TPP Would Let America, Not China, Lead the Way on Global Trade, May 2016, https://ustr.gov/about-us/policy-offices/press-office/press-releases/2016/may/cross-post-president-obama-tpp-would.

16. USTR, Cross Post: President Obama: The TPP Would Let America, Not China, Lead the Way on Global Trade, May 2016, https://ustr.gov/about-us/policy-offices/press-office/press-releases/2016/may/cross-post-president-obama-tpp-would.

17. U.S. Department of the Treasury, U.S.-China Strategic and Economic Dialogue, June 7, 2016, https://home.treasury.gov/news/press-releases/jl0484.ThisinitiativebeganunderPresidentGeorgeW.Bush.See U.S. Department of the Treasury, Fact Sheet Creation of the U.S.-China Strategic Economic Dialogue, Sept. 20, 2006, https://home.treasury.gov/news/press-releases/hp107.

18. Vox, "AFL-CIO head Richard Trumka explains why labor unions hate Obama's trade deal" (20 April 2015).

19. USTR, Fact Sheet: Trans-Pacific Partnership's High-Standard Rules Promote U.S. Interests and Values, May 2016, https://ustr.gov/about-us/policy-offices/press-office/fact-sheets/2016/may/fact-sheet-trans-pacific-partnership%E2%80%99s.

20. White House, Fact Sheet: The Obama Administration's Record on the Trade Enforcement, Jan. 12, 2017, https://obamawhitehouse.archives.gov/the-press-office/2017/01/12/fact-sheet-obama-administrations-record-trade-enforcement.

21. Politico, Trump Trashes GOP Trade Agenda, June 28, 2016, https://www.politico.com/story/2016/06/trump-jobs-plan-224892;FinancialTimes,Donald Trump Threatens to Pull US Out of WTO, July 24, 2016, https://www.ft.com/content/d97b97ba-51d8-11e6-9664-e0bdc13c3bef.

22. CNN, Clinton's TPP Controversy, July 27, 2016, https://www.cnn.com/2016/07/27/politics/tpp-what-you-need-to-know/index.html.

23. AFL-CIO, AFL-CIO Endorses USMCA After Successfully Negotiating Improvements, Dec. 10, 2019, https://aflcio.org/press/releases/afl-cio-endorses-usmca-after-successfully-negotiating-improvements.

24. Economic and Trade Agreement Between the United States of America and the People's Republic of China: Phase One. U.S. Trade Representative, 2020, https://ustr.gov/sites/default/files/files/agreements/phase%20one%20agreement/Economic_And_Trade_Agreement_Between_The_United_States_And_China_Text.pdf.

25. Ibid.

26. Ana Swanson, Trump Signs China Trade Deal, Putting Economic Conflict on Pause, The New York Times, Aug. 2, 2021.

27. Ana Swanson, China fell far short of promises it made to purchase American goods, The New York Times, Feb. 8, 2022.

28. Financial Times, Transcript: Tariffs past, present and future. With Doug Irwin, Feb. 25,

2025, https://www.ft.com/content/58ecd053-125f-43f9-9b12-010612764879.

29 Ibid.

30 The Washington Post, The USMCA is finally done. Here's whtat is in it (Dec. 10, 2019), https://www.washingtonpost.com/business/2019/12/10/usmca-is-finally-done-deal-after-democrats-sign-off-heres-what-is-it/.

31 US Department of State, Uyghur Forced Labor Prevention Act (UFLPA) Fact Wheet (Jan. 20, 2025), https://www.state.gov/office-to-monitor-and-combat-trafficking-in-persons/releases/2025/01/uyghur-forced-labor-prevention-act-uflpa-fact-sheet.

32 이는 당시 제이크 설리반 국가안보보좌관이 "현대적 산업·혁신 전략(modern industrial and innovation strategy)"을 강조하는 태도에서도 잘 드러난다. White House, Remarks by National Security Advisor Jake Sullivan on Renewing American Economic Leadership at the Brookings Institution, Apr. 27, 2023, https://www.whitehouse.gov/briefing-room/speeches-remarks/2023/04/27/remarks-by-national-security-advisor-jake-sullivan-on-renewing-american-economic-leadership-at-the-brookings-institution/.

33 Politico, Democrats Fortify Their Blue Wall - and Electoral College Math - for 2024, Nov. 9, 2022, https://www.politico.com/news/2022/11/09/democrats-blue-wall-electoral-college-2024-00066127.

34 U.S. Department of State, The [Biden] Administration's Approach to the People's Republic of China, May 26, 2022, https://www.state.gov/the-administrations-approach-to-the-peoples-republic-of-china/.

35 EastAsiaForum, "East Asia can't rely on the Indo-Pacific economic framework" (25 March 2024) ("IPEF is not a legally binding agreement for all members, including the United States, where it will be implemented through executive order to avoid the need for Congress' approval"), https://eastasiaforum.org/2024/03/25/east-asia-cant-rely-on-the-indo-pacific-economic-framework/ 그러나 사실 IPEF가 과연 국제법적으로 법적 구속력이 없는지는 그렇게 분명하지 않다. 조문상 문구들은 'shall' 등과 같이 법적 의무를 부여하는 용어들이 사용된다는 점에서 더욱 그렇다. 그러나 분쟁 발생 시 이를 해결하는 '분쟁해결 조항'에 소송이나 중재와 같은 구속력 있는 절차가 포함되어 있지 않기 때문에, 궁극적으로 조문상의 의무사항들이 강제될 가능성이 없다는 측면에서 법적 구속력이 없다고 보는 것이 타당하다는 의견도 존재한다.

36 White House, Remarks by President Biden on America's Place in the World, Feb. 4, 2021, https://www.whitehouse.gov/briefing-room/speeches-remarks/2021/02/04/remarks-by-president-biden-on-americas-place-in-the-world/;JosephR.Biden,Jr.,Why America Must Lead Again, Foreign Affairs, March/April 2020, https://www.foreignaffairs.com/articles/united-states/2020-01-23/why-america-must-lead-again.

37 Politico Pro, EU trade chief presses US on critical mineral pact, Jan. 30, 2024, https://subscriber.politicopro.com/article/2024/01/eu-trade-chief-presses-u-s-on-critical-mineral-pact-00138478.

38 Executive Order on America's Supply Chains, Feb. 24, 2021, https://www.whitehouse.gov/briefing-room/presidential-actions/2021/02/24/executive-order-on-americas-supply-chains/.

39 U.S. Department of Commerce, Substantial Conclusion of Negotiations on Landmark IPEF Supply Chain Agreement, May 27, 2023, https://www.commerce.gov/news/press-releases/2023/05/substantial-conclusion-negotiations-landmark-ipef-supply-chain.

40 Financial Times, Transcript: Tariffs past, present and future. With Doug Irwin, Feb. 25,

2025, https://www.ft.com/content/58ecd053-125f-43f9-9b12-010612764879.

41 U.S. Department of State, The U.S. Department of State International Technology Security and Innovation Fund, https://www.state.gov/the-u-s-department-of-state-international-technology-security-and-innovation-fund/.

42 USTR, United States and Japan Sign Critical Minerals Agreement, Mar. 28, 2023, https://ustr.gov/about-us/policy-offices/press-office/press-releases/2023/march/united-states-and-japan-sign-critical-minerals-agreement.

43 Treasury Department, Treasury Releases Proposed Guidance on New Clean Vehicle Credit to Lower Costs for Consumers, Build U.S. Industrial Base, Strengthen Supply Chains, Mar. 31, 2023, https://home.treasury.gov/news/press-releases/jy1379.

44 Speech by Executive Vice-President Dombrovskis at the International Trade Committee (INTA) of the European Parliament, Nov. 28, 2023, https://ec.europa.eu/commission/presscorner/detail/en/speech_23_6150.

45 White House, Leaders' Statement on Indo-Pacific Economic Framework for Prosperity, Nov. 16, 2023, https://bidenwhitehouse.archives.gov/briefing-room/statements-releases/2023/11/16/leaders-statement-on-indo-pacific-economic-framework-for-prosperity/.

46 White House, U.S.-EU Summit Statement, ¶¶ 3, 17, June 15, 2021, https://www.consilium.europa.eu/media/50758/eu-us-summit-joint-statement-15-june-final-final.pdf.

47 Ibid.

48 USTR, Readout of Americas Partnership Council for Trade and Competitiveness Meeting, Feb. 15, 2024, https://ustr.gov/about-us/policy-offices/press-office/press-releases/2024/february/readout-americas-partnership-council-trade-and-competitiveness-meeting.

49 USA Today, Railing Against Inflation, Trump Floats 20% Tariff that Could Boost Prices, Experts Say, Aug. 15, 2024, https://www.usatoday.com/story/news/politics/elections/2024/08/15/donald-trump-twenty-percent-tariff-economic-policy/74809155007/.

50 Trump Defends His Economic Platform in Bloomberg Interview (October 16, 2024) https://www.bloomberg.com/news/articles/2024-10-16/from-tariffs-to-immigration-highlights-from-trump-s-bloomberg-interview?sref=e6XtIgfq.

51 White House.gov, America First Trade Policy, (20 January 2025), https://www.whitehouse.gov/presidential-actions/2025/01/america-first-trade-policy/.

52 CNN, Trump Threatens 25% Tariffs on Mexico and Canada on Feb. 1, Punting Day 1 Pledge, Jan. 20, 2025, https://www.cnn.com/2025/01/20/economy/tariffs-trump-executive-order/index.html.

53 Fox Business, Trump Plans 10% Tariffs on Chinese Imports on Feb. 1, Jan. 22, 2025, https://www.foxbusiness.com/politics/trump-plans-10-tariffs-chinese-imports-feb-1.

54 The Wall Staree Journal, Canada and Mexico Gambled on a Free Trade Future. The Bet Is Turning Sour, Mar. 4, 2025, https://www.wsj.com/world/americas/canada-and-mexico-gambled-on-a-free-trade-future-the-bet-is-turning-sour-d5e5f880.

55 WT/DS633/1.

56 White House.gov, Reciprocal Trade and Tariffs, (13 Febuary 2025), https://www.whitehouse.gov/articles/2025/02/reciprocal-trade-and-tariffs/.

57 Whitehouse.gov, Regulating Imports with a Reciprocal Tariff to Rectify Trade Practices

that Contribute to Large and Persistent Annual United States Goods Trade Deficits (2 April 2025), https://www.whitehouse.gov/presidential-actions/2025/04/regulating-imports-with-a-reciprocal-tariff-to-rectify-trade-practices-that-contribute-to-large-and-persistent-annual-united-states-goods-trade-deficits/.

58 Ibid.

59 Lazaro Gamio, Trump Tariffs: See Which Countries Have the Highest Rates, The N.Y. Times (April 3, 2025), https://www.nytimes.com/2025/04/02/business/economy/trump-tariffs-chart.html.

60 Annex II to the Order, https://www.whitehouse.gov/wp-content/uploads/2025/04/Annex-II.pdf.

61 CNBC, Trump tariff fallout: Navarro downplays sell-off, while Musk slams his qualifications; tech and finance chiefs reportedly head to Mar-a-Lago, April 6. 2025, https://www.cnbc.com/2025/04/05/trump-tariffs-live-updates-global-trade-reacts.html.

62 Donald Trump, Remarks at Campaign Rally in Raleigh, North Carolina, Nov. 4, 2024, https://transcripts.cnn.com/show/cnr/date/2024-11-04/segment/27.

63 Donald J. Trump (@realDonaldTrump), Truth Social (Jan. 26, 2025, 1:28 pm), https://truthsocial.com/@realDonaldTrump/posts/113546215051155542.

64 Financial Times, Will anybody buy a 'Mar-a-Lago accord'?, Mar. 19, 2025.

65 Stephen Miran, A User's Guide to Restructuring the Global Trading System, Hudson Bay Capital (Nov. 2024), https://www.hudsonbaycapital.com/documents/FG/hudsonbay/research/638199_A_Users_Guide_to_Restructuring_the_Global_Trading_System.pdf.

66 AP, Trump says he will create an 'External Revenue Service' agency to collect tariff income (Jan. 16, 2025) https://apnews.com/article/irs-trump-tax-revenues-tariffs-eef-2ab6930a8672a418af27f61efaed8.

67 President Donald J. Trump, America First Trade Policy, Jan. 20, 2025, https://www.whitehouse.gov/presidential-actions/2025/01/america-first-trade-policy/("…investigate whether any foreign country subjects United States citizens or corporations to discriminatory or extraterritorial taxes").

68 H.R. 9876, United States-Republic of Korea Digital Trade Enforcement Act, https://www.congress.gov/bill/118th-congress/house-bill/9876/text.

69 Rep. Carol Miller, Miller Introduces U.S. - Republic of Korea Digital Trade Enforcement Act, Sept. 27, 2024, https://miller.house.gov/media/press-releases/miller-introduces-us-republic-korea-digital-trade-enforcement-act.

70 Ibid.

71 Donald J. Trump, Interview at the Economic Club of Chicago, Oct. 15, 2024, https://www.rev.com/transcripts/trump-speaks-in-chicago.

72 Ibid.

73 G. Lory, "EU trade agreement 'fatigue' slowing down ratification of deals", Euronews, 25 May 2023, https://www.euronews.com/my-europe/2023/05/25/eu-trade-agreement-fatigue-slowing-down-ratification-of-deals;seealso European Commission, Negotiations and agreements, https://policy.trade.ec.europa.eu/eu-trade-relationships-country-and-region/negotiations-and-agreements_en.

74 https://www.consilium.europa.eu/en/council-eu/preparatory-bodies/trade-policy-committee/#:~:text=The%20committee%20is%20the%20primary,Foreign%20Affairs%20Council%20(Trade).

75 https://www.consilium.europa.eu/en/european-council/.

76 D. Igra, "French see Germany as most influential EU state", Politico, 16 April 2008.

77 "The outsize influence of small states is fading in the EU", Economist, 13 November 2023.

78 Ibid.

79 Article 207 of the Treaty on the Functioning of the Union.

80 A. Latran, "How the European Parliament became a major actor in Trade Policy", European Student Think Tank, 14 June 2020, available at: https://esthinktank.com/2020/06/14/how-the-european-parliament-became-a-major-actor-in-trade-policy.

81 https://eumatrix.eu/en/blog/Influence-Index-2024-Overview-by-country.

82 3장 참조.

83 https://commission.europa.eu/strategy-and-policy/priorities-2019-2024/european-green-deal_en.

84 A heterogenous package of legislative actions(https://commission.europa.eu/strategy-and-policy/priorities-2019-2024/european-green-deal/delivering-european-green-deal/fit-55-delivering-proposals_en).

85 Financial Times, EU puts green trade squeeze on developing world, 27 November 2023 (https://www.ft.com/content/895c6bf2-8c99-462e-9699-e73624c78cd3).

86 Politico, Time for a European single market 'with teeth' to take on China, India, leaders told, 16 Apr. 2024, https://www.politico.eu/article/enrico-letta-report-says-time-for-european-single-market/.

87 E. Letta, "Much More than a Market", available at: https://www.politico.eu/wp-content/uploads/2024/04/17/LETTA-REPORT.pdf.

88 Ibid.

89 Communication from the Commission to the European Parliament, the Council, the European economic and Social Committee and the Committee of the Regions, "The power of trade partnerships: together for green and just economic growth", COM(2022) 409 final.

90 Lorand Bartels, "The WTO Legality of the EU's GSP+ Arrangement" Journal of International Economic Law (Volume 10, Issue 4), December 2007.

91 Thank Tank (European Parliament), Trade and sustainable development in EU free trade agreements (27 Nov. 2023), https://www.europarl.europa.eu/thinktank/en/document/EPRS_BRI%282023%29754613?

92 Communication from the Commission to the European Parliament, the Council, the European economic and Social Committee and the Committee of the Regions, "The power of trade partnerships: together for green and just economic growth", COM(2022) 409 fina.

93 Ibid.

94 Communication from the Commission to the European Parliament, the European Council, the Council, the European Economic and Social Committee and the Committee of the Re-

gions, "The European Green Deal", COM(2019) 640 final, p. 21.

95　Ibid.

96　이하 5장 참조.

97　Regulation (EU) 2023/1115 of the European Parliament and of the Council of 31 May 2023 on the making available on the Union market and the export from the Union of certain commodities and products associated with deforestation and forest degradation and repealing Regulation (EU) No 995/2010.

98　The Directive must still be approved by the full EU Parliament, see: https://www.europarl.europa.eu/news/en/press-room/20240318IPR19415/first-green-light-to-new-bill-on-firms-impact-on-human-rights-and-environment.

99　Communication from the Commission to the European Parliament, the Council, the European Economic and Social Committee and the Committee of The Regions, "Trade Policy Review - An Open, Sustainable and Assertive Trade Policy" COM(2021) 66 final, 18 February 2021, pp. 13-14.

100　A. Bounds and A. Beattie, "Green trade rules are 'biased', says Indian Minister", Financial Times, 29 February 2024,https://www.ft.com/content/51dc962a-6cc0-49ad-b941-0e0942216d63.

101　A. Sguazzin, "EU Carbon Import Tax Shifts Climate Burden, South Africa Says", BNN Bloomberg, 18 July 2023,https://www.bnnbloomberg.ca/eu-carbon-import-tax-shifts-climate-burden-south-africa-says-1.1947307.

102　A. Lv and D. Patton, "China steel association says EU carbon tax a new trade barrier, calls for more talks", Reuters, 3 November 2023.

103　G/MA/M/79, para. 22.29.

104　이하 5장 참조.

105　이하 5장 참조.

106　Blenkinsop, "European trade policy seen going greener after EU parliament vote", Reuters, 27 May 2019, available at: https://finance.yahoo.com/news/european-trade-policy-seen-going-150341038.html.

107　P. Blenkinsop and J. McClure, "EU election results", Reuters, 9 June 2024.

108　Communication from the Commission to the European Parliament, the Council, the European Economic and Social Committee and the Committee of The Regions, "Trade Policy Review - An Open, Sustainable and Assertive Trade Policy" COM(2021) 66 final, 18 February 2021, p. 10.

109　Ibid, pp. 19-20.

110　"European Commission appoints its first Chief Trade Enforcement Officer", Press Release, 24 July 2020, available at: https://ec.europa.eu/commission/presscorner/detail/en/ip_20_1409.

111　Notice of initiation of an anti-subsidy proceeding concerning imports of new battery electric vehicles designed for the transport of persons originating in the People's Republic of China, C/2023/160, available at: https://eur-lex.europa.eu/legal-content/EN/TXT/PDF/?uri=OJ:C_202300160.

112 이 사안들에서 위원회는 중국의 보조금 지급을 이집트와 인도네시아의 행위로 각각 귀속시켰다. Commission Implementing Regulation (EU) 2020/870 of 24 June 2020 imposing a definitive countervailing duty and definitively collecting the provisional countervailing duty imposed on imports of continuous filament glass fibre products originating in Egypt, and levying the definitive countervailing duty on the registered imports of continuous filament glass fibre products originating in Egypt, and Commission Implementing Regulation (EU) 2022/433 of 15 March 2022 imposing definitive countervailing duties on imports of stainless steel cold-rolled flat products originating in India and Indonesia and amending Implementing Regulation (EU) 2021/2012 imposing a definitive anti-dumping duty and definitively collecting the provisional duty imposed on imports of stainless steel cold-rolled flat products originating in India and Indonesia.

113 Regulation (EU) 2021/167 of the European Parliament and of the Council of 10 February 2021.

114 Commission Implementing Regulation (EU) 2023/1441 of 10 July 2023 on detailed arrangements for the conduct of proceedings by the Commission pursuant to Regulation (EU) 2022/2560 of the European Parliament and of the Council on foreign subsidies distorting the internal market, C/2023/4622. FSR의 더 자세한 사항은 이하 5장 참조.

115 See https://ec.europa.eu/commission/presscorner/detail/en/ip_24_887andhttps://ec.europa.eu/commission/presscorner/detail/en/ip_24_1803.

116 2021년 3월 EU가 신장 위구르족 인권 문제를 이유로 중국 관리 4명과 단체 1곳을 제재하자, 중국이 같은 날 유럽의회 의원과 EU 이사회 정치안전위원회 등에 보복 제재로 맞대응했다. 이에 따라 EU 의회는 CAI 비준을 보류했고, 협정은 사실상 무산된 상태다.

117 https://commission.europa.eu/system/files/2019-03/communication-eu-china-a-strategic-outlook.pdf.

118 A. Garcia Herrero, "China-EU roller-coaster relations: Where do we stand and what to do?", Bruegel, available at: https://www.bruegel.org/sites/default/files/2023-06/230611_Congress%20working%20paperAGH%20%28004%29.pdf.

119 The Economist, "Europe can't decide how to unplug from China" 15 May 2023.

120 https://ec.europa.eu/commission/presscorner/detail/en/speech_23_2063.

121 Ibid.

122 Ibid.

123 Ibid.

124 Ibid.

125 https://ec.europa.eu/commission/presscorner/detail/en/ac_23_6446.

126 Ibid.

127 Ibid.

128 J. Rankin, "Macon sparks anger by saying European should not be a 'vassal' in US-China clash", The Guardian, 10 April 2023, available at: https://www.theguardian.com/world/2023/apr/10/emmanuel-macron-sparks-anger-europe-vassal-us-china-clash.

129 R.P. Rajagopalan, "Europe's China Policy in Disarray", The Diplomat, 17 April 2023, available at: https://thediplomat.com/2023/04/europes-china-policy-in-disarray.

130 Ibid.

131 A. Chrisafis and A. Hawkins, "Macron arrives in China hoping to talk Xi into changing stance on Ukraine", The Guardian, 5 April 2023, available at: https://www.theguardian.com/world/2023/apr/05/macron-heads-china-hoping-talk-xi-jinping-changing-stance-ukraine;T. Benner, Europe is Disastrously Split on China", Foreign Policy, 12 April 2023, available at: https://foreignpolicy.com/2023/04/12/europe-china-policy-brussels-macron-xi-jinping-von-der-leyen-sanchez/.

132 https://www.nytimes.com/2024/04/16/world/asia/olaf-scholz-germany-china.html.

133 "Europe's economy is under attack from all sides", The Economist, 26 March 2024.

134 M. Sandbu, "Europe is learning that you can't separate trade and politics", The Financial Times, 6 November 2022.

135 B. Moens and S.A. Aarup, "EU's trade ideals face 'economic security' reality check", Politico, 19 June 2023.

136 Communication from the Commission to the European Parliament, the Council, the European Economic and Social Committee and the Committee of the Regions, "Trade Policy Review - An Open, Sustainable and Assertive Trade Policy", p. 1.

137 Ibid, p.8.

138 Ibid.

139 Ibid.

140 Communication from the Commission to the European Parliament, the Council, the European Economic and Social Committee and the Committee of the Regions, "Trade Policy Review - An Open, Sustainable and Assertive Trade Policy", pp. 8-9.See also, F. Erixon, "The Good, the Bad and the Ugly: Taking Stock of Europe's New Trade Policy Strategy, ECIPE Policy Brief, p. 6.

141 C. Shmucker and K. Kober, "A Turning Point for EU Trade Policy After the Russian Aggression?", DGAP External Publications, 23 February 2023.

142 Ibid, pp. 4-5, 15.

143 Communication from the Commission to the European Parliament, the Council, the European Economic and Social Committee and the Committee of the Regions, "Trade Policy Review - An Open, Sustainable and Assertive Trade Policy".

144 Ibid.

145 Ibid. 이들 원칙 외에, ESS는 다음과 같은 구체적인 이행 방안을 추가적으로 제시하고 있다. (1) 회원국과 함께 EU의 경제 안보에 미치는 위험을 평가하기 위한 프레임워크 개발(경제 안보에 중요한 기술 목록을 작성하고 적절한 완화 조치를 고안하기 위해 위험을 평가하는 작업 포함), (2) 민간 부문과 구조화된 대화에 참여하여 경제 안보에 대한 공동의 이해를 증진하고 경제 안보 우려에 비추어 실사 및 위험 관리를 수행하도록 장려, (3) 유럽을 위한 전략적 기술 플랫폼('STEP')을 통해 핵심 기술을 개발하는 등 EU의 기술 주권과 EU 가치사슬의 회복력을 더욱 지원, (4) 외국인직접투자 심사 규정을 검토, (5) 이중용도 기술의 연구 및 개발을 위한 적절한 목표 지원을 보장하는 옵션을 모색, (6) 이중용도 품목에 대한 EU의 수출 통제 규정을 완전히 이행하고 그 효과와 효율성을 보장하기 위한 제안, (7) 회원국들과 함께 해외 투자로 인해 발생할 수 있는 보안 위험을 검토하고 이를 바탕으로 연말까지 이니셔티브 제안, (8) 연구 보안을 개선하기 위한 조치를 제

안하여 기존 도구의 체계적이고 엄격한 시행을 보장하고 나머지 공백을 파악하여 해결, (9) 하이브리드 및 사이버 외교 툴박스, 해외 정보 조작 및 간섭('FIMI') 툴박스 등 EU 경제 안보를 강화하기 위한 공동 외교 및 안보 정책('CFSP') 도구로서 목적에 맞는 활용 방안 모색, (10) EU 단일 정보 분석 역량('SIAC')에 EU 경제 안보에 대한 잠재적 위협을 탐지하는 데 특별히 노력하도록 지시, (11) EU 경제 안보의 보호 및 증진이 유럽연합의 대외 활동에 완전히 통합되도록 보장하고 경제 안보 문제에 대한 제3국과의 협력을 강화.

146 "An EU approach to enhance economic security", European Commission Press Release, 20 June 2023.

147 Ibid.

148 B. Moens and S.A. Aarup, "EU's trade ideals face 'economic security' reality check", Politico, 19 June 2023.

149 Ibid.

150 Ibid.

151 3장 참조.

152 EU-Japan Economic Partnership Agreement, European Commission, DGTrade; https://policy.trade.ec.europa.eu/eu-trade-relationships-country-and-region/countries-and-regions/japan/eu-japan-agreement_en.

153 The Juncker Commission's ten priorities, An end-of-term assessment, In-depth analysis, European Parliamentary Research Service, By Étienne Bassot and Wolfgang Hiller, PE 637.943 - May 2019, p. 18.

154 EU-China agreement in principle, https://policy.trade.ec.europa.eu/eu-trade-relationships-country-and-region/countries-and-regions/china/eu-china-agreement/eu-china-agreement-principle_en.

155 EU, Australia fail to conclude free trade agreement - for now, Philip Blenkinsop, Reuters, 11 July 2022.

156 News article - EU and India kick-start ambitious trade agenda, European Commission, Brussels, 17 June 2022; EURONEWS, Once again, talks on EU-Australia free trade deal have collapsed. This is why, (Oct. 30, 2023), https://www.euronews.com/my-europe/2023/10/30/once-again-talks-on-a-eu-australia-free-trade-deal-have-collapsed-this-is-why.

157 5장 참조.

158 Can the EU succeed on closing Indonesia trade deal?, David Hutt, Deutsche Welle, 2 August 2023.

159 European Commission, EU-Philippines Free Trade Agreement, https://policy.trade.ec.europa.eu/eu-trade-relationships-country-and-region/countries-and-regions/philippines/eu-philippines-agreement_en#:~:text=The%20second%20round%20of%20negotiations,-free%20trade%20agreement%20(FTA).

160 EU-Mercosur trade deal stalls on climate concerns, Dave Keating, Energy Monitor, 1 August 2023.

161 Draft EU-Mercosur Joint Instrument, leaked version of February 2023, https://friendsoftheearth.eu/wp-content/uploads/2023/03/LEAK-joint-instrument-EU-Mercosur.pdf.

162 EU ties trade bow with Chile - to carmakers' delight, Sarah Anne Aarup and Barbara

Moens, Politico Europe, 9 December 2022.

163 Brussels looks to evade EU capitals to get Mercosur deal done, Barbara Moens and Jakob hank Vela, Politico Europe, 28 September 2022.

164 Mexico resists EU pressure to approve trade deal after legal changes, Andy Bounds, Sam Fleming and David Agren, Financial Times, 8 January 2023.

165 Andy Bounds, Sam Fleming and David Agren, Mexico resists EU pressure to approve trade deal after legal changes, Financial Times, 8 January 2023.

166 Treaty on the Functioning of the European Union(TFEU), Article 3.

167 TFEU, Article 4.

168 Communication: Trade Policy Review - An Open, Sustainable and Assertive Trade Policy, European Commission, Brussels, 18 February 2021, COM(2021) 66 final.

169 Council Decision of 16 September 2010 on the signing, on behalf of the European Union, and provisional application of the Free Trade Agreement between the European Union and its Member States, of the one part, and the Republic of Korea, of the other part, 2011/265/E.

170 Ibid.

171 Ibid.

172 EU-Chile FTA, Articles 19.4-19.5.

173 Communication: Trade Policy Review - An Open, Sustainable and Assertive Trade Policy, European Commission, Brussels, 18 February 2021, COM(2021) 66 final.

174 Ibid.

175 2015~2016년 시리아 내전, 아프가니스탄 · 이라크 불안정, 지중해 · 발칸 루트를 통한 난민 유입 등으로 EU에 대규모 난민 · 이민자가 유입되면서 정치 · 경제적 위기를 초래한 상황을 의미한다.

176 헝가리 · 폴란드 등 일부 EU 회원국이 사법부 독립 약화, 언론 자유 침해 등 법치주의를 훼손하면서 EU와 충돌했고, 이에 따라 EU는 기금 지급을 보류하고 무역협정에 법치 기준을 연계하는 등 대응에 나섰다.

177 Jiangyu Wang, "The Evolution of China's International Trade Policy: Development Through Protection and Liberalization" (2008), p. 193.

178 Ibid, pp. 193-94.

179 장기적으로 수입을 줄이기 위한 산업 기반을 갖추기 위해, 단기적으로 꼭 필요한 자본재 · 기술 · 기계 등을 수입하였다.

180 iangyu Wang, "The Evolution of China's International Trade Policy: Development Through Protection and Liberalization" (2008), pp. 194-96.

181 Ibid, p. 196.

182 Ibid, p. 197.

183 Ibid.

184 Ibid.

185 Ling-Ling He and Razeen Sappideen, "Reflections on China's WTO Accession Commit-

ments and Their Observance", 43 Journal of World Trade 4 (2009), p. 852.

186 Ibid.

187 World Trade Organization, Accession of the People's Republic of China, WT/L/432. November 23, 2001, www.wto.org/english/thewto_e/countries_e/china_e.htm.

188 Jiangyu Wang, "The Evolution of China's International Trade Policy: Development Through Protection and Liberalization" (2008), pp. 198-202 and Ling-Ling He and Razeen Sappideen, "Reflections on China's WTO Accession Commitments and Their Observance", 43 Journal of World Trade 4 (2009), pp. 852-68.

189 Iori Kawate, "China's trade with world surges ninefold after 20 years in WTO", Nikkei Asia (7 November 2021).

190 강은민, 중국의 WTO 분쟁해결제도 이행에 관한 연구(서울대학교 국제대학원 석사학위논문), 2018. 8.

191 Ministry of Commerce of the People's Republic of China, "China FTA Network", http://fta.mofcom.gov.cn/english/fta_qianshu.shtml.

192 Ibid.

193 산업통상자원부, FTA 강국 Korea, 역내포괄적동반자협정(RCEP), https://www.fta.go.kr/rcep/.

194 Nargiza Salidjanova, "China's Trade Ambitions: Strategy and Objectives behind China's Pursuit of Free Trade Agreements", U.S.-China Economic and Security Review Commission (28 May 2015); Ka Zeng, "China's Free Trade Agreement Diplomacy", The Chinese Journal of International Politics, Vol. 9, No. 3 (Autumn 2016).

195 Nargiza Salidjanova, "China's Trade Ambitions: Strategy and Objectives behind China's Pursuit of Free Trade Agreements", U.S.-China Economic and Security Review Commission (28 May 2015), p. 8.

196 Ka Zeng, "China's Free Trade Agreement Diplomacy", The Chinese Journal of International Politics, Vol. 9, No. 3 (Autumn 2016), pp. 282-83.

197 China Power Team. "Will the Dual Circulation Strategy Enable China to Compete in a Post-Pandemic World?" China Power. December 15, 2021, Updated April 19, 2022, https://chinapower.csis.org/china-covid-dual-circulation-economic-strategy/.

198 Ibid.

199 Ibid.

200 Ibid.

201 Stella Yifan Xie, "China's Economy Shows Signs of Losing Further Momentum" Wall Street Journal (15 December 2023).

202 Ibid.

203 China Power Team. "Will the Dual Circulation Strategy Enable China to Compete in a Post-Pandemic World?" China Power. December 15, 2021, Updated April 19, 2022, https://chinapower.csis.org/china-covid-dual-circulation-economic-strategy/.

204 Voronoi, "China Is the World's Manufacturing Superpower", https://www.voronoiapp.com/economy/China-Is-the-Worlds-Manufacturing-Superpower-4738.

205 Ibid.

206 Ibid.

207 Ibid.

208 Ibid.

209 Reuters, Chikna's Jan-Aug FDI down 31.5 y/y, September 14, 2024, https://www.reuters.com/markets/asia/chinas-jan-aug-fdi-down-315-yy-2024-09-14/.

210 Edward White, "China's overseas investment in metals and mining set to hit record", Financial Times (31 July 2023).

211 hina Power Team. "Will the Dual Circulation Strategy Enable China to Compete in a Post-Pandemic World?" China Power. December 15, 2021, Updated April 19, 2022, https://chinapower.csis.org/china-covid-dual-circulation-economic-strategy/.

212 Reuters, "China sanctions Lockheed Martin, Raytheon over Taiwan arms sales" (16 February 2023).

213 MOFCOM, Order No. 1 of 2021 on Rules on Counteracting Unjustified Extra-territorial Application of Foreign Legislation and Other Measures, Jan. 9, 2021, https://english.mofcom.gov.cn/Policies/GeneralPolicies/art/2021/art_98677d0ed28b41b9adeff27b00c9d001.html.

214 Ministry of Justice of the People's Republic of China, The Law on Foreign Relations of the People's Republic of China (updated 11 July 2023), Article 6,http://en.moj.gov.cn/2023-07/11/c_901729.htm.

215 United Service Institution of India, Implications of China's New Law on Foreign Relations, https://www.usiofindia.org/publication-details.php?id=134.

216 Multi-Party Interim Appeal Arbitration Arrangement (MPIA), https://wtoplurilaterals.info/plural_initiative/the-mpia/.

217 Reuters, China applies to join Pacific trade pact to boos economic clout, Sept. 18, 2021. https://www.reuters.com/world/china/china-officially-applies-join-cptpp-trade-pact-2021-09-16/.

218 CPTPP에 가입하기 위해서는 기존 가입국들의 동의가 필요하다.

219 동 법은 2020년 1월 1일에 발효됨. Zhonghua Renmin Gongheguo Waishang Touzifa(中华人民共和国外商投资法) [Foreign Investment Law of the People's Republic of China] (Mar. 15, 2019, effective Jan. 1, 2020) (China), http://www.npc.gov.cn/zgrdw/npc/xinwen/2019-03/15/content_2083532.htm.

220 EY Greater China, What are the implications of China's Foreign Investment Law?, 3 May 2021, https://www.ey.com/en_cn/insights/china-opportunities/what-are-the-implications-of-china-s-foreign-investment-law.

221 Xianjun Feng and Chuanhui Wang, CHINA'S FOREIGN INVESTMENT LAW: MOVING TOWARD GREATER LIBERALIZATION?, 10 PENN. ST. J.L. & INT'L AFF. 115 (2022) at 142.

222 Waishang Touzi Zhunru Tebie Guanli Cuoshi(Fumian Qingdan)(2020 Nianban) [Special Administrative Measures for Access of Foreign Investment (Negative List) (2020 Edition)] (promulgated by Jun.23 ,2020, effective Jul.23, 2020) (China), http://www.gov.cn/gongbao/content/2020/content_5532623.htm; http://is.mofcom.gov.cn/article/supplydemand-

ofchina/202107/20210703174729.shtml (English Translation version).

223 Xianjun Feng and Chuanhui Wang, CHINA'S FOREIGN INVESTMENT LAW: MOVING TOWARD GREATER LIBERALIZATION?, 10 PENN. ST. J.L. & INT'L AFF. 115 (2022), p. 143.

224 FIL, Article 22.

225 Ibid.

226 FIL, Article 20.

227 Ibid.

228 FIL, Article 34-35.

229 Arendse Huld, "Shanghai Looks to Attract Foreign Investors with New Measures", Dezan Shira and Associates (14 June 2023).

230 Ibid.

231 Sebastian Blanco, "Tesla Gets Government Approval To Build Electric Vehicles In China", Forbes (17 October 2019).

232 Reuters, "Tesla applies to expand Shanghai plant, add pouch battery cell output" (16 May 2023).

233 State Council. "国务院关于进一步优化外商投资环境 - 加大吸引外商投资力度的意见" (Opinions of the State Council on Further Optimising the Foreign Investment Environment - Opinions on Increasing Efforts to Attract Foreign Investment). August, 13, 2023. https://www.gov.cn/zhengce/zhengceku/202308/content_6898049.htm.

234 Catalogue of Encouraged Industries for Foreign Investment, https://english.shanghai.gov.cn/cmsres/70/70c4357399aa4e49b339a0cd152ddc44/54223085d-64d78c04083655562d0d018.pdf.

235 State Council. "国务院关于进一步优化外商投资环境 - 加大吸引外商投资力度的意见" (Opinions of the State Council on Further Optimising the Foreign Investment Environment - Opinions on Increasing Efforts to Attract Foreign Investment). August, 13, 2023.

236 Haoyue Zu, "China's Motivations for Overseas Investment: A Case Study on Australia", University of New South Wales (2020).

237 Yong Wang, "Offensive for Defensive: the Belt and Road Initiative and China's New Grand Strategy," The Pacific Review Vol. 29, no. 3 (2016).

238 Hong Yu, "Motivation Behind China's 'One Belt, One Road' Initiatives and Establishment of the Asian Infrastructure Investment Bank," Journal of Contemporary China, Vol. 26, no. 105 (2017).

239 Jonathan Hillman, "OBOR on the Ground: Evaluating China's "One Belt, One Road" Initiative at the Project Level," Reconnecting Asia, 30 November 2016, https://reconnectingasia.csis.org/analysis/entries/obor-ground.

240 National Development and Reform Commission of China, Ministry of Foreign Affairs of China, and Ministry of Commerce of China, "Vision and Actions on Jointly Building Silk Road Economic Belt and 21st-Century Maritime Silk Road," (National Development and Reform Commission of China, 2015). http://en.ndrc.gov.cn/newsrelease/201503/t20150330_669367.html.

241 Ibid.

242 Richard Boucher, "China's Belt and Road: A Reality Check," The Diplomat (2019) https://thediplomat.com/2019/03/chinas-belt-and-road-a-reality-check.

243 Hilary Lau, Monica Sun, and Jie Li, China's Belt and Road Initiative: Projects Pave the Way, Herbert Smith Freehills (24 January 2018), https://www.herbertsmithfreehills.com/latest-thinking/chinas-belt-androad-initiative-projects-pave-the-way.

244 Haoyue Zu, "China's Motivations for Overseas Investment: A Case Study on Australia", University of New South Wales (2020), p. 102.

245 Nadia Clark, "The Rise and Fall of the BRI", Council on Foreign Relations (6 April 2023).

246 Ibid.

247 Ibid.

248 Ibid.

249 Ibid.

250 Ibid.

251 Ibid.

252 Haoyue Zu, "China's Motivations for Overseas Investment: A Case Study on Australia", University of New South Wales (2020), p.103.

253 Ibid.

254 Ibid.

255 Ibid.

256 "China's new investment rules," Brookings Institution, updated 23 August 2017, , https://www.brookings.edu/blog/order-from-chaos/2017/08/23/chinas-new-investment-rules/.

257 Frank Tang, "China sets new rules on overseas investment for its biggest deal makers," South China Morning Post, 27 December 2017, https://www.scmp.com/news/china/economy/article/2125725/china-setsnew-rules-overseas-investment-its-biggest-deal-makers.

258 "CHINA'S NEW POLICY ON OUTBOUND INVESTMENT", Buren (September 2017),https://www.burenlegal.com/sites/default/files/usercontent/content-files/Chinas%20new%20policy%20on%20outbound%20investment.pdf.

259 Ibid.

260 Ibid.

261 Ibid.

262 Thilo Hanemann, Armand Meyer, and Danielle Goh, "Vanishing Act: The Shrinking Footprint of Chinese Companies in the US", Rhodium Group (7 September 2023), https://rhg.com/research/vanishing-act-the-shrinking-footprint-of-chinese-companies-in-the-us/.

263 David Lubin, "Collapsing foreign direct investment might not be all bad for China's economy", Chatham House (15 December 2023), https://www.chathamhouse.org/2023/12/collapsing-foreign-direct-investment-might-not-be-all-bad-chinas-economy.

264 John Reed, "Narendra Modi's government will 'struggle' to survive, says Indian opposition leader Rahul Gandhi," Financial Times, June 18, 2024, https://www.ft.com/content/b46e-

5f2e-c030-4cbf-b877-3acfdeb13842.

265 Arvind Panagariya, "India in the 1980s and 1990s: A Triumph of Reforms," IMF , March 2004.

266 Ibid.

267 Anupam Manur, "From Protectionism to Global Integration: India's Trade Policy Before and After 1991," The 1991 Project, May 2022.

268 Harsha Vardhana Singh, "Trade Policy Reform in India since 1991," Brookings India, March 2017.

269 Ibid.

270 "India: April 1998," Trade Policy Reviews, April 1998, World Trade Organization.

271 Harsha Vardhana Singh, "Trade Policy Reform in India since 1991," Brookings India, March 2017.

272 Ibid.

273 Ibid.

274 Anupam Manur, "From Protectionism to Global Integration: India's Trade Policy Before and After 1991," The 1991 Project , May 2022.

275 Ibid.

276 Enforcement and Compliance (2019), https://www.privacyshield.gov/ps/article?id=India-Trade-Barriers.

277 Anupam Manur , "From Protectionism to Global Integration: India's Trade Policy Before and After 1991," The 1991 Project , May 2022.

278 Harsha Vardhana Singh, "Trade Policy Reform in India since 1991," Brookings India , March 2017.

279 James J. Nedumpara & Archana Subramanian, Engaging with the World: An Analysis of India's Trade Policy in the Wake of the Belt and Road Initiative,NLS BUS. L. REV. 109, 2017.

280 Anupam Manur, "From Protectionism to Global Integration: India's Trade Policy Before and After 1991," The 1991 Project , May 2022.

281 Harsha Vardhana Singh, "Trade Policy Reform in India since 1991," Brookings India , March 2017.

282 Arvind Panagariya, "India in the 1980s and 1990s: A Triumph of Reforms," IMF , March 2004.

283 "India: April 1998," Trade Policy Reviews, April 1998, World Trade Organization.

284 Arvind Panagariya, "India in the 1980s and 1990s: A Triumph of Reforms," IMF , March 2004.

285 Aditya Bhattacharjea, "Industrial Policy in India since Independence," Indian Economic Review 57, no. 2 (February 2023).

286 "India: April 1998," Trade Policy Reviews, April 1998, World Trade Organization.

287 Ibid.

288 Anupam Manur, "From Protectionism to Global Integration: India's Trade Policy Before and After 1991," The 1991 Project , May 2022.

289 Ibid.

290 Arvind Panagariya, "India in the 1980s and 1990s: A Triumph of Reforms," IMF , March 2004.

291 Ibid.

292 Ibid.

293 Anupam Manur, "From Protectionism to Global Integration: India's Trade Policy Before and After 1991," The 1991 Project , May 2022.

294 Swaminathan Anklesaria, "Globalization Has Propelled India to Prosperity ," CATO, 2023.

295 OECD Trade in Value Added Indicators, 2015.

296 Robert Fienberg, "Trends and Impacts of India's Antidumping Enforcement," USITC, 2010.

297 Harsha Vardhana Singh, "Trade Policy Reform in India since 1991," Brookings India, March 2017.

298 Arvind Panagariya , "India in the 1980s and 1990s: A Triumph of Reforms," IMF , March 2004.

299 Amitendu Palit, Will India's Disengaging Trade Policy Restrict it from Playing a Greater Global Role?, 20 WORLD TRADE REV. 203, January 2021.

300 "Make In India ," About Us, https://www.makeinindia.com/about.

301 "'Make in India' Completes 8 Years, Annual FDI Doubles to USD 83 Billion," PIB, September 2022, Ministry of Commerce & Industry.

302 Ajinkya Gunjan Mishra et al., "Trade and Customs in India," Lexology, August 16, 2019.

303 Ibid.

304 Ibid.

305 Ibid.

306 Amitendu Palit, Will India's Disengaging Trade Policy Restrict it from Playing a Greater Global Role?, 20 WORLD TRADE REV. 203, January 2021.

307 Ibid.

308 Mihir Sharma, "View: India's 'no' at WTO May Just Mean 'Not yet,'" The Economic Times, February 2024.

309 Amitendu Palit, Will India's Disengaging Trade Policy Restrict it from Playing a Greater Global Role?, 20 WORLD TRADE REV. 203, January 2021.

310 Mihir Sharma, "View: India's 'no' at WTO May Just Mean 'Not yet,'" The Economic Times, February 2024.

311 Ibid.

312 Ibid.

313 Ibid.

314 Amitendu Palit, Will India's Disengaging Trade Policy Restrict it from Playing a Greater Global Role?, 20 WORLD TRADE REV. 203, January 2021.

315 Ibid.

316 Ibid.

317 Ibid.

318 Mihir Sharma, "View: India's 'no' at WTO May Just Mean 'Not yet,'" The Economic Times, February 2024.

319 Amitendu Palit, Will India's Disengaging Trade Policy Restrict it from Playing a Greater Global Role?, 20 WORLD TRADE REV. 203, January 2021.

320 EA Editors, "Getting India's Trade Strategy Aligned with Its National Development Ambitions," East Asia Forum, December 7, 2023.

321 Amitendu Palit, Will India's Disengaging Trade Policy Restrict it from Playing a Greater Global Role?, 20 WORLD TRADE REV. 203, January 2021.

322 Ibid.

323 Global Times Staff Reporters, "India's Attempt to 'decouple' from China over API Supply Chain Will Be Costly: Experts," Global Times, November 2023.

324 EA Editors, "Getting India's Trade Strategy Aligned with Its National Development Ambitions," East Asia Forum, December 7, 2023.

325 '스와데시 자그란 만치'는 인도의 경제적 민족주의를 옹호하는 단체로, 힌두 민족주의 이념을 기반으로 한 경제정책을 지지하는 조직으로 알려져 있다.

326 Amitendu Palit, Will India's Disengaging Trade Policy Restrict it from Playing a Greater Global Role?, 20 WORLD TRADE REV. 203, January 2021.

327 Ibid.

328 Ibid.

329 Mihir Sharma, "View: India's 'no' at WTO May Just Mean 'Not yet,'" The Economic Times, February 2024.

330 Amitendu Palit, Will India's Disengaging Trade Policy Restrict it from Playing a Greater Global Role?, 20 WORLD TRADE REV. 203, January 2021.

331 Ibid.

332 Business Standard, "WTO MC13: India to Oppose Any Negotiation Mandate on Non-Trade Issues," Business Standard, February 7, 2024, https://www.business-standard.com/economy/news/wto-mc13-india-to-oppose-any-negotiation-mandate-on-non-trade-issues-124020701091_1.html.

333 Amitendu Palit, Will India's Disengaging Trade Policy Restrict it from Playing a Greater Global Role?, 20 WORLD TRADE REV. 203, January 2021.

334 Sunil Kataria and Anushree Fadnavis, "India Ministers, Farmers Unions to Hold Talks Hoping to End Protests," Reuters, February 2024.

335 Camille Gijs, "Don't Just Blame the US; India Is Blocking WTO Reform Too," Politico, February 19, 2024.

336 Business Standard, "WTO: Fisheries Subsidies Are Vital for Developing Countries, Says India," Business Standard, February 27, 2024.

337 Christine McDaniel, "India's Crucial Role in Combating Global Overfishing Crisis," Forbes, January 24, 2024.

338 Manoj Kumar , "India to Oppose Extended E-Commerce Tariff Ban at WTO Meet," Reuters , February 2024.

339 Amitendu Palit, Will India's Disengaging Trade Policy Restrict it from Playing a Greater Global Role?, 20 WORLD TRADE REV. 203, January 2021.

5장 통상규제의 격돌: '보이지 않던 손'이 움직인다

1   2024년 2월 4일, 중국 국무원은 '탄소배출권 거래 관리에 관한 잠정조례'를 공포하였다. 이 조례는 전국 단위의 탄소배출권 거래 시장에 대한 기본적인 틀을 제시하고 있다. 주요 내용에는 등록 및 거래, 거래 적용 범위, 배출권 할당, 주요 배출 주체의 보고 의무, 지방 배출권 거래소 등에 관한 규정이 포함되어 있다.

2   2023년 4월 7일, 중국 재정부(CN MOF)는 에너지 절약 및 배출 저감 프로젝트와 관련된 보조금 제도의 개정안을 발표하였다. 이번 개정안은 (1) 보조금 프로그램을 2025년까지 연장하고, (2) 신에너지 차 및 관련 인프라, 수소연료 전지차 등을 포함하는 방식으로 적용 대상 산업을 확대한 것이 특징이다. 이는 에너지 절약 및 배출 저감 프로젝트의 추진과 적용을 지원하기 위한 재정 지원 프로그램으로, 중국 내 모든 신청자에게 적용되는 제도이다.

3   인도는 2001년 '에너지 절약법'을 제정하여 에너지 소비 규제 및 효율 향상을 위한 기본 틀을 제공하고, 에너지 효율국(BEE)을 설립하였다. 2023년 1월 1일 시행된 개정법은 COP-26 목표 달성과 인도의 탈탄소화를 위해 비화석 에너지 사용 의무화와 탄소배출권 거래제도 도입 근거를 마련하였다. 이 제도는 등록된 기업이 기준을 충족할 경우 탄소배출권을 거래할 수 있도록 한다. 또한 정부는 산업, 운송, 상업 건물 등 지정 소비자에 대해 비화석 에너지 사용 비율을 의무화할 수 있으며, 에너지를 사용하는 장비뿐만 아니라 차량과 선박에도 에너지 소비 기준을 적용하도록 범위를 확대하였다. 기준 미달 시에는 벌금이 부과되며, 선박의 경우 초과 소비분에 대해 최대 2배의 벌금이 부과될 수 있다.

4   중국은 2025년 1월 20일, 국가데이터국 주도로 '공공데이터 자원 등록관리 잠행방법(公共数据资源登记管理暂行办法)'을 발표하고, 2025년 3월 1일부터 시행에 들어갔다. 이 조치는 각급 정부기관 및 국유 사업 단위가 공공서비스 제공 및 직무 수행 과정에서 생성한 데이터 집합 중 활용 가치가 있는 공공데이터를 통합적으로 등록·관리하기 위한 제도적 틀을 마련한 것이다. 등록 절차는 신청, 접수, 형식 심사, 공시, 코드 부여 등의 단계를 거치며, 등록 유효기간은 원칙적으로 3년이다. 중앙기관 및 중앙국유기업은 국가 공공데이터 등록 플랫폼에 등록해야 하며, 플랫폼이 아직 완비되지 않은 지역의 경우 해당 플랫폼이 임시대행을 수행한다. 이는 향후 중국의 데이터 자산화 및 데이터 요소 시장 제도화의 핵심 기반으로 평가되며, 공공데이터의 통합 관리와 활용을 통해 데이터 기반 디지털 거버넌스를 강화하려는 움직임으로 해석된다.

5   중국은 2025년 3월, 인공지능 기술로 생성된 콘텐츠에 대해 식별 표시를 의무화하는 '인공지능 생성 콘텐츠 식별 조치'를 발표하였으며, 해당 조치는 2025년 9월 1일부터 시행될 예정이다. 이 조치는 텍스트, 이미지, 오디오, 비디오 등 다양한 형태의 콘텐츠에 대해 명시적 또는 은밀한 방식으로 AI 생성 여부를 표시하도록 규정하고 있다. 예를 들어 텍스트는 서두나 말미에, 이미지와 영상은 화면 내에 명확하게 'AI 생성'임을 표시해야 하며, 메타데이터를 활용한 디지털 워터마크 등 기술적 방식의 식별도 요구된다. 누구든지 이러한 식별 표시를 고의로 삭제하거나 위조, 은폐하는 행위는 금지되며, 위반 시 관련 법

률에 따라 처벌된다. 본 조치는 가짜뉴스, 저작권 침해 등 AI 콘텐츠 확산에 따른 부작용을 최소화하고, 정보의 신뢰성과 이용자의 알 권리를 보장하기 위한 제도로 평가된다.

6   디지털서비스법(DSA)은 허위 정보, 불법 콘텐츠, 소비자 보호 문제에 대응하고 플랫폼 이용자의 권리를 강화하기 위해 제정된 법으로, 2022년 11월 16일 발효되었으며 2023년 8월 25일부터는 초대형 플랫폼 및 검색엔진을 대상으로, 2024년 2월 17일부터는 모든 디지털 사업자에게 적용되었다. EU 내 모든 온라인 중개 서비스와 플랫폼이 적용 대상이며, 월간 활성 이용자 수 4,500만 명 이상인 초대형 온라인 플랫폼(VLOPs) 및 검색엔진(VLOSEs)은 시스템 리스크 평가, 외부 감사, 규정 준수 책임자 지정, 연구자 데이터 접근 허용 등 추가 의무를 부담한다. 주요 내용으로는 불법 콘텐츠 신고 메커니즘 구축, 콘텐츠 조정에 사용된 자동화 수단 공개, 내부 민원 처리 시스템 설치, 정보 투명성 강화 등이 있으며, 위반 시 최대 연매출의 6%에 해당하는 벌금이 부과된다. 이에 대응하여 메타(Meta)와 틱톡(TikTok)은 플랫폼별 수수료 산정 기준이 불합리하다고 주장하며 2024년 2월 EU를 상대로 소송을 제기한 바 있다.

7   디지털 시장법(DMA)은 대형 온라인 플랫폼(게이트키퍼)의 시장 지배력 확대에 따른 경쟁 저해와 소비자 선택권 제한 문제를 해결하고자 2023년 5월 2일부터 시행된 규제 체계이다. EU 내 3개국 이상에서 핵심 플랫폼 서비스를 제공하고, 일정 규모 이상의 매출 또는 시가총액, 이용자 수 요건을 3년간 충족한 기업이 적용 대상이며, 현재 알파벳(Alphabet), 아마존(Amazon), 애플(Apple), 메타(Meta), 마이크로소프트(Microsoft), 바이트댄스(ByteDance), 부킹닷컴(Booking.com) 등 7개사가 게이트키퍼로 지정되었다. 주요 내용으로는 자사 서비스 우대 금지, 타사 데이터 남용 방지, 사전 설치 앱 삭제 허용 및 기본 설정 변경, 검색 데이터 제공 의무 등이 포함되며, 위반 시 최대 연매출의 20%까지 벌금이 부과된다. 이에 따라 애플은 2024년 말까지 EU 내에서 iOS·iPadOS의 앱 기본 설정 변경, 브라우저 선택, 사전 설치 앱 삭제 기능 등을 제공하겠다고 밝혔다.

8   인도는 2023년 8월 '디지털 개인정보보호법(DPDPA)'을 제정하며 최초의 포괄적 개인정보보호 체계를 마련하였고, 시행령 제정 등을 거쳐 2025년 중 시행될 가능성이 높아 보인다. 본 법은 인도 내에서 수집되거나 인도인을 대상으로 해외에서 처리되는 디지털 개인정보에 적용되며, 개인정보 처리자는 정확성 확보, 보안 조치, 저장 기간 제한, 정보 주체 권리 보장 등의 의무를 부담한다. 일정 요건을 충족하는 경우 '중요 개인정보 처리자'로 지정되어 추가적인 책임이 부과되며, 정보 주체는 열람·정정·삭제 등의 권리를 가진다. 이 법은 인도의 디지털 신뢰 기반을 강화하고 국제적 데이터 보호 기준과의 정합성을 높이기 위한 조치로 평가된다.

9   Countering Economic Coercion Act of 2023 (H.R.1135)의 이름으로 2023년 2월 21일 미국 하원에 발의되어 여러 위원회로 회부되었으나, 2024년 12월 17일 하원에서 발의되었으나, 이후 추가적인 입법 절차가 진행되지 않았다.

10 브라질은 2022년 1월 26일 발효된 잠정조치(Provisional Measure) 제1098/22를 통해, 현재 기능이 정지된 세계무역기구(WTO) 상소기구에 대해 '빈 항소(empty appeal)'를 제기할 수 있도록 외교통상위원회(CAMEX)에 권한을 부여하였다. 이 조치는 브라질이 시작한 분쟁의 해결을 지연시키는 회원국에 대해 보복 조치를 취할 수 있도록 한다는 목적에서, 기존의 분쟁해결 방식과 구별된다. 또한 상소기구가 정상적으로 기능할 때까지 이 조치는 유효하며, 현재까지 폐기되었다는 공식 발표가 없으므로 2025년 5월 현재에도 유효한 상태로 보인다.

11 중국은 전통적으로 외국 국가 및 그 재산에 대해 절대적 국가면제(absolute state immunity) 원칙을 적용해왔다. 이에 따라 '외국 국가'가 당사자인 소송이나 그 재산을 대상으로 한 청구에 대해 중국 법원이 관할권을 인정하지 않았다. 그러나 외교부와 최고인민법원이 공동으로 2021년 4월 초안을 마련한 '외국 국가면제법(Foreign Sovereign Immunity Law)'은 이러한 절대주의에서 벗어나 제한적 면제(limited immunity) 원칙을 도입하는 방향으로 입법이 추진되고 있다. 해당 법안은 2022년 말 전국인민대표대회 상무위원회

(NPCSC)에 제출되어 2023년 1월까지 공개 의견 수렴을 마쳤으며, 외국 국가가 명시적 또는 묵시적으로 동의한 경우, 중국과 관련된 상업 활동에서 발생한 소송이나 중재 관련 사안, 중국 내에서 발생한 노동·재산·지식재산권 분쟁 등에 대해 국가면제를 배제하는 예외조항을 포함하고 있다. 다만 관할권에 대한 동의는 강제집행에 대한 면제까지 포함하지 않으며, 자산이 상업활동에 사용되었고 소송과 관련되며 중국 내에 소재할 경우에만 예외적으로 집행이 가능하다. 또한 '외국 국가'의 정의를 폭넓게 설정하고 있으며, 중국 법원은 외교부의 의견서 및 증명서를 구속력 있는 판단 기준으로 삼도록 규정하고 있다. 본 법안은 현재 NPCSC의 추가 심의를 거쳐 입법 여부가 결정될 예정이다.

12 중국은 1994년부터 사이버보안 제품에 대해 엄격한 유통 통제를 실시해왔으며, 당시에는 공안부(MPS)가 발급하는 특별 판매허가가 필수였다. 그러나 2017년 시행된 '사이버보안법'은 관련 강제 기준에 따른 제품 분류 기반의 보안 인증 및 시험 제도를 도입하면서, 사실상 공안부의 판매허가 권한을 무력화하였다. 이에 따라 2017년 6월 사이버보안 제품 목록(Product Catalogue) 초판이 발표되었고, 현재는 2023년 개정판이 적용되고 있다. 이 제도는 중국 인터넷 관리기구인 국가인터넷정보판공실(CNC)이 주도하고 공업정보화부(MIIT), 공안부(MPS), 국가인증인가관리위원회(CNCA)가 공동으로 참여하여 운영하고 있다. 해당 목록에는 데이터 백업 장치, 하드웨어 방화벽, 웹 애플리케이션 방화벽, 침입탐지 시스템(IDS), 게이트키퍼(GAP), 스팸 방지 제품, 네트워크 통합 감사 시스템, 취약점 스캐너, 보안 데이터베이스, 웹사이트 복구 장비(하드웨어) 등 총 34종의 제품이 보안 인증 또는 시험 대상으로 지정되어 있다. 2018년에는 동일한 4개 기관이 공동으로 인증 및 시험을 수행할 수 있는 지정기관 목록(Institution Catalogue)을 발표했으며, 현재까지 해당 목록은 갱신되지 않고 유지되고 있다. 인증 결과는 CNCA의 온라인 데이터베이스를 통해 열람이 가능하다.

13 중국은 2021년 6월 '반외국제재법'을 제정하여, 외국 정부나 기관이 중국의 주권, 안보, 발전 이익을 침해하거나 내정에 간섭하는 제재 조치를 취할 경우 이에 대응할 법적 근거를 마련하였다. 이 법은 해당 외국의 조치에 관여한 개인·조직을 대상으로 입국 금지, 비자 취소, 자산 동결, 거래 제한 등의 보복 조치를 가능하게 하며, 2025년 3월에는 국무원 차원의 시행규정을 통해 보복 범위를 지식재산권과 자산 몰수 등으로 확대하였다. 이러한 법제는 외국의 역외적 법률 적용에 대응하고 중국 기업의 권익을 보호하려는 목적에서 마련된 것으로, 중국 내 기업이 외국 제재로 손해를 입은 경우 중국 법원에 손해배상을 청구할 수 있는 근거도 함께 제공한다.

14 유럽연합은 2023년 9월 13일 '반도체법[Chips Act, Regulation (EU) 2023/1781]'을 채택하고 9월 21일부터 발효함으로써, 반도체 공급망 강화와 자립을 위한 법적 기반을 마련하였다. 이 법은 반도체 공급 부족, 공급망 보안 리스크, 산업 전반의 피해라는 세 가지 문제를 해결하고자 하며, 2030년까지 글로벌 반도체 시장 점유율을 기존 10%에서 20% 이상으로 확대하고 비EU 국가 의존도를 낮추는 것을 목표로 한다. 규정(Regulation) 형식으로 채택되어 EU 회원국 전체에 직접 적용되며, ▲유럽 차원의 반도체 설계·기술·생산 역량을 육성하는 'Chips for Europe 이니셔티브'(33억 유로 규모, 2021~2027 다년도 재정 계획하에 운영), ▲통합 생산시설과 개방형 EU 파운드리에 대한 행정 및 재정적 지원을 통한 공급망 보안 확보, ▲위기 상황에 대비한 조기 경보 시스템, 공동 조달 및 우선처리 명령 등 위기대응 체계 구축이라는 세 가지 축으로 구성된다. 본 법은 유럽 집행위원회와 회원국 간 협력을 통해 반도체 산업의 전략적 자율성과 위기 대응력을 높이기 위한 주요 이정표로 평가된다.

15 EU의 '반강압 규정(Anti-Coercion Regulation)'은 제3국의 경제적 강압 조치로부터 EU 및 회원국의 주권적 결정과 경제 이익을 보호하기 위해 2023년 12월 27일 발효된 EU 규정(Regulation)이다. 회원국 국내법 이행 없이 모든 EU 회원국에 직접 적용되며, 제3국이 국제법상 의무가 없음에도 불구하고 무역 또는 투자를 압박 수단으로 삼아 EU에 특정 조치(또는 조치하지 않을 것)를 요구하는 경우를 경제적 강압 행위로 간주한다. 실제로 EU

는 최근 몇 년간 중국과 러시아 등으로부터 반복적으로 강압 조치를 경험하였으며, 그 대표 사례로는 ▲EU의 인권 제재에 대한 중국의 보복성 기업 제재(2021), ▲대만 대표부 설립을 이유로 한 리투아니아산 수입 제한, ▲독일의 화웨이 5G 참여 허용을 유도하기 위한 자동차 관세 위협 등이 있다. 이에 따라 집행위원회는 해당 국가와의 협상, 중재, 국제 분쟁해결절차 등을 통해 대응하고, 필요 시 보복 조치(countermeasures)를 시행할 수 있는 권한을 가진다. 가능한 조치에는 ▲관세 인상, ▲수출입 제한, ▲공공조달 시장 배제, ▲서비스 무역 및 외국인직접투자 제한, ▲금융·지식재산·화학물질·위생 및 식물 위생 규제상의 유통 제한 등이 포함된다. 이러한 조치는 해당 강압 조치가 철회되거나 상호 합의가 도출될 때까지 유지될 수 있으며, 국제법상 비례성과 사전 통보 원칙을 전제로 한 대응 조치로 정당화된다. 다만 WTO 법 위반에 관한 일방적 보복은 WTO 분쟁해결절차를 우선적으로 통해야 한다는 점에서 제한된다. 이 규정은 EU가 다자주의 원칙을 견지하면서도 실질적인 대 대응 수단을 확보한 것으로 평가된다.

16 2023년 3월 16일, 유럽연합 집행위원회는 '중요 원자재법안(Critical Raw Materials Act, CRMA)'을 제안하였으며, 이후 삼자협의(Trilogue) 논의를 거쳐 유럽의회가 2023년 12월 12일 1차 독회에서 해당 법안에 대한 입장을 채택하였다. 이사회 승인과 EU 관보 게재를 거쳐 발효될 예정이다. 본 법안의 핵심 목적은 EU의 안정적이고 회복력 있으며 지속 가능한 중요 원자재 공급 확보를 위한 종합적 제도 틀을 구축하는 것이다. 법안은 원자재를 전략적 원자재와 중요 원자재로 구분하고, 보크사이트·알루미늄, 구리, 코발트, 리튬, 마그네슘, 니켈 등을 포함한 목록을 3년 주기로 갱신하도록 한다. EU 역내에서 연간 소비량 대비 채굴 10%, 정제 40%, 재활용 25%의 역량을 확보하고, 2030년까지 특정 제3국 의존도를 65% 이하로 낮추는 것을 목표로 한다. 전략 프로젝트에 대해서는 기술적 타당성, 공급 안정성 기여도, 지속 가능성, 국경 간 편익 창출 등 다섯 가지 요건을 기준으로 EU 차원의 행정적·재정적 지원이 이루어지며, EU 역내 기업을 대상으로 한 공동 구매 체계도 도입할 예정이다. 또한 원자재를 포함한 제품(예: 영구자석 포함 제품)에 대한 분리·재활용 가능성 표시 의무가 부과되며, 대기업은 3년 주기로 공급망 리스크 평가를 수행해야 한다. 본 법안은 EU의 원자재 전략 자율성 확보를 위한 중요한 입법으로 평가된다.

17 2023년 8월 9일, 바이든 대통령은 중국을 대상으로 한 특정 기술 분야의 미국인 해외 투자를 제한하는 행정명령을 발령했다. 이에 따라 미국 재무부는 반도체, 양자기술, 인공지능 등 군사·감시 관련 기술에 대한 대중국 투자를 금지하거나 통지 의무를 부과하는 새로운 해외투자 통제제도(Outbound Investment Security Program)를 도입하였다. 이 제도는 수출 통제를 넘어서 미국 자본의 기술 이전 기능 자체를 통제하려는 시도로, 해당 분야에 대한 지분 취득, 합작 투자, 신규 설비투자 등이 규제 대상이며, 미국인은 제3국 기업을 통한 간접 관여도 금지된다. 동시에 의회에서는 보다 포괄적인 제도화를 위한 입법 논의가 진행 중으로, '해외투자 투명성법', '국가경쟁역량 방어법', '중국 군사 및 감시기업 제재법' 등이 발의되어 기술·산업 주권 보호를 위한 대외투자 규제 틀을 정비하는 흐름이 이어지고 있다. 이 같은 움직임은 미국의 대중국 기술·안보 전략이 공급망 통제뿐 아니라 자본 흐름까지 확장되고 있음을 보여준다.

18 미국의 외국인투자심의위원회(CFIUS)는 외국인 투자가 미국 국가 안보에 미치는 영향을 심사하는 제도로, 1975년 행정명령으로 도입된 이후 2018년 '외국인투자심사 현대화법(FIRRMA)'을 통해 대폭 강화되었다. 최근에도 관련 법제는 지속적으로 확대 개편되고 있으며, 2024년 11월에는 허위 진술, 신고 누락 등과 관련한 민사 벌금 상한을 최대 500만 달러로 상향하고, 신고 의무 위반 시 거래 금액에 비례한 벌금을 부과할 수 있도록 한 재무부 최종 규정이 마련되었다. 또한 같은 해 군사시설 인근 외국인 부동산 거래에 대한 CFIUS 관할 범위를 추가로 60개 기지를 지정하여 총 227개로 확대하는 조치도 마련되었다. 이러한 일련의 조치는 외국인 투자를 통한 미국 내 민감 자산 접근 가능성에 대한 대응을 강화하려는 미국 정부의 의지를 반영하며, 향후 CFIUS의 역할은 기술, 부동산, 공급망 등 다양한 분야에서 더욱 확대될 것으로 보인다.

19. 2024년 9월 23일, 미국 상무부 산업안보국(BIS)은 중국 및 러시아와 관련된 차량용 통신 및 자율주행 시스템 부품과 완성차의 미국 내 수입·판매를 제한하는 제안 규정(NPRM)을 발표하였다. 이는 기존 ICTS(정보통신기술안보) 규정에 기반한 조치로, 해당 기술이 미국 국가 안보나 국민의 개인정보에 "부당하거나 용납할 수 없는 위험"을 초래할 경우 BIS가 거래를 금지할 수 있도록 한 법적 근거에 따른 것이다. 이번 제안은 VCS(Vehicle Connectivity System) 하드웨어와 자율주행 소프트웨어 등 특정 차량용 기술이 중국 또는 러시아의 관할, 지배, 통제하에 설계·제조·공급된 경우, 해당 기술이 포함된 완성차 또는 부품의 수입과 판매를 금지하는 것이 핵심이다. 금지 대상은 미국 내 업체뿐 아니라 제3국의 제조사와 공급사까지 포함되며, 미국 기업이 중국 또는 러시아산 기술을 활용해 완성차를 수입·판매하거나 해당 국가의 지배를 받는 경우도 포함된다. 기업은 BIS에 연 1회 이상 준수 선언(Declaration of Conformity)을 제출해야 하며, 위반 시 제재를 받을 수 있다. 규정은 최종안 공표 후 60일 뒤 발효될 예정이며, 일부 예외 조치와 유예기간(예: VCS 부품은 2029년 1월 전 수입, 완성차는 2027년 모델 이전까지 허용)이 적용된다. BIS는 기업이 특정 거래가 금지 대상에 해당하는지 사전에 확인할 수 있도록 자문 절차 및 공식 통보 제도도 마련할 계획이다. 이 규정은 미국이 자국 내 커넥티드카 산업의 보안과 공급망을 통제하기 위해 차량용 핵심 기술까지 안보 규제 범위를 확대한 대표적 사례로 평가된다.

20. 유럽연합은 2024년 11월 '강제노동 제품 금지 규정'을 채택하여, 강제노동을 통해 생산된 모든 제품의 EU 내 판매·유통·수입을 전면 금지하는 제도적 기반을 마련하였다. 본 규정은 제품의 원산지나 산업 분야를 불문하고 적용되며, 3년의 유예기간을 거쳐 2027년부터 시행될 예정이다. EU 집행위원회는 고위험 지역과 제품에 대한 데이터베이스를 구축하고, 강제노동 의심 제품에 대한 조사 및 시장 회수 조치를 수행할 수 있는 권한을 가진다. 규정은 EU 역내 기업뿐 아니라 역외 수출 기업에도 적용되므로, 모든 공급망 단계에서 인권 실사(due diligence)와 공급자 관리 강화가 요구된다. 이는 EU가 글로벌 공급망에서 인권 보호를 강화하고, 지속 가능성과 윤리적 책임을 제도화하려는 노력의 일환이다.

21. EU '산림전용 방지규정(EU Deforestation Regulation, EUDR)'은 2023년 6월 29일 발효되어, 2026년부터 대기업을 대상으로 본격 시행될 예정으로, 글로벌 산림 파괴 및 훼손 방지를 목적으로 제정되었다. 본 규정은 소, 팜유, 커피, 코코아, 고무, 대두, 목재 등과 이들로부터 생산된 제품이 2020년 12월 31일 이후 산림 전용(deforestation) 또는 훼손(forest degradation)에 연관되지 않았음을 입증할 것을 요구하며, EU 역내 판매·유통·수출 시 기업에 공급망 실사(due diligence) 의무를 부과한다. 위반 시 매출의 최대 4%까지 벌금이 부과될 수 있으며, 중소기업은 6개월의 유예를 받아 2026년 6월 30일부터 시행된다. 본 규정은 EU의 기후변화 대응 및 지속 가능한 공급망 구축을 위한 핵심 정책 수단으로 평가되며, 역외 공급자에게도 동일한 기준이 적용되어 한국을 포함한 글로벌 기업의 대응이 요구된다.

22. EU는 2022년 11월 기존 '포장 및 포장폐기물 지침(Packaging and Packaging Waste Directive)'을 개정하여 규정(Regulation)의 형태로 제정하기 위한 '포장 및 포장폐기물 규정 초안(Proposed PPW Regulation)'을 발표하였으며, 이는 포장의 전 생애주기에 걸친 환경 지속 가능성 요건과 라벨링 기준을 규율하는 것을 골자로 한다. 해당 규정은 플라스틱을 포함한 모든 포장재 및 폐기물에 적용되며 재활용 가능성, 유해물질 제한, 재생원료 함량, 퇴비화 가능성, 포장 최소화 및 재사용 요건 등을 명시하고 있다. 특히 2025년부터 일부 포장재에 대한 시장 진입 제한, 2030년부터는 재활용률 70% 미만 포장재의 판매 금지, PFAS 및 비스페놀 A 포함 식품용 포장재 금지 등의 조치를 단계적으로 도입할 예정이다. 2023년 11월 유럽의회는 일부 조항을 수정해 통과시켰으나 일회용 컵, 접시, 과일·채소 포장 등 일부 품목의 제외로 인해 규제 실효성이 약화되었다는 비판도 제기되었다. 이후 2023년 12월 이사회가 협상 입장을 채택하면서 2024년부터 본격적인 삼자협상(Trilogue)이 진행 중이나, 2025년 3월 현재까지 최종안은 채택되지 않았고, 규정은 아직

발효되지 않은 상태이다.

23　EU는 2023년 3월 '물품 수리 지침(Repair of Goods Directive)'을 제안하고, 2024년 2월 유럽의회와 이사회 간 잠정 합의에 도달한 후, 2024년 7월 30일 해당 지침을 공식 발효하였다. 이 지침은 소비자의 '수리할 권리(Right to Repair)'를 보장하고 순환경제를 촉진하기 위한 입법으로, 판매자는 수리비가 교체비와 같거나 더 저렴할 경우 우선적으로 수리할 의무를 지며, 특정 품목에 대해서는 생산자도 수리 의무를 부담한다. 또한 소비자가 요청할 경우 수리자는 '수리 정보 양식'을 제공해야 하며, 회원국은 수리·리퍼비시 제품 중개를 위한 온라인 플랫폼을 최소 1개 이상 운영해야 한다. 본 지침은 2026년 7월 31일까지 각국 국내법으로 전환되어야 하며, 2025년 3월 현재 발효된 상태이나 회원국별 이행 절차가 진행 중이다.

24　2024년 3월 15일, 인도 재무부는 'CIF 기준 3만 5,000달러 이상인 전기차(EV)'에 대한 관세를 5년간 15%로 인하하는 조치를 발표하였으며, 이는 '인도 승용 전기차 제조 촉진 계획(Scheme to Promote Manufacturing of Electric Passenger Cars in India)'의 조건을 충족하는 기업에 한해 적용된다. 해당 계획에 따라 기업 또는 그룹사는 연간 글로벌 자동차 제조 매출 1조 루피 이상, 글로벌 고정자산 투자 3,000억 루피 이상, 인도 내 3년간 최소 4,150억 루피(약 5억 달러) 투자, 3년 내 인도 현지 제조시설 가동, 승인일 기준 3년 내 최소 25%, 5년 내 최소 50%의 현지 부가가치 달성 등의 조건을 충족해야 하며, 이를 보증하기 위한 최대 4,150억 루피 또는 면제된 관세액 중 높은 금액에 해당하는 은행 보증이 요구된다. 승인된 기업은 연간 최대 8,000대까지 EV를 15%의 관세로 수입할 수 있으며, 총 면세 한도는 인도 내 실제 투자액 또는 6,484억 루피 중 낮은 금액을 상한으로 한다. 신청은 2024년 3월 15일부터 최소 120일간 온라인 포털을 통해 접수되며, 계획 시행 후 2년 내 MHI(중공업부)의 판단에 따라 추가 신청 창이 열릴 수 있다. 이 제도는 외국 전기차 기업의 인도 현지 생산 유인을 높이는 동시에, 전기차 산업 생태계의 육성을 목표로 한다.

25　전기성, WTO 규범의 '원칙'과 '예외', 세계는 지금(2023년 3월호), KDI 경제교육 정보센터. https://eiec.kdi.re.kr/publish/naraView.do?fcode=00002000040000100010&cidx-=14243&sel_year=2023&sel_month=03.

26　3장 참조.

27　Ibid.

28　Ibid.

29　Parties to Government Procurement Pact Welcome New Party, New Acceding Country, World Trade Organization (November 9, 2023) https://www.wto.org/english/news_e/news23_e/gpro_10nov23_e.htm.

30　Ibid.

31　Justin Badlam, Stephen Clark, Suhrid Gajendragadkar, Adi Kumar, Sara O'Rourke, and Dale Swartz, The CHIPS and Science Act: Here's what's in it, McKinsey & Company (October 4, 2022) https://www.mckinsey.com/industries/public-sector/our-insights/the-chips-and-science-act-heres-whats-in-it.

32　Julia Pamilih, Industrial Policy with Conditionalities: U.S. CHIPS & Science Act, Malcolm Weiner Center for Social Policy (February 21, 2024) https://www.hks.harvard.edu/centers/wiener/programs/economy/our-work/reimagining-economy-blog/industrial-policy.

33　Preventing the Improper Use of CHIPS Act Funding, 88 Fed. Reg. 65600 (September 25, 2023) (to be codified at 15 CFR Part 231).

34　Financial Times, "The Chips Act has been surprisingly successful so far", https://www.ft.com/content/26756186-99e5-448f-a451-f5e307b13723?accessToken=zwAGFvxxcJBgkc8mdWGGmeVEj9OkUfXjB7E3Iw.MEYCIQCN-w9kTVpkdd-uIVMx-5CC6B3hHfB-jrxNvAzkrm8UASwIhANnMCjLkm26V1IUXFxXTT4dySIOezkH3l9ulxK-Mux3UK&sharetype=gift&token=9c4f0b00-6a5f-4595-a82e-17c55b4dd658.

35 Chris Miller, The Chips Act has been surprisingly successful so far, Financial Times (April 25, 2022) https://www.ft.com/content/26756186-99e5-448f-a451-f5e307b13723?accessToken=zwAGFvxxcJBgkc8mdWGGmeVEj9OkUfXjB7E3Iw.MEYCIQCN-w9kTVpkdd-uIVMx5CC6B3hHfB-jrxNvAzkrm8UASwIhANnMCjLkm26V1IUXFxXTT4dySIOezkH3l9ulxKMux3UK&sharetype=gift&token=9c4f0b00-6a5f-4595-a82e-17c55b4dd658.

36 National Institute of Standards and Technology, FY2024 CHIPS R&D National Advanced Packaging Manufacturing Program ("NAPMP") Materials & Substrates, 2024-NIST-CHIPS-NAPMP-01, 28 February 2024.

37 John Sargent, Manpreet Singh, and Karen Sutter Cong. Rsch. Serv., R47523, Frequently Asked Questions: CHIPS Act of 2022 Provisions and Implementation (2023)https://crsreports.congress.gov/product/pdf/R/R47523.

38 NAMP 외에 나머지 3개의 프로그램은 National Semiconductor Technology Center (NSTC), CHIPS Metrology Program,Manufacturing USA institute(s)이다.

39 NOTICE OF FUNDING OPPORTUNITY (NOFO), National Advanced Packaging Manufacturing Program (NAPMP) Materials & Substrates ("NOFO 3"), p. 11, https://www.nist.gov/system/files/documents/noindex/2024/02/27/CHIPS%20NAPMP%20MATERIALS%20AND%20SUBSTRATES%20NOFO%20%281%29-508C.pdf.

40 NOFO 3, p. 12.

41 NOFO, p. 13.

42 NOFO, p. 34.

43 NOFO, p. 35.

44 NOFO. pp. 35-36.

45 David Dayen, How Policy Got Done in 2022, The American Prospect (September 26, 2022) https://prospect.org/politics/how-policy-got-done-in-2022/.

46 Anshu Siripurapu & Noah Berman, Is Industrial Policy Making a Comeback?, Council on Foreign Relations (Sep. 18, 2023), https://www.cfr.org/backgrounder/industrial-policy-making-comeback.

47 Jennifer Hillman & Inu Manak, Rethinking International Rules on Subsidies, Council on Foreign Relations (September 2023) at p.18.

48 4장 1절 참조.

49 David Goldwyn & Andrea Clabough, A year after the IRA, industrial policy has gone global. Now what?, Atlantic Council (August 7, 2023) https://www.atlanticcouncil.org/blogs/energysource/a-year-after-the-ira-industrial-policy-has-gone-global/.

50 Tom Ramage, 2023 in Review: Korea and the Inflation Reduction Act, KEI (December 22, 2023) https://keia.org/the-peninsula/2023-in-review-korea-and-the-inflation-reduction-act/.

51 H.R.5376 - Inflation Reduction Act of 2022 ("IRA").

52 IRA, Title I, Subtitle A (Deficit Reduction).

53 IRA, Sec. 10101.

54 IRA, Title I, Subtitle A (Deficit Reduction), Part 2.

55 IRA, Title I, Subtitle B (Prescription Drug Pricing Reform), Part 1.

56 John Sargent, Manpreet Singh, and Karen Sutter Cong. Rsch. Serv., R47523, Frequently Asked Questions: CHIPS Act of 2022 Provisions and Implementation (2023).

57 Ibid. Part 3.

58 IRA, Title I, Subtitle D, Parts 1-9.

59 IRA, Title I, Subtitle B, Parts 1-5.

60 Regulation (EU) 2022/2560 of the European Parliament and of the Council of 14 December 2022 on foreign subsidies distorting the internal market ("FRS").

61 FRS, Article 20.3.

62 FSR, Article 25.3.

63 FSR, Article 28.

64 FSR Articles 17.5, 26.1, 33.1.

65 Commission opens two in-depth investigations under the Foreign Subsidies Regulation in the solar photovoltaic sector, https://ec.europa.eu/commission/presscorner/detail/en/ip_24_1803.

66 Summary notice concerning the initiation of an in-depth investigation in Case FSP. 100151, pursuant to Articles 10(3)(d) of Regulation (EU) 2022/2560.

67 MLex, "Shanghai Electric, Longi drop Romanian solar tender bids after EU foreign-subsidy probes" (13 May 2024).

68 Summary notice concerning the initiation of an in-depth investigation in case FSP.100147 pursuant to Articles 10(3)(d) of Regulation (EU) 2022/2560 (C/2024/1913).

69 Statement by Commissioner Breton on withdrawal by CRRC Qingdao Sifang Locomotive Co., Ltd. from public procurement following the Commission's opening of an investigation under the Foreign Subsidies Regulation, https://ec.europa.eu/commission/presscorner/detail/en/statement_24_1729.

70 손인성/김동구, EU 배출권 거래제 4기의 핵심 설계 변화 분석과 국내 배출권 거래제 3기에의 시사점(에너지경제연구원, 2020. 2.), pp. 1-2.

71 한국무역협회 통상지원센터, 미리 보는 EU 탄소국경조정제도 시범 시행 기간 주요 내용 및 시사점, 2023년 통상리포트 10호, p.3.

72 European Commission, Monitoring, Reporting, and Verification, https://climate.ec.europa.eu/eu-action/eu-emissions-trading-system-eu-ets/monitoring-reporting-and-verification_en.

73 European Commission, Monitoring, reporting and verification (EU-ETS), https://climate.ec.europa.eu/eu-action/eu-emissions-trading-system-EU ETS/monitoring-reporting-and-verification-EU ETS-emissions_en.

74 European Commission, Reducing emissions from aviation, https://climate.ec.europa.eu/eu-action/transport-decarbonisation/reducing-emissions-aviation_en.

75 Agreement between the EU and Switzerland on the greenhouse gas emissions trading system (ETS), https://eur-lex.europa.eu/legal-content/EN/TXT/?uri=legissum%3A4363975&.

76 EU Commission, Carbon Border Adjustment Mechanism, https://taxation-customs.ec.europa.eu/carbon-border-adjustment-mechanism_en 참고.

77 European Commission, Carbon Border Adjustment Mechanism, 28 March 2025, https://taxation-customs.ec.europa.eu/carbon-border-adjustment-mechanism_en.

78 Ibid.

79 Ibid.

80 Ibid.

81 산업부/환경부, EU 탄소국경조정제도 전환기간 이행 가이드라인(버전 1.0.0) (2023. 9.).

82 EU Commission, Net-Zero Industry Act: Making the EU the home of clean technologies manufacturing and green jobs (March 16, 2023), https://ec.europa.eu/commission/presscorner/detail/en/ip_23_1665; Regulation (EU) 2024/1735 of the European Parliament and of the Council of 13 June 2024 on establishing a framework of measures for strengthening Europe's net-zero technology manufacturing ecosystem and amending Regulation (EU) 2018/1724 (Text with EEA relevance) ("NZIA").

83 3장, 4장 참조.

84 3장 참조.

85 NZIA, Article 4.

86 NZIA (14).

87 NZIA (57).

88 NZIA (24).

89 NZIA Article 16.

90 NZIA Article 20.

91 NZIA Article 26.

92 NZIA Article 31.

93 NZIA Article 33.

94 NZIA Article 38.

95 Directive (EU) 2022/2464 of the European Parliament and of the Council of 14 December 2022 amending Regulation (EU) No 537/2014, Directive 2004/109/EC, Directive 2006/43/EC and Directive 2013/34/EU, as regards corporate sustainability reporting (Text with EEA relevance) ("CSRS"), (13).

96 CSRS (17).

97 Lexology, EU 기업 지속가능성 실사지침(CSDDD) 임시 합의 도달, https://www.lexology.com/library/detail.aspx?g=06a78445-e924-4a7c-b62e-3f20a0aa65e0.

98 https://finance.ec.europa.eu/capital-markets-union-and-financial-markets/company-reporting-and-auditing/company-reporting/corporate-sustainability-reporting_en.

99 The Corporate Sustainability Due Diligence Directive (CSDDD) - Directive (EU) 2024/1760, https://commission.europa.eu/business-economy-euro/doing-business-eu/sustainability-due-diligence-responsible-business/corporate-sustainability-due-diligence_en.

100 CSRD Article 5(2).
101 https://ec.europa.eu/commission/presscorner/detail/en/qanda_23_4043.
102 PwC, The European Sustainability Reporting Standards are finalized, https://viewpoint.pwc.com/dt/us/en/pwc/in_briefs/2023/2023/ibint202322.html.
103 Directive (EU) 2024/1760 of the European Parliament and of the Council of 13 June 2024 on corporate sustainability due diligence and amending Directive (EU) 2019/1937 and Regulation (EU) 2023/2859 (OJ L, 2024/1760, 5.7.2024).
104 TFEU, Article 288.
105 CSDDD, Article 37(1).
106 NFRD Article 1(1).
107 NFRD Article 1(3).
108 NFRD Article 1(1) & 1(3).
109 NFRD Article 1(1).
110 NFRD Article 1(1).
111 The 2013 Accounting Directive (2013/34/EU) ("AD"), Article 2(1).
112 AD Articles 3(4)-(7).
113 AD Article 29d(1).
114 AD Article 30(1).
115 Ibid.
116 https://ec.europa.eu/commission/presscorner/detail/en/qanda_23_4043.
117 AD Article 19a(6).
118 AD Articles 19a(1), 20a(1).
119 CSDDD Articles 2, 37.
120 Ibid.
121 CSDDD Article 2(1).
122 Ibid.
123 CSDDD Article 7.
124 CSDDD Article 8.
125 CSDDD Article 9.
126 CSDDD Article 10.
127 CSDDD Article 11.
128 CSDDD Article 12.
129 CSDDD Article 13.
130 CSDDD Article 14.
131 CSDDD Article 15.

132 CSDDD Article 16.
133 AD 19a조, 29a, 40a조.
134 CSDDD Article 6.
135 CSDDD Article 10(5), 11(6), 13(6).
136 CSDDD Article 3(1)(j).
137 CSDDD 전문 (19).
138 CSDDD Articles 10(2)(b), 10(4), 11(3)(c), 11(6).
139 CSDDD Article 7, 전문(39).
140 CSDDD FAQ, 6.1.
141 CSDDD Article 24(9).
142 CSDDD Article 10(5), 11(6).
143 CSDDD Article 3(1)(h).
144 CSDDD Article 24(9).
145 Ibid.
146 CSDDD Article 27.
147 CSDDD Articles 27(3)-(4).
148 CSDDD Article 27(3).
149 CSDDD Article 27(4).
150 CSDDD Article 27(2).
151 CSDDD Article 27(5).
152 CSDDD Article 29.
153 CSDDD Article 29(1)-(5).
154 CSDDD Article 29(3)(a).
155 CSDDD Article 29(3)(d).
156 CSDDD Article 25(4).
157 CSDDD Article 29(4).
158 CSDDD Article 29(2).
159 TFEU Article 263, 288.
160 TFEU Article 267.
161 KITA, EU 집행위, 그린워싱 방지 위한 친환경 표시 지침(안) 발표, 2023. 3. 25.
162 Proposal for a Directive of the European Parliament and of the Council on substantiation and communication of explicit environmental claims (Green Claims Directive; "GCD"), Brussels, 22.3.2023, COM(2023) 166 final, 2023/0085 (COD), https://eur-lex.europa.eu/legal-content/EN/TXT/PDF/?uri=CELEX:52023PC0166&from=EN.
163 KPMG, What the Green Claims Directive means for companies - an overview (29 January

2025), https://kpmg-law.de/en/what-the-green-claims-directive-means-for-companies-an-overview/.

164 GCD Article 1.

165 Ibid.

166 Proposal for a Directive of the European Parliament and of the Council on substantiation and communication of explicit environmental claims (Green Claims Directive; "GCD"), Brussels, 22.3.2023, COM(2023) 166 final, 2023/0085 (COD), p. 1.

167 GCD Article 1.

168 GCD Article 8.

169 GCD Article 8(6).

170 GCD Article 13.

171 2020년 11월 25일자 소비자의 집단적 이익을 보호하기 위한 대표 소송과 관련되고 지침 2009/22/EC호를 폐지하는 유럽의회 및 이사회 (EC) 규정 2020/1828호.

172 Regulation (EU) 2024/1781 of the European Parliament and of the Council of 13 June 2024 establishing a framework for the setting of ecodesign requirements for sustainable products, amending Directive (EU) 2020/1828 and Regulation (EU) 2023/1542 and repealing Directive 2009/125/EC (Text with EEA relevance) ("ER").

173 ER Article 2 (Definition).

174 ER 전문 (55).

175 ER Article 1(2).

176 ER Article 1(2).

177 ER Article 5.

178 ER Article 7.

179 ER Articles 9-10.

180 ER Article 18, Annex VII.

181 ER Article 10.

182 https://eur-lex.europa.eu/legal-content/EN/TXT/PDF/?uri=CELEX:02009L0125-20121204&from=EN.

183 Regulation (EU) 2023/1542 of the European Parliament and of the Council of 12 July 2023 concerning batteries and waste batteries, amending Directive 2008/98/EC and Regulation (EU) 2019/1020 and repealing Directive 2006/66/EC (Text with EEA relevance).

184 Ibid, Article I (Subject matter and scope).

185 한국인터넷진흥원, 개인정보보호 월간동향분석, 2024년 1월호, pp.3-4.

186 Ibid.

187 Regulation (EU) 2023/2854 of the European Parliament and of the Council of 13 December 2023 on harmonized rules on fair access to and use of data and amending Regulation (EU) 2017/2394 and Directive (EU) 2020/1828 ("EU Data Regulation"; "EUDR"), 전문 참조.

188 EUDR 전문(2).

189 EDUR 전문(4).

190 EUDR Articles 3, 4.

191 EUDR Article 5.

192 EUDR Article 7.

193 EUDR Articles 8-10.

194 EUDR Article 14-18 참조.

195 Delegation of the European Union to the Republic of Korea, European Union's Approach to Artificial Intelligence (AI), 25 Feb. 2020, https://www.eeas.europa.eu/delegations/south-korea/european-unions-approach-artificial-intelligence-ai_en?s=179.

196 Ibid.

197 EU Commission, AI Act, https://digital-strategy.ec.europa.eu/en/policies/regulatory-framework-ai.

198 EU Committees, 9th Parliamentary Term (2019-2024), Artificial Inteligence Act https://www.europarl.europa.eu/committees/en/artificial-intelligence-act/product-details/20230417CDT11481.

199 Regulation (EU) 2024/1689 of the European Parliament and of the Council of 13 June 2024 laying down harmonised rules on artificial intelligence and amending Regulations (EC) No 300/2008, (EU) No 167/2013, (EU) No 168/2013, (EU) 2018/858, (EU) 2018/1139 and (EU) 2019/2144 and Directives 2014/90/EU, (EU) 2016/797 and (EU) 2020/1828 (Artificial Intelligence Act; "EUAIA").

200 한국지능정보사회진흥원, EU 인공지능법 입법 추진 현황과 시사점, 지능정보사회 법제도 이슈리포트(2023-03), 4p.

201 EUAIA, Article 3 (definitions).

202 EU Commission, Press Release, Commission welcomes political agreement on Artificial Intelligence Act, 9 December 2023. (https://ec.europa.eu/commission/presscorner/detail/en/ip_23_6473).

203 EUAIA, Article 5.

204 EUAIA, Article 6, Annexes 2, 3, Articles 16, 24, 26, 28.

205 EUAIA, Article 50.

206 EU Commission, Press Release, Commission welcomes political agreement on Artificial Intelligence Act, 9 December 2023. (https://ec.europa.eu/commission/presscorner/detail/en/ip_23_6473).

207 EUAIA, Article 3 (definitions).

208 Ibid, (63).

209 EUAIA, Article 2.

210 EUAIA, Article 5.

211 EUAIA, Article 6.

212 EUAIA, Article 6(3).
213 EUAIA, Articles 7, 43.
214 EUAIA, Article 32.
215 EUAIA, Articles 40, 72.
216 EUAIA (199).
217 EUAIA (133).
218 EUAIA Article 26.
219 EUAIA Article 53.
220 EUAIA Articles 51, 55.
221 EUAIA Article 55.
222 EUAIA Article 56.
223 EUAIA Article 57.
224 EUAIA Articles 58-61.
225 EUAIA (150), Articles 64-69.
226 EUAIA (179), Articles 56, 113.
227 '데이터 현지화(Data localization)'란 특정 데이터가 저장되어야 하는 위치에 관한 규정을 의미하며, 이는 데이터를 보관하는 컴퓨팅 시설의 물리적 위치를 포함한다.
228 Cybersecurity Law of the People's Republic of China (中华人民共和国网络安全法), effective June 1 2017 ("CSL"). Unofficial translation available at: https://digichina.stanford.edu/work/translation-cybersecurity-law-of-the-peoples-republic-of-china-effective-june-1-2017/. See also Practical Law China, Cross-border data transfers: China, Westlaw, available at: https://1.next.westlaw.com/Document/I17147.
229 Data Security Law of the People's Republic of China (中华人民共和国数据安全法), effective 1 September 2021 ("DSL"). Unofficial English translation available at: https://digichina.stanford.edu/work/translation-data-security-law-of-the-peoples-republic-of-china/. See also Practical Law China, Cross-border data transfers: China, Westlaw, available at: https://1.next.westlaw.com/Document/I17147.
230 Personal Information Protection Law of the People's Republic of China (中华人民共和国个人信息保护法), effective 1 November 2021 ("PIPL"). Unofficial translation available at: https://digichina.stanford.edu/work/translation-personal-information-protection-law-of-the-peoples-republic-of-china-effective-nov-1-2021/. See also Practical Law China, Cross-border data transfers: China, Westlaw, available at: https://1.next.westlaw.com/Document/I17147.
231 Data security technology - Rules for data classification and grading [GB/T 43697-2024](数据安全技术 数据分类分级规则) ("Data Classification Standards"), effective 1 October 2024, available at: https://www.tc260.org.cn/upload/2024-03-21/1711023239820042113.pdf?mc_cid=b0acb1c7ee&mc_eid=627c47469b;Provisions on Promoting and Standardizing Cross-Border Data Flows (促进和规范数据跨境流动规定) ("CBDT Provisions"), effective 22 March 2024, available at: https://www.cac.gov.cn/2024-03/22/c_1712776611775634.htm.

232 Data Classification Standards. See also Arendse Huld "China Releases Technical Standards Guiding the Classification of 'Important' Data", China Briefing, Dezan Shira and Associates (3 April 2024), available at: https://www.china-briefing.com/news/china-data-classification-standards-important-data/#:~:text=Important%20data,%2C%20public%20health%2C%20and%20safety.

233 Ibid.

234 PIPL Article 4.

235 CSL Article 31.

236 Data Classification Standards. See also Arendse Huld "China Releases Technical Standards Guiding the Classification of 'Important' Data", China Briefing, Dezan Shira and Associates (3 April 2024), available at: https://www.china-briefing.com/news/china-data-classification-standards-important-data/#:~:text=Important%20data,%2C%20public%20health%2C%20and%20safety.

237 Ibid.

238 Ibid.

239 Ibid.

240 Ibid.

241 CSL Article 37.

242 PIPL Article 40.

243 DSL Article 31.

244 Measures for Data Export Security Assessment, effective 1 September 2022 ("Security Assessment Measures"), available at: https://www.cac.gov.cn/2022-07/07/c_1658811536396503.htm; CBDT Provisions; CSL, article 37; PIPL, article 40; PIPL, articles. 38-39, 54(4).

245 Security Assessment Measures. See also Arendse Huld, "Cross-Border Data Transfer - New Measures Clarify Security Review Requirements", China Briefing, Dezan Shira and Associates (17 April 2024), https://www.china-briefing.com/news/cross-border-data-transfer-new-measures-offer-clarification-on-security-review/.

246 Ibid.

247 Ibid.

248 Ibid.

249 PIPL Article 38.

250 Standard Contract Measures for the Export of Personal Information, effective 1 June 2023, available at: https://www.cac.gov.cn/2023-02/24/c_1678884830036813.htm;Guidelines for the Filing of Standard Contracts for Exporting Personal Information Abroad (First Edition), published 30 May 2023, available at: https://www.cac.gov.cn/2023-05/30/c_1687090906222927.htm;Practice Guidelines for Cyber Security Standards – Technical Specifications for Certification of Cross-Border Processing of Personal Information (Draft for Comment), published 29 April 2022, available at: https://www.tc260.org.cn/front/postDetail.html?id=20220429181520.

251 PIPL Article 39.

252 CBDT 참조.

253 CBDT article 2.

254 Online Publishing Service Management Rules (网络出版服务管理规定), effective 10 March 2016 (2016 Online Publication Rules), Articles 2, 24 Unofficial translation available at: https://chinacopyrightandmedia.wordpress.com/2016/02/04/online-publishing-service-management-rules/.

255 Internet Information Service Management Rules (互联网信息服务管理办法), effective 25 September 25, 2000 (2000 Internet Service Management Rules), Articles 2, 15.

256 Notice concerning Further Implementing Regulations on the Management of Online Foreign Film and Television Dramas (步落实网上境外影视剧管理有关规定的通知), 2 September 2014 ("2014 Film and TV Notice"), Article III. Unofficial translation available at: https://chinacopyrightandmedia.wordpress.com/2014/09/02/notice-concerning-further-implementing-regulations-on-the-management-of-online-foreign-film-and-television-dramas/.

257 Ibid, Article II.

258 Ibid, Article VI.

259 Notice of the General Office of the General Administration of Press, Publication, Radio, Film and Television on the Administration of Mobile Game Publishing Services (国家新闻出版广电总局办公厅关于移动游戏出版服务管理的通知), effective 1 July 2016, Articles 3-5, 13-14 (2016 Mobile Game Notice). Unofficial translation available at: https://www.appinchina.co/government-documents/notice-on-mobile-game-publishing-service-management.

260 2000 Internet Service Management Rules, Article 7 (required for all websites that provide internet content services on a commercial basis (including charging subscriber fees or making profit through advertisement revenue)).

261 2016 Online Publication Rules, arts. 7, 11.

262 2007 Audiovisual Program Provisions, Article 7.

263 Provisional Internet Culture Management Regulations (互联网文化管理暂行规定), effective 1 April 2011 ("2011 Internet Culture Regulations"), Article 6 (required for any provider of "cultural products" (e.g., music, games, shows, etc.) via the internet). Unofficial translation available at: https://chinacopyrightandmedia.wordpress.com/2011/02/17/provisional-internet-culture-management-regulations/.

264 2007 Audiovisual Program Provisions, Article 8(1).

265 2016 Online Publication Rules, Article 2.

266 2016 Mobile Game Notice, Article 2.

267 The Special Administrative Measures (Negative List) for Foreign Investment Access (2021 Edition), Part VII (Information transmission, software, and information technology services), no. 15 (effective 1 January 2022) ("Foreign Investment Negative List") at Part VII (unofficial translation available at: https://www.china-briefing.com/news/chinas-foreign-investment-negative-list-2021-edition-english-version/).

268 Telecommunications Regulations of the People's Republic of China (中华人民共和国电信条例), Article 8, effective 25 September 2000 ("Value-added telecommunications businesses

shall mean businesses that provide telecommunications and information services using public network infrastructure.") Unofficial translation available at: http://www.china.org.cn/business/laws_regulations/2010-01/20/content_19273945_2.htm.

269 Foreign Investment Negative List, Part VII (Information transmission, software, and information technology services), no. 14.

270 The Gazette of India, Extraordinary, Notification No. CG-DL-E-03082023-247819, dated August 3, 2023.

271 Shivangi Acharya, "U.S. Trade Chief Flags Concerns over India's License Mandate For …," Reuters, August 2023.

272 The Gazette of India, Extraordinary, Notification No. CG-DL-E-05082023-247886, dated August 4, 2023.

273 PTI, "Post-Sep Decision on Import Management System for Laptops, Tablets after Evaluating Data: Official," Outlook Business & Money, March 2024.

274 "India Eases Restrictions on Laptop, Tablet Imports in Policy Dilution," The Economic Times, October 2023.

275 The Gazette of India, Notification No. 22/2015-2020, dated 30 July 2020.

276 HT Tech, "Govt Imposes Import Restrictions on Colour TV Sets," HT Tech, July 30, 2022.

277 Manoj Kumar, "Import Curbs Boost Indian TV Manufacturing, Viera Group Says ," Reuters, September 2022.

278 Electronic and Computer Software Industry and Export," Indian Trade Portal , 2022, Ministry of Commerce & Industry.

279 "India - Country Commercial Guide ," ITA, January 2024, International Trade Administration.

280 ANI, "Union Cabinet Approves National Medical Devices Policy, 2023," ThePrint, April 26, 2023.

281 Notification No. 12/2015-2020, on "Amendment in Import Policy of Tyres" of 12 June 2020.

282 미국 상무부 산업안보국(BIS)은 In the Matter of Sigma-Aldrich Business Holdings, Inc., Sigma-Aldrich Corporation, and Sigma Aldrich Research Biochemicals, Inc에서 '실질적 연속성' 기준을 채택함.

283 https://www.nrc.gov/reading-rm/doc-collections/reg-guides/index.html; https://www.energy.gov/nnsa/10-cfr-part-810.

284 15 C.F.R. § 734.13.

285 15 C.F.R. § 734.14.

286 15 C.F.R. §§ 730.7, 730.8.

287 15 C.F.R. § 738.2(a).

288 15 C.F.R. § 738.2(b).

289 15 C.F.R. § 738.2(d)(1).

290 15 C.F.R. § 738.2(d)(1).

291 Export Control Reform Act of 2018 (ECRA), Pub. L. No. 115-232, 132 Stat. 2208 (2018).

292 15 C.F.R. § 736.2(b)(1).

293 15 C.F.R. § 736.2 (b)(2).

294 15 C.F.R. § 736.2 (b)(3).

295 15 C.F.R. § 744.16.

296 15 C.F.R. § 764.3(a)(2).

297 15 C.F.R. § 744.15.

298 15 C.F.R. § 744.21;Part 744, Supplement No. 7.

299 22 C.F.R. Part 123.

300 22 C.F.R. § 120.34(a)(8).

301 에너지부는 원자력법(AEA) §57b.(2) 및 10 C.F.R. Part 810부에 근거하여 '외국 원자력 활동에 대한 지원'을 시행한다. https://www.govinfo.gov/content/pkg/CFR-2018-title10-vol4/xml/CFR-2018-title10-vol4-part810.xml 참조.

302 10 C.F.R. §§ 810.2(c), 810.3 및 810.6.

303 일반적으로 승인된 국가는 다음과 같다. 아르헨티나, 호주, 오스트리아, 벨기에, 브라질, 불가리아, 캐나다, 칠레, 콜롬비아, 크로아티아, 키프로스, 체코, 덴마크, 이집트, 에스토니아, 핀란드, 프랑스, 독일, 그리스, 헝가리, 인도네시아, 국제원자력기구, 아일랜드, 이탈리아, 일본, 카자흐스탄, 대한민국, 라트비아, 리투아니아, 룩셈부르크, 몰타, 멕시코(특정 활동), 모로코, 네덜란드, 노르웨이, 폴란드, 포르투갈, 루마니아, 슬로바키아, 슬로베니아, 남아프리카공화국, 스페인, 스웨덴, 스위스, 대만, 터키, 우크라이나(특정 지역 제외), 아랍에미리트, 영국 및 베트남 등.

304 10 C.F.R. § 810.12(e) 누구나 § 810.6에 따라 일반적으로 승인된 활동을 시작한 후 역일 기준 30일 이내에 (1) 보고서를 제출하는 사람의 이름, 주소 및 시민권, (2) 활동을 수행하거나 수행하는 사람의 이름, 주소 및 시민권, (3) 활동에 대한 설명, 시작 날짜, 위치, 상태 및 예상 완료 날짜, (4) 신청자가 일반 허가에 따라 이전된 물질, 장비 또는 기술의 후속 이전이 § 810.6의 조건이 충족되지 않는 상황에서 이루어질 수 없도록 수령자와 합의했다는 서면 보증서 등을 에너지부에 제공해야 한다.

305 10 C.F.R. § 110.5.

306 10 C.F.R. Part 110.

307 10 C.F.R. § 110.5.

308 10 CFR § 110.42.

309 제재 프로그램 및 국가 정보는 https://ofac.treasury.gov/sanctions-programs-and-country-information에서 확인 가능하다.

310 여기에 나열된 규정은 특정 제재 프로그램에서 시행되는 규정을 요약한 것이다. 예를 들어 31 C.F.R. § 510.201(a)(1) ("차단된 재산과 관련된 금지된 거래")는 "미국 내에 있거나, 미국 내에서 발생하거나, 북한 정부 또는 조선노동당의 미국인이 소유하거나 통제하는 모든 재산 및 재산에 대한 이익은 차단되며 양도, 지급, 수출, 인출 또는 기타 방식으로 거래할 수 없다"고 규정하고 있다.

311 31 C.F.R.§§ 515.329 및 515.330.

312 31 C.F.R.§§ 510.201.

313 EO13608.

314 EO13662.

315 OFAC 50% 규정 참조: https://ofac.treasury.gov/media/6186/download?inline.

316 2020년 미국은 홍콩에서 중국의 특정 행위에 "실질적으로 기여"한 것으로 판단되는 외국인에 대한 경제 제재와 비자 제한을 도입한 홍콩 자치법(HKAA)을 발표했다.

317 바세나르협정은 재래식 무기와 이중용도 품목의 수출 통제를 통해 국제 안보와 안정성을 강화하려는 다자간 협력 체제이다. 1996년에 설립되어, 회원국 간 투명성과 책임성 있는 수출 정책을 촉진한다. 현재 약 42개국이 회원국이며 미국, 일본, 독일, 한국 등 주요 국가들이 포함되어 있다.

318 Council Regulation (EU) 2021/821 of the European Parliament and of the Council of 20 May 2021 setting up a Union regime for the control of exports, brokering, technical assistance, transit and transfer of dual-use items (recast) [2021], OJ L 206/1.

319 The Missile Technology Control Regime ("MTCR") - an informal political understanding to limit the proliferation of missiles and missile technology, which now comprises 42 states (including Korea, all EU Member States, the United States, Russia, and India).

320 Common Military List of the European Union adopted by the Council on 17 February 2020 (equipment covered by Council Common Position 2008/944/CFSP defining common rules governing the control of exports of military technology and equipment), C 85/1, https://eur-lex.europa.eu/legal-content/EN/TXT/PDF/?uri=CELEX:52020XG0313(07).

321 The Combined Nomenclature is tool for classifying goods, set up to meet the requirements of the Common Customs Tariff. The first four digits of a Combined Nomenclature code align with the Harmonized System (HS), https://taxation-customs.ec.europa.eu/customs-4/calculation-customs-duties/customs-tariff/combined-nomenclature_en.

322 15 C.F.R. § 734.13은 '수출'을 아래와 같이 정의한다. (2) 미국 내의 외국인에게 '기술' 또는 소스 코드(오브젝트 코드는 제외)를 공개하거나 다른 방식으로 이전('간주 수출').

323 Ibid, footnote 11, p. 29; Article 1 of Council Regulation (EU) 833/2014 of 31 July 2014 concerning restrictive measures in view of Russia's actions destabilizing the situation in Ukraine 2014 OJ L299, https://eur-lex.europa.eu/legal-content/EN/TXT/?uri=CELEX-%3A02014R0833-20231001.

324 Ibid, footnote 11, p. 25.

325 Treaty on the Functioning of the European Union, 26 October 2012, C 326/47 (as amended), https://eur-lex.europa.eu/LexUriServ/LexUriServ.do?uri=CELEX:12012E/TXT:en:PDF.

326 European Commission, 'Consolidated List of persons, groups and entities subject to EU financial sanctions', last consulted on 24 October 2023, last updated on 27/10/2023 17:37, https://eur-lex.europa.eu/LexUriServ/LexUriServ.do?uri=CELEX:12012E/TXT:en:PDF.

327 European Commission, 'Consolidated List of persons, groups and entities subject to EU financial sanctions', last consulted on 24 October 2023, last updated on 27/10/2023 17:37, https://eur-lex.europa.eu/LexUriServ/LexUriServ.do?uri=CELEX:12012E/TXT:en:PDF.

328 Ibid, footnote 11, p. 40- 41.

329 '이중용도 물자 수출입 목록'은 이중용도 물자(중국에서는 일반적으로 '양용물자'라고 하지만, 여기에서는 다른 국가들에서 사용하는 용어와의 일관성을 위해 '이중용도'라 일컫

는다), 핵, 생물, 화학, 미사일, 국가 안전과 이익 수호 및 대규모 살상무기 확산 방지 등 국제적 의무 이행과 관련된 제품(즉 수출입 통제 제품)을 포함한 목록이다. 이 목록은 '이중용도 물자 기술 수출입 허가증 관리방법'에 따라 2006년 1월 1일 처음 시행되었으며, 이후 관련 법률과 정책에 따라 세부 내용이 조정되었다. 최신 '이중용도 물자 수출입 목록'은 중국의 '수출 통제법', '이중용도 물자 관리방법', '수출입세칙'에 따라 2023년 12월 29일에 공포되었고, 2024년 1월 1일부터 시행되었다.

330 MOFCOM Order No. 4 of 2020 on Provisions on the Unreliable Entity List, https://english.mofcom.gov.cn/Policies/GeneralPolicies/art/2020/art_1889a24134054b5b841134c3fba44654.html.

331 4장 참조.

6장 자유주의 통상질서의 기로: 변화의 가능성을 찾아서

1   국제공법상의 분쟁해결을 담당하는 국제기구 기준으로 볼 때, 국제사법재판소(ICJ)는 1947년에 설립되어 훨씬 더 광범위한 관할권을 갖고 있지만, 지금까지 단 195건의 분쟁만을 처리했다. 국제형사재판소(ICC)는 22년 동안 존재했으나 단 31건의 사건을 다뤘으며, 국제해양법재판소(ITLOS)는 WTO와 비슷한 기간 동안 운영되었지만 단 32건의 사건만을 처리했다. 아마도 WTO만큼 많은 사건을 다루며 꾸준히 활동해온 다른 국제 분쟁해결체제(regime)로는 국제투자중재(international investment arbitration)가 유일하다. 그러나 ICSID로 대표되는 투자분쟁 체제는 국제투자법이 WTO와 같은 다자협정 체제로 통합되어 있지 않아, 여러 투자협정에 따라 분절화된 실체법들이 다양하게 존재하면서 그 분쟁해결절차만을 관리감독하는 성격을 가지므로, 실체적·절차적 통일성을 가지면서 국제공법상의 분쟁해결을 한다고 보기는 어렵다. 이러한 점에서 WTO 분쟁해결절차는 가장 국내법적 체계에 근접한 통합적 법질서로서의 국제법 체계를 대표하는 체제이면서, 지난 30년간 가장 활발하게 활용되어온 체제였다.

2   A. Reich, "The Effectiveness of the WTO Dispute Settlement System: A Statistical Analysis", EUI Working Papers, Law 2017/11.

3   Jan Bohanes & Fernanda Garza, 'Going Beyond Stereotypes: Participation of Developing Countries in WTO Dispute Settlement' (2012) 4(1) Trade Law and Development.

4   Douglas Irwin,Chad Bown, "The urban legend: Pre-GATT tariffs of 40%", CEPR, https://cepr.org/voxeu/columns/urban-legend-pre-gatt-tariffs-40; R. Baldwin, Nontariff Distortions of International Trade, 1970, Brookings.

5   GATT - Note by the Secretariat, "Notifications Required from the Contracting Parties, August 1, 1978; WTO, Working Group on Notification Obligations and Procedures, Background Note by the Secretariat on Notification Procedures in the GATT since 1979", G/NOP/W/1, 30 June 1995; Uruguay Round Agreement, Decision on Notification Procedures, p. 389.

6   J. Jackson, R. Hudec, and D. Davis, "The Role and Effectiveness of the WTO Dispute Settlement Mechanism", Brookings Trade Forum, 2000, pp. 179-236; J. Jackson, GATT as an Instrument for the Settlement of Trade Disputes, 61 Proceedings of American Society of International Law 144, 1967; W. Davey, "WTO Dispute Settlement: Crown Jewel or Costume Jewelry?, Volume 21 Special Issue 3, July 2022.

7   그밖에 WTO는 2022년 6월 17일 12차 각료회의(MC12)에서 유해한 수산 보조금을 규율하는 '수산 보조금 협정(Fisheries Subsidies Agreement)'을 체결했다. 그러나 협정이 발효되려면 전체 회원국의 3분의 2(110개국)가 비준서를 기탁해야 하며, 2025년 현재까지 50

개국만 이를 완료한 상태다. 또한 수산 보조금 협정과 관련하여 남아 있는 쟁점들에 대한 협상이 여전히 진행 중이다. 협정 자체에서는 발효 이후 최대 4년 이내에 이러한 미해결 쟁점에 대한 협상을 마무리하도록 규정하고 있다.

8   Michael Froman, "We Are at the End of the Line on the Doha Round of Trade Talks," Financial Times, December 13, 2015.

9   The Geneva Ministerial Declaration on global electronic commerce, WT/MIN(98)/DEC/2, 25 May 1998(98-2148), https://www.wto.org/english/tratop_e/ecom_e/mindec1_e.htm.

10 Agreement on Fisheries Subsidies, https://www.wto.org/english/tratop_e/rulesneg_e/fish_e/fish_e.htm.

11 Fossil fuel subsidy reform, https://www.wto.org/english/tratop_e/envir_e/fossil_fuel_e.htm.

12 Ministerial statement at MC13 outlines concrete action to tackle plastics pollution, https://www.wto.org/english/news_e/news24_e/ppesp_27feb24_e.htm.

13 항소기구(Appellate Body)의 분과(division)는 최소 세 명의 위원으로 구성되어야 한다 (DSU, 17.1조 참조). 그러나 2019년 12월 10일부로 위원 수가 1명으로 감소하였다.

14 USTR, Report on the Appellate Body of the World Trade Organization, February 2020, https://ustr.gov/sites/default/files/Report_on_the_Appellate_Body_of_the_World_Trade_Organization.pdf.

15 DSU 3.2조: 세계무역기구의 분쟁해결제도는 다자간무역체제에 안전과 예견가능성을 부여하는 데 있어서 중심적인 요소이다. 세계무역기구의 회원국은 이 제도가 대상협정에 따른 회원국의 권리와 의무를 보호하고 국제공법의 해석에 관한 관례적인 규칙에 따라 대상협정의 현존 조항을 명확히 하는 데 기여함을 인정한다. 분쟁해결기구의 권고와 판정은 대상협정에 규정된 권리와 의무를 증가시키거나 축소시킬 수 없다(The dispute settlement system of the WTO is a central element in providing security and predictability to the multilateral trading system. The Members recognize that it serves to preserve the rights and obligations of Members under the covered agreements, and to clarify the existing provisions of those agreements in accordance with customary rules of interpretation of public international law. Recommendations and rulings of the DSB cannot add to or diminish the rights and obligations provided in the covered agreements.).

16 DSU 17.5: 일반적으로 일방 분쟁당사자가 자기나라의 상소결정을 공식적으로 통지한 날로부터 상소기구가 자신의 보고서를 배포하는 날까지의 절차는 60일을 초과하지 아니한다. 자신의 일정 확정시 상소기구는 관련되는 경우 제4조제9항의 규정을 고려한다. 상소기구는 60일이내에 자신의 보고서를 제출하지 못할 것이라고 간주하는 경우, 지연사유를 보고서 제출에 소요될 것으로 예상되는 기간과 함께 서면으로 분쟁해결기구에 통보한다. 어떠한 경우에도 그 절차는 90일을 초과할 수 없다(As a general rule, the proceedings shall not exceed 60 days from the date a party to the dispute formally notifies its decision to appeal to the date the Appellate Body circulates its report. In fixing its timetable, the Appellate Body shall take into account the provisions of paragraph 9 of Article 4, if relevant. When the Appellate Body considers that it cannot provide its report within 60 days, it shall inform the DSB in writing of the reasons for the delay together with an estimate of the period within which it will submit its report. In no case shall the proceedings exceed 90 days.).

17 DSU, Articles 17.6 and 17.5.

18 B. Hoekman & P. Mavroidis, Burning Down the House? The Appellate Body in the Cen-

tre of the WTO Crisis, in Trade In The 21st Century: Back To The Past?, B. Hoekman & E. Zedillo (EDS.), European University Institute, Robert Schuman Centre For Advanced Studies, Global Governance Programme Working Paper No. RSCAS 2019/56 (2019).

19 R. Hudec, GATT Dispute Settlement After the Tokyo Round: An Unfinished Business, 13 Cornell International Law Journal, pp. 145-181.

20 계류 중인 항소 사건 목록은 https://www.wto.org/english/tratop_e/dispu_e/appellate_body_e.htm#fnt-1 참조. 그러나 인도와 미국 간 사건과 같이 현재 진행 중이 아닌 사건도 다수 포함되어 있다.

21 MC13(WT/MIN(24)/37).

22 예를 들어, United States - Definitive Safeguard Measures on Imports of Certain Steel Products (DS251).

23 ST&R, Section 232 Tariffs on Steel & Aluminum, https://www.strtrade.com/trade-news-resources/tariff-actions-resources/section-232-tariffs-on-steel-aluminum.

24 4장 참조.

25 4장 참조.

26 Naughton, Barry 2021, The Rise of China's Industrial Policy between 1978-2020, Centro de Estudios China-Mexico.

27 USTR, Joint Readout from Meeting of the United States, European Union and Japan in Brussels, 10 March 2018, https://ustr.gov/about-us/policy-offices/press-office/press-releases/2018/march/joint-readout-meeting-united-states.

28 European Council, EU-Japan Summit Joint Statement (Brussels), 25 April 2019, https://www.consilium.europa.eu/media/39222/190425-eu-japan_summit-statement-final.pdf.

29 3장 참조. United States International Trade Commission, 'Economic Impact of Section 232 and 301 Tariffs on U.S. Industries', March 2023, https://www.usitc.gov/publications/332/pub5405.pdf.

30 The White House, Executive Order on America's Supply Chains: A Year of Action and Progress, 7 February 2022, https://bidenwhitehouse.archives.gov/wp-content/uploads/2022/02/Capstone-Report-Biden.pdf.

31 European Parliament, EU's response to the US Inflation Reduction Act (IRA), June 2023, https://www.europarl.europa.eu/RegData/etudes/IDAN/2023/740087/IPOL_IDA(2023)740087_EN.pdf.

32 Martin Chorzempa (PIIE), US chip construction spending skyrocketed after US CHIPS Act passed in August 2022, (August 15, 2024), https://www.piie.com/research/piie-charts/2024/us-chip-construction-spending-skyrocketed-after-us-chips-act-passed.

33 Britney Nguyen, The U.S. will triple its chip manufacturing in less than a decade, report says, QUARTZ (May 8, 2024), https://qz.com/us-triple-semiconductor-manufacturing-capacity-chip-act-1851463406.

34 3장 참조.

35 3장 참조.

36 3장 참조.

37 WTO, Report on G20 Trade Measures (mid-May to mid-October 2023), 18 December

2023, p. 3, https://tmdb.wto.org/en/reports/increase-in-trade-restrictions-against-back-drop-of-unilateral-policies-en.

38 WTO, Report on G20 Trade Measures (mid-May to mid-October 2023), 18 December 2023, https://www.oecd.org/content/dam/oecd/en/publications/reports/2023/12/30th-report-on-g20-trade-and-investment-measures_5f95a7e0/a331683b-en.pdf.

39 Ibid.

40 World Bank, Global Economic Prospects. June 2024, p. 32, https://openknowledge.worldbank.org/entities/publication/b5f5a90f-3229-482f-b8c5-d3c4e9ecbad5.

41 World Bank, Global Economic Prospects. June 2024, at p. 7, https://openknowledge.worldbank.org/entities/publication/b5f5a90f-3229-482f-b8c5-d3c4e9ecbad5.

42 3장 참조.

43 Data according to the Global Trade Alert database, https://globaltradealert.org/.

44 WTO, Dispute settlement activity - some figures, https://www.wto.org/english/tratop_e/dispu_e/dispustats_e.htm; https://www.wto.org/english/tratop_e/dispu_e/dispu_status_e.htm.

45 P. Mavroidis, The WTO Dispute Settlement System, How, Why and Where?, (Edward Elgar Publishing, 2022), pp. 215-218.

46 P. Mavroidis, The WTO Dispute Settlement System, How, Why and Where?, (Edward Elgar Publishing, 2022), pp. 532 and 534.; A. Sykes, "The Utility of Appellate Review at the WTO and Its Optimal Structure", https://www.law.columbia.edu/sites/default/files/2024-03/The%20Utility%20of%20Appellate%20Review%20at%20the%20WTO%20and%20Its%20Optimal%20Structure_0.pdf.

47 Mavroidis and B. Hoekman, "To AB or not to AB? Dispute Settlement in WTO reform", EUI Papers, https://scholarship.law.columbia.edu/cgi/viewcontent.cgi?article=3696&context=faculty_scholarship.

48 https://www.wto.org/english/tratop_e/ppesp_e/ppesp_e.htm.

49 https://www.wto.org/english/tratop_e/envir_e/fossil_fuel_e.htm#participation.

50 https://www.wto.org/english/tratop_e/tessd_e/tessd_e.htm.

51 Ministerial Statement on Fossil Fuel Subsidies, WT/MIN(24)/19, and the latest convening notice, INF/TE/FFSR/CN/6.

52 G20 agrees on phase-out of fossil fuel subsidies, https://cdn.odi.org/media/documents/g20_fossil_fuel_subsidies_investor_statement.pdf.

53 WTO, Fossil fuel subsidy reform, https://www.wto.org/english/tratop_e/envir_e/fossil_fuel_e.htm.

54 WTO, Plastics pollution and environmentally sustainable plastics trade, https://www.wto.org/english/tratop_e/ppesp_e/ppesp_e.htm.

55 WTO, Plastics Dialogue discusses work plan for implementing MC13 statement, welcomes expansion, https://www.wto.org/english/news_e/news24_e/ppesp_12apr24_e.htm; First Part of the Fifth Session | UNEP - UN Environment Programme, https://www.unep.org/inc-plastic-pollution/session-5#:~:text=25%20November%20%2D%201%20December%202024%2C%20Busan%2C%20Republic%20of%20Korea&text=The%20second%20part%20

of%20the,consultations%20on%204%20August%202025.

56 World Customs Organization, Report on the HS symposia series on "Visualizing a greener HS", April 2023, p. 6, https://www.wcoomd.org/-/media/wco/public/global/pdf/events/2022/greener-hs/report-on-visualising-a-greener-hs-symposia_en.pdf?la=en&utm_source=chatgpt.com.

57 미국 통상법에서 '특정 시장 상황 (Particular Market Situation, PMS)'이란, 수출 상품이 수입국으로 들어올 때, 정상 가격(Normal Value)을 결정하는 데 왜곡을 일으키는 특별한 시장 조건을 의미한다. 이는 미국 상무부가 반덤핑 조사나 상계관세 조사를 수행할 때 중요한 요소로 고려되었다.

58 미국 통상법에서 '생산 비용과의 합리적 관련성(reasonable relationship to the cost of production)'이란 개념은 주로 반덤핑 조사에서 사용되며, 제품의 정상 가격(Normal Value)을 산정하는 데 중요한 기준이 된다. 이는 수출국에서 제품의 판매 가격이나 생산 비용이 실제로 합리적인 시장 조건을 반영하고 있는지를 평가하는 데 사용된다.